진보당 형사사건기록 2

(제2심 공판기록)

경북대학교 아시아연구소 한국현대사사료 총서

진보당 형사사건기록 2
(제2심 공판기록)

초판 1쇄 발행   2023년 2월 20일

편저자	전현수
발행인	윤관백
발행처	선인

등 록	제5-77호(1998.11.4)
주 소	서울시 양천구 남부순환로 48길 1(신월동 163-1) 1층
전 화	02)718-6252 / 6257
팩 스	02)718-6253
E-mail	sunin72@chol.com

정가 39,000원

ISBN   979-11-6068-789-7   94900
ISBN   979-11-6068-787-3   (세트)

경북대학교 아시아연구소
한국현대사사료 총서

진보당 형사사건기록 2

(제2심 공판기록)

전현수 편저

■ 이 저서(사료집)는 2022년 대한민국 교육부와 한국연구재단의 지원을 받아 수행된 연구이다. (NRF-2022S1A5C2A02092181)

■ 이 사료집에 수록된 원본 기록은 국가기록원에 소장된 진보당 형사사건기록이다. 국가기록원은 경북대학교 아시아연구소 연구팀에 진보당 형사사건기록을 학술연구 목적으로 제공할 때 대법원 규칙에 따른 "판결서 등의 열람 및 복사를 위한 비실명 처리 기준"에 의거하여 사건관계인의 성명, 연락처 등 개인정보 사항을 비실명 처리하였다. 그런데 1999년 죽산 조봉암기념사업회가 『죽산 조봉암전집』 4권을 출간하면서 공소장, 1심 판결문, 변호인 변론 요지, 항소이유서, 상고이유서, 3심 판결문의 전체 혹은 일부를 수록하였는데, 이 과정에서 진보당사건관계인 모두의 개인정보가 거의 대부분 공개되었다. 연구팀은 국가기록원에서 제공받은 진보당 형사사건기록 중 공판기록의 출간을 준비하면서 연구자들과 독자들의 편의를 위해서 비실명 처리된 사건관계인의 성명 등 개인정보 사항을 『죽산 조봉암전집』 4권을 참고하여 복원하였다.

▌ 사진자료 ▌

진보당사건 제2심 공판 박기출 최후진술(『경향신문』)

진보당사건 제2심 공판 구형 광경(『경향신문』)

진보당사건 제2심 공판 방청객(국가기록원)

진보당사건 제2심 공판정(국가기록원)

진보당사건 제2심 공판 피고인들(국가기록원)

(좌로부터)윤길중, 김달호, 박기출, 조봉암(『동아일보』)

고등법원 공판정에서 법정구속 되어 나오는 진보당사건 관계자들(『경향신문』)

진보당사건 피고 전원에 유죄 언도(『경향신문』 1958.10.26)

進步黨事件歸結과 國民의 關心

사설-진보당사건 귀결과 국민의 관심(『조선일보』 1958.10.27)

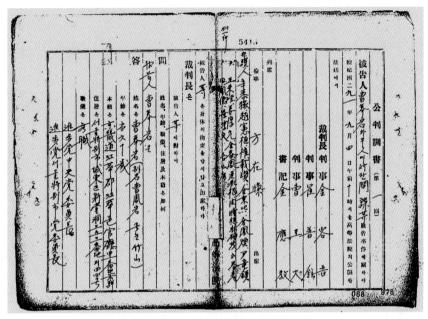

제2심 공판조서(제1회)

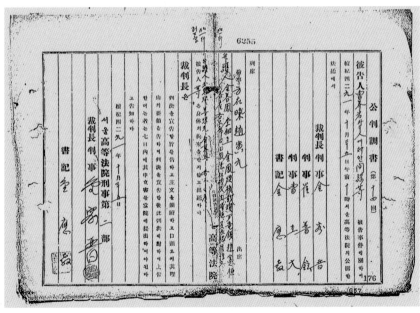

제2심 공판조서(제14회)

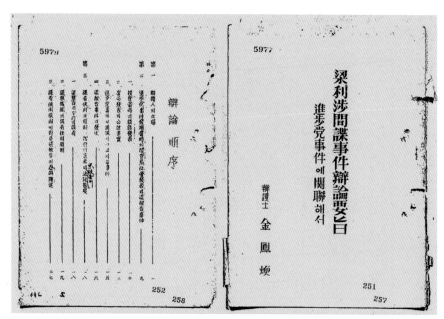

제2심 김봉환 변호인의 양이섭 간첩사건 변론요지

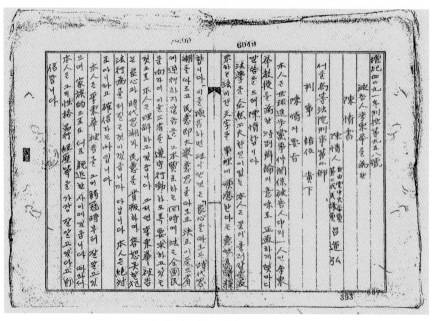

이동화에 대한 여운홍의 진정서

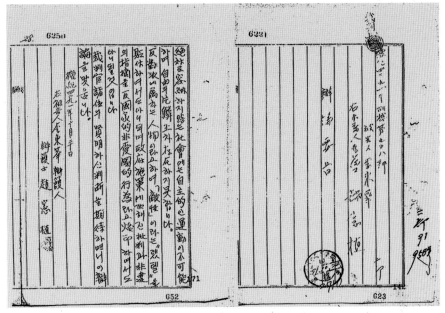

조헌식 변호인의 이동화 변론 요지

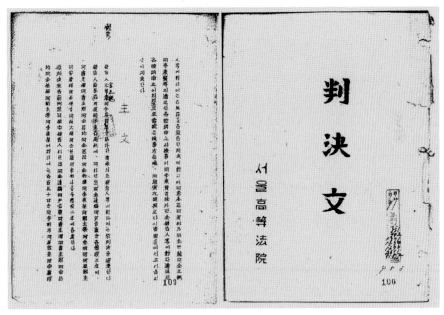

제2심 판결문

▌간 행 사 ▌

전현수(경북대학교 사학과 교수)

경북대학교 아시아연구소는 한국연구재단의 지원을 받아 인문사회연구소지원 사업(연구주제－한국 민주화운동 사료 DB 구축, 연구기간－2019~2025년)을 수행하고 있다. 2019년 9월 시작하여 2022년 8월 종료된 1단계 사업에서는 국가기록원에 소장된 진보당 형사사건기록을 연구대상으로 하여 필사문서의 탈초, 주요기록의 해제 및 주석, 인명사전 및 메타데이터 작성 작업을 수행하였다. 1단계 사업의 연구 결과(진보당 형사사건기록 DB)는 조만간 한국연구재단을 통해 학계와 일반 시민들에게 공개될 것이다.

진보당 형사사건기록은 서울특별시경찰국과 육군특무부대의 수사기록, 서울지방검찰청의 수사기록, 서울지방법원·서울고등법원·대법원의 공판기록으로 구성되어 있다. 수사기록에는 의견서, 피의자 및 증인 신문조서, 수사보고 등이 수록되어 있다. 검찰 수사기록에는 법원에 제출하는 공소장이 추가된다. 공판기록에는 공판조서와 판결문 등이 수록되어 있다. 약 15,000장에 달하는 진보당 형사사건기록은 진보당사건에 관한 최대·최고의 정보자료를 제공해주는 사료의 보고(寶庫)라고 할 수 있다.

지금까지 진보당사건에 대한 연구는 주로 운동 주체 측에서 생산된 문헌이나 구술증언 그리고 신문·잡지 기사에 의거하였다. 국가 수사·사법기관에서 생산된 방대한 분량의 형사사건기록은 진보당사건 연구에서 거의 활용되지 못하였다. 그것은 진보당 형사사건기록이 대부분 판독이 난해한 국한문 필사문서로 생산되어 연구자들의 접근이 극도로 제약되었기 때문이다. 이 연구는 진보당 형사사건기록의 가독성(可讀性)을 획기적으로 향상시켜 사료적·학문적 활용을 촉진할 수 있을 것이다.

경북대학교 아시아연구소는 진보당 형사사건기록의 DB 구축과 동시에 형사사건기록 중에서 사료적 가치가 높은 주요 기록의 인쇄·출간 작업도 추진해 왔다.

지난 3년간 연구소는 진보당사건 공판기록의 출간 준비 작업에 많은 노력을 기울였다. 연구팀에서 공판기록의 출간에 최우선적인 주의를 기울인 것은 공소장, 공판조서, 판결문 등으로 이루어진 공판기록이 진보당사건의 발생, 전개, 결말에 이르는 전체 과정에 대한 정보를 가장 풍부하고 체계적으로 전달해 주는 기록이라고 판단하였기 때문이다.

공판기록은 검찰의 공소장, 서울지방법원에서 생산된 제1심 공판조서(제1~21회)와 판결문, 서울고등법원에서 생산된 제2심 공판조서(제1~14회)와 판결문, 31건의 상고이유서와 대법원 판결문 및 재심청구 관련 기록으로 구성되어 있다. 공판조서에는 공소사실과 관련해서 재판관과 피고인 사이에 전개된 질의응답이 상세히 기록되어 있다. 재판관은 신문 과정에서 증거로 채택된 진보당의 선언, 강령, 강령 전문, 조봉암 등 진보당 관계자들이 작성한 각종 문헌들을 광범위하게 인용하고 있다. 피고인 신문조서 등 수사기록도 상세히 언급하고 있다. 공판조서에는 상당한 분량에 달하는 변호인들의 변론도 수록되어 있다. 제1심 공판조서에는 진보당사건에 대한 김춘봉, 신태악, 김봉환 변호사의 변론이, 제2심 공판조서에는 양이섭 간첩사건에 대한 김봉환 변호사의 변론과 이동화에 대한 조헌식 변호사의 변론이 포함되어 있다.

상고이유서에는 제2심 판결에 불복하는 진보당 관계자들과 변호인들의 상고이유가 때론 사실적으로 때론 법리적으로 개진되어 있다. 대부분의 진보당 관계자들은 제2심 판결을 사실적으로 반박하는 상고이유를 밝혔는데, 법률가인 김달호와 윤길중의 상고이유서는 대단히 법리적으로 작성되어 있다. 특히 이동화에 대한 조헌식, 한근조, 이태희 변호사의 상고이유서, 조봉암, 김기철, 조규희에 대한 신태악 변호사의 상고이유서, 양이섭에 대한 김봉환 변호사의 상고이유서가 법리적으로 가장 논리정연하다. 이동화는 자신이 어떻게 마르크스·레닌주의에서 사회적 민주주의(민주사회주의)로 사상적 전환을 이루었는지를 역사적으로 서술한 상고취의서를 제출하였는데, 이 글은 한국 사회민주주의 역사에 길이 남을만한 명문(名文)이다.

제1심, 제2심, 대법원 판결문은 모두 피고인의 인적 사항을 제시하고 유무죄와 형량을 선고한 뒤 각 피고인에 대해 유무죄의 이유를 밝히고 있다. 원본 문서를 보면 제1심 판결문이 99쪽, 제2심 판결문이 110쪽 분량인데, 제3심 판결문은 1,047쪽에

달하는 방대한 분량이다. 제3심 판결문의 판결 이유에는 피고인 등의 성행지능(性行知能)과 환경에 대한 개술(槪述), 범행의 동기와 수단, 결과 개술, 상고이유, 재판부의 상고이유에 대한 심안(審按), 조봉암과 양이섭의 약력, 공소사실에 대한 판시가 상세히 기술되어 있다. 특히 상고이유에서는 31건에 달하는 상고이유서가 거의 대부분 수록되어 있다.

공판기록은 모두 국한문 혼용의 기록인데, 공판조서는 법원 서기가 필사로 작성하였고, 판결문은 필경사가 등사원지에 철필로 글씨를 써서 등사기로 인쇄하였다. 1957~1958년 생산된 진보당 형사사건기록은 용어와 지명 표기, 맞춤법, 띄어쓰기 등이 현재와 상이하다. 필사 및 등사인쇄 과정에서 오기(誤記)도 많이 나타났다. 단어나 어구 및 문장이 누락된 경우도 많다. 일부 기록은 그 의미를 파악할 수 없거나, 비식별처리가 되어 있어 판독이 불가능하다. 이러한 사정을 고려하여 연구팀은 탈초 작업을 국한문 필사·등사 문서를 한글 활자 문서로 전환시키는 기술적인 작업에 국한시키지 않고 의미 파악이 곤란한 원본 기록을 정확히 독해해서 기록 텍스트의 정본을 확정하는 작업으로 확장시키지 않으면 안 되었다.

진보당사건의 핵심 인물인 조봉암은 3·1운동에 참여하여 독립운동의 세례를 받은 후 민족독립의 방편으로 마르크스·레닌주의를 수용하였다. 이후 소련을 모델로 하는 독립국가를 건설하기 위해 노력하였지만, 1930년대 후반부터 스탈린주의적 전체주의 체제에 회의를 느껴 사상적 전환을 고민하기 시작하였다. 그는 해방 이후 조선공산당이 친소사대주의로 기울자 공산당과 결별하고 중도좌파적인 제3의 길을 추구하였다. 그는 대한민국 정부 수립에 참여해서 제헌헌법을 기초하는데 일조하고, 농림부장관으로서 농지개혁을 추진하여 평등지권(平等地權)을 실현하였다. 1956년 대통령선거에서는 혁신정치, 수탈 없는 경제체제, 평화통일을 호소하여 무려 216만여 표를 얻는 성과를 이루었다. 이후 조봉암은 진보당을 창당하여 한국 사회를 사회적 민주주의의 길로 이끌고자 하였다. 그러나 조봉암과 진보당의 실험은 1959년 7월 31일 조봉암이 당시 집권세력에 의해 사형에 처해지면서 중단되었다.

정치적 민주주의, 사회경제적 민주주의, 민주적 평화통일을 강령으로 하는 조봉암과 진보당의 사회적 민주주의는 한국현대사의 발전 전망을 선취한 것으로서 오늘날에도 한국 사회가 여전히 추구해야 할 과제로 남아 있다. 조봉암과 진보당의 사회적 민주주의의 유산을 정확하게 이해하고 계승하였다면 한국의 사회운동이 1980년대 이후 수십 년간 마르크스·레닌주의, 스탈린주의, 주체사상이라는 전체주의에 경도되어 시행착오를 거듭하다 몰락하는 비극을 맞지는 않았을 것이다. 이 사료집은 진보당의 사회적 민주주의에 대한 이해를 진전시키는데 기여할 수 있을 것이다.

진보당 형사사건기록의 DB 구축과 공판기록의 출간 작업이 결실을 맺게 된 것은 인문사회연구소지원사업에 참여한 연구원들과 대학원생들이 오랜 기간 연구에 헌신적으로 노력해온 덕분이다. 2019년 9월 이후 현재까지 아래와 같이 연구책임자 1명, 공동연구원 5명, 전임연구원 6명, 대학원생 16명, 학부생 2명, 행정연구원 1명, 총 31명이 연구 활동에 참여하였다.

연구책임자 — 전현수 교수(경북대학교 사학과)
공동연구원 — 노진철 교수(경북대 사회학과), 이정태 교수(경북대 정치외교학과), 강우진 교수(경북대 정치외교학과), 홍성구 교수(경북대 역사교육과), 황태진 교수(경북대 사학과)
전임연구원 — 박보영 박사, 김현주 박사, 강인구 박사, 정계향 박사, 윤정원 박사, 김윤미 박사
연구보조원 — 김순규, 박진영, 최용석, 홍준석, 최하은, 어미선, 이윤경, 이승현, 박진호, 김현지, 김선경, 최준형, 야마다 후미토, 권정희, 최보람, 김남규, 최보규, 신정윤
행정연구원 — 이미선

진보당사건 공판기록의 출간 작업에는 전현수, 박보영, 정계향, 윤정원, 김윤미, 김남규, 권정희, 박진영, 최용석, 홍준석, 최하은, 이윤경이 참가하였다. 전현수는 출간 작업 전 과정을 기획·총괄하였다. 김남규와 권정희는 원본 기록의 탈초 작업을 수행하였다. 박보영, 정계향, 윤정원, 김윤미, 박진영은 탈초 결과를 검수하여 기록 텍스트 정본 확정에 기여하였다. 정계향, 윤정원, 박보영은 공판기록 1, 2, 3권의 해제 집필에 참여하였다. 최용석과 홍준석은 진보당사건 관계자 인명사전을 작성하고, 출간을 위해 사진, 원본 기록 및 신문 자료를 선별하였다. 교정쇄

1~3교의 교열 작업에는 정계향, 윤정원, 김윤미, 박진영, 최용석, 홍준석, 최하은, 이윤경이 참여하였다.

국가기록원 소장 진보당 형사사건기록을 연구와 출판에 활용할 수 있게 배려해 준 국가기록원 서비스정책과에 감사드린다. 특히 오랜 기간 연구팀의 자료조사 및 자문 요청에 성실하게 응해준 국가기록정보센터 총괄 나창호 연구관께 심심한 감사의 말씀을 올린다.

연구팀의 연구활동과 공판기록 출간에 성원을 보내주신 (사)죽산조봉암선생기념사업회 이모세 회장, 주대환 부회장, 유수현 사무총장께도 감사의 말씀을 올린다. 조봉암 선생 관련 사료집 출간에 각별한 관심과 성원을 보내주신 고(故) 조호정 여사께도 감사의 말씀을 올리며, 삼가 고인의 명복을 기원한다.

어려운 여건임에도 불구하고 수지타산을 고려하지 않고 이 사료집을 흔쾌히 출간해 준 도서출판 선인 윤관백 사장께 깊이 감사드린다. 오랜 시간 편집 작업을 총괄해 준 이경남 팀장과 편집부 여러 선생께도 감사드린다. 표지를 잘 만들어 준 김민정 선생께 감사드린다.

2023년 2월

▌축 사 ▌

이모세(죽산조봉암선생기념사업회 회장)

전현수 교수를 비롯한 경북대 아시아연구소 박사님들의 노고에 감사드립니다.

국가기록원이 소장하고 있는 진보당 형사사건기록을 포함하여 총 44권의 진보당 관련 기록에 쌓인 먼지를 털어내고, 많은 연구자들과 후대의 학자들이 읽을 수 있도록 만들어주신 데 대하여 깊이 고개 숙여 감사드립니다.

아마 기록들은 전문가가 아닌 일반인들은 읽을 수 없는 상태로 있었을 것입니다. 법원 서기들이 급히 손으로 쓴 흘림체 글씨와 국한문 혼용체, 그리고 오늘날과는 사뭇 다른 문법, 어법, 표현으로 되어 있었을 것입니다. 그런데 이런 기록을 일일이 전문가박사님들이 탈초(脫草)하고 그 속에 있는 오탈자까지 잡아내어 주셨습니다.

세월이 너무나 많이 흘렀습니다. 당시 12살의 소년이었던 저가 77세의 노인이 되었으니 무려 65년의 세월이 흘렀습니다. 그동안 억울함의 피눈물과 한숨과 탄식도 다 허공에 흩어지고, 사건이 전개된 세세한 내력은 다 잊히고 말았습니다.

세상 사람들은 불편한 진실에 대해서는 망각하고 싶어 합니다. 그저 자신의 프레임 속에 들어오는 단순한 그림으로 기억하려 합니다. 하지만 누군가는 실제 복잡한 세계로 들어가 보아야 합니다. 그래야만 재해석이 가능하고, 역사에 대한 깊은 이해가 가능할 것이라 생각합니다.

저의 선친 이명하 선생을 비롯한 조봉암의 동지들은 다 돌아가시고, 죽산의 따님 조호정 여사마저 작년에 돌아가시고, 이제 그 사건의 단편이라도 기억을 가진 분들이 몇 분 남지 않았습니다. 정말 아스라이 역사가 된 것입니다.

진보당사건은 이제야말로 냉정한 역사학자들의 연구 대상으로 넘어간 것이 아닌가 싶습니다. 그런 의미에서 이번 작업은 시의적절하다고 할 수도 있을 것입니다. 다시 한 번 수고하신 모든 분들의 노고에 감사드립니다.

2023년 2월

▎진보당 형사사건기록 2심 공판기록 해제 ▎

윤정원 · 전현수

　진보당사건의 항소심은 1심 공판이 종료된 날로부터 두 달이 지난 1958년 9월 4일 서울고등법원 법정에서 개정되었다. 1심 공판 종료 후 조봉암과 양이섭을 제외하고 사건 피고인 19명은 무죄 혹은 보석으로 석방되었다. 2심 공판정에 피고인 19명은 사복 정장 차림으로, 조봉암과 양이섭은 수의(囚衣) 차림으로 참석했다.[1] 2심 공판은 서울고등법원 형사 2부가 맡았는데, 주심은 김용진 부장판사였고 배석판사는 최보현, 이규대였다. 검사는 서울고등검찰청의 방재기였다. 1심 공판을 담당한 조인구 검사는 2, 4, 5, 6, 7회 공판에 출석했다. 2심 공판은 매우 빠른 속도로 진행되었다. 마지막 공판일인 1958년 10월 25일까지 한 달 반 동안 14회의 공판이 진행되어 피고인들은 육체적으로나 정신적으로 매우 힘든 일정을 소화하지 않으면 안 되었다.

　2심 공판은 총 14회 개최되었는데 1회부터 7회 공판까지는 사실심리가, 8회부터 11회 공판까지는 검사의 구형과 변호인단의 변론이 진행되었다. 12, 13회 공판에서는 피고인들의 최후진술이 진행되었고, 14회 공판에서 최종 판결이 내려졌다. 검사는 제1심과 마찬가지로 조봉암과 양이섭에게 사형, 진보당 간부들에게는 12~20년을 구형했다. 제1심 때 20년을 구형받은 김기철에 대해서는 무기징역을 구형했다.

　2심 공판의 주요 쟁점도 1심과 마찬가지로 진보당의 이적성(利敵性) 여부였다. 즉 진보당의 사회적 민주주의 정강정책과 평화통일론이 국헌을 위반하고 북한의 주장에 호응하여 대한민국의 변란을 획책했는가, 조봉암이 양이섭과 함께 간첩행

---

[1] 피고인은 조봉암, 박기출, 김달호, 윤길중, 조규택, 조규희, 신창균, 김기철, 김병휘, 이동화, 정태영, 이명하, 최희규, 안경득, 박준길, 권대복, 전세룡, 김정학, 이상두, 양이섭, 이동현 등 총 21명이다. 이 중 김정학과 이동현은 진보당 당원이 아니다.

위를 했는가였다. 1심 재판부는 조봉암과 양이섭이 북한 괴뢰집단에 호응하여 대한민국의 변란 실행을 협의함으로써 국가보안법을 위반했다고 판단했지만, 두 사람의 행위를 진보당과는 분리해서 보았다. 즉 1심 재판부는 진보당의 강령정책이 사회주의를 지향했다는 증거가 없고, 평화통일 방안 역시 국헌에 위배된다고 볼 수 없다고 판단하여, 진보당이 대한민국을 변란할 목적으로 조직된 결사로 볼 수 없다고 결론을 내린 것이다.

2심 공판이 시작되자마자 양이섭은 특무대 수사 과정과 1심 공판에서 한 진술을 모두 번복하여 1심 공판과는 전혀 다른 환경이 조성되었다. 양이섭의 진술 번복은 2심 공판 내내 계속되었다. 오직 양이섭의 자백에 의해서만 구성된 조봉암과 양이섭의 간첩 혐의는 범죄 구성이 성립되기 한층 어려워졌다. 변호인단은 양이섭 간첩사건의 증거가 조직되었다고 의문을 제기했다. 피고인들은 진보당이 공산독재를 반대하는 혁신적 사회민주주의 정치세력을 결집한 정당이며, 진보당의 평화통일 주장은 북한의 위장적인 주장과 다르다는 것을 역설했다.

양이섭의 진술 번복으로 피고인들에게 유리한 환경이 조성되고, 검찰이 조봉암과 양이섭의 간첩 혐의를 입증할 추가적인 증거를 제시하지 못했음에도 불구하고, 2심 재판부는 조봉암과 양이섭에게 1심에서 무죄로 판결받은 간첩 혐의를 유죄로 인정하여 사형을 선고했다. 진보당에 대해서는 국헌에 위배하여 정부를 참칭하는 북한 괴뢰집단에 부수하여 국가를 변란할 목적으로 조직된 결사라고 판시하여 진보당 간부들인 피고인들에게는 국가보안법 위반죄를 적용해서 실형을 선고했다.

확연히 달라진 2심 판결에 대해 의혹이 제기되었다. 같은 공소내용에 대해 5년형에서 사형으로 형량이 크게 변경된 조봉암에 대한 판결에 대해서는 정치적 배경이 의심되었다. 1심 판결 직후 반공청년들의 시위사건, 변호인단의 변론사퇴 등이 있었던 만큼 어떤 외부적 압력이 재판부에 가해진 결과 2심의 형량이 더 높아진 것이 아닌가 하는 의혹이 제기되었던 것이다.[2] 국민들은 판결이 크게 달라진 데 대한 의혹과 관심을 표명하면서 법리를 해석하여 판단하는 대법원의 상고심이 이 모든 의혹을 풀어주기를 기대했다.[3]

---

2) 『경향신문』 3면, "사법부는 국민의 의혹을 풀어주라"(1958.10.28).

서울고등검찰청은 1958년 10월 27일 2심 판결에 불복하여 조봉암, 양이섭, 이동현, 김정학 4명을 제외하고 나머지 17명의 피고인들에 대하여 대법원에 상고를 제기했다.[4] 사건 피고인 21명도 모두 대법원에 상고를 제기했다. 이리하여 진보당사건은 2심 판결의 법률 적용과 논리에 오류가 있는지에 대한 대법원의 법률심을 기다리게 되었다.

『진보당 형사사건기록－제2심 공판기록』은 국가기록원에 소장된 진보당 형사사건기록 중 제2심 공판 관련 기록(18~20권, 44권)을 정리해서 편집한 것이다. 18권에는 1~3회의 공판조서가 수록되어 있다. 19권에는 4~9회의 공판조서, 사건 외 관계자 2명의 진술조서, 양이섭 간첩사건에 대한 변호인 변론 요지, 이동화 변론 요지, 이동화를 위한 여운홍의 진정서가 포함되어 있다. 20권에는 10~14회의 공판조서가 수록되어 있다. 44권에는 1심부터 3심까지의 판결문이 수록되어 있는데, 2심 판결문만 분리해서 편집했다.

『진보당 형사사건기록－제2심 공판기록』에 실린 문서들의 주요 내용은 다음과 같다.

1. 공판조서 제1회(1958년 9월 4일)

제2심 첫 공판에서 양이섭은 자신의 원심 진술을 번복했다. 양이섭은 육군 특무부대에서 알 수 없는 주사를 맞은 일, 특무부대의 회유, 수사 과정에서 비탄과 회의가 들어 자살을 시도한 일, 제1심 공판을 거치며 진술 번복을 결심한 일에 대해서 진술했다. 양이섭의 원심 진술 번복에 의해 제2심은 새로운 양상을 띠게 되었다.

2. 공판조서 제2회(1958년 9월 9일)

평화통일론을 둘러싼 진보당의 이적성 여부와 진보당의 강령에 대해서 심문과 답변이 진행되었다. 조봉암, 박기출, 김달호 등은 진보당의 평화통일 주장은 위장적인 북한의 평화통일 주장과 다른 것이며, 진보당은 공산독재를 배격하는 동시

---

3) 『동아일보』 3면, 사설 "진보당사건 귀결과 국민의 관심"(1958.10.27).
4) 『동아일보』 3면, "제2심 판결 불복 고검에서 상고 조(曺)·양(梁) 등 4명 제외"(1958.10. 29).

에 부패정치세력과 보수정당을 제외한 혁신적 사회민주주의 정치세력을 총집합시켜 결성한 정당이라고 주장했다. 진보당의 정강정책을 작성한 이동화는 진보당 강령전문에서 표방한 사회적 민주주의는 민주적 평화적 점진적 혁명을 위해 자본주의 세력의 자기수정도 인정한다는 의미이며, 사회적 민주주의는 국민 대중 대다수가 자유와 평등을 누릴 수 있는 평등적 계획적인 민주주의이며 실질적인 자유를 의미하는 것이라고 답변했다.

3. 공판조서 제3회(1958년 9월 11일)

재판부는 진보당 내 비밀조직과 여명회 학생조직에 대해 심문했다. 피고인들은 모두 진보당이 사회적 민주주의 복지국가를 목적으로 하는 합법정당임을 주장했다. 조봉암은 후원을 해 준 이들 중 거액을 준 사람은 양이섭뿐이며 진보당은 공산당과 대결하는 민주진영 측의 정당이라고 주장했다.

4. 공판조서 제4회(1958년 9월 16일)

이동화는 진보당 강령전문에서 표방한 사회적 민주주의는 서독 헌법 제20조와 프랑스 헌법 제1조에 나오는 민주적, 사회적이라는 구절을 참고한 것이라고 진술했다. 조봉암은 평화통일에 대한 진보당의 구체적인 안은 아직 마련되지 않았으나, 유엔감시 아래 총선거를 실시하는 방안이 가장 적당하다고 진술했다. 양이섭은 특무대에서 조봉암을 아는지 묻기에 신문에 보도된 내용을 말했더니 월북 때 박일영이 조봉암의 동태를 물어본 것 같이 특무대에서 조작한 것이라고 진술했다. 진보당에 관심이 있어 애국지사에게 돈을 써보자는 마음으로 돈을 준 것이라고 답했다.

5. 공판조서 제5회(1958년 9월 18일)

재판부가 진보당의 평화통일 방안을 자유당과 민주당에 보낸 이유에 대해 질문하자, 조봉암은 국제정세가 급격히 변경되어 통일 준비를 할 단계에 이르게 될 것을 예상하고 이북 괴뢰에 대응하기 위해 민주진영에서 대동단결을 위한 행동통일체의 구성이 필요하다고 인정되었기 때문이라고 진술했다. 김달호는 1954년 외무장관이 제네바회의에서 제의한 통일방안이 진보당의 통일정책과 부합한다고 답했다. 양이섭은 제1심 공판정에서 한 진술을 제2심에서 번복한 동기를 밝혔다. 양이섭은 검찰청에서 조인구 검사를 대면했을 때, 조 검사가 이번에 석방되면 다시는 월북하지 말고 남한에서 거주하라고 하면서, 조봉암은 국가 변란을 획책한 자라고 말했는데, 자신은 조 검사의 말이 진실이라고 믿고 조봉암의 범죄를 확신하게 되어 특무대 한 진술을 제1심 공판정에서도 유지했다고 답변했다.

6. 공판조서 제6회(1958년 9월 25일)

육군특무대(HID) 수사계장 고영섭이 증인으로 출석했다. 양이섭을 특무대에서 조사한 경위와 내용에 대해 심문이 진행되었다. 고영섭은 특무대에서 처음 양이섭을 수사한 것은 1957년 12월 중순 경으로 모 수사기관 정보원으로부터 양이섭과 조봉암의 범죄사실을 세밀히 보고받았다고 진술했다. 양이섭을 구속영장 없이 여관에 투숙을 강요한 것은 불법감금이 아닌가라는 변호인의 질문에, 고영섭은 정식 구속영장에 의하여 유치장에 감금하려고 했으나 양이섭이 신병의 고통을 호소했기 때문이라고 답변했다. 그는 또 양이섭이 이북에 충실한 첩자이며 육군 특무대가 양이섭에 대하여 등한히 했던 것은 사실이며, 이중첩자라고 칭하는 자 중 대부분은 이북의 일방적인 첩자라고 진술했다. 증인으로 출정한 김동혁은 미군 중령 스카후, 소령 스라노비치 지시로 대북 무역을 하면서 군사 정보를 수집했는데, 이북 돌개포에 갔을 적에 그곳의 선일상사 부사장이라고 하는 김난주가 양이섭을 잘 안다고 하면서 같이 데리고 올 수 없는가 하여 이 사실을 미군 중령과 소령에게 상의했더니 좋은 기회라고 하면서 양이섭을 미국 첩보원으로 채용하여 돌개포에 두어 차례 내왕하게 된 것이라고 진술했다.

7. 공판조서 제7회(1958년 9월 26일)

재판장은 증거조사 중 중국인 한자방의 한국 체류 조사 건, 양이섭이 인천 HID에 제출한 귀환보고서 및 삼육공사 발행의 수령물품목록 조사 건은 각하한다고 결정하고 사실심리 및 증거조사 종료를 선언했다. 변호인단은 이 두 건의 조사는 본건의 진상 규명에 꼭 필요하니 다시 조사하여 줄 것을 신청했다. 변호인들은 피고인 전원과 변호인 전원은 재판부 판사 전원의 기피를 신청한다고 진술하고 기피신청서를 제출했다.

8. 공판조서 제8회(1958년 10월 14일)

이상두를 피고인들과 병합심리할 것을 결정했다. 진보당사건 발단 당시의 수사 고위층 발표와 양이섭 사건, 첩자 사용의 원칙, 수사의 맹점과 양이섭의 법정 태도, 양이섭의 진술 번복과 공소사실의 검토, 증거론, 법률 적용 문제 등에 대한 변호인의 변론이 진행되었다.

9. 양이섭 간첩사건 변론 요지(변호사 김봉환)

변호인은 8개 항목에 걸쳐 변론했는데, 주요 내용은 다음과 같다.

첫째, 양이섭 사건은 진보당을 불법화하기 위해 조작한 것이다. 변호인들은 형무소에 수감된 양이섭 피고를 접견했을 때 그동안 자신이 허위진술을 했다는 진술을 듣게 되었다.

둘째, '조봉암이 이북 김약수에게 밀사를 파견했다'는 공소사실은 대남 간첩 조복재가 이북에서 밀봉 교육을 받을 때 지도원에게 들었다는 전문(傳聞) 증거에 불과한 것으로 배척되어야 한다.

셋째, 첩보기관의 첩자 사용 원칙은 김동혁, 엄숙진, 양이섭의 진술을 종합한 것이다.

넷째, 고영섭의 증언은 위증이다. 양이섭 사건의 수사 개시일이 진보당 간부들이 검거된 날과 일치하고, 중간보고의 기재 일자가 3월 11일로 되었다가 2월 11일로 정정된 것을 어떻게 설명할지 매우 의아하다.

다섯째, 양이섭 피고의 법정 태도는 제1심 때 겁먹은 토끼와 같았다가 제2심 때는 호랑이와 같은 용기를 드러냈다.

여섯째, 공소사실에는 모순이 많다. 박일영이 돌개포를 내왕했다는 공소사실은 김난주나 한광은 일개 상사의 사장 또는 지점장의 위치밖에 안 되므로 양이섭이 과거부터 안다는 괴뢰집단의 거물 박일영으로부터 돌개포에서 직접 지령을 받았다고 기재한 것에 불과하다. 양이섭이 5월 말 월북했을 때『중앙정치』판권을 획득할 수 있다고 보고했다는 공소사실은 실제로 중앙정치 판권 문제가 제기된 것이 7월이었다는 것이 밝혀졌으므로 양이섭이 5월 말에 이북에 가서 이런 이야기를 했다는 것은 수사기관의 창작이다.

일곱째, 양이섭의 진술은 유도, 약속, 기망 등으로 이루어진 임의성 없는 진술이다.

여덟째, 공소장에 대한민국을 전복할 목적으로 괴집과 합작하여 그 원조를 받는 것을 승낙했다고 기재한 것은 마치 남한에 노동당이 있어 북한 괴집이나 노동당으로부터 지령을 받고 돈을 받은 것과 조금도 다른 점이 없다. 검사가 공소장에 합작 운운의 기재를 그대로 유지한다면 본건은 전형적 보안법 사건에 해당할 것이며 보안법 제3조를 적용해야 마땅하다.

10. 이동화에 대한 여운홍의 진정서(1958년 10월)

여운홍은 이동화가 기초한 진보당 강령은 점진적인 자본주의 수정의 원칙, 철저한 반공친미 원칙, 가장 완전한 의회주의적 민주주의 원칙에 기초한 것으로서 어떠한 반국가적 요소도 내포하고 있지 않다고 주장했다.

11. 공판조서 제9회(1958년 10월 16일)

변호인단에서 김달호, 이동현, 조봉암, 윤길중에 대한 변론을 개진했다. 윤용진 변호사는 양이섭이 조봉암에게 준 금품이 북한에서 보낸 것이라는 증가가 없다고 변론했다. 원본 기록에는 변론서가 수록되어 있지 않다.

12. 공판조서 제10회(1958년 10월 17일)

변호인단에서 조봉암, 전세룡, 김기철, 조규희에 대한 변론을 개진했다. 신태악 변호사는 진보당의 강령과 민혁당의 강령 내용이 동일함에도 불구하고 진보당원만 기소한 것은 진보당원을 탄압하기 위한 것이라고 비판했다. 또한 진보당의 평화통일안은 변영태 외무장관이 제네바회담에서 제안한 안과 사실상 같은 것이라고 주장했다.

13. 공판조서 제11회(1958년 10월 20일)

변호인단에서 조봉암, 김달호, 윤길중, 박기출, 이동화, 이명하, 김정학, 김기철, 신창균, 정태영에 대한 변론을 개진했다. 김봉환 변호사는 진보당의 강령 전문에 규정한 자본주의의 변혁 조항이 국가보안법에 저촉된다고 보는 것은 근대적 헌법의 성격을 몰이해한 것이라고 비판했다. 전봉덕 변호사는 진보당이 사회민주주의를 표방하는 혁신정당인데 비약적으로 해석하여 공산주의 정당이라고 인정한 것은 유감이라고 변론했다.

14. 이동화 변론 요지(변호사 조헌식)

제11회 공판조서에는 조헌식 변호사의 이동화 변론 요지가 첨부되어 있다. 변호인은 평화통일과 사회주의 문제에 집중하여 변론했다. 변호인은 이동화가 진보당에 가입한 사실이 없고 진보당 간부가 된 사실도 없는데 국가보안법 제1조 1항에 의해 구형하는 것은 법 적용의 착오라고 비판한다. 변호인은 평화통일 문제에 대하여 설혹 진보당이 북한 괴뢰와 호응·상통·야합했다 할지라도 당에 가입한 바 없는 이동화는 이에 책임을 져야 할 하등의 이유가 없다고 변론한다. 변호인은 진보당의 강령을 검토하며 진보당이 공산주의를 반대하고 사유재산 제도를 인정하며 민주주의에 충실할 것을 공표했다고 주장한다. 변호인은 진보당이 사회주의 실현을 기도하고 대한민국 헌법을 파괴하는 불법집단이라는 검사의 주장이 구체적 사실의 증명이 없는 근거 없는 억측과 독단이라고 비판한다.

15. 공판조서 제12회(1958년 10월 21일)

조봉암, 박기출, 김달호, 윤길중, 조규택, 조규희, 신창균, 김기철, 김병휘, 이동화가 최후진술을 했다. 조봉암은 양이섭으로부터 금원을 수수한 것을 기화로 간첩으로 기소한 것은 정치적 음모에 틀림 없다고 진술했다. 박기출은 합법적 등록을 한 정당의 강령이 위법이라 하여 기소한 것 자체가 위법이라고 주장했다. 김달호는 진보당이 불법단체라면 진보당 등록을 허가한 공보실장은 공범으로 처분하여야 한다고 주장했다. 윤길중은 정치적 문제와 형사법 문제를 혼동한 것은 법 이론 해석에 중대한 모순성이 있다고 비판했다. 이동화는 진보당의 강령 전문이 복지사회, 친미우익, 의회주의 3대 특징을 가진 것으로 사회주의와는 확실히 구별된다고 주장했다.

16. 공판조서 제13회(1958년 10월 22일)

양이섭, 정태영, 이명하, 최희규, 안경득, 박준길, 권대복, 전세룡, 김정학, 이상두, 이동현가 최후진술을 했다. 이명하는 과거 30년간 기독교를 신봉하여 공산주의에 공명할 수 없으며 진보당은 공산주의와 싸우기 위해 창당한 것이라고 진술했다. 양이섭은 조봉암을 죽이기 위해 자신이 양념이 된 것이고, 자신이 죽거든 조봉암의 묘 옆에 매장하여 주기를 바란다고 진술했다.

17. 공판조서 제14회(1958년 10월 25일)

재판장이 주문을 낭독하고 판결을 선고했다. 판결에 대하여 상고하려는 자는 7일 이내에 그 신립서를 제출하라고 고지했다.

18. 판결문

진보당 형사사건기록 44권에 수록된 제2심 판결문이다. 조봉암 외 20인의 인적사항을 제시하고 유무죄와 형량을 선고한 후 각 피고인에 대해 유무죄의 이유를 밝히고 있다. 재판부는 이동현과 김정학에 대해서는 제1심 판결을 확정했고, 나머지 피고인들에 대해서는 모두 원심을 파기하고 실형을 언도했다. 재판부는 조봉암, 양이섭에게 간첩 및 국가보안법 위반죄를 적용하여 사형을 선고했다. 그러나 조봉암에 대해서 북에 밀사를 보내 평화통일을 협의했다는 혐의, 간첩 박정호와의 관련 혐의, 조총련계 정우갑과의 관련 혐의, 김기철 기안의 「북한당국의 평화공세에 대한 진보당의 선언문」을 토의하여 진보당의 목적한 사항의 실행을 협의했다는 혐의에 대해서는 증거가 없다고 판결했다. 하지만 국시에 위반되는 평화통일을 주장하고 양이섭을 통해 수시로 연락하면서 자금을 받는 등 간첩행위를 했다는 혐의를 인정하여 유죄를 선고했다. 양이섭의 진술 번복으로 조봉암의 간첩행위에 대한 증거 효력이 약화된 상태에서도 형량은 큰 폭으로 가중된 것이다. 제1심에서 대부분 무죄가 입증된 진보당 간부들에 대해서도 2년에서 3년의 형이 선고되었다. 재판부가 진보당의 선언문, 강령정책 등이 북한과 내통한 것이라는 검찰 측 주장을 인정하고 진보당 결성 목적이 불법적이었다고 인정했기 때문이다.

판결내용

번호	이름	기소 내용	유무죄 여부	최종형량
1	조봉암	간첩	유죄	사형
		간첩방조	유죄	
		국가보안법 위반	유죄	
		법령 제5호 위반	유죄	
2	양이섭	간첩	유죄	사형
		간첩방조	유죄	
3	박기출	국가보안법 위반	유죄	징역 3년
4	김달호	국가보안법 위반	유죄	징역 3년
5	윤길중	국가보안법 위반	유죄	징역 3년
		간첩방조	유죄	
6	조규택	국가보안법 위반	유죄	징역 2년, 집행유예 3년
7	조규희	국가보안법 위반	유죄	징역 2년, 집행유예 3년
8	신창균	국가보안법 위반	유죄	징역 2년, 집행유예 3년
9	김기철	국가보안법 위반	유죄	징역 2년
10	김병휘	국가보안법 위반	유죄	징역 2년, 집행유예 3년
11	이동화	국가보안법 위반	유죄	징역 2년
12	정태영	국가보안법 위반	유죄	징역 2년
13	이명하	국가보안법 위반	유죄	징역 2년
14	최희규	국가보안법 위반	유죄	징역 2년, 집행유예 3년
15	안경득	국가보안법 위반	유죄	징역 2년, 집행유예 3년
16	박준길	국가보안법 위반	유죄	징역 2년, 집행유예 3년
17	권대복	국가보안법 위반	유죄	징역 2년
18	전세룡	국가보안법 위반	유죄	징역 2년
		증거인멸	유죄	
19	이상두	국가보안법 위반	유죄	징역 2년
20	이동현	국가보안법 위반	무죄	1심과 동일 (징역 1년 권총과 실탄 몰수)
		수뢰증거인멸	유죄	
		법령 제5호 위반	유죄	
21	김정학	국가보안법 위반	무죄	1심과 동일 (징역 1년 집행유예 3년)
		증거인멸	유죄	

▍일러두기

1. 진보당 형사사건기록은 국한문 필사문서로 생산되어 판독이 어렵다.

   이 책에서는 가독성을 높이기 위해 다음과 같은 탈초·편집 원칙을 적용하였다.

   ① 국한문혼용의 원본 문서를 한글 문서로 정서(正書)하고 한자 병기를 최소화하였다.

   ② 인명, 지명, 단체명을 비롯하여 주요 한자어의 경우 초출(初出)에만 한자를 병기하였다. 다만, 동명이인, 동음이의어, 생소한 용어 등에 대해서는 독해를 돕기 위해 초출 외에도 한자를 병기하였다.

   ③ 원본 문서의 용어법과 문법을 가능한 한 그대로 보존하였기 때문에 오늘날의 맞춤법 기준안에 따르면 오자이거나 비문인 경우가 다수 있다.

   ④ 필사문서의 특성상 원본 문서에 오기(誤記)가 많다. 수정 사항에 대해서는 각주를 달아 설명하였다.

   ⑤ 원본 문서에는 없지만 적절한 곳에 쉼표를 넣고, 띄어쓰기를 하고, 내용 단위로 문단을 구분하였다.

   ⑥ 인물, 사건, 법률 용어 등에 대해서는 초출에 각주를 달아 설명하였다.

   ⑦ 인명을 표기할 때는 두음법칙을 적용하였다.

   ⑧ 원본 문서에서 연도는 모두 단기(檀紀)로 표기되어 있는데, '단기' 글자는 모두 삭제하고 괄호 안에 서기 연도를 함께 표기하였다.

   ⑨ 괄호가 이중으로 삽입될 때, 바깥쪽은 대괄호([ ])로 표기하였다.

   ⑩ 엽(頁), 정(丁)은 책이나 문서의 면(쪽)을 의미하는데, 본문에서 한자가 병기되지 않은 '엽'과 '정'은 모두 면(쪽)을 의미한다.

   ⑪ 원본 문서 중 판독이 불가능한 문자는 '□'로 표기하였다.

   ⑫ 각 문서의 출전은 모두 국가기록원 소장 진보당형사사건기록으로, 예를 들어 13권 23쪽이라는 표기는 진보당형사사건기록 13권 23쪽이라는 의미이다.

2. 진보당사건 관계자의 약력은 부록「진보당사건 관계자 인명사전」에 기술하였고, 그 외의 인물에 대해서는 가능한 범위 안에서 각주를 통해 간단한 약력을 기술하였다.

3. 그 외의 맞춤법과 외래어 표기는 국립국어원의 용례를 따랐다.

4. 직접인용은 큰따옴표(" ")로, 간접인용과 강조는 작은따옴표(' ')로 표기하였다.

5. 사진과 그림에는 저작권을 표시하였다.

6. 단행본과 정기간행물, 신문은 겹낫표(『 』)로, 문서는 홑낫표(「 」)로, 법령은 홑화살괄호(〈 〉)로 표기하였다.

❙ 차 례 ❙

제2심 공판기록

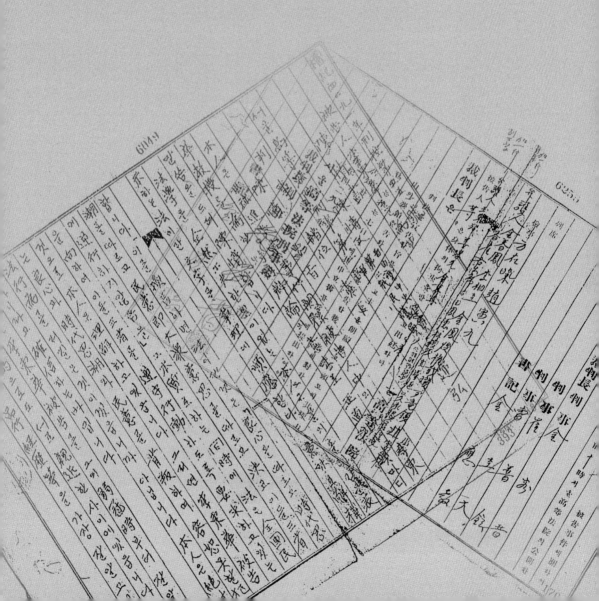

피고인 조봉암(曺奉岩) 외 20인에 대한 간첩 등 피고사건에 관하여 4291(1958)년 9월 4일 오전 10시 서울고등법원의 공개한 법정에서

재판장 판사 김용진(金容晋), 판사 최보현(崔普鉉), 판사 조규대(曺圭大)
서기 김응교(金應敎), 열석(列席)

검사 방재기(方在暲) 출석

변호인 신태악(辛泰嶽), 조헌식(趙憲植), 권재찬(權載瓚), 김병희(金秉熙), 김봉환(金鳳煥), 윤용진(尹竜鎭), 옥동형(玉東瀅), 강순원(姜淳元), 김춘봉(金春鳳), 오승근(吳承根), 민동식(閔瞳植), 임석무(林碩茂), 유춘산(劉春産), 전봉덕(全鳳德), 최순문(崔淳文) 각 출석

피고인 등은 신체의 구속을 받지 않고 출석하다.

재판장은 피고인 등에 대하여
문: 성명, 연령, 직업, 주거 급(及) 본적은 여하(如何).

피고인 조봉암은
답: 성명은 조봉암[별명 조봉암(曺鳳岩) 호는 죽산(竹山)]
　　연령은 당 60세
　　본적은 경기도(京畿道) 강화군(江華郡) 강화읍(江華邑) 관청리(官廳里) 번지
　　　　미상
　　주거는 서울특별시 성동구(城東區) 신당동(新堂洞) 353번지의 44호

직업은 무직

진보당 중앙당 위원장

진보당 서울특별시당 위원장

피고인 박기출(朴己出)은

답: 성명은 박기출

연령은 당 50세

본적은 경상남도(慶尙南道) 부산시(釜山市) 부용동(芙蓉洞) 2가 65번지

주거는 경상남도 부산시 초량동(草梁洞) 919번지

직업은 의사

진보당 중앙당 부위원장

피고인 김달호(金達鎬)는

답: 성명은 김달호[호 단재(端齋)]

연령은 당 47세

본적은 경상북도(慶尙北道) 상주군(尙州郡) 상주읍(尙州邑) 서문리(西門里)
        80번지

주거는 서울특별시 성동구 신당동 340번지의 53호

직업은 변호사

진보당 중앙당 부위원장

피고인 윤길중(尹吉重)은

답: 성명은 윤길중

연령은 당 43세

본적은 강원도(江原道) 고성군(高城郡)[1] 문막면(文幕面) 문막리(文幕里) 261
        번지

---

[1] 원성군(原城郡)의 오기(誤記)이다. 원성군은 1989년 원주군으로 지명이 바뀌었다가 1995년 원주시와 행정통합되었다.

주거는 서울특별시 마포구(麻浦區) 아현동(阿峴洞) 495번지의 19호

직업은 변호사

진보당 중앙당 간사장

진보당 통일문제연구위원회 위원

진보당 전남도당 위원장

피고인 조규택(曺圭澤)은

답: 성명은 조규택

　　연령은 당 36세

　　본적은 서울특별시 성북구(城北區) 돈암동(敦岩洞) 산(山) 11번지의 81호

　　주거는 우동(右同)[2]

　　직업은 무직

　　진보당 중앙당 재정부 부간사

피고인 조규희(曺圭熙)는

답: 성명은 조규희

　　연령은 당 45세

　　본적은 함경남도(咸鏡南道) 북청군(北靑郡) 속후면(俗厚面) 오매리(梧梅里)
　　　　 796번지

　　주거는 서울특별시 종로구(鐘路區) 신교동(新橋洞) 66번지

　　직업은 무직

　　진보당 선전부 간사

　　진보당 통일문제연구위원회 위원

피고인 신창균(申昌均)은

답: 성명은 신창균

---

[2] 원본 문서는 세로쓰기로 오른쪽에서 왼쪽으로 기록했기 때문에, 앞에 나온 단어나 구절을
　　지칭할 때 우(右)를 사용했다. 이하에서는 우(右)에 대한 설명을 생략한다.

연령은 당 51세

본적은 충청북도(忠淸北道) 음성군(陰城郡) 음성읍(陰城邑) 읍내리(邑內里)
486번지

주거는 충청북도 충주시(忠州市) 충인동(忠仁洞) 80번지

직업은 무직

진보당 중앙당 재정위원장

피고인 김기철(金基喆)은

답: 성명은 김기철

연령은 당 48세

본적은 함경남도 함흥시(咸興市) 중앙동(中央洞) 2가 14번지

주거는 서울특별시 서대문구(西大門區) 대치동(大峙洞) 33번지의 1호

직업은 무직

진보당 중앙통제위원회 부위원장

진보당 통일문제연구위원회 위원장

진보당 경기도당 위원장

피고인 김병휘(金炳輝)는

답: 성명은 김병휘

연령은 당 38세

본적은 평안북도(平安北道) 용천군(龍川郡) 외상면(外上面) 정차동(停車洞)
113번지

주거는 서울특별시 영등포구(永登浦區) 흑석동(黑石洞) 산 84번지의 38호

직업은 무직

진보당 중앙당 교양부 간사

진보당 통일문제연구위원회 부위원장

진보당 중앙위원

피고인 이동화(李東華)는

답: 성명은 이동화

연령은 당 52세

본적은 평안남도(平安南道) 강동군(江東郡) 승호면(勝湖面) 화천리(貨泉里) 560번지

주거는 서울특별시 종로구 가회동(嘉會洞) 11번지의 107호

직업은 성균관대학교(成均館大學校) 교수(휴직 중)

민혁당(民革黨) 정책위원

피고인 정태영(鄭太榮)은

답: 성명은 정태영[일명 정동화(鄭同和)]

연령은 당 28세

본적은 전라북도(全羅北道) 익산군(益山郡) 춘포면(春浦面) 신동리(信洞里) 360번지

주거는 서울특별시 종로구 와룡동(臥龍洞) 1번지의 4호

직업은 동양통신사(東洋通信社) 외신부 기자

진보당 서울특별시당 상무위원

피고인 이명하(李明河)는

답: 성명은 이명하[호는 매암(梅岩)[3]]

연령은 당 46세

본적은 함경남도 북청군 신창면(新昌面) 신창리(新倉里) 132번지

주거는 서울특별시 성동구 충현동(忠峴洞) 산 24번지

직업은 무직

진보당 중앙상무위원

진보당 부간사장

진보당 조직부 간사

---

[3] '해암(海岩)'의 오기이다.

진보당 통일문제연구위원회 위원

피고인 최희규(崔熙奎)는
답: 성명은 최희규

연령은 당 39세

본적은 함경북도(咸鏡北道) 학성군(鶴城君) 학성면(鶴城面) 업억리(業億里)
1198번지

주거는 서울특별시 동대문구(東大門區) 창신동(昌信洞) 649번지

직업은 무직

진보당 중앙당 공무부장

진보당 중앙상무위원

진보당 통일문제연구위원회 위원

피고인 안경득(安慶得)은
답: 성명은 안경득

연령은 당 37세

본적은 함경남도 함흥시 황금동(黃金洞) 1가 233번지

주거는 서울특별시 서대문구 홍은동(弘恩洞) 산 1번지의 8호

직업은 약종상(藥種商)

진보당 중앙당 상무위원

진보당 통일문제연구위원회 위원

진보당 서대문을구당 위원장

진보당 서울특별시당 간사장

피고인 박준길(朴俊吉)은
답: 성명은 박준길[일명 박재영(朴在英)]

연령은 당 47세

본적은 충청북도 보은군(報恩郡) 내북면(內北面) 산성리(山城里) 220번지

주거는 대전시(大田市) 대흥동(大興洞) 2구 330번지의 2호

직업은 무직

진보당 통일문제연구위원회 위원

진보당 중앙위원, 진보당 재정간사

진보당 중구을구 위원장

피고인 권대복(權大福)은

답: 성명은 권대복

연령은 당 27세

본적은 서울특별시 서대문구 북아현동(北阿峴洞) 산 18번지의 3호

주거는 서울특별시 영등포구 도림동(道林洞) 212번지

직업은 무직

진보당 통일문제연구위원회 위원

진보당 영등포을구당 위원장

진보당 중앙위원

진보당 서울특별시당 상임위원

진보당 서울특별시당부 사회부 간사

피고인 전세룡(金世龍)은

답: 성명은 전세룡[일명 김경렬(金炅烈)]

연령은 당 41세

본적은 함경북도 명천군(明川郡) 남면(南面) 내포리(內浦里) 2번지

주거는 서울특별시 성북구 하월곡동(下月谷洞) 88번지의 5호[4]

직업은 무직

진보당 중앙상무위원

진보당 특수지하조직 전국위원장

진보당 조직부 부간사

---

4) 아래에 나오는 김정학의 주소지와 동일하다. 전세룡의 주소는 '서울특별시 성동구 신당동
353번지의 44호'이므로 오기로 보인다.

진보당 서울시당 상무위원

진보당 서울 성동갑구당 부위원장

피고인 김정학(金正鶴)은

답: 성명은 김정학[가명 박일(朴一)]

연령은 당 37세

본적은 함경북도 명천군 남면 내포리 59번지

주거는 서울특별시 성북구 하월곡동 88번지의 5호

직업은 무직

피고인 이상두(李相斗)는

답: 성명은 이상두

연령은 당 27세

본적은 경상북도 안동군(安東郡) 일직면(一直面) 송리(松里) 258번지

주거는 경상북도 대구시(大邱市) 삼덕동(三德洞) 140번지의 1호

직업은 경북대학교(慶北大學校) 정치학과 강사(휴직 중)

피고인 양이섭(梁利涉)은

답: 성명은 양이섭[별명 양장우(梁壯宇), 양명산(梁明山), 양동호(梁東號), 김사장
(金社長)]

연령은 당 51세

본적은 평안북도 강계군(江界郡) 강계읍(江界邑) 명편동(明偏洞) 45번지

주거는 서울특별시 동대문구 신설동(新設洞) 12 통일반(統一班) 번지 미상

직업은 무직

피고인 이동현(李東賢)은

답: 성명은 이동현

연령은 당 33세

본적은 평안북도 용천군 외상면 신룡동(新龍洞) 249번지

주거는 서울특별시 서대문구 현저동(峴底洞) 101번지

직업은 무직 (전 서울교도소 간수부장)

재판장은 우자(右者) 등에 대한 간첩 등 피고사건에 관하여 심리할 지(旨)를 고하니

검사는 공소장에 의하여 기소의 요지를 진술하다.

재판장은 피고인 등에게 본 피고사건을 고하고 본건에 관하여 이익되는 사실을 진술할 수 있으며 또 각개의 신문(訊問)에 대하여 진술의 거부를 할 수 있는 지고(旨告)하니

피고인 등은 신문하심에 응하여 사실관계를 말하겠다고 답하다.

재판장은 피고인 등에게

문: 피고인 등은 본건에 관하여 서울지방법원에서 심리를 받아오다가 4291(1958)년 7월 2일 동원(同院)에서 피고인 조봉암 동(同) 양이섭을 각 징역 5년에, 동 김정학 동 이동현을 각 징역 1년에, 동 전세룡을 징역 10월에 각 처한다.

판결 선고 전 구금 일수 중 피고인 조봉암에 대하여 150일을, 동 양이섭에 대하여 100일을, 동 김정학에 대하여 120일을, 동 이동현에 대하여 60일을, 동 전세룡에 대하여 120일을 우(右) 각 본형에 산입(算入)한다.

단 본 재판 확정일로부터 피고인 김정학에 대하여는 3년간, 동 전세룡에 대하여는 2년간 우(右) 형의 집행을 유예한다.

압수한 4291(1958)년 압(押) 제146호의 증(証) 제5호(권총 1정) 및 동 제6호(동 실탄 49발)는 피고인 조봉암으로부터, 4291(1958)년 압 제102호의 증 제1호(권총 1정) 및 동(同) 제2호(동 실탄 46발)는 피고인 이동현으로부터 각차(各此)를 몰수한다.

본건 공소사실 중 피고인 조봉암에 대한 하기(下記) 판결 이유 중 무죄 부분에 게기(揭記)한 제1의 (一)의 (1) 및 (2) 기재의 각 간첩의 점, 동 제1의 (三) 기재의 간첩방조의 점, 동 제1의 (一)의 (3) 내지(乃至) (5), 동 제1의 (二) 및 (四) 기재의 각 〈국가보안법〉 위반의 점.

피고인 전세룡에 대한 〈국가보안법〉 위반의 점 및 하기 판결 이유 중 무죄 부분에 게기한 제17의 (一八) 기재의 증거인멸의 점.

피고인 김정학에 대한 〈국가보안법〉 위반의 점.

피고인 이동현에 대한 증거인멸 및 〈국가보안법〉 위반의 점은 각 무죄.

피고인 박기출, 동 김달호, 동 윤길중, 동 조규택, 동 조규희, 동 신창균, 동 김기철, 동 김병휘, 동 이동화, 동 이명하, 동 최희규, 동 안경득, 동 박준길, 동 권대복, 동 정태영, 동 이상두는 각 무죄라는 판결 선고를 각각 수(受)하였는가.

피고인 등은

답: 네. 각각 그런 사실이 있습니다.

문: 동월(同月) 3일 피고인 이동현 이외의 동 피고인에 대한 우 판결에 대하여 검사로부터 불복 공소(控訴)[5]신립(申立)[6]을 한 사실을 알고 있는가.

피고인 이동현 이외의 피고인 등은

답: 네. 그런 사실을 알고 있습니다.

재판장은 피고인 조봉암, 동 양이섭, 동 김정학, 동 전세룡, 동 이동현에 대하여

문: **피고인 이동현**은 동월 2일, 동 조봉암은 동월 5일, 동 전세룡은 동월 5일, 동 양이섭은 동월 7일, 동 김정학은 동월 9일 각각 불복 공소신립을 하였는가.

동 피고인 등은

답: 네. 그런 사실이 있습니다.

---

[5] 공소(控訴)는 항소(抗訴)의 과거 용어이다.

[6] 개인이 국가나 공공 단체에 어떤 사항을 청구하기 위하여 의사 표시할 때 쓰이는 법률용어이다.

재판장은 피고인 전원에 대하여

문: 종전에 형벌을 수(受)한 사실은 없는가.

피고인 조봉암은

답: 4252(1919)년 3월경(3·1운동 당시) 서울지방법원에서 〈제령(制令)〉 위반으로 징역 1년의 언도를 수(受)하고 서대문형무소(西大門刑務所)에서 복역을 마치고 만기 출옥한 사실이 있고, 동 4263(1930)년 7월경 중국 상해(上海)에서 일경(日警)에 피검·이송되어 신의주지방법원(新義州地方法院)에서 〈치안유지법〉 위반죄로 징역 7년의 언도를 받고 그 당시 신의주형무소에서 복역을 마치고 출옥한 사실이 있으며, 동 4277(1944)년 9월경 왜병(倭兵)인 경성헌병대(京城憲兵隊)에 피검되어 구속, 취조를 받다가 8·15해방으로 인하여 석방된 사실이 있습니다.

피고인 이동화는

답: 4274(1941)년 9월에 시내 종로경찰서에 치안유지법 위반 혐의로 피검되어 약 2년 만에 서울지방법원에서 무죄 언도를 받은 사실이 있고, 4288(1955)년 7월 30일 〈국가보안법〉 위반으로 서울지방법원에서 선고 유예를 받은 사실이 있습니다.

피고인 양이섭은

답: 4264(1931)년 4월 왜경(倭警)에 피검되어 〈치안유지법〉 위반으로 신의주형무소에서 4년간 복역하고 출옥한 사실이 있습니다.

이여(爾余)의 피고인 등은

답: 없습니다.

문: 가족, 재산보유 정도 및 경력 등은 각각 원심(原審)에 이르기까지 진술한 바와 상위(相違) 없는가.

피고인 전원은

답: 네. 그와 각각 상위 없습니다.

재판장은 피고인 조봉암에 대하여

문: 피고인은 몇 살 시에 3·1운동에 가담하였는가.

답: 네. 본인은 일즉히 강화군청 사환 및 고원(雇員) 등으로 종사하다가 20세 시에 가담하였다가 1년간 복역한 사실이 있습니다.

문: 그 후 도일(渡日)하여 동경(東京)에서 소련공산당 볼세뷔크[7]혁명의 영향을 받고 공산주의 사상을 포지(抱持)하였다는데 여하(如何).

답: 네. 공산주의에 관한 각종 서적을 탐구한 사실이 있습니다.

문: 흑도회(黑濤會)[8]라는 비밀결사를 조직한 사실이 있는가.

답: 네. 그런 사실이 있습니다.

문: 흑도회는 무엇을 하는 결사였는가.

답: 소위 안아키즘(무정부주의)자의 단체였습니다.

문: 사회주의 체제로의 한국 독립을 목표로 반일 투쟁을 하였다는데 여하(如何).

답: 네. 그런 사실이 있습니다.

문: 그 후 귀국하여 김약수(金若水), 김찬(金燦), 이영(李英) 등과 같이 무산자동맹(無産者同盟) 및 서울청년회 등을 조직하였다는데 그런가.

답: 네. 동인(同人) 등과 그런 단체를 조직한 사실은 있으나 피고인은 동 조직에 직접 참가한 사실이 없습니다.

---

[7] '볼셰비키'를 말한다.

[8] 1921년 일본 동경에서 조선인 유학생을 중심으로 조직된 단체로 무정부주의자들과 사회·공산주의자들이 참여한 단체이다.

문: 그러던 중 소련 코민테른의 지령으로 소련 벨그네우진스크9)에서 개최되는 해내외
(海內外)의 조선공산당(朝鮮共産黨) 연합대회에 참가하였다는데 여하(如何).

답: 네. 동 대회에 참가한 것은 피고인이 22세 시였습니다.

문: 조공(朝共)10) 조직총국 대표로 모스크바에 갔던 사실이 있는가.

답: 네. 당시 조공의 2개 크럽11)이 서울에서 연합대회를 하였는데, 쌍방 의견이
상충되어 회의가 성립이 되지 않아 각파 대표 2명이 선출되어 모스크바에 갔
는데 당시 피고인은 조공 조직총국 대표로 갔었던 것입니다.

문: 모스크바에 가서 무엇을 하였는가.

답: 코민테른 간부들과 상의하고 과거의 각종 크럽을 발전적 해산하고 꼴부료12)
(조선공산 조직총국 확대 강화)의 조직 지령을 수(受)함과 동시에 모스크바
동방노력자공산대학(東方努力者共産大學)에서 2년간 공산주의 실천에 대한
교양을 받고 귀국하였습니다.

문: 당시 소련 우라지오스토크13)[해삼위(海蔘威)14)]에 조공 조직총국을 설치하였다는데
여하(如何).

답: 동국(同局)을 설치한다는 사실은 알았으나 피고인은 당시 공산대학에 있었으
므로 동 조직에 직접 참가한 사실은 없습니다.

---

9) 지금의 러시아 중부 부랴티야공화국 수도 울란우데를 가리킨다. 1922년 11월에 코민테른
의 중재하에 이르쿠츠크파 고려공산당과 상해파 고려공산당 간 통합을 논의하기 위한 연
합대회가 열린 곳이다.

10) 1925년 창당하여 1928년에 해산된 조선공산당을 지칭한다.

11) '그룹(group)'을 말한다.

12) '꼬르뷰로(Корбюро)'를 말한다. 코민테른 민족부 극동총국 산하의 조선 공산주의운동 지
도기관이다.

13) '블라디보스토크'를 말한다.

14) 19세기 후반 우리 선조들은 블라디보스토크를 해삼위(海蔘威)라 불렀다. 이곳 바다에 해
삼이 많이 났기 때문이라고 한다.

문: 모스크바로부터 귀국한 일시는 여하(如何).

답: 4257(1924)년 춘경에 귀국하였습니다.

문: 귀국하여는 무엇을 하였는가.

답: 고려공청회(高麗共靑會)15)를 조직하고 동 단체를 국제공산청년회(國際共産靑 年會) 지부에 가입시키고 피고인이 동 대표로 선출되어 활약하다가 노농총연 맹(勞農總聯盟), 조선청년총동맹(朝鮮靑年總同盟) 등을 조직, 동 문화부책(文 化部責)으로 선출되어 활동하였으며 4258(1925)년 5월경에 조선공산당을 조 직하였으며 피고인도 동당(同黨) 간부로 취임하였습니다.

문: 결혼은 하시(何時)에 하였는가.

답: 4258(1925)년도에 김조이(金祚伊)와 결혼하였습니다.

문: 김조이도 모스크바공산대학 출신인가.

답: 네. 그렇습니다.

문: 결혼 후 모스크바에 또 갔는가.

답: 네. 조공대표로 조동우(趙東祐)와 공(共)히 모스크바에 가서 코민테른과 협의 하여 조공당16)을 코민테른 한국 지부로 인정을 수(受)하는 동시에 동 코민테 른의 지령에 의거, 조공 만주총국(滿洲總局)을 조직한 사실이 있습니다.

문: 그 후 상해에 갔었는가.

답: 네. 동지(同地)에 가서 코민테른에 동 일본 대표 사노 마나부(佐野學)17), 동 중국 대표 진독수(陳獨秀)18) 등과 공히 활동한 사실이 있습니다.

---

15) '고려공산청년회'를 말한다.

16) '조선공산당'을 말한다.

17) 사노 마나부(佐野学, 1892~1953)는 일본의 사회주의운동가로 1920년대 후반 비합법 정당 시대에 일본공산당(제2차 공산당)의 중앙위원장을 역임했다. 옥중에서 전향 성명을 발표 하여 커다란 반향을 불러일으켰다.

문: 국내적으로 안광천(安光泉)과 접선하여 ML당19)을 조직한 사실이 있는가.

답: ML당을 조직한 것이 아니라 동당과 연락을 한 것이었습니다.

문: 상해에 있다가 왜경에 체포당한 것인가.

답: 네. 당시 피검되어 신의주형무소에서 7년간 징역을 복역하고 만기 출옥한 후 인천(仁川)에서 인곡연료조합(籾穀燃料組合)을 경영 중 4277(1944)년도에 왜놈 헌병대에 피검되었다가 8·15해방으로 석방된 것입니다.

문: 8·15해방 후 피고인이 좌익(左翼)과 관련된 활동 상황은 여하(如何).

답: 동 해방 후는 인천에서 치안유지회(治安維持會), 건준(建準),20) 노동조합(勞動組合), 실업자대책위원회(失業者對策委員會) 등을 조직하여 활동하는 한편 조공당 중앙간부 및 인천지구책을 위시한 민전(民戰)21) 의장 등에 취임하여 활동하여 오던 중 4279(1946)년 5월경 당시 공산당 대표 박헌영(朴憲永)에게 동 당원의 입장으로 공산당과 인위(人委),22) 민전(民戰)의 지도 방법의 기술적 졸렬, 당과 인위, 민전을 혼동시켜 당이 군중으로부터 고립화된 당적 과오를 지적하고 또한 삼상회의(三相會議) 결정 지지투쟁에 대하여 정치는 과학이며 동시에 기술이라 레닌23)의 정치는 예술이라는 천고의 진리를 망각하고 실천하는 데 있어서 기술적으로 졸렬하다는 등 요지의 볼쉬뷔크 노선의 불충실성을 지적, 충고하는 서한을 발송하고 그것이 지상(紙上)에 발표되자 동 박헌영에 의하여 동당에서 출당을 당한 것입니다.

---

18) 천두슈(陳獨秀, 1879~1942)는 근대 중국의 언론인, 철학가, 혁명가이다. 중국공산당의 창립자이자 제1대 총서기를 역임했다. 말년에 트로츠키주의로 기울었다.

19) 일제강점기 창당된 조선공산당 중 제3차 조선공산당을 말한다. ML은 '마르크스·레닌주의'의 약칭이다. 레닌주의동맹과 혁명사, 만주 공청, 서울 신파, 일월회 주요 인물들이 참여하였다.

20) 해방 직후 여운형의 조선건국동맹을 중심으로 조직된 '조선건국준비위원회(朝鮮建國準備委員會)'를 줄여 부른 것이다.

21) '민주주의민족전선'의 약칭이다.

22) '인민위원회(人民委員會)'의 약칭이다.

23) 소련공산당의 지도자 블라디미르 레닌을 지칭한다.

문: 공산당으로부터 출당을 당한 후부터는 무엇을 하였는가.

답: 4280(1947)년 9월경 이극로(李克魯), 김찬 등과 공히 민독전선(民獨戰線)[24]을 조직하여 오다가 태도를 변경하여 5·10총선거 시 인천에서 출마하여 당선되고, 4281(1948)년 9월 초대 농림부 장관에 취임, 근무하다가 동직(同職)을 사임한 후 제2대 국회의원선거 시 당선되어 동 국회부의장을 거쳤던 것입니다.

문: 제3대 국회에서는 출마를 하지 않고 야(野)에 있었는가.

답: 당시도 출마를 하고 싶지 않은 것은 아니었으나 당국에서 출마를 방해하여 부득이 출마를 못하였습니다.

문: 피고인이 진보당을 조직 결당하게 된 경위는 여하(如何).

답: 4288(1955)년 6월경 피고인은 서상일(徐相日)과 함께 새로이 발족한 민주당(民主黨) 결당 운동에 포섭되지 않게 되자 소위 비자유당(非自由黨), 비민주당(非民主黨)의 재야 혁신세력을 총 규합하여 새로운 정당을 조직할 것을 모색하고 동년(同年) 9월 상(相) 피고인[25] 윤길중, 동 김기철 등이 주동이 되어 소집한 광릉회합(光陵會合)에 서상일, 장건상(張建相) 등 20여 명과 회합하여 자유당(自由黨), 민주당을 제외한 전 야당계에서 규합하여 대야당을 조직 추진할 것에 의견의 일치를 본 후 동년 11월경부터 시내 관철동(貫鐵洞) 소재 대관원(大觀園)을 비롯한 수개 처에서 10여 차에 긍(亘)한 회합을 거듭한 끝에 동년 11월 윤길중, 조규희, 신창균, 김기철, 김병휘, 이명하 등과 함께 가칭 진보당결당추진위원회를 조직하였습니다.

문: 동당 추진위원회를 조직하였을 시 피고인은 여하한 부서를 담당하였는가.

답: 피고인은 서상일, 김성숙(金成璹), 최익환(崔益煥) 등과 함께 총무위원으로 취임하였습니다.

---

24) '민주주의독립전선(民主主義獨立戰線)'의 약칭이다.

25) '상(相) 피고인'은 두 명의 피고인 중 한 사람의 피고인에 대한 나머지 다른 피고인을 지칭할 때 사용된다.

문: 동당의 지향하는 정치이념은 여하(如何).

답: 남북한의 평화통일의 실현, 수탈 없는 경제체제의 확립, 혁신정치의 구현의 삼대(三大) 스로강[26]을 목표로 진보당을 추진키로 한 것입니다.

문: 그것은 결국 사회주의를 지향하는 것이 아닌가.

답: 그렇지는 않습니다.

문: 진보당이 주장하는 평화통일 방안이라는 것은 현 대한민국이 북한 괴뢰와 동등한 위치에 서서 양측을 일대일로 간주하여 각 해소시키고 통일정권을 수립하기 위하여 남북총선거, 환언(換言)하면 북한 괴뢰의 제안과 동일한 것이 아닌가.

답: 절대로 그런 것이 아니고 진보당으로서는 구체적인 통일방안을 결의한 사실이 없습니다.

문: 4289(1956)년 5월 15일의 정부통령선거 당시 동당 공천의 대통령 입후보자로 출마하여 전기(前記) 삼대 구호를 내세우면서 평화통일을 주장하였는가.

답: 평화통일을 주장하면서 그 선거 운동을 한 것만은 사실입니다.

문: 피고인은 여사(如斯)한 범행을 하였다는데 여하(如何).

차시(此時) 재판장은 4291(1958)년 2월 17일자의 공소장 기재 범죄사실 적시 제1의 (1)의 ①을 독시(讀示)하니

답: 그것은 전부가 사실무근입니다. 4289(1956)년 5월 6일 박정호(朴正鎬)와 진보당추진위원회 사무실에서 밀회하였다고 하나 당시는 피고인은 테로[27]를 당할까 두려워 피신하였으며 동 사무소에 나간 사실이 없습니다.

문: 박정호를 종전에 알고 있었는가.

답: 박정호는 원심(原審) 공정에서 처음 보았고 기전(其前)에는 알지도 못하였습니다.

---

[26] '슬로건(slogan)'을 의미한다.

[27] '테러'를 말한다.

문: 또 여사(如斯)한 범행을 하였다는데 여하(如何).

차시(此時) 재판장은 전동(前同) 제1의 (1)의 ②를 독시(讀示)하니

답: 그 사실은 전연(全然) 알 수 없는 사실입니다. 검사가 모(某) 대남간첩이 특무대(特務隊)[28]에서 자백한 사실인데 몰으느냐고 신문한 사실이 있는데 피고인으로서는 생각할 수 없는 일입니다.

문: 또 여사(如斯)한 범행을 하였다는데 여하(如何).

차시(此時) 재판장은 전동(前同) 제1의 (1)의 ③을 독시(讀示)하니

답: 서상일과 메별(袂別)[29]한 사실, 동일(同日) 시공관(市公館)에서 진보당을 결당하고 동당 중앙위원장에 취임한 것은 사실이나 북한 괴뢰와 야합을 반대하는 서상일 일파와 메별하였다든가 또는 "진보당이 대한민국을 변란할 목적으로 결사하였다"라는 것은 전부 사실과 상위(相違)합니다.

문: 피고인은 또 여사(如斯)한 범행을 하였다는데 여하(如何).

차시(此時) 재판장은 전동(前同) 제1의 (2)를 독시(讀示)하니

답: 정태영을 김창을(金昌乙)의 소개로 상면(相面)한 것은 사실이며 동인(同人)이 진보당에 협력하겠다는 의견을 표명하므로 당원으로 가입을 시킨 생각은 나나 동 가입 수속을 피고인이 직접 한 것은 아니었으며 또「실천적 제문제(諸問題)」라는 강평서(講評書)에 관하여는 정태영이가 공소 내용과 같은 문구의 초고를 가지고 피고인과 상의하려고 피고인이 부재중에 피고인 가(家)에 왔던 바, 면회를 못하고 동 초고를 두고 갔었는데 피고인은 그것을 한번 읽어본 일이 있을 뿐이며 협의한 사실은 없습니다.

문: 정태영을 비밀당원으로 가입시킨 이유는 여하(如何).

답: 진보당에는 비밀당원이라는 제도가 없으며 평당원에 입당시킨 것입니다.

---

[28] 육군의 대간첩 업무와 그에 따른 범죄 수사를 관장하던 부대이다. 1960년 육군방첩대로 개칭했다가, 1968년 육군보안사령부, 1977년 국군보안사령부, 1991년 국군기무사령부, 2018년 군사안보지원부를 거쳐서 2022년에 국군방첩사령부로 바뀌었다.

[29] 소매를 잡고 헤어진다는 뜻으로, 섭섭히 헤어짐을 이르는 말이다.

문: 또 여사(如斯)한 범행을 하였다는데 여하(如何).

차시(此時) 재판장은 전동(前同) 제1의 (3)을 독시(讀示)하니

답: 정우갑(鄭禹甲)을 만나보고 담화를 한 사실과 동인(同人)에게 진보당의 선언 강령, 정책, 규약 등 인쇄물 1책을 교부하였다는 말을 들은 기억은 있으나 정 우갑이가 일본에서 파견된 간첩이라는 정(情)은 몰랐든 것입니다.

문: 정우갑이와 담화할 시에 간첩이라는 눈치도 못채었는가.

답: 정우갑은 노령으로 그런지 주책이 없는 자로 인정되며 담화의 상대가 안 되 므로 허허 웃고 헤어진 것이었습니다.

문: 동인(同人)과 담화한 내용은 여하(如何).

답: 세상 잡담을 하였습니다.

문: 또 여사(如斯)한 범행을 하였다는데 여하(如何).

차시(此時) 재판장은 전동(前同) 제1의 (4)와 동 4291(1958)년 6월 13일자 추가 공 소장 기재 범죄사실을 독시(讀示)하니

답: 네. 그런 사실이 있습니다. 피고인의 입장이 되고 보니 테로의 위협을 느끼지 않을 수 없으므로 침상의 베개 밑에 넣어두었던 것이며 한 번도 동 권총을 사용한 사실은 없습니다.

문: 정식 허가 수속을 하지 않았는가.

답: 권총 입수 방법이 정당치 못하였으므로 허가 신청을 못하였습니다.

문: 또 여사(如斯)한 범행을 하였다는데 여하(如何).

차시(此時) 재판장은 전동(前同) 제1의 (5)를 독시(讀示)하니

답: 네. 그런 사실은 있으나 그 자체가 법에 저촉된다고는 생각하지 않습니다.

문: 또 여사(如斯)한 범행을 하였다는데 여하(如何).

차시(此時) 재판장은 전동(前同) 제1의 (6)을 독시(讀示)하니

답: 「평화통일에의 길」이라는 논문을 『중앙정치(中央政治)』 10월호에 게재한 사실은 있습니다.

문: 그 평화통일의 구체적 방안은 김기철의 초안대로인가.
답: 네. 김기철의 안을 지지한 것은 사실이나 그 안은 피고인의 안과는 시기를 달리 합니다.

문: 동안(同案)을 동당 기구인 통일문제연구위원회에 회부하여 통과시키기로 지시한 것인가.
답: 통일문제연구위원회에 동안을 회부, 심의하였는지는 기억이 없습니다.

문: 동 논문을 『중앙정치』 10월호에 게재한 것은 『중앙정치』 편집위원회에 제기하여 동 위원인 윤길중, 조규희, 김병휘, 안준표(安俊杓) 등의 동의를 득(得)하였다는데 그런가.
답: 그런 사실은 없습니다.

문: 완성된 동 논문의 원고를 진보당 사무실에서 조규희 외 10여 명의 당원에게 즉독(卽讀)하여 그 안의 지지를 받았다는데 그런가.
답: 동 논문은 피고인의 의견을 기재하여 개인의 책임하에 게재한 것입니다.

문: 피고인은 또 여사(如斯)한 범행을 하였다는데 여하(如何).
차시(此時) 재판장은 전동(前同) 적시 제1의 (7)을 독시(讀示)하니
답: 진보당 통일문제연구위원회에서는 문자 그대로 통일문제를 연구하기 위한 기관이라 동 문제를 연구하여 보라고는 하였는지 몰라 피고인이 특별히 동 위원장인 김기철에게 어떤 지시를 한 사실은 없으며 동 선언문(초안)과 흡사한 내용의 원고를 읽은 기억은 있습니다.

문: 동 원고 내용을 읽은 후 여하한 조치는 없었는가.
답: 동안(同案)은 대단히 좋은 안이나 이와 같은 안을 발표하면 제3세력 운운하는

항간에서 오해 받을 우려가 있으니 발표만은 적절한 시기까지 보류하자고 한 것입니다.

문: 동 선언문을 통일문제연구위원회에 회부, 가결키로 지시한 사실은 없는가.
답: 그런 사실은 없습니다.

문: 동안(同案)을 당 최고 간부와 회의하여 피고인은 동당 노선에 입각한 평화통일의 구체적 방안으로서는 가장 적합한 것이라는 최종적인 단안(斷案)을 내린 것이었다는데 여하(如何).
답: 그런 사실이 없습니다.

재판장은 피고인 양이섭에 대하여

문: 피고인은 일명 양장우, 양명산, 김동호(金東浩) 등으로 불리우고 있는가.
답: 네. 그렇습니다.

문: 피고인은 8 · 15해방 전에는 중국에 있었는가.
답: 네. 4260(1927)년 3월에 천진(天津) 남계중학(南界中學)을 졸업하고 동년 10월부터 상해 임정(臨政) 산하에서 약 5년간 독립운동에 가담하여 오던 중 4264(1931)년 4월 왜경에 피검되어 신의주형무소에서 4년간 복역 출옥 후 만주(滿洲) 통화(通化), 중국 천진(天津) 등지에서 농장 경영, 곡물상 등을 경영하다가 8 · 15해방을 맞이하였습니다.

문: 동 해방 후 귀국하였는가.
답: 네. 신의주에서 건국무역사(建國貿易社)를 경영 중 4279(1946)년 8월에 노동당 평양시당(平壤市黨) 후생사업으로 대남 교역차 남하하여 인천경찰서에 피검되어 조사를 받고 석방되어 다시 미군 CIC[30]에 피검되었으나 역시 석방되고 동년 12월경 육로로 개성(開城) 경유 월북하여 계속 평양에서 건국무역사를

---

30) CIC(Counter Intelligence Corps) 방첩대를 말한다.

경영 중 6·25사변이 발발되었던 것입니다.

문: 1·4후퇴 시에 남하하였는가.

답: 네. 남하하여 대구, 부산 등지를 전전하다가 강원도 속초(束草)에서 해산물 건조업을 경영한 사실이 있습니다.

문: 4288(1955)년 4월 김동혁(金東赫)의 알선으로 미 첩보기관 대북공작원으로 북한 지역을 왕래하였다는데 여하(如何).

답: 네. 그렇게 되었습니다.

문: 김동혁은 여하한 자인가.

답: 동인(同人)은 4281(1948)년도 평양 모(某) 인가에서 마작(麻雀)하다가 인사를 교환한 사실이 있는데 4284년도(1951) 속초에서 상봉하게 되어 어떻게 속초에 오게 되었는가고 하였더니 동인(同人)은 원래 고향이 속초였고 당시 동인(同人)은 동소(同所)에서 고철상을 경영하고 있었습니다.

문: 피고인은 하시부터 조봉암을 아는가.

답: 피고인은 당 19세 시에 당시의 돈 3만 환을 소지하고 상해로 갔는데 상해에는 한국인이 약 3백 명 가량 있었으며 각 명절에는 전원이 한 자리에 모여 친불친(親不親)이 없이 다정하게 지냈던 형편인데 조봉암은 기(旣)히 상해에 와 있었으며 동인(同人)은 연령, 경력, 인격 등으로나 모든 점에 있어서 피고인의 선배로 앙모(仰慕)하여 왔던 것이었습니다.

문: 그 후의 조봉암과의 접촉 관계는 여하(如何).

답: 그 후 신의주형무소에 있을 시에 조봉암과 같은 감방에 있었으므로 더욱 친밀감을 느꼈고 8·15해방 후 인천에서 상면하였는데 당시 조봉암은 공산당과 몌별하였다는 말을 들었습니다. 그 후 서울에서 한번 상면하였으며, 1·4후퇴 시에 피고인이 남하할 때는 조봉암이가 있으므로 마음을 든든히 먹고 남하하였는데 조봉암을 찾아가서 원조를 요청하니까 동인(同人)은 피난 준비를 하

면서 부산으로 찾아오라 하므로 피고인은 수중에 돈이 떨어져 지게를 지면서 대구를 경유하여 부산에 가 영도(影島)에서 거주하였는데 바로 이웃집에 조봉암이가 거주하면서 가끔 찝차로 내왕(來往)하는 것을 보았지만 당시 피고인이 일가(日稼) 노동을 하여 연명하는 초라한 신세라 감히 동인(同人)에 면회를 요청하지 못하였고 그 후 속초로 가서 해산물 건조업을 영위하였던 것입니다.

변호인 김봉환은

재판장에 고하고 서울특별시 중구(中區) 회현동(會賢洞) 2가 33번지 거주 전범성(全範成)에게 속기를 허가할 것을 신청하고 그 취지를 설명하다(변론의 참고자료로 하기 위한 것이라는 지(旨).

재판장은 우(右) 신청을 허가하다.

재판장은 피고인 양이섭에 대하여

문: 4288(1955)년 3월경 김동혁과 시내 국도극장(國都劇場) 부근 다방에서 상면한 사실이 있는가.

답: 네. 당시 피고인은 속초에 거주하였는데 동인(同人)이 인편(人便)으로 이북에서 피고인의 처가 왔으니 빨리 상경하라는 편지를 보냈기에 즉시 상경하여 동소(同所)에서 동인(同人)과 상면하게 되었던 것입니다.

문: 당시 피고인의 처가 월남하였던가.

답: 그렇지 않고 김동혁의 말이 자기는 미군 첩보선을 타고 남북교역을 하고 있는데 북한에 있는 선일사(鮮一社), 일명 삼육공사(三六公司) 책임자로 있는 김난주(金蘭柱)가 본 피고인을 한번 만나자고 하니 차기 월북 시에 동행하여 달라는 제의를 받았던 것입니다.

문: 남북교역을 함에는 원래 첩보선을 이용한다는 사실을 알고 있었는가.

답: 그런 사실은 몰랐습니다.

문: 김난주의 그와 같은 제의는 필히 남한에 대한 어떠한 첩보 임무가 부과하였다는 사실을 짐작하였는가.

답: 김난주는 6·25 전에도 대남한 무역을 하였는지라 보통 무역을 하는 줄 알았으며 첩보선을 이용한다는 사실은 짐작 못하였습니다.

문: 피고인은 김난주를 언제부터 아는가.

답: 동인(同人)과는 과거 신의주에서 피고인이 건국무역사를 경영할 당시 서로 무역상이었으므로 친교가 있을 뿐 아니라 재정적으로 많이 도움을 받은 사실이 있었습니다.

문: 피고인은 김동혁으로부터 월북 동행의 제의를 받자 당시 재정적으로 많은 곤란을 당하던 차라 김난주의 후원을 받아가면서 남북교역을 하게 된다면 막대한 이득을 보게 될 것이라고 예단을 하고 동 제의를 승낙한 것이라는데 여하(如何).

답: 당시는 김난주를 상면치 못하였으므로 그렇게까지 예단하지는 못하였으나 하여간 도움이 되리라는 정도로 생각하고 응낙하였습니다.

문: 동일은 양인이 상위(相違)하였음을 확인하기 위하여 빠고다공원에서 사진을 찍고 김동혁이가 이북에 갔다 온 후 다음 시부터 공히 월북하기로 상약(相約)하고 피고인은 일단 속초로 도라 갔었다는데 여하(如何).

답: 네. 그런 사실이 있습니다.

문: 그 후는 언제 김동혁이와 상봉하였는가.

답: 약 20일 후에 피고인은 다시 상경하여 기간(其間) 김동혁이가 이북에 갔다 왔으므로 상봉하여 월북하기로 하였습니다.

문: 언제 김동혁이와 같이 월북하였는가.

답: 동년 5월 중순경 미군 첩보기관 공작 루트로 인천을 출발, 목선(木船)으로 해상을 거쳐 보음도(甫音島)를 경유 약 9시간 후 황해도(黃海道) 연백군(延白郡) 돌개포에 도착 즉시 동소(同所) 소재 선일사 직원의 안내로 동 숙사에서

체류 중 약 3일 후 동 사원 황모의 안내로 약 백 미돌(米突)³¹) 상거(相距)된 별도 숙소로 가서 동소(同所)에 대기 중이던 김난주를 만나 기간(其間)의 소식을 교환하고 김난주가 소주를 내기에 그날 밤 11시경까지 먹다가 동소(同所)에서 자고 익조(翌朝)³²) 숙소로 돌아왔습니다.

문: 당시 김난주로부터 별도 방에 대기 중이던 박일영(朴日英)(44~5세가량)을 만나게 되었다는데 여하(如何).

답: 그런 사실은 없습니다. 피고인이 월북하여 박일영을 만나게 된 것은 제7차나 제8차 월북 시에 처음 상면하였습니다.

문: 박일영이라는 자는 여하한 자이며 또한 피고인과 김난주는 동자(同者)를 언제부터 아는가.

답: 동인(同人)은 원래 괴집 수괴 김일성(金日成)의 직속으로서 막부(幕府)³³)에서 공산정보학교를 수료하였으며 해방과 동시 소련군 중위로서 김일성과 같이 귀국하여 노동당 평안북도당 위원장을 거쳐 6·25사변 당시는 괴집 내무성 제1 부수상으로 있었으며 당시는 노동당 중앙당 정보위원회 부위원장으로 있던 자인 바 피고인이 신의주에서 무역사를 경영할 당시 동인(同人)이 노동당 평안북도당 위원장으로 있었으므로 사업차 접근하게 되었고 또한 재정적 후원을 받았으므로 친근하게 되었던 것입니다.

문: 당시 박일영의 질문에 대하여 피고인은 1·4후퇴 시 신병(身病)으로 월남하게 되었으며 남한도 많이 복구되었다. 근간 조봉암과 만난 사실은 없으나 지상을 통하여 본즉 서울에서 정당운동을 하는 것 같다고 답하였다는데 여하(如何).

답: 전술한 바와 여(如)히 당시 피고인은 박일영이와 상봉한 사실이 없으며 동인(同人)과 상별(相別)한지 이미 6~7년이 경과된 시라 가령 상면하였다 할지라

---

³¹) '미터(meter)'를 의미한다.
³²) 다음날 아침을 의미한다.
³³) '모스크바'를 말한다.

도 피고인을 상당히 의심할 것이므로 정치적인 말을 할 수 없었을 것입니다. 또한 이북에서는 조봉암을 반역자로 낙인을 찍고 있는데 그런 말을 하다가는 피고인의 신세가 여하히 될 것인지 알 수 없었으므로 할 수 없었습니다.

문: 박일영은 북한의 부흥상을 말한 다음 앞으로 김난주와 같이 남북교역 사업을 하라. 상사(商社)는 돌개포 소재 삼육공사로 하고 남북으로부터의 무역은 신문·잡지 같은 위험한 것은 피하고 시계, 의약품, 라디오, 가방, 우의, 내의 등으로 하고 북한에서의 대상 물자는 모루히네[34] 등 마약과 한약재로 하라. 지금도 북한에서 선대(先貸)하겠다고 하여 장차 간첩 사명이 부하(負荷)될 것을 확정적으로 예기하면서 동 교역 사업을 수행할 것을 승낙함으로써 간첩으로 포섭된 연후 동 교역 자금조로 모루히네 2천(瓩)[35] 시가 약 2백 5십만 환을 가지고 김동혁과 함께 동일 루트로 월남함으로써 간첩 예비 행위를 감행하였다는데 여하(如何).

답: 그것은 전연 사실무근입니다. 보통 매일 대면하는 사람의 심리 상태도 파악하기 어려운 시대인데 5~6년간이나 서로 헤어져 있던 사람들 간에 간첩 행위를 위탁하고 자금을 선대한다는 것은 사리에 어긋나는 일이며 박일영으로부터 그런 위탁을 받은 사실도 없고 상면한 사실도 없습니다.

문: 피고인은 또 여사(如斯)한 범행을 하였다는데 여하(如何).

차시(此時) 재판장은 4291(1958)년 4월 3일자 공소장 기재 범죄사실 적시 2(二)를 독시(讀示)하니

답: 박일영을 상면하였다는 사실과 조봉암에 관한 지령 사항은 사실무근이며 기외(其外)는 상위(相違) 없습니다.

문: 한약재 등은 수하(誰何)로부터 받았는가.

답: 물자는 전부 김난주와 거래하였으며 동인(同人)으로부터 선대를 받았습니다.

---

[34] '모르핀(morphine)'을 뜻한다.

[35] 킬로그램(kg)을 의미하는 한자이다.

문: 이북에 가서 조봉암에 대한 말을 전연 한 일이 없는가.

답: 네. 조봉암에 관한 말이나 기타 정치적인 말은 일절 김난주나 박일영에게 한 사실이 없습니다.

문: 그러나 원심(原審)까지는 그런 사실을 자백하였는데 여하(如何).

답: 그것은 특무대에서 취조 받을 당시 조봉암에 대하여 아는 바를 말하여 보라기에 신문·잡지에서 얻은 동인(同人)에 대한 상식을 말하였더니 그렇게 조서를 꾸며댄 것입니다.

문: 피고인은 또 여사(如斯)한 범행을 하였다는데 여하(如何).

차시(此時) 재판장은 전동(前同) 공소장 기재 범죄사실 적시 제3을 독시(讀示)하니

답: 그것 역시 사실무근입니다. 당시 경(頃) 제3차로 입북하여 과거 신의주에서 피고인의 사원이었던 한광(韓光)이라는 자를 만났고 또한 김난주를 만난 사실 이외는 없습니다. 조봉암 피고인이 상면한 것은 동년 10월이 지나서 같이 중국 요정에 가서 식사를 하고 거리를 걸어다닌 사실 이외에 정치에 관한 말을 한 사실이 없습니다.

문: 입북할 시에 무엇을 가지고 갔는가.

답: 의약품 등 약 3백만 환 분을 가지고 갔으며 남하할 시는 천[포목지(布木地)]36) 과 의약품 약 3~4백만 환가량 분을 가지고 왔습니다.

문: 피고인과 김난주도 역시 6~7년간이나 헤어져 있다가 입북하여 상면한 것인데 그렇게 거액을 동정하여 줄 리가 없다고 생각되는데 여하(如何).

답: 피고인과 김난주는 극친한 사이이며 동인(同人)은 피고인이 타인의 금품을 잘라먹지 않는 성격이라는 사실을 잘 알고 있었기 때문에 선대하여 준 것이라고 생각됩니다.

---

36) 천을 의미하는 '포목지(布木紙)'의 오기로 보인다.

문: 물자를 가지고 남북을 왕래하다가 발견되면 몰수당하여 망하는데 그런 위험한 상태
　　에서 장사하는 피고인에게 거액을 선대할 수 없다고 추측되는데 여하(如何).
답: 미군 첩보기관을 이용하는 김동혁이와 동행하는 것이므로 동인(同人)과 같이
　　미군 첩보기관을 경유하면 위험하지 않습니다.

재판장은 피고인 조봉암에 대하여
문: 피고인이 상(相) 피고인 양이섭과 과거 접촉한 사실에 대하여는 지금 동 양이섭이
　　가 진술한 바와 상위(相違) 없는가.
답: 네. 그와 각각 상위 없습니다.

재판장은 피고인 조봉암 및 동 양이섭에 대하여
문: 피고인 등은 각각 여사(如斯)한 범행을 하였다는데 여하(如何).
차시(此時) 재판장은 피고인 조봉암에 대한 4291(1958)년 4월 7일자의 공소장 기
재 범죄사실 및 전동(前同) 양이섭에 대한 공소장 기재 범죄사실 적시 4(四)를 독
시(讀示)하니

피고인 양이섭은
답: 그런 경위로 입북하여 상용(商用)을 마치고 동 사실 내용의 물자를 지참하고
　　남하한 사실은 있으나 박일영과 조봉암에 대한 회담 내용은 전연 사실무근이
　　며 당시도 역시 대한민국을 동경하고 있는 김난주를 상면하였을 뿐입니다.

피고인 조봉암은
답: 그것은 전연 사실무근입니다. 원심에서는 양이섭이가 아주 입장 곤란한 진술
　　을 하여 안타까운 것이었는데 암만 생각해도 이 사건은 피고인을 제거하기
　　위한 정치적 모략인 것 같습니다.

재판장은 피고인 양이섭에 대하여
문: 피고인이 동시 경 전화 연락으로 서울 시내 중구 퇴계로(退溪路) 로타리에서 조봉
　　암과 상봉하여 동일 오후 6시경 동인(同人)과 함께 남산동(南山洞) 소재 모 무허가

음식점에서 회합한 일은 있는가.

답: 네. 그런 사실은 있습니다. 그 전에는 조봉암이와 주로 동 시내 종로구 청진동(淸進洞) 소재 대릉원(大陵園)이라는 중국 요정에서 회합을 하였는데 동 종업원 풍태(風態)[37]의 남자가 옆방에서 피고인 등의 담화를 엿듣기에 기분이 나빠서 남산동으로 회합 장소를 옮겼던 것이었습니다.

문: 당시 회합 시에 여하한 내용의 담화를 교환하였는가.

답: 피고인은 상인이라 주로 돈 버는 이야기를 하고 조봉암은 돈을 벌었으면 좀 달라고 하는 등의 이야기를 주고받고 하였습니다.

문: 당시 조봉암이가 피고인이 남북을 내왕하면서 무역한다는 사실은 알고 있었는가.

답: 그런 사실은 피고인이 숨기었고 토건업과 무역을 한다고 속이어 왔으므로 동인(同人)은 전연 몰랐을 것입니다.

문: 조봉암으로부터 피고인의 그 건사명(建社名)이나 무역회사명과 소재 같은 것은 물어보지 않던가.

답: 조봉암은 정치인이라 그런 사업에 관한 내용에 탓치하지 않습니다.

문: 피고인이 이북을 갔다 온다는 눈치도 못 채는 것 같던가.

답: 한번 피고인이 조봉암에게 요사이에 이북 상대로 무역을 하면 돈벌이가 좋다는데 나도 그것을 할까 한다고 하여 보았더니 동인(同人)은 머리를 좌우로 흔들면서 불가하다는 의사를 표명하므로 일반 돈벌이 이야기를 하였습니다.

문: 조봉암에게 돈 준 일이 있는가.

답: 네. 동인(同人)과 만날 적마다 1십만 환씩은 항상 주었습니다.

문: 그렇게 만날 때마다 돈을 주게 된 동기는 여하(如何).

---

37) '풍채'를 의미한다.

답: 피고인의 성격은 원래 친구에게 돈을 잘 주는 것입니다.

문: 피고인은 1·4후퇴 시 일가 노동을 하는 정도로 곤궁하게 지내면서도 조봉암을 찾아가 경제적 혜택을 받지 못하였는데 조봉암에게 수차 거액을 준 것인가.
답: 그렇습니다.

문: 박일영으로부터 지령 받은 사항을 전달 포섭한 사실이 없는가.
답: 피고인은 원래 정치에 관심이 없기 때문에 전연 정치에 관한 담화는 하지 않고 다만 이번에 대통령에 출마하시겠는가를 물어본 일이 있을 뿐인데, 본건 공소 사실에 박헌영 운운하는 말이 나오게 된 동기를 생각해보면 피고인이 특무대에서 취조를 받을 시에 박헌영에 대한 피고인의 상식을 묻기에 이북에 갔다가 박헌영의 재판기(裁判記)를 읽어본 일이 있는데 박헌영의 최후 진술 내용에 조봉암이가 반동으로 전향하게 된 것은 그 책임이 전적으로 자기에게 있다고 하는 말이 있었고, 또 임호(林虎)(림홰)[38]라는 자(박헌영을 재판한 재판장)의 말이 남북이 통일하려면 하루 속히 남북한의 외국군을 철수시키고 민족 대표를 각각 선출하여 한자리에 모여 놓고 연립정부를 수립하여야 한다는 요지의 글월을 읽은 사실이 있다고 하였더니 이것을 가지고 조서를 조작한 것으로 추측되는 바입니다.

재판장은 피고인 조봉암에 대하여
문: 지금 양이섭이 진술하는 가운데에 피고인에게 관련된 부분에 대하여는 사실과 상위(相違) 없는가.
답: 네. 대략 상위 없다고 생각됩니다.

문: 피고인이 1·4후퇴 시부터 양이섭과 상봉, 회합한 상황은 여하(如何).
답: 시초 회합한 것은 4288(1955)년 하절이었다고 기억하는데 동시(同時)부터 남산(南山) 무허가 음식점에서 상봉하기까지는 대략 7~8회 회합하였으리라고

---

[38] '임해(일명 임호)'의 오기이다.

기억하고 있습니다.

문: 양이섭이와 회합 시에 주로 여하한 담화를 하였는가.
답: 주로 돈벌이에 관한 말을 하였으며 양이섭은 정치에 관심이 없는지라 통 정치에 대한 말을 한 사실이 없었습니다.

문: 대략 하처(何處)에서 회합하였는가.
답: 양인 공히 중국에 망명생활을 한 관계로 주로 중국 요점(料店)을 택하였습니다.

문: 요리 대금은 수하(誰何)가 지불하였는가.
답: 주로 양이섭이가 지불하였으며 피고인은 10회에 1회 정도 지불한 사실이 있습니다.

문: 피고인이 양이섭과 여러 번 회합 담화를 하였다는데 종합적인 감상은 여하(如何).
답: 양이섭이가 이북에 다닌다는 사실을 피고인에게 감쪽같이 속였으며 피고인은 본건 공소사실 전체를 암만 생각해도 죄가 될 것 같지 않으며 정치적 음모라고 추측합니다.

문: 피고인이 대통령 입후보하는데 관하여 주고받은 말이 없는가.
답: 네. 양(梁)이 이번에 대통령에 출마하는가고 묻기에 그렇다고 대답한 사실이 있습니다.

재판장은 피고인 양이섭에 대하여
문: 피고인은 사실을 부인하나 원심까지는 공소 사실을 전적으로 자백하였는데 여하(如何).
답: 네. 원심까지는 허위 자백을 하였던 것입니다.

문: 여하한 동기로 허위 자백을 하였는가.

답: 피고인은 시초 특무대에 소환되어 갔더니 특무대원이 묻기를 이북에 내왕한 사실이 있는가 하므로 그런 사실 있다고 대답하니까 또 마약을 가져온 사실이 있는가 묻기에 그렇다고 대답하였던 것인데 당시 피고인은 고혈압으로 고민스럽다는 말을 하니까 특무대 의무실에 좋은 약이 있으니 가자고 하면서 데리고 가더니 주사 두 대를 놓아주었는데 통 정체 모를 주사를 맞았더니 형용할 수 없는 고민과 백일몽(白日夢) 중에서 헤매는 감을 느꼈는데 동 상태에서 침대에 누워서 신문을 받은 것이므로 조봉암의 관계를 묻는 대로 네, 네 하고 답변하였던 것입니다. 익일부터는 특무대에서 피고인을 회유하기 위하여 시내 종로 4가에 있는 우래옥(又來屋)에 가서 불고기와 냉면을 사 먹이면서 시내를 산책하면서 잡담 식으로 조봉암이와의 관계, 이북 내왕 상황들을 물으므로 피고인은 박헌영의 재판기를 본 사실과 일간신문·잡지 등에서 얻은 지식을 총 떠들어 말하였는데 약 10일 후 특무대원이 방안지(方眼紙)[39]를 피고인의 신문대에 펴놓기에 들여다보니 피고인과 조봉암이와의 간첩 관계 일람표였는데 순전히 사실과 상위(相違)하다고 하니까 특무대원이 하는 말이 조봉암을 사형시키기 위하여는 당신이 천하의 악한(惡漢) 역할을 하여야 한다고 하면서 전 국민이 조봉암을 나쁘다고 보고 있다기에 피고인의 생각에 전 국민이 조봉암을 주저하는 것이면 나 역시 동 권고를 거절할 이유가 없다고 결단하고 허위 진술을 하였던 것이며, 검사에게 허위 자백을 유지한 것은 조인구(趙寅九) 검사가 퍽 점잖게 피고인이 특무대의 자백을 유지하면은 곧 석방시켜 줄 듯한 암시를 주므로 그런 것이고 원심에서 동 자백을 유지한 것은 동 자백을 유지하여야만 피고인이 집행유예로 석방될 줄로 믿고 그러한 것입니다. 피고인은 일제에 항거하기 위하여 이국에서 고생하였는데 당시 왜경 형사로 있으면서 피고인을 잡아 투옥하려던 자들이 오늘날 특무대에 잠입하여 또한 무고한 피고인을 고문하니 이것은 적반하장 격이며 악한이 도타(跳踏)[40]하는 통탄할 시대로 인정 아니 할 수 없습니다. 그래서 자살까지 기도하였는데 특무대에서 동 자살을 방해한 것이었습니다.

---

[39] 모눈종이를 말한다. 일정한 간격으로 여러 개의 세로줄과 가로줄을 그린 종이이다.
[40] '도약'을 뜻한다.

변호인 김봉환은 공소 재판장에게 고하고 피고인 양이섭에 대하여

문: 피고인은 일심 언도 공판 시에 허위 자백 사실을 번복하고 진실을 말하려고 하였는데 기회가 허용되지 못하여 공소심에서 비로소 진실을 밝히게 된 것이라는데 여하(如何).

답: 네. 1심 결심 공판 시에 최후 진술을 마치고 나서 피고인이 어리석었다는 느낌을 얻었으나 용기가 없어 주저하였는데 그만 폐정이 되어 후회한 나머지 다음 언도 공판까지 밥을 못 먹고 나와서 번복을 하려다 언도됨으로서 못하였던 것입니다. 검사는 조봉암이가 나쁘다고 하므로 그런 줄만 알았더니 그 후 공판을 통하여 보니 그렇지 않으며 앞으로 진실은 밝혀진다고 믿는 바입니다.

재판장은 피고인 조봉암, 동 양이섭에 대하여

문: 피고인 등은 여사(如斯)한 범행을 하였다는데 여하(如何).

차시(此時) 재판장은 전동(前同) 조봉암, 양이섭에 대한 범죄사실 적시 5(五)를 독시(讀示)하니

피고인 양이섭은

답: 당시 이북에 갔던 것은 사실이나 박일영을 상봉하였다는 말은 좀 빼주었으면 좋겠습니다. 어디까지나 김난주를 상봉하고 남하한 것이며 4~5일 후에 남산 집에서 조봉암과 상봉하여 돈 준 사실은 있으나 기타 박일영이나 정치에 관한 말을 한 사실이 없으며 다만 대통령 입후보하려면 도대체 자금이 얼마나 소요되는가 물었더니 조봉암의 말이 약 2억 환이 필요하다는 것을 들은 사실은 있습니다.

피고인 조봉암은

답: 당시 남산 집에서 상면하여 양이섭을 상봉하여 식사하고 농담한 사실은 있으나 정치에 관한 이야기는 일절 없었으며 돈 걱정은 한 사실이 있습니다.

재판장은 피고인 양이섭에 대하여

문: 4289(1956)년 4월까지 즉 5·15대통령선거 시에 조봉암이가 동 입후보할 시까지 피고인이 조봉암에게 수교(手交)한 총 금액은 여하(如何).

답: 당시까지 준 돈이 약 2~3백만 환에 불과한 것입니다.

재판장은 피고인 조봉암에 대하여

문: 피고인이 당시 남산 집에서 양이섭과 회합한 시기는 바로 피고인이 대통령에 입후보한 시기라 어떠한 정치에 관한 말이 나왔을 것이라고 생각되는데 여하(如何).

답: 피고인이 돈 걱정을 하니 양이섭이가 얼마나 필요한가 물어본 일이 있는 외에 정치에 관한 말은 통 없었습니다.

문: 피고인의 과거의 투쟁 경력으로 보아 양이섭의 정체를 용이하게 간파하였으리라고 생각되는데 여하(如何).

답: 글쎄 양이섭이가 그런 재간을 가진 줄을 몰랐기 때문에 오늘날 이런 고생을 하는 것입니다.

문: 피고인이 대통령에 입후보할 시까지 양명산으로부터 받은 총 금액은 여하(如何).

답: 약 2~3백만 환가량 받았을 것입니다.

문: 피고인은 양이섭과 회합할 시마다 돈 걱정을 하고 좀 달라고 항상 요구하였다는데 양이섭이는 그렇게 돈이 많은 사람인가.

답: 피고인은 일생을 통하여 돈벌이를 해본 사실이 없는 데 반하여 피고인의 위치에 있으면 항상 돈 쓸 일이 생기므로 돈 잘 번다는 양이섭에게 자연 요구하게 된 것입니다.

재판장은 피고인 조봉암 및 양이섭에 대하여

문: 피고인 등은 각각 여사(如斯)한 범행을 하였다는데 여하(如何).

차시(此時) 재판장은 전동(前同) 적시 6(六)을 독시(讀示)하니

피고인 양이섭은

답: 당시 동 물자를 가지고 월북하였다가 한약재 6백만 환이 아니고 약 4백만 환 분을 가지고 월남하여 조봉암과 각처에서 만나 3십만 환과 백 3십만 환을 준 기억은 나나 기타는 전연 허위 사실이며 특무대에서 5백만 환을 준 것이라고 꾸며댄 것은 피고인이 도합 5천만 환 분의 물자를 이북으로부터 가지고 월남 한 것을 분할하여 보니 1회에 5백만 환 내외 될 것이라는 예측 하 그렇게 조 작한 것입니다.

피고인 조봉암은

답: 당시 경 일자와 장소는 기억하지 못하나 양이섭으로부터 3십만 환을 받은 생 각이 나고, 피고인의 생(甥)을 시켜 7십만 환을 받은 생각이 나며 또 아서원 (雅叙園)에서 2백여만 환을 수표로 받은 생각은 나나 그것이 그때인지 어느 때인지는 기억할 수 없습니다. 기타 정치적인 담화는 한 사실이 없습니다.

문: 피고인 등은 또 여사(如斯)한 범행을 하였다는데 여하(如何).
차시(此時) 재판장은 전동(前同) 적시 7(七)을 독시(讀示)하니

피고인 양이섭은

답: 당시도 의약품 백여 만 환의 물자를 가지고 월북하였다가 김난주를 상면한 후 약 4백만 환의 한약재를 가지고 월남한 것은 사실이나 박일영을 만나거나 조봉암과 회합하여 정치에 관한 말을 한 사실은 없습니다. 그런데 조봉암과 아서원에서 회합하였을 시 대통령선거에 관한 말이 있었는지는 기억에 확실 치 않고 또 조봉암이가 당(黨) 기관지가 필요하다는 말을 하므로 피고인은 기 관지를 경영하는 데 하액(何額)이 필요한가를 반문하니 약 2천만 환이 필요 하다고 한 것인데 이전부터 피고인은 신문사를 경영하면은 이윤이 많을 것이 라고 생각하여 오던 차이라 피고인 자신이 신문사를 경영할 것이니 그것을 당 기관지로 사용하라는 말을 한 사실은 있었습니다.

피고인 조봉암은

답: 양이섭과 회합할 시마다 신문사를 해보면 좋겠다는 말은 한 사실은 있습니다만은 박일영이가 지원한다 운운하는 말은 거짓말입니다.

문: 피고인 등은 또 여사(如斯)한 범행을 하였다는데 여하(如何).
차시(此時) 재판장은 전동(前同) 제8(八)을 독시(讀示)하니

피고인 양이섭은

답: 기(其)시경 시계, 의약품 등 약 백여 만 환의 물품을 가지고 월북하여 돌개포에서 처음으로 박일영을 만났으며 기간(其間)의 고생담을 주고받았는데 박일영이가 정치에 관한 말을 끄집어내려고 하므로 피고인은 나를 살릴라면 정치에 관한 말은 좀 하지 말라고 하니까 박일영이도 웃으면서 양이섭 1인으로부터 산더미 같은 정보가 입수된대면 몰으지만[41] 그렇지 못한데다가 입장이 곤란하다면은 그만두겠다고 하면서 일절 그런 말을 끄집어내지 않았으며 기타의 사실은 허위입니다.

피고인 조봉암은

답: 일자와 장소 및 액수는 확실히 기억치 못하나, 대략 양이섭으로부터 동 액수를 받은 것이라고 생각됩니다.

재판장은 피고인 양이섭에 대하여

문: 박일영이가 허리를 다쳤다고 하여 서평양(西平壤) 소재 지정 아지트에서 상면한 것이 아닌가.
답: 그렇지 않고 박일영이가 허리를 다쳤다고 하면서 자전거를 타고 찾아왔던 것입니다.

문: 박일영이가 임춘추(林春秋)를 소개하던가.

---

41) '모르지만'을 의미한다.

답: 그런 사실이 없습니다.

문: 조봉암에게 선사(膳謝) 용으로 백삼(白蔘) 3근을 임춘추로부터 받았는가.
답: 임춘추로부터 받은 것이 아니고 피고인이 월남할 시에 지참한 백삼 3근을 하도롱지[42]에 포장하여 보내드린 것이었습니다.

문: 월남할 시에 무엇을 가지고 왔는가.
답: 백삼 3근, 몰르히네 1천, 녹향(鹿香) 등 약 4~5백만 환 분을 가지고 왔습니다.

문: 동년 9월 중순경 소풍을 가장하여 조봉암과 같이 광릉(光陵)에 갔던 사실이 있는가.
답: 네. 당시 광릉에 가서 닭 한 마리를 삶아 먹고 온 사실이 있습니다.

문: 당시 액면 백만 환 보증수표를 직접 수교한 일이 없는가.
답: 하도 장시일 경과하여 생각이 잘 안납니다.

문: 피고인은 닭 한 마리 삶아 먹은 생각은 나지만 백만 환을 수교하였는지의 여부는 생각을 못한다는 것인가.
답: 네. 준 일이 있는 것 같습니다.

문: 조봉암이가 돈 좀 달라고 하여서 주었는가.
답: 네. 조봉암이는 피고인을 상면할 시마다 달라고 하였습니다.

문: 시내 약수동(藥水洞) 로타리에서 현금 5십만 환과 액면 5십만 환의 보증수표 1매를 조봉암의 장녀에게 주었는가.
답: 네. 준 사실이 있습니다.

문: 다시 동년 10월경 동녀(同女)에게 백만 환을 준 사실이 있는가.

---

[42] hatoron紙이다. 화학 펄프를 사용한 다갈색의 질긴 종이로 포장지나 봉투를 만드는 데 쓴다.

답: 네. 두 번째 준 일이 있습니다.

문: 그 다음 조봉암의 찝차 운전수 이재원(李載元)에게 8십만 환을 준 사실이 있는가.
답: 네. 그것 역시 약수동 로타리에서 수교한 사실이 있습니다.

문: 동경(同頃) 아서원에서 액면 기백 1십만 환의 보증수표를 조봉암에게 수교한 사실이 있는가.
답: 네. 그런 사실이 있습니다.

재판장은 피고인 조봉암에게 대하여
문: 양이섭으로부터 백삼 3근을 받은 사실이 있는가.
답: 네. 받은 사실이 있습니다.

문: 동 백삼은 여하한 것인 줄 알고 받았는가.
답: 양이섭이가 사다 주는 것으로 알았습니다.

문: 이북 임춘추가 선사하는 정(情)을 몰랐는가.
답: 몰랐습니다.

문: 양이섭이가 피고인에게 직접 또는 간접으로 전하는 돈을 받은 것은 지금 양이섭이가 진술하는 바와 상위(相違) 없는가.
답: 네. 동인(同人)의 진술과 같이 돈 받은 것만은 틀림없습니다.

재판장은 피고인 조봉암, 양이섭에게 대하여
문: 피고인 등은 또 여사(如斯)한 범행을 하였다는데 그런가.
차시(此時) 재판장은 전동(前同) 9(九) 사실을 독시(讀示)하니

피고인 양이섭은
답: 동월 하순경 아서원에서 조봉암을 만났는데 신문사 판권 획득조로 준 5백만

환을 타 용처(用處)에 소비하였으니 돈을 또 좀 달라고 요청하므로 피고인은 후일 좀 주겠다고 한 사실은 있고 동경(同頃) 의약품 등 백여만 환의 물자를 가지고 월북하여 한광을 만났는데 동인(同人)은 박일영이가 알바니아 대사로 임명되어 갔다는 말을 하므로 비로소 안 것이며 따라서 박일영, 임회[임해(林海)]를 만난 사실이 없으며 조봉암에게 금 5백만 환을 또 준 것은 사실이며 기타는 사실과 상위(相違)합니다.

피고인 조봉암은

답: 양이섭으로부터 약 5백만 환을 받은 사실은 있으나 기타는 알지 못하는 사실 입니다.

재판장은 피고인 양이섭에 대하여

문: 피고인이 동년 11월 하순경 아서원에서 조봉암과 회합하였을 시에 "백삼을 보내주 어 감사하다, 사업이 잘되고 있으니 후원해 주기 바란다"는 요지의 편지(이북에 보 내는 서신)를 수취한 사실이 있는가.

답: 네. 그것은 이북에 보내는 편지가 아니라 피고인 자신에게 주는 편지였습니 다.

문: 평양에서 박일영이가 동인(同人)의 후임인 임회[임해(林海)]를 소개하여 준 것이라 는데 여하(如何).

답: 그런 사실이 없습니다.

문: 진보당 결당에 대한 이야기를 한 사실이 없는가.

답: 정치에 관한 이야기는 한 번도 한 사실이 없습니다.

문: 김종원(金宗元) 치안국장의 무전 훈시내용을 조봉암에게 전달하였다는데 그런가.

답: 그것은 당시 돌개포에서 한광으로부터 들은 바인데 내용은 김종원이가 전국 경찰국장에게 전보 친 것과 철원(鐵原)에 조봉암이가 상점을 차려놓았다는 정보가 입수되었으니 조사, 회보(回報)하라는 무전에 대하여 조사하니 그런

사실이 없다는 내용의 회보(무전)를 북한에서 도전(盜電)하였다는 사실을 듣고 월남하여 조봉암에게 친구로부터 들은 사실이라고 하면서 무전 내용을 말하였더니 조봉암은 나도 그런 사실을 알고 있다고 하면서 그 사실을 적어둔 서면을 내보이기에 보고서 찌저버린 사실이 있습니다.

재판장은 피고인 조봉암에 대하여

문: 우(右) 양이섭의 진술은 사실인가.

답: 무전 사실에 대하여는 기억이 없습니다.

재판장은 피고인 조봉암, 양이섭에 대하여

문: 피고인 등은 여사(如斯)한 범행을 하였다는데 여하(如何).

차시(此時) 재판장은 전동(前同) 제10(十) 사실을 독시(讀示)하니

피고인 양이섭은

답: 조봉암으로부터 진보당 중앙위원 명단, 동 상임위원 명단, 선언서 및 강령이라는 책자를 수취한 것은 입북 전일이 아니고 진보당 창당 직후이며 그것을 이북에 가지고 간 것이 아니라 피고인의 책상에 있는 『진상(眞相)』이라는 잡지에다 끼워두었던 것입니다. 그리고 전국 경찰국장에게 무전 시달한 진보당 동향 감시문 사본 역시 이북에 전달한 사실이 없으며 그것은 금호동(金湖洞)에 갔다 오다가 보고 찌저버린 것입니다. 그리고 기시경 의약품 약 백여만 환의 물자를 가지고 입북하였다가 김난주를 만나보고 약 5백만 환의 물자를 가지고 월남한 사실은 있으나 기타 사실은 사실무근입니다.

피고인 조봉암은

답: 양이섭에게 진보당원의 명단과 선언, 강령의 책자를 요구하므로 준 것은 사실입니다. 양이섭은 정치에 관한 말은 두통이 난다고 하였으나 진보당 관계만은 열심히 물어보므로. 진보당 동향 감시 공문 사본 관계에 대하여는 본 피고인은 알지 못합니다.

재판장은 피고인 양이섭에 대하여

문: 동 월남하여 아서원에서 조봉암이와 상면한 사실이 있는가.

답: 네. 그런 사실은 있습니다.

문: 동 회합 시에 여하한 담화를 하였는가.

답: 평소와 같이 돈벌이에 관한 말을 하였고 정치에 관한 말과 이북 내왕 관계의 말은 한 사실이 없으며 단지 조봉암으로부터 『대동신문(大同新聞)』 판권 획득은 실패하였고 앞으로 『중앙정치』 판권을 획득할 수 있다고 하는 말은 들은 사실이 있습니다.

재판장은 피고인 조봉암 및 양이섭에 대하여

문: 피고인 등은 또 여사(如斯)한 범행을 하였다는데 여하(如何).

차시(此時) 재판장은 전동(前同) 적시 11(十一)을 독시(讀示)하니

피고인 양이섭은

답: 조봉암이는 항상 피고인을 상봉하면은 돈이 부족하여 곤궁하다고 말하므로 아서원에서 회합한 자리에서 본 피고인은 뭉치돈을 좀 맹그려[43] 주겠다는 말을 한 사실과 조봉암이가 "바카[44]" 만년필 3본을 사주므로 받은 사실, 이북에 갔다가 김난주와 한광을 상봉한 사실, 녹용(鹿茸) 반각(半角)을 조봉암에게 준 사실 및 남한산성(南漢山城)에서 조봉암에게 6백 2십 불[미 본토불(本土弗)[45]]을 주고 2만 6천 3백 8십 불을 이정자(李貞子)[불상(弗商)[46]]에게 의뢰하여 환화(換貨)하여 기중(其中) 조봉암에게 천 2백만 환을 준 사실은 있으나 기타 사실은 없습니다.

---

[43] '만들어'를 의미한다.

[44] '파카'의 오기이다.

[45] '본토불(本土弗)'은 미국 정부에서 발행되는 미국의 정화(正貨)를 말한다. 군표(軍票)에 대응하는 말이다.

[46] '달러상'을 말한다.

피고인 조봉암은

답: 양이섭에게 빠카[47] 만년필을 3본이 아니라 1본 사준 사실이 있을 뿐이고 동인(同人)으로부터 녹용 반각을 받은 사실과 남한산성에서 6백 2십 불을 받은 사실은 있으나 기타는 사실 없습니다.

재판장은 피고인 양이섭에 대하여

문: 조봉암으로부터 경제적 후원을 해달라는 자필 편지를 수취하여 이북에 전달한 사실이 없는가.

답: 없습니다.

문: 진보당 지방당 간부명단 1매, 대구시당 간부명단 1매를 조봉암으로부터 수취하여 이북에 전달한 사실은 없는가.

답: 동 명단을 받아서 피고인 가(家)에 보관한 사실은 있으나 이북에 전달한 사실은 없습니다.

문: 피고인은 정치에 관하여는 두통이 나므로 '탓지'[48]하지 않는다고 하였는데 동 명단을 받아 보관한 이유는 여하(如何).

답: 진보당에 관하여 만은 관심이 있었습니다.

문: 진보당 지방당 간부명단은 무엇에 필요하여 달랬는가.

답: 신문 열독(閱讀)하는 데 동 명단이 있으면 참고가 될까 생각하였던 것이었습니다.

문: 당시 이북에 갈 시는 무엇을 가지고 갔는가.

답: 항시 백여만 환의 의약품 등을 가지고 갔으며 월남할 시에는 약 4~5백만 환 가량의 한약재 등을 가지고 왔던 것입니다.

---

47) '파카'의 오기이다.
48) '터치'를 뜻한다.

문: 이북에 가서 임호와 최(崔) 모를 상면하였는가.

답: 동인(同人) 등과는 한 번도 상면한 사실이 없으며 정치에 관한 말을 한 사실
이 없습니다.

문: 녹용 반각은 어디서 구득(求得)하였는가.

답: 피고인이 시계를 가지고 갔었는데 이북 시세로 9만 환짜리 시계와 동(同) 녹
용을 물물교환한 것입니다.

문: 동 미 본토불 2만 7천 불의 출처는 여하(如何).

답: 중국인 한자방(韓子房)이가 준 것입니다.

문: 한자방이라는 자는 여하(如何)한 자인가.

답: 동인(同人)은 과거 피고인이 중국에 있을 시에 일본군에 의하여 총살당하게
되기 직전에 피고인이 동인(同人)을 구출하여준 사실이 있습니다.

문: 동인(同人)은 현재 어디서 무엇을 하는가.

답: 자유중국[대만(台灣)]에 있을 것으로 생각합니다.

문: 동인(同人)이 동 금원을 왜 피고인에게 주었는가.

답: 동인(同人)이 피고인을 중공 지역에 공작시킬 예정인지 모릅니다.

문: 어디서 받았는가.

답: 서울에서 받았습니다.

문: 하시(何時)에 받았는가.

답: 조봉암에게 주기 직전이었습니다.

문: 피고인은 미 본토불 2만 6천 3백 8십 불을 한화(韓貨)와 9백 대 1로 교환하여 조봉
암에게 천 2백만 환을 주었다고 하였는데 잔액은 여하(如何)히 하였는가.

답: 잔액은 피고인이 소비하였습니다.

재판장은 피고인 조봉암에 대하여

문: 양이섭으로부터 천 2백만 환을 받은 사실이 있는가.

답: 피고인은 양이섭으로부터 받은 총액이 천여만 환에 불과할 것으로 생각됩니다.

재판장은 피고인 조봉암, 양이섭에게 대하여

문: 피고인 등은 여사(如斯)한 범행을 각각 하였다는데 여하(如何).

차시(此時) 재판장은 전동(前同) 적시 12(十二)를 독시(讀示)하니

피고인 양이섭은

답: 기(其) 사실 중에서 진관사(津寬寺)에 소풍 나갔다가 증자(贈字)를 표지에 찍은 『중앙정치』 10월호 2책을 조봉암으로부터 받은 것, 이북에 상용(商用)으로 갔다 온 것, 월남하여 북경루(北京樓)에서 조봉암과 회합하고 동인(同人)으로부터 진보당이 잘 조직되어 나가고 있으니 자금을 좀 많이 달라고 하므로 피고인은 약 1억 7천만 환이 생길 예산이었으므로 원조하여 주겠다고 확약한 것, 조봉암이가 피고인 가(家)에 내방한 것, 약수동 로타리에서 조봉암으로부터 조규진(曺圭鎭) 편으로 보내온 진보당 선거대책(명단)과 자금요청서를 받고 자금요청서를 반환한 사실 등은 사실이나 기 이외는 허위사실입니다.

피고인 조봉암은

답: 잡지사로부터 증정 받은 『중앙정치』 10월호 2권을 양이섭이가 찜차 내에서 보겠다기에 준 사실이 있으며 진보당 선거대책(명단)은 항상 양이섭으로부터 요청하므로 준 사실이 있고 북경루에서 양이섭과 수차 만난 사실이 있으나 정치적인 담화는 없었고 양이섭이가 진보당원으로서 국회의원에 출마할 명단과 예산표를 보자고 요청하므로 조규진으로 하여금 약수동 로타리에서 양이섭에게 전달한 사실 등은 있으나 기외의 사실은 알 수 없습니다.

재판장은 피고인 양이섭에 대하여

문: 이북에 갔다가 평양에 가지 않았는가.

답: 평양에 간 사실이 없습니다.

문: 월남하여 북경루에서 조봉암과 회합하여 여하(如何)한 담화를 하였는가.

답: 조봉암이가 진보당은 잘 되어가니 자금을 좀 원조하여 달라고 요청하므로 당
시 피고인은 약 1억 7천만 환이 생길 심산이 있었으므로 원조할 것을 응낙한
사실이 있습니다.

문: 4291(1958)년 약수동 로타리에서 조봉암으로부터 보내온 편지의 내용은 여하(如
何).

답: 조규진의 인편으로 전달 받은 것인데 1매는 돈에 관한 이야기이므로 돌려보
내고 1매는 진보당 선거인 명단이므로 받았습니다.

문: 그 2~3일 후 조봉암이가 조규진과 함께 남산동에 있는 피고인 가(家)로 찾아와서
집만 알아두는 형식을 취하고 돌아간 사실이 있는가.

답: 네. 첫날은 저녁과 술을 한잔 같이 하고 돌아갔습니다.

문: 기 익일 조봉암이가 재차 찾아왔다는데 여하(如何).

답: 기 익일이 아니라 수일 후에 조봉암이가 단독으로 찾아온 사실이 있습니다.

문: 당시 회합하여 무슨 말을 하였는가.

답: 조봉암으로부터 받은 명단이 이름만 나열되어 있으므로 동 출마 예상자들의
약력, 연령 등 좀 더 구체적으로 써달라고 요청하였습니다.

문: 피고인은 누차 진술한바 정치에 관한 이야기는 두통이 나서 남이나 북에서 일절 한
사실이 없다고 하였는데 무엇에 소용이 있어서 진보당 출마 예상자 명단이 이름만
나열된 것이 부족하여 구체적인 첨가를 요구하였는가.

답: 신문을 볼 시에 참고가 될까 생각되어 그리하였던 것입니다.

검사는 재판장에게 고하고 피고인 양이섭에 대하여

문: 피고인은 조봉암에게 대하여 개인적으로 친근하여 자금을 원조하였다고 하는데 동 원조에 진보당원 명단이 무엇에 필요한 것인가.

답: 진보당이 잘되면 조봉암이가 잘되는 것이므로 관심이 많았던 것입니다. 조봉 암이가 가령 시시한 인물이었다면 일전도 주지 않았을 것입니다. 조봉암이가 역량이 있었기에 거액을 원조한 것만은 틀림없습니다.

문: 조봉암을 그렇게 역량 있다고 믿고 존경하고 있는 피고인으로서 동인(同人)으로부 터 보내온 명단에 대하여 불만을 품고 구체적으로 써달라고 요구한 이유 여하(如 何).

답: 조봉암과 피고인과는 상호 흠이 없어서 그렇게 된 것이었습니다.

재판장은 피고인 조봉암에 대하여

문: 양이섭에게 총선거 시의 입후보 예상자 명단과 자금청구서를 전달한 이유는 여하 (如何).

답: 양이섭이가 예산표를 보자고 하므로 전달하였습니다.

문: 양이섭으로부터 받은 돈을 진보당 운영에 소비하였는가.

답: 그 돈이 이북에서 가져온 돈인 줄은 모르고 썼습니다. 진보당은 대한민국을 육성하기 위한 정당이며 절대로 변란하려고 하는 정당이 아니올시다.

재판장은 합의 후

금일의 공판은 차(此) 정도로 속행할 지(旨) 고하고 차회(次回) 기일을 내(來) 9월 9일 오전 10시로 지정 고지한 후 폐정하다.

4291(1958)년 9월 4일

서울고등법원 형사제2부

재판장 판사 김용진
서기 김응교

[출전 : 18권 68~152쪽]

공판조서(제2회) 1958년 9월 9일

피고인 조봉암 외 20인에 대한 간첩 등 4291(1958)년 9월 9일 오전 10시 서울고등법원의 공개한 법정에서

재판장 판사 김용진, 판사 최보현, 판사 조규대, 판사 김응교

방재기, 조인구 각 출석

변호인 신태악, 김종열(金鍾烈), 김봉환, 임석무, 유춘산, 김춘봉, 전봉덕, 최순문, 오승근, 민동식, 조헌식, 권재찬, 김병희, 윤용진, 강순원, 옥동형, 이상규(李相圭) 각 출석

피고인 등은 신체의 구속을 받지 않고 출석하다.

재판장은 전회에 계속하여 공판 심리할 지(旨) 고하고 피고인 등에 대하여 전회의 공판조서에 의하여 기(其) 심리사항의 요지를 고한 후 각 차(此)에 대하여 증감변경 할 수 있는 지(旨) 고하니

피고인 등은
답: 이의 없습니다.

재판장은 피고인 조봉암, 동 박기출, 동 김달호, 동 윤길중, 동 조규택, 동 조규희, 동 신창균, 동 김기철, 동 김병휘, 동 이동화에 대하여

문: 피고인 등은 각각 여사(如斯)한 범행을 하였다는데 여하(如何).

차시(此時) 재판장은 4291(1958)년 2월 8일자 동 피고인 등에 대한 공소장 기재 범죄사실을 독시(讀示)하니

피고인 등은

답: 4289(1956)년 11월 10일 진보당을 결성하고 피고인 등이 각각 동 부서 지위에 취임된 것은 사실이고 또한 피고인 이동화가 동당 강령정책 전문(前文)을 초안한 사실 등은 유(有)하나 피고인 등이 국가를 변란할 목적으로 대한민국을 부인하고 북한 괴뢰집단과 동등한 위치에서 통일정권을 수립할 것을 정강정책으로 진보당을 결성한 것이 아니라 동당은 어디까지나 대한민국을 육성 발전시키고 현실에 적합한 평화적 통일을 성취시키는 것을 정강정책으로 결성한 정당이었습니다.

문: 평화통일 방안은 괴뢰집단의 주창하는 것과 같은 것이 아닌가.

피고인 등은

답: 진보당은 통일을 평화적으로 하여야 한다는 원칙을 내세웠으나 그것은 괴뢰집단의 의장(擬裝)적인 것과 같은 것이 아니며 또한 구체적인 통일방안은 당으로서 결의한 바가 없습니다. 동 구체적 방식은 일개인이나 정당에서 주장할 것이 아니라 거족적인 민의에 의하여 결정하여야 할 것이라고 생각합니다.

문: 진보당을 결성하게 된 구분적인 동기는 여하(如何).

피고인 등은

답: 폭력적인 공산독재를 배격하는 동시에 대한민국 수립 이후 오랫동안 실정(失政)을 계속하여온 특권관료적 매판자본주의적 부패한 정치세력과 극우적인 보수정당을 제외한 국내의 혁신적 진보적인 민주주의 즉 사회적 민주주의 정치세력을 총집결시켜서 결성한 것입니다.

문: 북한 괴뢰집단이 서기 1954년 4월 24일 소련의 지시에 의하여 남북한의 통일방안을

제시한 것을 보면 조선 국회의 자유총선거를 실시하며 남북조선 간의 경제 및 문화 접근에 대한 조치를 취하기 위하여 조선민주주의인민공화국 최고인민회의와 대한민국 국회에 의하여 각각 선출된 남북조선 대표로서 전조선위원회를 조직할 것, 전조선위원회의 당면과업 중 하나는 총선거법 초안을 준비하는 것임을 예견할 것, 전조선위원회는 조선민주주의인민공화국과 대한민국 간의 경제 및 문화교류 즉 통상, 재정, 회계, 운수, 경계선 관계 주민의 통행 및 서신 자유, 과학 문화 교류 및 기타 관계를 설정하며 그를 발전시킬 대상들을 즉시 취할 것, 전조선위원회가 전조선선거법에 따라 외세를 배제하고 자유스러운 조건 밑에서 총선거를 실시함에 도움을 주기 위하여 중립국감시위원단이 총선거를 감독할 것 등을 골자로 하는 것으로서, 그는 대한민국을 유일한 합법적 정부로 인정한 유엔의 권위를 무시하고 대한민국을 동 괴뢰와 동등한 위치에 두고 취급한 끝에 대한민국 해산의 방법으로 위장적인 동 괴뢰의 퇴거를 내세우면서 일방(一方) 총선거를 구실로 남북한의 왕래를 자유로히 하여 공산세력의 남침화를 노리고 일방(一方) 평화란 그의 독점물인 양 선전하여 6·25사변의 책임을 전가시키는 현혹적인 효과를 국민에게 주도코저 하는데 그 목적이 있는 한갓 흉계에 지나지 아니함이 지극히 명백하다 할 것이라는 데 피고인 등이 견해는 여하(如何)[4291(1958)년 2월 17일자의 동 피고인 등에 대한 공소장 18쪽 9행 내지 동 20쪽 말행까지].

동 피고인 등은

답: 동 괴뢰 제안인 평화통일안은 위장적인 것이며 진보당이 주장하는 원칙(평화통일)과는 판이한 것입니다.

재판장은 피고인 박기출에 대하여

문: 피고인의 경력은 여하(如何).

답: 피고인은 본적지에서 부(父) 박주성(朴周成)의 장남으로 출생하여 16세 시 부산공립보통학교(釜山公立普通學校)를 졸업하고 21세 시 동래고등(東萊高等) 5학년을 졸업한 후 일본국 동경의학전문학교(東京醫學專門學校) 입학, 26세 3월에 4학년을 졸업하고 본국에 돌아와 부산시립병원(釜山市立病院) 외과의사로 취임 종사타가 4272(1939)년 10월경 재도일(再渡日) 구주대학(九州大學)

의학부 연구생으로 취학 중 4276(1943)년 7월경 동 대학에서 의학박사 학위를 수(受)하고 4277(1944)년 3월 귀국하여 부산시 초량동 415에서 박외과의원을 자영 중 8·15해방과 동시에 부산 건준 후생부장 동년 9월 초순경 미군정청 (美軍政廳) 경상남도 보건후생부장으로 취임 근무하다가 4279(1946)년 5월경 사임하고 4280(1947)년에 한글전용촉진위 경남도위원장 민련(民聯) 경남도위 원장 새한학회이사장 등을 역임하고 전현(前顯) 부산시 초량동 415번지에서 박외과의원을 계속 경영하면서 4289(1956)년 11월 10일경 진보당 창당 시 부 위원장에 취임하여 현재에 지(至)한 것입니다.

문: 피고인이 조봉암을 알게 된 경위는 여하(如何).

답: 피고인이 조봉암 선생의 존재를 인식하게 된 것은 8·15해방 후 동인(同人)이 인천에서 공산당과 몌별(袂別)한다는 역사적인 성명을 발표할 시(時)이였으 며 피고인은 동 사실을 지상(紙上)을 통하여 알게 된 것이고 그것은 민주진영 에 기쁜 소식이라고 생각하고 있었는데 1·4 후퇴 시에 동인(同人)은 국회부 의장으로서 부산에 남하하여 국사(國事)를 바로잡는데 전념하였으며 일방(一 方) 피고인은 부산에서 외과의사에 종사하였는데 피고인이 조봉암 선생과 초 면하게 된 것은 부산에서 문화사업관계자회에 출석하였을 시(時)이였으며 당 시부터 몸소 공산주의의 재화(災禍)를 체험하고 이탈한 조봉암 선생을 숭배 존경하게 된 것이며 진보당 발족 시에 동인(同人)과 정치이념이 합치되어 진 보당에 가입하여 동당 부위원장에 당선 취임하게 된 것이올시다.

문: 4288(1955)년 10월 조봉암으로부터 진보당 조직운동을 전개하고 있으니 협조하라는 내용의 서신 우(又)는 인편의 연락을 수(受)하고 차(此)를 응낙(應諾)한 사실이 있 는가.

답: 진보당은 조봉암 개인이 한 것이 아니고 모든 서신 연락은 주로 서상일 씨로 부터 한 것이며 조봉암으로부터 직접 간접으로 연락을 받고 응낙한 사실이 있습니다.

문: 4289(1956)년 3월 서울 시내 종로구 공평동(公平洞) 소재 종로예식장에서 개최된

진보당 창당준비위원회에 참가하여 중앙위원으로 선출된 사실이 있는가.

답: 네 그런 사실이 있습니다. 피고인이 진보당에 참가하게 된 동기는 8 · 15해방 후의 국내정세를 보면 우파 · 중간파 · 좌파가 정립하여 혼란상을 야기시켰는데 6 · 25동란 후에는 정국이 일변하여 국민 전체가 남침하였든 공산당의 잔악성을 인식하고 반공으로 전향한 것인데 6 · 25사변 발발 직후에 이(李) 대통령은 우리 국군이 일주일이면 평양을 점령할 수 있고 2주일이면 한중(韓中) 국경에 도달할 수 있는 것이라고 호언장담하자 얼마 안 되어 순식간에 인민군이 남한 일부를 제외한 전역을 석권한 것이며 국민의 피해는 말할 수 없는 실태가 되었음에 감(鑑)하여 무력적으로나 정치적으로나 공산정권을 능가하는 정권을 수립함이 긴요 불가결한 일이라는 이념 밑에 동당에 입당을 결심하게 된 것이나 피고인은 부산에서 본업에 분망(奔忙)한지라 정당 사업에는 별로 관여 참가한 사실이 없습니다.

문: 다시 동년 3월 정부통령선거 당시 동당 공천 부통령으로 출마하여 전국 각 주요 도시를 순회하면서 대통령 입후보자인 조봉암과 동조하여 전기(前記) 방안을 내포하는 남북평화통일이라는 구호를 강조하였다는데 여하(如何).

답: 사실 자체만은 인정하오나 피고인이 선거연설에서 평화통일 구호를 강조한 것은 절대로 불법성이 없었습니다. 원래 진보당 창당준비위원회가 정부통령 선거위원회로 변경되어 시초에는 동당에서 서상일 씨를 부통령 입후보자로 선출하였든 것인데 서상일 씨가 완강히 거부하자 피고인에게 지정된 것인바 피고인은 정치적 경험이 부족한데 비추어 사양한 것인데 당원들이 권유하므로 생각건대 부통령 출마가 없으면 당적으로 균형을 상실하게 되므로 부득이 본의는 아니나마 출마를 응낙하고 조봉암 선생과 같이 전국 주요 도시를 순회하면서 선거연설을 한 것인바 기중(其中) 남북평화통일이라는 구호 밑에 강조한 사실이 있으나 동 연설 시에는 관계 관헌(官憲)의 엄중 감시하에 한 것이라 불법성이 있었으면 당시에 문제가 야기되었을 것입니다.

문: 당시 평화통일 이외에는 주장한 사실이 없는가.

답: 기외(其外) 혁신정치의 실현 수탈 없는 경제체제 확립을 구호로 하였습니다.

문: 혁신정치라는 것은 무엇인가.

답: 국법을 준수하는 정치이며 이것은 종로 네거리를 지나가는 사람을 아무개나 붓잡고 물어보아도 아는 사실입니다. 국법을 준수하는 정치면 국가가 발전하고 불준수하면 망하는 것이며 즉 국가를 발전시키는 정치를 말합니다.

문: 수탈 없는 경제체제라는 것은 여하(如何)한 제도를 말하는가.

답: 일례(一例)를 거시(擧示)하면 미국에서 원조물자로 비료가 입국하면 정부는 이것을 농사하는 백성에게 적기에 안가(安價)로 배급하는 것을 말하며 또 세금징수를 적당히 받아들이는 것 등입니다. 그런 것을 정부가 실기하여 고가로 배급하고 심지어는 당년에 배급을 못하고 월년(越年)하는 등 또 세금징수를 불균등하게 하는 것 등은 수탈성이 있는 것입니다. 물론 이런 수탈성 있는 현 정치가 고의적으로 한 것이라고 지적하는 것이 아니고 정치적 정성(情性)으로 된 것을 말합니다.

문: 동년 11월 10일 대한민국을 변란할 목적으로 진보당을 조직함과 동시에 피고인은 동당 중앙당부위원장에 취임하여 간부로서 위치하였다는데 여하(如何).

답: 전술(前述)한 바와 같이 진보당은 진보혁신정치를 이념으로 하는 반공적인 정당인데도 불구하고 국가변란을 목적으로 조직하였다는 누명을 씌운 것은 민족적인 수치라 아니할 수 없습니다.

문: 피고인은 또 여사(如斯)한 범행을 하였다는데 여하(如何).

차시(此時) 재판장은 4291(1958)년 2월 17일자 공소장 범죄사실 적시 제2의 (2)를 독시(讀示)하니

답: 피고인이 동시(同時) 경 진보당 부산시 동래구 을구 당위원장에 피선 차(此)를 겸임함과 동시에 동당 간부들이 당원을 입당시킨 것은 사실이나 동(同) 조직사무는 피고인이 직접 한 것이 아니며 68명의 비밀당원 운운(云云)하는 것은 동 명부를 일반에 공개함을 금하기 위하여 표지에 비(秘) 인(印)을 날압(捺押)한 것을 지적한 것으로 추측되는 것이나 진보당의 당헌에는 비밀당원제가 없는 것이고 또 피고인이 4289(1956)년 2월경 동당 사무실 설비조로 일금 30만 환

을 동 4289(1956)년 11월 결당비조로 100만 환 4290(1957)년 2월 당비조로 30만 환을 지출한 것은 각각 사실이나 그것은 합법적인 당원으로서 당을 위하여 당연한 것으로 생각되는 바이며 오히려 피고인 등 당원의 당비 갹출액이 적어서 위원장인 조봉암 선생으로 하여금 양이섭에게 항시 돈을 달라고 하여야만 하겠금 된 현실을 생각하면 실로 눈물겨운 일이라 아니할 수 없으며 또 5·15정부통령선거 비용조로 일금 800만 환을 당에 제공한 것이라는 사실은 당시 피고인이 부통령 입후보로 출마하였음으로 본인의 선거비용으로 갹출한 것이며 당과는 관련이 없고 그 다음 4290(1957)년 10월『중앙정치』발간 자금으로 금 70만 환을 당에 제공하였다는 사실에 대하여는 사실과 상위(相違)하며『중앙정치』는 진보당의 기관지가 아니라 조봉암 선생이 개인적으로 경영하는 잡지이었는데 동 자금을 원조하기 위하여 제공한 것에 불과합니다.

문: 정부통령선거 비용으로 800만 환을 당에 제공한 것이 아닌가.
답: 네 당에 제공한 것이 아니라 본인의 선거비용으로 썼습니다.

문: 피고인이 진보당 중앙당부위원장에 선임된 경위는 여하(如何).
답: 도대체 정부에서는 우리 정당을 주식회사로 아는지 모르나 피고인은 전당대회에서 선출된 대의원 투표로 선임된 것이며 일개인인 조봉암 선생의 위촉에 의하여 동직(同職)에 취임한 것이 아닙니다.

문: 피고인은 여사(如斯)한 범행을 하였다는데 여하(如何).
차시(此時) 재판장은 전동(前同) 적시 제2의 (3) 즉 4281(1958)년 2월 17일 공소장 중 조봉암 피고인에 대한 범죄사실 적시 제1의 (7)을 독시(讀示)하니
답: 동 공소사실은 전연 사실무근입니다. 피고인은 김기철을 통일방안을 본 사실도 없고 동 안을 동당 최고간부회의에 결정지우기 위하여 동년 11월 하순경 동당 사무실에서 개최하였다고 하나 당시 피고인은 부산에 있었고 상경한 사실이 없습니다. 그런데 그것에 대하여 부연하여 말할 것이 있는데 피고인은 항상 부산에서 중환자들을 수술하는 관계로 당무에 관여하는 일이 극히 적은데 보통 1월에 1회 가량 상경하여 당 사무실에 들려보는 바 한번은 김기철이

가 초안한 것이라 하면서 동인(同人)이 동안(同案)을 대신 설명하면서 그것을 진보당의 안으로 천명하자고 피고인에게 제의하므로 피고인은 그 자리에서 김기철을 꾸짖었던 것이며 당은 뚜렷한 정강정책이 있으며 구체적 방안은 항상 외세의 변경에 따라 변경하여야 하는 것인데 우리 당은 현재 야당적 입장으로서 어떻게 그런 구체적 안을 내외에 천명 발표할 수 있는가 하니 김기철은 납득을 못하였는지 고집을 쓰기에 피고인은 김기철에게 탈당하라고 질책을 하면서 만약 김기철이 탈당을 안 하면 피고인이 탈당하겠다고까지 강력하게 나가, 한때 피고인의 탈당설이 유포된 사실이 있었든 것입니다.

재판장은 피고인 김달호에 대하여

문: 피고인의 경력은 여하(如何).

답: 피고인은 본적지에서 부(父) 김익주(金翼周)의 4남으로 출생하여 상주보통학교(尙州普通學校)를 거쳐 서울 제일고등보통학교를 졸업, 21세 시 일본국 동경 중앙대학(中央大學) 법학부 1년에 입학 22세 시 일본 고등시험 사법과 시험에 합격하고 23세 시 동교 2학년을 중퇴하고 대구지방법원(大邱地方法院) 사법관 시보(試補)에 피임되어 광주지방법원 판사, 청주지방법원(淸州地方法院) 판사로 전임 근무하다가 사임하고 29세 시에 도일(渡日)하여 일본 중앙대학 법학부 제15연구원에서 영독(英獨) 어학을 3년간 복습, 32세 시 귀국하여 도만(渡滿)하여 만주국(滿洲國) 봉천(奉天) 시내에서 율사(律士)로 등록하고 개업 중 8·15해방으로 봉천 한국인조해위원회(韓國人調解委員會)[49] 위원장으로 피선되어 한·중국인 간의 분쟁조정의 역할에 종사 중 국부(國府)[50] 기관에 피검되었다가 4280(1947)년 6월 초순경 천진을 경유 선편(船便)으로 귀국하여 동년 9월 일자미상 서울지방검찰청 검사 직무대리로 취임하였다가 4281(1948)년 3월에 서울고등검찰청 차장검사 겸 변호사 고시위원 및 법전편찬위원으로 약 6개월간 근무하다가 동년 9월경 사임하고 시내 중구 을지로(乙支路) 1가 54에서 변호사업을 개업하고 6·25동란 중 계속 개업타가 1·4후퇴 당시 남하하

---

[49] '조해(調解)'는 중재, 조정을 의미한다.

[50] 국부는 국민정부(國民政府)의 준말이다.

여 부산시 동대신동에 거주하면서 변호사업을 개업 중 수복하여 계속 개업타가 4286(1953)년 5월에 경북 상주 갑구(甲區)에서 제3대 민의원에 당선되고 진보당 창당과 더불어 부위원장에 취임하여 현재에 이른 것입니다.

문: 피고인은 하시(何時)부터 조봉암을 알게 되었는가.
답: 1·4후퇴로 부산에 피난 당시 부산에 있는 고려흥업(高麗興業) 주식회사 사장실에 놀러갔다가 우연히 조봉암 선생을 만나 인사를 하게 되었는데 당시부터 동인(同人)과 알고 지나게 된 것이올시다.

문: 당시부터 조봉암의 정치노선과 동조하여왔는가.
답: 조봉암은 이(李) 박사와 같이 대한민국을 발전 육성시킨 반공정치가로서 동인(同人)의 인격을 존중하는 바이며 당시부터 동인(同人)의 노선을 지지하는 것입니다.

문: 피고인은 4289(1956)년 11월 10일 조봉암과 함께 진보당을 조직하여 동당 부위원장에 취임하였다는데 여하(如何).
답: 네 그런 사실이 있습니다. 대한민국은 민주공화국이다라고 우리 헌법 제1조에 규정한바 이것은 국회 내에 대립되는 2대 정당이 성립되어야 기(其) 성과를 발휘할 수 있다고 보는데 현 국회는 자유 민주 양당 정치세력의 포진이 있으나 그것은 모다 보수 세력이므로 기형적이라 아니할 수 없으며 정형(整形)적인 민주정치를 표현시킬려면 보수당 대 혁신당이 상충 대립하여 조화하여야만 헌법에 순응한 것이라 생각되는 것인바 3대 국회 시에 사사오입(四捨五入)으로 헌법을 개정한 이래 더욱 여론이 혁신적인 정당의 결성을 요구하였든 것은 부인 못할 사실인 것이었습니다. 그리하여 조봉암, 서상일, 장택상(張澤相) 제(諸) 선생이 회합하여 금일의 진보당 결성을 추진시키게 된 것인데 동당 결성 시 피고인은 부위원장에 당선된 것이며 합법적인 반공·혁신 정당으로 진보당이 발족을 보게 된 것이며 동당이 국가를 변란할 목적 하에 조직되었다는 것은 낭설이며 근거 없는 사실입니다. 동당 결성식에 자유·민주 양당 대표와 장택상 씨 등이 축사를 하여 우리 대한민국을 위하여 경사스

러운 일이라고 한 것입니다.

문: 피고인은 동당 부위원장으로서 주로 여하(如何)한 일을 담당하였는가.

답: 피고인은 몸이 허약하여 부위원장직을 거부하였으나 당원들이 요망(要望)이라기에 부득이 사양을 못한 것이고 주로 동당의 법률고문 격이었습니다.

문: 진보당은 대한민국을 부인하고 이북 괴뢰정권과 동등한 위치에서 통일정권을 수립할 것을 정강정책으로 한 것이 아닌가.

답: 진보당의 통일정책은 대한민국 헌법 조문에 기초를 두고 공산당에 대항할 시에는 보수·혁신 세력이 총단결하여 국회를 통하여 평화적으로 통일을 성취할려고 하는 것이 그 내용이며 결코 대한민국을 부인한다거나 괴뢰와 동등한 위치 등은 일고(一考)한 사실이 없습니다.

문: 피고인은 또 여사(如斯)한 범행을 하였다는데 여하(如何).

차시(此時) 재판장은 4291(1958)년 2월 17일자 공소장 기재 동 피고인에 대한 범죄사실 적시 제3의 (2)를 독시(讀示)하니

답: 당(黨)에서 피고인에게 평화통일에 대한 교양강좌에 강의를 부탁을 하므로 아무 준비도 없이 약 2시간가량 평화통일에 관하여 연설을 한 것인데 대한민국은 북한 괴뢰가 먼저 침략해온 것이라고 하는데 여기에 대하여서는 상세한 것은 몰을 일이라 운운(云云)한 구절은 속기사가 오기한 것이며 피고인은 괴뢰 측에서는 6·25의 무력남침을 하였기 때문에 평화통일의 주도권을 상실한 것이고 대한민국만이 동 주도권을 장악하고 추진할 권한이 보유되는 것이며 한 세력이 다른 세력을 정복함으로서 통일을 하여야 한다고 주장하는 무리들은 금일의 국내외 정세에 지극히 어두운 자들의 소론(所論)에 불과하다는 것을 강조하고 한국은 역사적 필연성에 의하여 반공적 평화적 민주적으로 통일되는 것이라는 요지의 내용이었습니다. 동 구절이 오기되었음으로 속기록은 외부에 발표함을 금하였든 것입니다.

문: 피고인은 또 여사(如斯)한 범행을 한 것이라는데 여하(如何).

차시(此時) 재판장은 전동(前同) 적시 제3의 (3) [즉 동 공소장 중 조봉암 피고인에 대한 (7)]을 독시(讀示)하니

답: 그것 역시 근거 없는 사실입니다. 실은 상(相) 피고인 박기출이가 부산에서 상경하였다는 전화를 받고 당 사무실에 나갔더니 박기출 씨와 김기철[상(相) 피고인]이가 언쟁을 하다가 박기출 씨는 김기철이가 탈당을 안 하면 자기가 탈당하겠다고 강력히 말하고 나간 후 김기철은 흥분하여 눈물을 흘리면서 조봉암 선생에게 자기주장 이론을 몰라준다고 하니 조봉암 선생은 김기철 동지는 연구를 잘하나 그렇게 고집을 쓰는 것이 아니라고 하면서 그 정도로 그만두라고 하고 피고인은 김기철에게 토론할 것이 있으면 정식회의를 개최하여 제안하는 것이 좋지 않은가 하고 동 사무실을 나온 사실이 있을 뿐입니다.

문: 김기철의 평화통일에 대한 구체적인 방안을 보고 찬동한 사실이 없는가.
답: 동안(同案)을 본 사실도 없고 따라서 찬성한 사실이 없습니다.

재판장은 피고인 윤길중에 대하여

문: 피고인의 경력은 여하(如何).
답: 4249(1916)년 8월 본적지에서 농업 윤병후(尹炳厚)의 장남으로 출생하여 24세 시 일본대학 법과를 졸업한 바 23세 시 동 대학 재학 시 조선총독부 시행 변호사시험 및 일본 고문(高文) 행정(行政) 및 사법과에 합격한 후 24세 시에 조선총독부 농림국(農林局) 속관(屬官)에 피임 근무타가 전남 강진(康津) 및 무안군수(務安郡守)를 역임하고 4278(1945)년 1월에 동 학무국(學務局) 사무관으로 전임근무 중 8·15해방으로 군정부(軍政府) 문교부(文敎部) 지도과장에 취임 근무타가 동년 12월경 반탁운동 관계로 사임, 4279(1946)년 6월경 고(故) 신익희(申翼熙)와 공(共)히 국민대학(國民大學)을 창건하고 동교(同校) 재단이사 겸 법학교수로 종사 4279(1946)년 12월경 입법의원 법제국 기초과장과 총무과장을 역임하고 4281(1948)년 3월에 제헌국회(制憲國會) 중앙선거위원회 선전부장에 피임 근무하다가 동년 5월부터 4283(1950)년 5·30선거 시까지 제헌국회 헌법기초위원회 전문위원과 동 국회 법제조사국장 등을 거쳐 제2대 민의원 의원선거 시 강원도 원주군(原州郡)에서 무소속으로 입후보 당선 국회

법제사법분과위원장으로 4285(1952)년 정치파동 시에 교섭단체 공화구락부(共和俱樂部) 소속으로서 내각책임제 개헌파로 활약하고 제2대 정부통령선거 시 대통령 입후보자인 조봉암의 선거사무장에 종사하고 서울특별시 중구 북창동(北倉洞)에서 변호사업을 개업하면서 5·15정부통령선거 시 대통령입후보자인 조봉암의 선거사무장에 종사하고 4289(1956)년 11월 10일 진보당 창당과 동시 동당 중앙당 부간사장 및 통일문제연구위원회 위원에 취임하여 현재에 이른 것입니다.

문: 피고인은 하시(何時)부터 조봉암을 알고 있었는가.

답: 피고인이 조봉암 선생을 알게 된 것은 제헌국회의원으로 조(曹) 선생이 당선되고 피고인은 헌법기초위원회 전문위원이었던 관계로 공석에서 상면하게 되었으나 당시까지는 사적으로는 상호접근치 못하였는데 제2대 민의원 시에 조봉암 선생은 부의장이고 피고인은 법제사법분과 위원장이었는데 6·25사변이 발발하자 국회의 태도를 결정짓기 위하여 토론이 있었는데 당시 조봉암 선생의 토론에 감탄한 것이며 또한 국회의원의 후퇴 여부를 피고인은 조소앙(趙素昻), 신익희, 조봉암 등 선배에게 문의하였으니 조봉암 선생만이 후퇴하여야 한다고 명확히 답변을 한 것인데 후퇴하는데 있어서도 신익희 씨 등은 각자 아무 말 없이 남하하였으나 조봉암 선생만은 국회부의장으로서 자기 임무를 완수하고 후퇴한 것이었습니다. 그리고 남하하여 부산에서 정치파동 시에 그의 인격은 더욱 빛났으며 조봉암 선생이 이런 위급 시에 자기 임무를 완수하는 데에 피고인은 존경을 하게 된 것입니다.

문: 피고인은 여사(如斯)한 범행을 하였다는데 여하(如何).

차시(此時) 재판장은 4291(1958)년 2월 17일 자 공소장 기재 범죄사실 적시 제4의 (1)을 독시(讀示)하니

답: 그 사실 자체 즉, 조봉암을 당수로 하는 진보당을 조직하고 피고인이 동 간사장에 취임한 것은 사실이나 동당이 국가의 변란을 목적으로 조직된 것이라는 것은 상위(相違)합니다.

문: 진보당은 대한민국을 부인하고 북한 괴뢰집단과 동등한 위치에서 통일정권을 수립할 것을 정강정책으로 한 것이라는데 여하(如何).

답: 동당의 정강정책에 나타난 통일문제에 대하여는 뚜렷이 밝혀있음으로 수하(誰何)를 막론하고 동 강령을 읽어보면 그렇지 않다는 것을 수긍할 수 있을 것이라 생각하는 바이고 동 정강정책 명문(明文) 이외의 통일방안은 그 발표자 개인의 소론(所論)에 불과하며 진보당의 안이 아님을 밝혀두는 바입니다.

문: 또 여사(如斯)한 범행을 한 것이라는 데 여하(如何).

차시(此時) 재판장은 전동(前同) 적시 제4의 (2)를 [조봉암에 대한 (3)·(5)·(6)의 각 부분] 독시(讀示)하니

답: 정우갑과의 관계에 대하여 말하자면 동인(同人)은 노인으로 일본에서 귀국한 자라 하며 친구를 통하여 국내 정치인들에게 일본정세를 소개하겠다 하므로 그와 같이 회합하였는데 동석(同席)에서 동인(同人)은 노년임으로 공산당원 교포가 대부분을 점한다느니 기념식전(紀念式典)에는 괴뢰 인공기(人共旗)를 게양하느니 하는 주책없는 말을 벌여놓기에 일즉이 헤어졌던 것이며 동인(同人)의 요구에 의하여 진보당의 선언, 강령, 정책, 규약 등의 인쇄물 일책(一冊)을 수교한 사실은 있으나 정우갑이 간첩이었다는 정(情)은 몰랐던 것입니다. 그 다음 김성숙(金星淑) 등 10여 명과 진보당 간부 측과 회합한 사실은 있으나 근민당(勤民黨)[51] 계열과 합당할려는 의도는 없었으며 단지 혁신세력만이 규합하겠다는 "쎅스"[52]적인 관념 즉 구한말의 사색당파(四色黨派)적인 색조(色調)는 버려야 한다고 생각되는 바입니다. 그리고 조봉암 선생이 『중앙정치』 10월호에 공표한 「평화통일에의 길」에 대하여 피고인이 관련한 것은 김기철의 안을 읽은 것을 듣고 있었다는 정도에 불과한 것이며 동 논문 전체를 고찰하면은 이북 괴뢰 측의 평화통일 제안은 일고의 가치가 없는 것이라 전제한 다음 UN에서 주장하는 평화통일안은 우리 대한민국 측으로는 UN 감

---

51) 근로인민당(勤勞人民黨)의 약칭이다. 1947년 5월 24일 여운형이 중심이 되어 결성한 정당이다.

52) '쎅트(sect)'의 오기로 보인다.

시하 총선거를 실시하였는데 또 동 감시하의 선거를 2중 실시하는 것은 불쾌한 것이라 생각되나 통일을 하기 위하여는 참을 수밖에 없다고 결론을 내린 것인바 피고인이 동 결론을 참작하여 비판을 하여보면 그 논문은 이북 괴뢰와 대한민국을 동등하게 생각하는 것이 아니고 단지 통일을 하기 위하여 같은 UN 감시하에 같은 위치에서 총선거를 하자는 의미를 표현하는데 불과한 것이라고 생각되는 바입니다.

문: 피고인은 또 여사(如斯)한 범행을 하였다는데 여하(如何).

차시(此時) 재판장은 전동(前同) 적시 제4의 (3)을 독시(讀示)하니

답: 동 김기철의 안을 동 위원회의 안으로 결의한 사실은 전무합니다. 진보당에서 통일문제연구위원회를 조직하게 된 것은 서독(西獨)에서는 통일을 애쓰는 나머지 통일당(統一黨)을 설치하였다는 말을 들었는데 우리 진보당으로서도 통일문제를 조홀(粗忽)히 할 수 없어서 조직하게 된 것이나 야당의 입장으로서 통일안을 구체적으로 공표할 수 없다고 생각되는 바가 있어 동 위원회는 유명무실하게 1년간 진행되었는데 기후(其後) 동 위원회를 보강하자고 하여 비교적으로 당에 출석을 잘하는 사람들을 동 위원으로 선출하자고 하여 피고인도 동 일원이 된 것이며 절대로 김기철을 위원장으로 하는 써클이 아닙니다. 그리고 동 통일문제를 연구하기 위하여 각국 정객들의 연설 등을 공부한 김기철 위원장이 동 교양강좌를 하자고 하면서 동 강의안을 작성하여 각 위원들에게 북한 괴뢰의 위장적인 평화통일 방안을 분쇄하기 위하여 토론하자고 하나 김기철 씨 외에는 독특한 안을 제출한 자가 없기 때문에 김기철의 안을 푸린트하여 배부한 것이 기(其) 전모인 바 이번 사건 발단 시에 경찰에서 동 푸린트를 제시 당하였을 시 본 피고인도 그 푸린트를 보았는지 잘 기억이 없었던 것이었습니다.

문: 또 여사(如斯)한 범행을 하였다는데 여하(如何).

차시(此時) 재판장은 전동(前同) 적시 제4의 (4)를 독시(讀示)하니 [조봉암 범죄사실 (7)]

답: 그것 역시 본 피고인은 전연 알지 못하는 사실입니다. 일자는 공소내용과 좀

상위(相違)하나 박기출 씨가 부산에서 상경하였다기에 당(黨) 사무실에 나가 보니 박기출 씨와 김기철이 언쟁을 하고 장내 분위기가 나쁜데 피고인은 당시 세계일보사에서 개최하는 좌담회에 출석하여달라는 초청을 받은 시각이 되었으므로 동 사무실을 나왔든 것이었습니다.

문: 진보당의 강령정책의 요지는 무엇인가.

답: 동 강령정책의 전문(前文)과 본문에 표현된 바와 여(如)히 대한민국을 육성 발전시키는 것이 목적입니다. 대한민국은 UN의 결의에 의하여 탄생한 것이므로 통일방안에도 UN의 의사에 협조하여야 하며 무시할 것이 아니라고 생각되며 대공(對共) 관계에 있어서도 무력이든 평화든 간에 여야 대동단결을 하여 민주진영의 결정적 승리를 최대의 목표로 하는 것이며 국가 변란 등등은 몽상조차 못할 사실입니다.

재판장은 피고인 조규택에 대하여

문: 피고인의 경력은 여하(如何).

답: 14세 시 황해도 적여공립보통학교(赤余公立普通學校)를 졸업 후 해주고보(海州高普) 2년을 중퇴한 후 단국대학(檀國大學) 정치과 2년에 편입하여 3년을 졸업하고 4281(1948)년 12월 상순경 서울중앙방송국 방송과 서기로 임명되어 근무 중 6·25사변 시 남하치 않고 경기도 용인 및 양평 등지를 전전하다가 수복하여 동 방송국에 계속 근무 중 4284(1951)년 10월경 주사(主事)로 승진 4288(1955)년 10월경 동직(同職)을 사임하고 애국동지원호회(愛國同志援護會) 및 3·1정신선양회 사업에 종사하다가 진보당 창당 시 동당 중앙당 재정부 부간사 및 중앙상임위원회 부위(원)장에 피임 현재에 이른 것입니다.

문: 피고인이 조봉암을 알게 된 것은 하시(何時)부터인가.

답: 조봉암 선생이 농림부장관에 임명된 이래 현재까지 항시 접촉하여 왔습니다.

문: 피고인은 여사(如斯)한 범행을 하였다는데 여하(如何).

차시(此時) 재판장은 4291(1958)년 2월 17일 자 공소장 기재 범죄사실 적시 제5의

(1)을 독시(讀示)하니

답: 동 사실 자체 즉 진보당 결성과 피고인이 동당 재정부 간사로 있은 것은 사실이나 동당이 국가를 변란할 목적하에 결성된 것은 아닙니다.

문: 또 여사(如斯)한 범행을 한 것이라는데 여하(如何).

차시(此時) 재판장은 전동(前同) 적시 제5의 (2)를 독시(讀示)하니

답: 그것 역시 당 운영을 위하여 재정부 간사로써 임무를 수행한 것이며 국가를 변란할 목적 사항을 수행한 것은 아닙니다.

문: 진보당은 국가를 변란하고 대한민국을 부인하고 북한 괴뢰집단과 동등한 위치에서 통일정권을 수립할 것을 강령정책으로 하여 결성한 것이라는데 여하(如何).

답: 동당의 강령정책의 명문과 여(如)히 대한민국을 육성 발전시키는 것을 목적으로 하는 정당입니다.

재판장은 피고인 조규희에 대하여

문: 피고인의 경력은 여하(如何).

답: 15세 시까지 한문(漢文) 급(及) 일본 조도전(早稻田) 강의록을 자습하고 23세 시 도일(渡日)하여 동경도(東京都) 중앙대학 법과 2학년에 입학 재학 중 입학 수속 절차 허위로 퇴학을 당하고 귀국하여 24세 시 함남공업사(咸南工業社)에 취직 26세 시 성진(城津) 일본고주파중공업주식회사(日本高周波重工業株式會社)에 입사하여 28세 시에 함남공업사에 전직(轉職) 근무 중 4278(1945)년 8월 14일 상경하여 서울 시내 『신조선보(新朝鮮報)』를 위시하여 『한성일보(漢城日報)』 정치부장, 동 편집부장, 동 편집부국장, 동 국장대리 및 전임논설위원과 부산 항도신문사(港都新聞社) 편집국장 및 논설위원 등을 역임하고 4286(1953)년 2월경에 상경하여 『한성일보』 편집국장 겸 논설위원으로 있다가 동년 9월경 상경하여 신문 잡지 시사평론 등의 투고를 하여 오다가 『자유신문(自由新聞)』의 편집국장에 피임 종사 중 4289(1956)년 11월 10일 진보당 창당과 동시 동당 선전간사에 피임 현재에 이른 것입니다.

문: 피고인은 하시(何時)부터 조봉암을 알고 있는가.

답: 피고인은 8 · 15해방 직후부터 동인(同人)을 알고 있으나 『한성일보(漢城日報)』
   편집국장으로 있을 시에 처음으로 동인(同人)과 인사를 교환하였던 것입니다.

문: 피고인은 여사(如斯)한 범행을 하였다는 데 여하(如何).

차시(此時) 재판장은 4291(1958)년 2월 17일자 공소장 기재 범죄사실 적시 제6의
(1)을 독시(讀示)하니

답: 피고인이 그와 같이 진보당에 가입하고 선전간사에 취임한 사실은 있으나 동
   당이 국가를 변란할 목적 운운(云云)하는 것은 허위입니다.

문: 진보당은 국가를 변란할 목적으로 대한민국을 부인하고 북한 괴뢰집단과 동등한 위
   치에서 통일정권을 수립할 것을 강령정책으로 하는 당(黨)이라는데 여하(如何)

답: 대한민국을 육성하는 것이 목적이며 변란할 것을 목적으로 하는 것이 아닙니
   다.

문: 또 여사(如斯)한 범행을 하였다는데 여하(如何).

차시(此時) 재판장은 전동(前同) 적시 제6의 (2)를 독시(讀示)하니

답: 자유 · 민주 · 진보의 3대 정당 합동강연대회가 정치대학 주최로는 시공관에서
   개최되고 전남대학(全南大學) 주최로 동 강당에서 개최된 바 있는데 피고인
   이 진보당 대표로 연설한 사실이 있으나 그 내용은 대한민국을 부인하거나
   이북 괴뢰와 동등한 위치에서 통일하여야 한다는 것이 아니었습니다.

문: 또 여사(如斯)한 범행을 한 것이라는데 여하(如何).

차시(此時) 재판장은 전동(前同) 적시 제6의 (3)을 [조봉암 범죄사실 (5), (6), (7) ·
윤길중 범죄사실 (3)] 독시(讀示)하니

답: 첫째, 근민당 재남(在南) 잔류파[53]인 김성숙(金星淑) 외 10여 명과 진보당 간

---

[53] 1947년 7월 19일 여운형 사후, 구심점을 잃은 근로인민당은 더 이상 활동을 지속하기 어
   렵게 되었다. 근민당 당원이던 이영, 백남운, 이여성 등은 1948년 4월 남북제정당사회단

부들과 회합하였다는 점은 상(相) 피고인 윤길중의 진술내용과 동일하고, 다음 조봉암 위원장의 명의로「통일에의 길」이라는 제목하에 평화통일의 구체적 방안의 일각을 『중앙정치』 10월호에 게재하기로 동지(同誌) 편집위원인 피고인 등의 동의를 득(得)하였다는 점에 관하여는 동 논문을 읽는 것을 들었을 뿐 동의 여부는 의식적으로 할 필요가 없는 것이었으며 단지 동안(同案)이 대한민국의 통일방안이라는 확신을 하였던 것은 사실입니다. 셋째로 김기철 초안의 통일방안을 동 통일문제연구위원회의 안으로 결의하고 당(黨) 회의에 상정시켰다고 하는 점 역시 상(相) 피고인 윤길중의 동 사실에 대한 진술내용과 동일한 것이며, 넷째로 김기철의 통일방안 초안을 동당 통일문제연구위원회의 안으로 가결 운운(云云)하는데 대하여도 역시 윤길중 씨의 동 사실에 대한 진술과 같은 것임으로 생략합니다.

재판장은 피고인 신창균에 대하여

문: 피고인의 경력은 여하(如何).

답: 20세 시에 대전제일보통학교 및 충북 영동보통학교고등과 1년을 수료하고 23세 시 충북공립사범학교를 졸업한 후 각 보통학교 교사를 역임하다가 33세 시 중국 광동성(廣東省) 중산시(中山市) 전력회사 부사장 등으로 종사 중 소위 대동아전쟁으로 동사(同社)를 폐사한 후 4278(1945)년 3월 24일에 귀국하여 8·15해방을 맞이하였으며 동년 12월 인천 소재 조선성냥주식회사 관리인으로 종사 중 4279(1946)년 4월 경 한독당(韓獨黨)[54]에 가입 중앙상임위원 겸 연락부장으로 취임 활동 중 6·25사변을 당하여 남하치 않고 시내 중구 회현동에서 은거하고 1·4후퇴 시 제주도 및 부산에 남하하였다가 수복 후 대전 소재 한미방직회사(韓美紡織會社) 건설에 종사하다가 4289(1956)년 3월경 가칭 진보당 추진위원회 연락부장에 동당 창당 시 중앙당 재정위원장에 취임 현재에 이른 것입니다.

체대표자연석회의에 참석하기 위해 월북한 후 평양에 남았다. 반면에 남쪽에 잔류한 근민당 당원들은 '근민당 재남잔류파'라 불렸다. 이들 중 장건상, 김성숙 등이 1957년에 근민당을 재건하려고 했다는 혐의로 체포되기도 하였다.

[54] '한국독립당'의 약칭이다.

문: 피고인은 하시(何時)부터 조봉암을 아는가.

답: 그것은 피고인이 경찰에서 진술한 바와 같습니다.

문: 피고인은 여사(如斯)한 범행을 한 것이라는데 여하(如何).

차시(此時) 재판장은 4291(1958)년 2월 17일자 공소장 기재 범죄사실 적시 제7의 (1)을 독시(讀示)하니

답: 한독당(韓獨黨) 간부와 같이 평양에서 개최한 남북협상에 참가한 사실은 있으나 그것은 당시의 미군정 기관의 승낙 후 한 것이라 불법성이 없다고 생각하는 바이며 소위 4김회의(四金會議)55)에도 참가한 사실이 있는데 4김회의라는 것은 남북협상대회 시에 공산당은 폭압적인 수단으로 독선적인 결의문을 한독당원이 퇴장한 가운데에서 일방적으로 통과시킨 일이 있는데 김구(金九) 수석56)께서는 남북협상의 실패로 남한에 도라갈 면목이 없다고 하여 자살을 기도한 바 있었는데 동 자살무마책으로 개최한 것이 그것입니다. 5·15정부 통령선거 당시 조봉암 선생의 선거사무소 재정책을 담당하여 주로 지출 면을 취급하였고 자금조달은 서상일 선생께서 직접 한 것인데 한번은 금 300만 환을 전달하라는 지시에 의하여 조봉암 선생에게 전달한 사실이 있으며 다음 500만 환은 서상일 선생이 직접 조봉암 선생에게 전달한 것입니다. 그 다음 진보당 결당을 추진하여 동당 결성 시에 피고인이 재정위원장에 취임한 것은 모두 사실이나 진보당이 국가를 변란할 목적으로 조직된 결사라는 것은 언어도단이며 동당은 대한민국을 육성, 발전시킬 목적으로 결성된 것입니다.

문: 피고인은 또 각 여사(如斯)한 범행을 하였다는데 여하(如何).

차시(此時) 재판장은 사법경찰관 작성 의견서 기재 범죄사실 적시 제7의 (2)·(3) 전동(前同) 적시 제7의 (2)을 독시(讀示)하니

답: 동(同) 제7의 (2) 사실은 중복된 사실이고 동(同) 제7의 (3)에 관하여는 피고인이 재정위원으로서 임무를 수행하는 행위였습니다.

---

55) 김구, 김규식, 김일성, 김두봉의 회의를 말한다.

56) '주석'의 오기이다.

문: 피고인은 또 여사(如斯)한 범행을 하였는가.

차시(此時) 재판장은 4291(1958)년 4월 7일자 공소장 기재 범죄사실 적시 1을 독시(讀示)하니

답: 그것은 상기 진술한 사법경찰관 작성 의견서 기재 범죄사실 적시 제7의 (3) 사실과 같은 사실이며 중복된 것으로 생각됩니다.

문: 진보당 기관지 발간처인 정진사(正進社) 창립 발기인회를 개최하고 동 발기인 위원장 박기출, 부위원장 이광진(李光鎭) 등을 선출 동사(同社)의 자본총액을 1억 환으로 결정한 후 제1회 주금(株金)으로 금 5,000만 환을 모집하는데 합의한 사실이 있는가.

답: 네 그런 사실이 있습니다.

문: 진보당은 국가를 변란할 목적으로 대한민국을 부인하고 북한 괴뢰집단과 동등한 위치에서 통일정권을 수립할 것을 강령정책으로 하여 결성된 것이라는데 여하(如何).

답: 동 사실에 대하여는 이미 상(相) 피고인 등이 누누이 진술한 바 있음으로 그 진술을 생략하겠습니다.

재판장은 피고인 김기철에 대하여

문: 피고인의 경력은 여하(如何).

답: 17세 시 함흥 제일보통학교를 졸업 20세 시에 경성전기학교(京城電氣學校) 3년을 23세 시 일본국 동경도 공전(工專) 상공부(商工部) 전기공학과 3년을 각각 졸업하고 귀향하여 홍전사(弘電社) 조선지사 사원으로 피임 근무 중 25세 시 동사(同社) 흥남지점에 전임(轉任) 27세 시 동사(同社)를 사임하고 함흥 시 내에서 박전사(博電社)를 자영 중 8·15해방으로 동사(同社)를 폐업하고 건국 후 함남청년회(咸南靑年會) 기획부장 겸 함남협회 조직부장으로 활동하고 4278(1945)년 12월 초순경 흥남인민비료공장(興南人民肥料工場) 중앙본부 조사계획부 총무국장에 피임 종사 중 사임하고 4279(1946)년 3월 5일경 월남하여 원세훈(元世勳)의 소개로 좌우합작위원회(左右合作委員會)에 입회함과 동시 민족자주연맹(民族自主聯盟) 교도(教導) 및 조사부장, 민주한독당(民主韓

獨黨) 중앙상집위원 동 선전부장 등으로 종사타가 4281(1948)년 4월경 평양 모란봉극장(牡丹峯劇場)에서 개최된 남북협상에 민독당(民獨黨) 대표로 월북하였다가 귀환하여 계속 민련(民聯) 조사부장으로 활약 중 6·25사변이 발발하자 남하하지 못하고 1·4후퇴 시에는 제주도 부산 등지에서 전전하다가 제2대 대통령선거 시 조봉암 선생의 선거사무부장 겸 선전부장으로 활동하고 4286(1953)년 5월경 상경하여 신당 조직에 조봉암 및 서상일 선생 등과 합작운동 중 5·15정부통령선거에 대통령으로 입후보한 조봉암의 선전 및 재정책으로 피임 활동하고 동당 통제부위원장 및 통일문제연구위원회 위원장 겸 동당 경기도당 위원장에 피임된 것이었습니다.

문: 피고인은 하시(何時)부터 조봉암을 알고 있는가.
답: 그것은 피고인이 경찰에서 진술한 바와 상위(相違) 없습니다.

문: 피고인은 여사(如斯)한 범행을 하였는가.
차시(此時) 재판장은 4291(1958)년 2월 17일자 공소장 기재 범죄사실 적시 제8의 (1)을 독시(讀示)하니
답: 좌우합작위원회가 해산된 후 김규식(金奎植) 박사가 영도하는 민족자주연맹에 가담한 사실이 동 사실 중에 누락되어 있고 또 "6·25사변이 발생하자 괴뢰 치하 서울인민위원회 위원장 이승엽(李承燁)의 지령에 의하여 구성한 군사위원회에 가입하여 동 조사부장으로 괴뢰군에 대한 원호사업(援護事業)을 하였느니 또는 서울인민위원회에 민련(民聯)을 공인단체로 등록하고 동 연맹 조사부장으로 활약하였다"라는 점은 허위사실이고 기(其) 이외의 사실은 유(有)하나 진보당이 대한민국을 변란할 목적으로 결당된 것이라는 점은 부인합니다.

문: 또 각각 여사(如斯)한 범행을 한 것이라는데 여하(如何).
차시(此時) 재판장은 전동(前同) 적시 제8의 (2)를 독시(讀示)하니[윤길중 범죄사실 (3) 조봉암 범죄사실 (5)·(6)·(7) 사법경찰관 작성 의견서 기재 범죄사실 제8의 (8)]

답: 기중(其中) 평화통일에 관한 논문에 관하여 말하겠는데 피고인은 8 · 15 해방 후 이북에서 반공운동을 하다가 남하한 것이었고 김규식 박사 등의 중간파의 지도를 받았는데 우리 민족이 반공을 함에 있어서는 양 주먹을 잡아 흔들고 때려부신다는 것만으로 일이 성취되는 것이 아니고 공산당이 평화적 공세로 나오면 우리도 같이 평화적 반격으로 나가야하며 합법적 정치적으로 공산당을 궁지에 몰아넣음으로써 타도하는 것이 가장 적당한 방법이라고 생각하고 있는바 진보당에서 통일문제를 조홀(粗忽)[57]히 할 수 없다고 하여 통일문제 연구위원회를 설립하였으나 유명무실하게 1년을 도과(徒過)하고 보니 동 위원회를 강화할 필요가 있다고 하여 적극적인 활약을 기대하게 되었는데 피고인의 생각에는 민주주의 진영의 결정적인 승리를 기(期)하는 평화통일을 하려면 대중을 정치적으로 교도(敎導)하여 강한 투지와 진보적이라는 야무진 세력으로 싸우는 것만이 최선의 방안일 것입니다. 과거 10년간 김규식 박사의 지도 받은 교양과 제네바회의에서 각국 대표가 행한 통일에 대한 연설집을 기초로 하여 연구한 끝에 논문을 기초하여 조봉암 선생에게 논평을 청하였더니 동인(同人)은 연구를 많이 하였다고 하였습니다. 그래서 동 논문을 푸린트하여 각 위원 및 당 간부들에게 1부식 배부하여 각자의 의견을 구한 바 각인으로부터 비빨[58] 같은 반박을 받았으며 동안(同案)은 진보당이 집권한 후에 비로소 공표할 것이라는 귀결을 보게 되어 결국 동안은 후지부지[59]된 것이며 피고인은 연구가 부족한 것으로만 생각하고 있었든 것입니다. 그리고 근민당 계열 인사와 회합하였다는 것은 동 인사들이 민혁당에서 분열되어 이탈하게 됨으로 진보당으로서는 당원을 확대시키기 위하여 동인(同人)들을 맞아들일라는 회합이었고 북한 당국의 평화공세에 대한 진보당의 선언문을 피고인의 처남인 오성덕(吳聖德)에게 등사케 하여 그것을 동 연구위원에게 배부한 것은 사실이나 그것은 어데까지나 김기철의 사안(私案)에 불과하며 진보당의 안이거나 동당 통일문제연구위원회 안으로 가결한 사실이 없으며 조

---

57) '간략하다'는 의미이다. 말이나 행동이 가벼울 때 쓰는 말이다.

58) '빗발'을 의미한다.

59) '흐지부지'를 의미한다.

봉암 선생이 『중앙정치』 10월호에 「평화통일에의 길」을 게재하는데 동안(同案)을 제공하거나 어떤 회의에 참가한 바 없습니다.

문: 여사(如斯)한 범행이 있다는데 여하(如何).
차시(此時) 재판장은 4291(1958)년 4월 7일자 공소장 기재 범죄사실 적시 2를 독시(讀示)하니
답: 그 사실 사법경찰관 작성 의견서 기재 범죄사실 적시 제8의 (8)과 중복된 것임으로 진술을 생략하겠습니다.

문: 진보당은 국가를 변란할 목적으로 대한민국을 부인하고 북한 괴뢰집단과 동등한 위치에서 통일정권을 수립할 것을 정강정책으로 결당한 것이라는데 여하(如何).
답: 그 사실에 관하여는 상(相) 피고인들이 누누이 진술한바 동 피고인들이 동 사실에 대하여 한 진술을 원용(援用)하겠습니다.

재판장은 피고인 김병휘에 대하여
문: 경력은 여하(如何).
답: 13세 시 평북(平北) 박천공립보통학교(博川公立普通學校)를 졸업 18세 시 신의주공립고등보통학교(新義州公立高等普通學校)를 거쳐 22세 시 도일(渡日)하여 일본대학 법과에 입학 동교(同校) 1년을 중퇴하고 귀국하여 폐결핵을 치료하다가 4279(1946)년 4월경 월남하여 UP통신 기자로 약 6개월간 종사하고 홍익대학(弘益大學) 교수로 약 4년간 근무 중 6·25사변으로 부산·대구에 피란, 대전 덕소철도학교(德沼鐵道學校) 및 중앙철도고등기술학교(中央鉄道高等技術學校) 부교장으로 약 2년간 근무하다가 동교(同校)를 사임하고 대전가정보육기술학교(大田家政保育技術學校) 교장으로 6개월 4289(1956)년 11월 10일 진보당 창당 시 동당 중앙당 교양간사 및 중앙위원 중앙상무위원 급(及) 동당 통일문제연구위원회 부위원장 등에 피임되어 현금(現今)에 이른 것입니다.

문: 하시(何時)부터 조봉암을 알게 된 것인가.
답: 그것은 경찰에서 피고인이 진술한 바와 상위(相違) 없습니다.

문: 피고인은 여사(如斯)한 범행을 하였다는데 여하(如何).

차시(此時) 재판장은 4291(1958)년 2월 17일자 공소장 기재 범죄사실 적시 제9의 (1)을 독시(讀示)하니

답: 진보당을 결당한 사실과 피고인이 각 부처에 취임한 것은 사실과 상위(相違) 없으나 단지 진보당이 국가를 변란할 목적으로 결성된 것이라는 사실은 부인 합니다.

문: 또 여사(如斯)한 범행을 한 것이라는데 여하(如何).

차시(此時) 재판장은 전동(前同) 적시 제9의 (2)를 독시(讀示)하니 [조봉암 범죄사 실 (6) 사실 포함]

답: 조봉암 선생으로부터 잡지사 판권 구입의 의뢰를 받고 김석봉(金夕奉)으로부 터 『중앙정치』 판권을 금 18만 환에 이양 받은 사실이 있고 차(此)를 동 조봉 암 선생에 인계하였으며 동지(同誌) 편집위원회에서 결의한 것은 평화통일을 게재하자는 것으로 속기록을 독문(讀聞)한 바 있는데 동 독문내용과 완성된 논문과는 다소 차이가 있었던 것이며 피고인의 견해로서는 평화통일안에 찬 성을 한 것입니다.

문: 피고인은 여사(如斯)한 범행을 하였다는데 여하(如何).

차시(此時) 재판장은 전동(前同) 적시 제9의 (3)을 독시(讀示)하니 [조봉암 범죄사 실 (7)]

답: 피고인은 동당 통일문제연구위원회 부위원장의 직책 명분은 있으나 동 위원 회에 출석한 것은 부위원장에 선임되어 인사차이었으며 그 후는 나간 사실이 없고 따라서 김기철 안을 본 사실이 없습니다.

문: 진보당은 국가를 변란할 목적으로 대한민국을 부인하고 북한 괴뢰집단과 동등한 위 치에서 통일정권을 수립할 것을 강령정책으로 하는 당(黨)이라는데 여하(如何).

답: 그 사실은 상(相) 피고인 등이 동 사실에 대하여 한 진술을 원용(援用)하겠습 니다.

재판장은 피고인 이동화에 대하여

문: 경력은 여하(如何).

답: 4254(1921)년 3월에 평양 숭덕소학교(崇德小學校) 4년을 4258(1925)년 3월에 평양 광성고보(光城高普) 4년을 각각 졸업하고 동년 4월에 도일(渡日)하여 일본 웅본현립중학제제횡(熊本縣立中學濟濟黌) 제4학년에 편입하여 4259(1926)년 3월에 동교(同校) 4년을 졸업하고 4261(1928)년 일본 산구현(山口縣) 산구고등학교(山口高等學校) 문과 갑류(甲類)(3)년을 졸업한 후 계속하여 동경제국대학(東京帝國大學) 법학부 정치학과 3년을 졸업하고 약 1년간 동교(同校) 정치학 연구실에서 정치학을 연구한 후 귀국하여 4271(1938)년 1월부터 4274(1941)년 9월까지 서울 혜화전문[惠化專門, 현 동국대학(東國大學)] 사회과학 교수로 근무타가 〈치안유지법〉 위반으로 동년 9월부터 4275(1942)년 12월까지 서대문형무소에서 복역하고 동년 12월부터 4278(1945)년 4월까지 본적지에서 실부(實父) 경영 중인 주물공장과 농업에 조력하고 동년 4월부터 8월까지 서울 이화전문학교(梨花專門學校) 부속병원 사무장에 종사타가 8·15해방과 동시 건국동맹(建國同盟) 간부 및 건국준비위원회(建國準備委員會) 서기국 위원에 취임하고 고(故) 여운형(呂運亨) 및 이만규(李萬圭),[60] 이상도(李相燾) 등과 제휴 활동하다가 4278(1945)년 9월에 월북 귀향하여 동년 12월경 평양에서 조선공산당에 가입하여 동월 중순부터 4279(1946)년 5월 말경까지 간에 『평양민보(平壤民報)』 및 민주조선사(民主朝鮮社)의 주필을 역임하고 동년 10월경부터 4280(1947)년 2월까지 조소문화협회(朝蘇文化協會) 부위원장 겸 김일성대학(金日成大學) 강사로 종사하고 동년 4월부터 4283(1950)년 5월 초순경까지 동 대학 법학부 외교사(外交史) 전임강사로 근무 중 1·4후퇴 직전 월남하여 동년 11월 하순경 백인엽(白仁燁) 중령 처남 박용래(朴用來)의 소개로 1년간 정보국 제5과에 재직 의병(依病) 제대하고 4285(1952)년 5월부터 4286(1953)년 4월경까지 경북대학교 정치과 교수로 기후(其後) 한국내외문제연구소장을 거쳐 4287(1954)년 4월에 성균관대학 정치과 교수로 종사하면서 민주혁신당(民主革新黨) 정치위원으로 취임 현재에 이른 것입니다.

---

[60] 이만규(李萬珪)의 한자명이 오기된 것으로 보인다.

문: 조봉암을 알게 된 동기는 여하(如何).

답: 그 사실은 피고인이 경찰에서 진술한 바와 상위(相違) 없습니다.

문: 피고인은 여사(如斯)한 범행을 하였다는데 여하(如何).

차시(此時) 재판장은 4291(1958)년 2월 17일자 공소장 기재 범죄사실 적시 제10의 (1)을 독시(讀示)하니

답: 그 점에 관하여 말하면 재재작년 즉 4288(1955)년 3월에 서상일 씨가 피고인을 초청하므로 가보니 동석(同席)에 조봉암, 서상일, 윤길중, 주기영(朱基英) 씨 등이 계셨는데 용건을 문의하니 혁신적인 정당을 조직하는데 대하여 강령 정책을 초안하는 의견교환을 하자고 하므로 토의를 한 결과 피고인이 동 초안을 작성하기로 의견의 합치를 보게 되었는데 피고인은 과거 정치학을 전공한 입장에서 승낙을 하고 해산하였던 것이며 그 후 전회(前回) 독촉을 받고 논문식으로 약 100여 매를 맨들어 서상일 씨에게 송부한 것이고 추후 동 논문이 정당추진 대표자대회에서 낭독하여 자구(字句) 상 약간의 수정을 가하여 진보당의 강령정책이 된 것은 사실이나 동 석상에 본 피고인은 참가하지 않았습니다. 그 후 동당은 분열하여 진보당에서 서상일파가 탈퇴하여 민주혁신당을 조직한 것입니다. 그런데 동 강령의 성격은 한국의 현실에 알맞은 혁신적이며 우파적인 정강으로서 일본 사회당(社會黨)의 정강과 비교하여 볼 때에 훨씬 반공적인 것입니다. 이런 우경적인 혁신적 강령이라는 것은 전 세계 어느 나라의 사회당의 정강에서도 찾아볼 수 없는 것입니다. 동 강령에서 통일문제를 언급하였는데 통일문제는 우리나라 현실에 비춰어 가장 중요하기 때문에 빠질 수 없는 것이며 피고인은 통일문제에 관하여 평화적이라는 용어를 사용치 않고 민주적이라는 용어를 사용하였고 이 민주적인 통일이야말로 가장 적당한 것이라고 확신하는 바입니다. 동 초안의 내용에 변란한다는 불온(不穩) 성격의 구절이 있다고 하나 이해할 수 없는 일입니다. 또 한 가지 첨언하여야 할 것은 피고인은 동 초안을 진보당의 강령으로 하라고 권유한 사실도 없고 동당 결당과는 관련이 없으며 동 대회에 출석한 사실이 없습니다. 그리고 피고인이 월남 전향한 후 10년간을 일관하여 반공으로 헌신하여 왔습니다.

문: 피고인이 과거 북로당(北勞黨)[61]에 가입하였다는 사실로 인하여 처벌당한 사실은 없는가.

답: 그것으로 처벌당한 사실은 없으나 피고인이 과거 서울대학 정치학과 강의를 한 것 중에 불온한 내용이 있다 하여 기소되어 4288(1955)년 7월 말 서울지방법원에서 선고 유예의 판결 언도를 받은 사실이 있습니다.

문: 진보당 강령 전문에 우리는 자본주의의 자기수정이 자본주의 세력 자신의 자발적 의사에 기인한 것은 아니고 이를 불가피하게 하는 사회적 정치적 및 경제적 제(諸)원인에 유래하는 것임을 명확히 인식하여야 하며 따라서 우리는 자본주의의 이러한 자기수정적 경향을 과대평가하여서는 아니 된다. 왜냐하면 이러한 과대평가는 우리가 확고하게 지켜나가야 하는 적극적 실천적인 변혁적 주체성의 입장과 배치하지 않을 수 없기 때문이다. 자본주의의 지양과 민주적 복지사회의 건설은 자본주의의 자기수정적 노력에 의해서가 아니라 근로대중을 대표하는 변혁적 주체적 노력의 적극적 실천에 의하여 달성되어야 할 것이다. 그러나 이와 동시에 우리는 자본주의의 이러한 자기수정적 노력을 결코 과소평가하여서는 아니 된다. 왜냐하면 이와 같은 과소평가는 민주주의적·평화적 방식에 의하여 자본주의의 변혁을 달성하여야 할 우리의 근본적인 사회민주주의적 입장과 합치할 수 없기 때문이다라고 구절이 있는데 그 의미는 여하(如何).

답: 동 구절은 자본주의의 수정과 변혁이라는 소제목인 내용인데 세계 각국의 자본주의가 20세기에 와서는 자기수정주의적으로 나가는 경향입니다. 미국의 눈으로 본 영국은 반(半)사회주의국가로 변화하였다는 것이고 기타 서방 각국에서도 수정하지 않으면 아니 되겠다는데 봉착하고 앞으로 더욱 수정을 계속할 것이라고 생각하는 바이며 세계 어느 나라의 혁신정당에 있어서도 자본주의의 세력의 자발적인 수정 만에 의하여서는 민주복지국가가 이루어진다고 보지 않는 바와 같이 우리 한국의 경우에 있어서도 자본주의의 세력에만 위임하고 방치하여 가지고는 민주복지국가의 형성은 어렵고 근로대중의 적극적인 수정이 필요한 동시에 민주적 평화적 점진적인 변혁을 위하여 자본주

---

[61] '북조선로동당'의 약칭이다.

의 세력의 자가(自家)수정도 약간 인정한다는 의미입니다.

문: 또 동 전문(前文)에 19세기 중엽 이후 반(反)자본주의투쟁을 적극 과감히 전개하게 되었다 이라 하여 근로대중의 조직적 노력에 의한 반자본주의투쟁과 볼세비즘[62]적 독재국가인 소련으로부터의 도전 및 충격과 자본주의 세력 자체에 의한 자본주의 수정의 노력은 상충(相衝)·호돌(互突)하여 가면서도 상교(相交)·호합(互合)하면서 제1차 대전 이후 서방 제국(諸國)에 있어서의 자본주의의 수정뿐 아니라 실로 자본주의의 변혁을 촉진 수행하였으며 또 하고 있다. 그리고 이러한 자본주의의 변혁은 폭력적 독재주의인 볼세비즘[63]의 경우와는 반대로 민주적 평화적 방식에 의하여 수행되고 있다. 참다운 사회적 민주주의에 끝까지 충실하면서 인류사회의 위대한 20세기 변혁을 민주적 평화적으로 달성하고 있는 우리는 특히 이 점을 중시하고 강조하지 않을 수 없는 바이다. 라는 구절의 의미는 여하(如何).

답: 그것은 우리가 민주적 복지국가를 형성함에 있어서 민주적 평화적 점진적으로 한다는 대원칙을 천명한 것이며 혁진(革進)[64]적인 세력이 주도권을 장악하여 추진하여야 하는 것이라고 생각하는 바이며 자본주의의 변혁을 달성하는 방도로는
1. 근로대중의 조직적 노력에 의한 반자본주의 투쟁
2. 자본주의 세력 자체에 의한 수정의 노력
이 두 가지만 가지고는 좀 부족한 것이고 충분치 못한바
3. 공산 독재국가의 폭력적 급진적인 혁명의 방법이 옳지는 못하나 약간 민주적 복지 면을 건설하였다는 점은 미국을 위시로 서방 각국에서 솔직히 인정하는바 이상의 3방도에 의하여 완전 민주적 복지국가를 달성하는 것이라 확신한다는 의미입니다.

문: 또 동 전문(前文) 구절에 "우리 당은 노동자 농민을 중심으로 진보적 근로인테리 중

---

62) '볼셰비즘'을 말한다.
63) '볼셰비즘'을 말한다.
64) '혁신(革新)'의 오기로 보인다.

소상공업자 양심적 종교인 등의 광범한 근로대중의 정치적 집결체이며 국민 대중의 이익을 실현하기 위해서 투쟁한다. 노동자 농민을 중심으로 하는 광범한 근로민중의 집결체인 우리 당은 모든 민중에게 자유와 평등과 사람다운 생활을 보장하여줄 가장 진보적인 진정한 사회적 복지국가를 이 나라에 건설하는 것을 그의 역사적 임무로 삼고 있으며 또 그러기 위하여 우리 당은 정치권력을 우리 수중에 장악하고 이를 안정화시키려고 한다. 이러한 정치적 변혁이 없이는 우리의 역사적 임무는 달성될 수가 없다"라는 의미는 여하(如何).

답: 그것은 첫째 근로국민을 사회적인 기반으로 한다는 취지이고, 둘째로는 사회적인 민주적 복지국가가 최고 목표로 하는 것은 국민 대중이 인간다운 생활을 유지할 수 있는 사회를 건설하기 위하여 정치적 권력을 우리 당이 장악하여야 한다는 것을 강조한 것입니다.

문: 현재의 대한민국을 그렇게 변혁시킨다는 것인가.

답: 피고인의 의도는 자본주의의 외곽을 파괴하지 않고 사회적인 · 민주적인 사회로 변혁시킨다는 것입니다.

문: 동당의 경제정책 전문(前文)에 "요컨대 문제는 급속한 템포로서 대대적인 경제건설을 촉진하여 사회적 생산력을 크게 제고(提高)하는 한편 사회적 생산물의 공정한 분배에 의하여 사회적 정의를 옳게 실천함에 있는바 광범한 민중의 생활적 욕구를 충족시킬만한 사회적 부(富)의 생산이 없이는 민주적 자유의 참다운 실현은 도저히 서기(庶幾)할 수 없음이 명백한 것이다"라는 의미는 여하(如何).

답: 그것은 계획적인 경제정책에 의하여 생산력을 급속히 증가시켜 동 생산물을 공정 균등하게 분배하여 균형 있는 국민경제의 발전을 기하여 민주적인 자유를 모든 국민이 누리자는 의미의 구절입니다.

문: 또 동 경제정책 전문(前文)에 "이리하여 우리는 낡은 자유민주주의 또는 개인적 민주주의를 폐기 지양하고 분연(奮然) 과감히 새로운 민주주의 즉 사회적 민주주의에로 옮아 서지 않으면 아니 된다. 사회적 민주주의는 평등적 민주주의이며 동시에 계획적 민주주의이다. 자유민주주의는 소수인의 자유를 의미할 뿐이었지만은 20세

기의 사회적 민주주의는 모든 사람 = 다수인의 자유를 의미하며 따라서 그것은 모든 사람의 자유와 평등의 실질적 구현을 위한 평등적 민주주의이다. 그리고 사회적 민주주의는 동시에 계획과 통제의 제(諸) 원칙에 입각하는 계획적 민주주의이다. 계획과 통제는 자본주의 경제에 있어서의 모순과 무정부성(無政府性)을 극복 지양하기 위하여 필요하며 후진 제국(諸國)에 있어서의 경제건설을 촉진 달성하기 위하여 불가결한 것이다. (중략) 우리 한국을 비롯한 후진 제국의 경제건설에 있어서 기본적 문제는 산업혁명을 시급히 수행하고 사회생산력을 전반적으로 급속히 제고하는 데 있다. 이렇게 하기 위하여는 낡은 '자유민주주의' = 자유자본주의적 방식은 무력하고 무효할 뿐 아니라 도리어 유해하다. 그러므로 우리는 폭력적 독재적인 볼쉐비즘적 방식과 아울러 소위 자유민주주의적 방식을 단호히 거부 배격하여야 한다. 동시에 우리의 새로운 건설에 있어서는 대중적이고 과학적인 사회적 민주주의 = 계획적 민주주의의 방식과 원칙에 의거하지 않으면 아니 되는 것이다"라는 의미는 여하(如何).

답: 그것은 자유민주자본주의와 사회적 민주주의를 대조시킨 취지이며 20세기 후반기에 있어서의 우리 후진국가군은 낡은 자유민주주의에 의하여는 형성할 수 없고 사회적 민주주의로서만 가능하다고 할 것입니다. 자유방임적인 초보적인 고전적인 자본주의로서는 경제적 복지국가를 형성시킬 수 없습니다. 자유민주주의는 극히 소수인 즉 일부 특권층의 자유를 의미하는 데 반하여 사회적 민주주의는 국민 대중 대다수인의 자유와 평등을 누릴 수 있는 평등적 계획적인 민주주의이며 실질적인 자유를 의미하는 것이며 이런 의미에서 후진국가에서의 자유민주주의는 불필요할 뿐만 아니라 유해하다는 의미입니다.

문: 계급투쟁에 대한 견해는 여하(如何)

답: 배격하자는 것입니다.

문: 피해대중의 의미는 여하(如何).

답: 본인은 피해대중이라는 용어는 사용하지 않는데 진보당에서 사용하고 있는 것 같습니다.

문: 피고인은 또 여사(如斯)한 범행을 하였는가.

차시(此時) 재판장은 4291(1958)년 2월 17일자 공소장 기재 범죄사실 적시 제10의 (2)를 독시(讀示)하니

답: 피고인이 소장으로 있던 국내외문제연구소[65]는 부산에 있던 미(美) 공보원 (公報院)의 요청에 의하여 설치된 것인바 시초에는 정치경제자료를 수집하여 연구를 하였고 그 후 미 공보원에서 이북의 서적을 자료로 하여 연구 발표하여 달라기에 미 공보원 소유의 이북 서적을 빌려다가 연구논문을 5~6천 매 작성하여 동원(同院)에 제공하였으며 기중(其中)에는 제네바회담과 관련된 논문도 포함되어 있습니다. 그런데 동 연구소 운영자금을 미국 아세아재단에서 공급하겠다고 제의하여 왔는데 유감하게도 동 직전에 2개월간 구속되었다가 출감하여 반년 경과 후 아세아재단에 자금을 요구하였더니 거부당하게 되었음으로 부득이 사재를 투입하여 계속 유지한바 미 공보원에서 동 경영 상황을 보고하라는 것을 못하였더니 취소당한 것입니다. 김일성에 관한 책 등도 미 공보원에서 빌려다가 캬비넷트[66] 내에 보장(保藏)하였던 것을 망각하고 반환 못하였으며 절대로 수하(誰何)나 출입할 수 있는 서붕(書棚)에 나열한 것이 아니었습니다.

문: 또 여사(如斯)한 범행을 하였다는데 여하(如何).

차시(此時) 재판장은 전동(前同) 적시 제10의 (3)을 독시(讀示)하니

답: 이상두 군은 대구대학[67] 1년 시에 피고인의 제자였던바 교원을 지나본 사람이 공통적으로 느끼는 바 있다고 생각합니다마는 이상두 군은 수재로서 공부를 잘하므로 귀엽게 생각하였는데 4~5년 전에 동인(同人)으로부터 2~3통의 편지를 받았으나 피고인은 관례로서 학생들로부터 받은 편지에 대하여는 회한(回翰)을 하지 않키로 하였고 또 편지 내용에 구체적인 문구는 기억이 없었으나 좀 과격한 문구가 있다는 정도로 생각하고 있었고 당시 이것은 동인(同

---

[65] '한국내외문제연구소'의 오기이다. 보통 '내외문제연구소'라고 칭했다.

[66] '캐비닛(cabinet)'을 의미한다.

[67] 경북대학교를 말한다.

人)이 3~4학년 시에 보낸 것이라 기억되는데 이상두 군이 정치학적 기초지식이 박약하여 동 개론(槪論)을 강의한 것을 잘 캿치[68] 못한데 인하였을 것이라 생각되는데 그 후 이상두 군이 성균관대학교 대학원에 진학하였을 시에 동인(同人)이 좌경(左傾)한 것이라고 생각한 사실이 있으며 또 이상두 군은 피고인으로부터 꾸지람하는 내용의 회한(回翰)을 받았다는 진술을 하고 있으나 피고인은 잘 기억치 못합니다.

재판장은 피고인 이상두에 대하여

문: 경력은 여하(如何).

답: 4289(1956)년 3월 경북대학교 법정대학 정치과 4년을 졸업한 후 동년 4월 성균관대학교 대학원에 입학하여 4290(1957)년 4월 동 대학원 1년을 수료하고 동경(同頃) 경북 계림대학숙(鷄林大學塾) 정치학 강사로 취임하여 동년 7월경까지 종사 4290(1957)년 9월 경북대학교 법정대학 정치학 강사로 취임하여 현재에 이른 것이었으며 본 사건으로 휴직 중에 있습니다.

문: 이동화를 아는가.

답: 피고인이 경북대학교 법정대학 정치학과 재학 시에 동인(同人)이 정치학을 교수하여서 사제지간으로 알고 있으며 동인(同人)을 존경하고 있습니다.

문: 하시(何時)에 경북대학에 입학하였는가.

답: 4285(1952)년 5월에 입학하였습니다.

문: 이동화 교수로부터 사회주의 교양을 받은 사실은 없는가.

답: 사회주의에 대한 개론을 강의 받은 바 있는데 이동화 교수나 피고인은 모다[69] 반공으로 싸워온 것입니다.

---

68) '캐치(catch)'를 의미한다.
69) '모두'를 의미한다.

문: 피고인은 사회주의 실현을 위하여서는 위선(爲先) 현 대한민국의 붕괴를 전제로 하여야 한다는 신념하에 그 실현에 노력하여온 사실이 있는가.
답: 전연 그런 사실이 없습니다.

문: 4289(1956)년 1월 24일 대구시 삼덕동 140의 1호 피고인 자택에서 서울특별시 종로구 제동 112의 1호 한국내외문제연구소(韓國內外問題研究所) 내 이동화에게 서신을 보낸 사실이 있는가.
답: 네 발신한 사실이 있습니다.

문: 동 편지의 요지는 여하(如何).
답: "진보와 혁신이 없는 이 굳어진 이 사회는 억압자의 해골 위에서만이 인민의 자유는 구축되고 억압자의 피만이 인민의 자치를 위한 토지를 비옥게 한다. 민주적 평화적 방식은 의미를 상실케 하고 있다"라는 요지의 편지였습니다.

문: 그 내용은 무엇을 의미하는 것인가.
답: 그 무엇을 의미하는 것이 아니고 일본인 이노끼 마사미찌[70]라는 자의 저서 『정치의 변동론(變動論)』을 읽어보았는데 동 책자 내용에 있는 동 구절을 감명 깊이 느낀 것이므로 동 편지 내용에 썼던 것입니다.

문: 그런 것이 아니고 유혈적인 혁명을 감행하여 대한민국을 변란시킬 것을 도모하여 북한 괴뢰와 동조하고 동 목적 사항을 협의한 것이라는데 여하(如何).
답: 그런 것이 아니고 아무 의미 없이 쓴 것입니다.

문: 또 여사(如斯)한 범행을 하였다는데 여하(如何).
차시(此時) 재판장은 동(同) 피고인에 대한 공소장 기재 범죄사실 적시 (2)를 독시(讀示)하니
답: 그것은 당시 서울형무소에 〈국가보안법〉 위반 피고사건으로 구속 중이던 이동

---

70) 1953년 『정치 변동론』을 출간한 '이노키 마사미치(猪木正道, 1914~2012)'로 보인다.

화 교수를 면회한 후 덕수궁 연못가에 간 일이 있는데 동소(同所)에서 느낀 바를 수필로 썼다가 경북대학 신문에 게재한 것에 불과합니다.

문: 그 내용은 이동화 교수를 구속한 정부를 주저(呪咀)[71]한 것이라는데 여하(如何).
답: 그런 것이 아닙니다.

문: 또 여사(如斯)한 범행을 한 것이라는데 여하(如何).
차시(此時) 재판장은 전동(前同) 적시 (3)을 독시(讀示)하니
답: 그런 편지를 쓴 내용은 사실과 상위(相違) 없습니다. 그 편지를 쓰게 된 동기는 피고인은 청년학생이므로 조국과 민족에 대한 애착심이 컸든 것인데 어느 날 시내 덕수궁 옆 태평로 파출소 앞을 지나가다 상이군인이 쌀 몇 말을 훔치다가 절도 범인으로 취급당하는 지경을 보고 느낀 바를 이동화 교수에게 호소하는 의미에서 편지하게 된 것입니다.

문: 피고인은 또 여사(如斯)한 범행을 하였다는데 여하(如何).
차시(此時) 재판장은 전동(前同) 적시(4)를 독시(讀示)하니
답: 네 그런 편지를 이동화 교수에게 보낸 것은 사실인데 동 전반의 내용은 현 사회가 불평등한데 대하여 옳지 못한 것을 느끼고 평등하여야 한다는 의미에서 쓴 것이고, 전향(轉向) 히스테리 운운(云云)하는 것은 당시 경북대학장이었던 박관수(朴寬洙)[72]가 왜정(倭政) 시에 친일파로서 일상생활에 있어서 일본 옷 하오리[73] 하까마[74]를 착용하였고 심지어는 우리 한국인과 대화할 시 통역인을 통하여 말하던 자가 해방 후는 누구보다도 솔선하여 일본을 욕하는 꼴이

---

71) '저주(咀呪)'의 일본식 표기이다.
72) 박관수(朴寬洙, 1897~1980)는 일제강점기 동경제국대학에서 공부하고 조선총독부 학무국 시학관, 경기공립고등여학교 교장 등을 역임하고 해방 후에는 경북대, 한양대에서 교수를 지낸 교육자이다. 1943년 국민총력 경성부연맹 이사로 활동하면서 일본이 일으킨 전쟁에 학병 지원을 독려하고 전쟁에 협력하는 여러 글을 발표하였다. 이에 2009년 친일반민족행위진상규명위원회가 발표한 친일반민족행위 705인 명단에 포함되었다.
73) 하오리(羽織)는 기모노 위에 입는 짧은 길이의 서양식 겉옷을 말한다.
74) 하카마(袴)는 기모노 위에 입는 일본 남성의 전통 바지를 말한다.

아니꼬워서 썼든 것이고, 후반의 구절은 일본국 가가와 도요히코(賀川豊彦)[75]의 『사선(死線)을 넘어서』라는 책자 중에서 인용한 것에 불과 합니다.

문: 또 여사(如斯)한 범행을 하였다는데 여하(如何).

차시(此時) 재판장은 전동(前同) 적시 (5)를 독시(讀示)하니

답: 그런 편지를 쓴 것은 사실이며 그것은 피고인이 4289(1956)년 세모(歲暮)에 동년 1년을 회상하여 느낀 바를 종합적으로 써서 보내는 내용 끝에 독일 칼 슈밋트[76]의 말과 일본인 야나이하라 타다오(矢内原忠雄)[77]의 『기독교와 맑스주의』라는 책자에서 별 의미 없이 전단(前段)에 인용하였던 것이며, 후단은 일본인 가와카미 하지메(河上肇)[78]가 대학교수를 지내고 50이 넘어서 일개 평당원으로 가입한 인간으로서의 겸손한 점을 쓴 것에 불과합니다.

문: 또 여사(如斯)한 범행을 한 것이라는데 여하(如何).

차시(此時) 재판장은 전동(前同) 적시 (6)을 독시(讀示)하니

답: 그것은 그런 것이 아니고 피고인이 하숙집에 있으니 오경세(吳經世)가 찾아와서 과외 활동을 하기 위하여 써클을 조직하는 것이 어떠한가 하며 상의하기에 좋은 의견이라고 합의를 보아 동일 화랑다방(花郎茶房)에서 회합하기로 약속하였음으로 동소(同所)에 가보니 한 명도 오지 않았음으로 김달호 변호사 사무소에 올라가 보았더니 학생들이 모여앉아 원자력 평화 사용 문제에 관하여 토론을 함으로 약 2시간가량 떠들다가 헤어진 횡적(橫的) 회합에 불과한 것이었습니다. 그리고 3차 회합 시에 권대복의 주장으로 여명회(黎明會)

---

75) 가가와 도요히코(賀川豊彦, 1888~1960)는 일본의 기독교 사회주의자로 20세기 성인으로 추앙받은 사람이다. 자전적 소설 『사선(死線)을 넘어』의 출간으로 유명해졌다.

76) 카를 슈미트(Carl Schmitt, 1888~1985)는 나치에 협력한 독일의 법학자이자 정치학자이다.

77) 야나이하라 타다오(矢内原忠雄, 1893~1961)는 일본의 경제학자 · 식민정책 학자이다. 우치무라 간조(内村鑑三)와 함께 일본의 무교회파 기독교 지도자로도 알려져 있다. 전후 1951~1957년 도쿄대학 총장을 역임했다.

78) 가와카미 하지메(河上肇, 1879~1946)는 일본 마르크스주의 경제학의 선구자로 손꼽힌다. 교토대학 교수를 역임했다. 그가 쓴 『가난 이야기』(1917), 『경제학 대강』(1928), 『자본론 입문』(1932) 등은 일제강점기 조선 지식인들의 필독서였다.

를 조직하였으니 그것은 진보당 산하의 제2선 조직체가 아니고 친목과 사회 과학부문을 연구 토론하기 위한 모임입니다.

문: 또 여사(如斯)한 범행을 하였다는데 여하(如何).
차시(此時) 재판장은 전동(前同) 적시 (7)을 독시(讀示)하니
답: 그것은 전연 사실무근입니다.

문: 또 여사(如斯)한 범행을 하였다는데 여하(如何).
차시(此時) 재판장은 전동(前同) 적시 (8)을 독시(讀示)하니
답: 그것 역시 수사기관에서 조작한 사실입니다.

재판장은 피고인 전세룡에 대하여

문: 경력은 여하(如何).
답: 보성고등학교(普成高等學校)를 졸업 후 본적지인 함북(咸北) 명천군 남면 내 포리에서 농업에 종사하고 6·25사변 중 국군이 진주하자 명천고급인문중학 교(明川高級人文中學校) 교원으로 취임 4283(1950)년 12월 4일 흥남(興南) 경 유 남하하여 강원도 횡성군(橫城郡) 주둔 방위군에 입대 복무하다 제대하여 전북 화양고등공민학교(華陽高等公民學校) 교원에 취임 4285(1952)년 10월경 하부(下釜)하여 동향인 김찬, 김안국(金安國) 등의 소개로 조봉암 가(家)에 동 거하면서 동인(同人)의 알선으로 상공일보사(商工日報社) 업무국장에 취임 조봉암 가에 동거하면서 진보당이 결당되자 동당 중앙위원에 선임된 것이었 습니다.

문: 피고인은 하시(何時)부터 조봉암이를 알게 된 것인가.
답: 그 사실에 관하여는 종전에 경찰에서 진술한 바와 상위(相違) 없습니다.

문: 피고인은 여사(如斯)한 범행을 한 것이라는데 여하(如何).
차시(此時) 재판장은 4291(1958)년 3월 3일 자 공소장 기재 범죄사실 적시 제1의 (1)을 독시(讀示)하니

답: 그와 같은 사실 자체는 있습니다만은 진보당은 반공적이며 사회적 민주주의를 지향하는 정당이 틀림없으며 국가를 변란할 목적으로 결성한 정당이 아닙니다.

문: 또 여사(如斯)한 범행을 한 것이라는데 여하(如何).
차시(此時) 재판장은 전동(前同) 적시 제1의 (2)를 독시(讀示)하니
답: 피고인은 4289(1956)년 9월경부터 당원명부 작성을 취급한 것은 사실이나 9천여 명이나 되는 당원을 피고인이 단독히 포섭 가입시켰다는 것은 불가능한 것이며 또한 비밀당원 제도는 진보당 규약에 없는 것이고 다만 진보당은 역사상 전례 없는 테로를 당하고 있는 현상임으로 동당의 강령에 찬동하여 마지않으나 당원으로 가입하는 것을 주저하는 인사들이 어떠한 시기가 도래하면은 가입하겠다고 하는 즉 당원 포섭대상자 명부를 작성하여둔 것을 당국에서 비밀당원이라고 칭하는 것입니다.

문: 또 여사(如斯)한 범행을 하였는가.
차시(此時) 재판장은 전동(前同) 적시 제1의 (3)을 독시(讀示)하니
답: 그런 사실 자체는 있으나 그것이 법에 저촉되는 것으로는 생각하지 않습니다.

문: 또 여사(如斯)한 범행이 있다는데 여하(如何).
차시(此時) 재판장은 전동(前同) 적시 제1의 (4)를 독시(讀示)하니
답: 네 역시 그런 사실은 틀림없으나 법에 저촉된다고 생각지 않습니다.

문: 또 여사(如斯)한 범행을 하였다는데 여하(如何).
차시(此時) 재판장은 전동(前同) 적시 제1의 (5)를 독시(讀示)하니
답: 그것 역시 사실 자체는 인정하오나 법에 저촉된다고 생각지 않습니다.

재판장은 합의 후 금일의 공판은 차(此) 정도로 속행할지 고하고 차회 기일은 내(來) 9월 11일 오전 10시로 지정 고지하고 소송관계인의 출석을 명한 후 폐정하다.

4291(1958)년 9월 9일

서울고등법원형사과 제2부
재판장 판사 김용진
서기 김응교

[출전 : 18권 165~250쪽]

피고인 조봉암 외 20인에 대한 간첩 등 4291(1958)년 9월 11일 오전 10시

재판장 판사 김용진, 판사 최보현, 판사 조규대, 서기 김응교

검사 방재기

변호인 신태악, 조헌식, 권재찬, 김병희, 김봉환, 옥동형
변호인 강순원, 김춘봉, 오승근, 민동식, 임석무, 유춘산
변호인 전봉덕, 최순문, 이상규, 김종열 각 출석

피고인 등은 신체의 구속을 받지 않고 출석하다.

　재판장은 전회에 계속하여 공판 심리할 지(旨) 고하고 소송관계인에 대하여 전회의 공판조서에 의하여 기(其) 심리사항의 요령(要領)을 고한 후, 각 차(此)에 대하여 증감 변경을 할 수 있는 지 술(述)하니 **각 소송관계인은**
답: 이의 없습니다.

재판장은 피고인 전세룡에 대하여
문: 피고인은 여사(如斯)한 범행을 하였다는데 여하(如何).
차시(此時) 재판장은 4291(1958)년 3월 3일자 공소장 기재 범죄사실 적시 제1의 (6)을 독시(讀示)하니
답: 당 조직 계획서를 기안하다가 당 사무실 등을 습격당하였음으로 완성을 보지 못하고 중지하였던 것입니다.

문: 또 여사(如斯)한 범행을 하였다는데 여하(如何).

차시(此時) 재판장은 전동(前同) 적시 제1의 (7)을 독시(讀示)하니

답: 그것은 4290(1957)년 4월이 아니고 동년 3월이었으며 사실 자체만은 인정합니다.

문: 또 여사(如斯)한 범행을 하였는가.

차시(此時) 재판장은 전동(前同) 제1의 (8)을 독시(讀示)하니

답: 동년 6월이 아니고 동년 3월의 일이며 조직준칙을 작성하다 중지한 것이며 완성하지 못하였던 것입니다.

문: 또 여사(如斯)한 범행을 한 것이라는데 여하(如何).

차시(此時) 재판장은 전동(前同) 제1의 (9)를 독시(讀示)하니

답: 그런 사실 자체는 인정합니다.

문: 또 여사(如斯)한 범행을 한 것이라는데 여하(如何).

차시(此時) 재판장은 전동(前同) 제1의 (10)을 독시(讀示)하니

답: 피고인이 정태영을 서울시당 상무위원으로 추천한 사실은 있으나 이여(爾餘)의 사실은 사실무근입니다.

문: 또 여사(如斯)한 범행을 하였다는데 여하(如何).

차시(此時) 재판장은 전동(前同) 적시 제1의 (11)을 독시(讀示)하니

답: 동일 동소(同所)에서 동인(同人)들과 정치의식을 앙양하기 위하여 회합하여 진보당의 강령정책을 재료로 학습토론회를 한 것인데 동 장소는 행인이 다들 어다 볼 수 있는 공개의 장소이고 또 동 회합에 참가한 자들은 비밀당원이 아니라 정식 당원이며 매주마다 당 사무소에 출근하는 자들이었습니다.

문: 지하비밀당원을 전국적으로 조직할 것을 토의한 사실이 없는가.

답: 그런 사실은 없습니다.

문: 유사시에 수단방법을 가리지 않는 실천행동대 발동할 것에 대하여 토론한 사실이 있는가.
답: 전연 그런 사실이 없습니다.

문: 정치의식을 배양하기 위하여 매주 토요일 오후 2시 조봉암 가(家)에서 비밀토론회를 정기적으로 개최하기로 한 것인가.
답: 그런 사실은 있었습니다.

문: 지하비밀당의 영도를 위하여 비밀중앙 7인 써클을 구성하기로 한 사실이 있는가.
답: 그런 사실은 없으나 어느 정당에도 있는 바와 같은 특수지역, 특수직역(特殊職域) 당부를 조직하는 토의는 하였습니다.

문: 진보당에 대한 외부의 탄압을 비밀조직에서 대비하는 동시 비합법적으로 미연에 방지시킬 것과 동 비밀조직은 당의 핵심적 지주 역할을 담당할 것 등을 토의한 사실이 있는가.
답: 그런 사실은 사실무근입니다.

문: 또 여사(如斯)한 범행을 하였다는데 여하(如何).
차시(此時) 재판장은 전동(前同) 적시 제1의 (12)를 독시(讀示)하니
답: 네 그렇게 회합하여 각자가 분담 연구하여 발표하기로 하였든 것입니다.

문: 또 여사(如斯)한 범행을 하였다는데 여하(如何).
차시(此時) 재판장은 전동(前同) 적시 제1의 (13)을 독시(讀示)하니
답: 동 내용은 사실과 상위(相違)되는 점이 많습니다. 동일 동소(同所)에서 동 8명이 회합한 사실은 있으나 그것은 밀회한 것이 아니었고 피고인이 당의 선언문을 낭독한 사실은 있으나 진보당이 계급적 혁명정당임을 인식시킨 사실이 없고 또 정태영은 동양통신사 기자이므로 인공위성의 성능과 발명하였다는 보도 사실을 말했을 뿐이며 동 인공위성의 발사 성공은 소련 사회체제의 우위성 운운(云云)하는 말은 없었으며 그리고 반당(反黨) 분자의 입당 침투를

방지하기 위하여 각 지구책(地區責)을 선임하여 동 지구책이 추천한 자만을 입당시키게 한 것인바 함남북(咸南北) 책은 선출·결의한 사실이 없었습니다.

문: 또 여사(如斯)한 범행을 하였다는데 여하(如何).
차시(此時) 재판장은 전동(前同) 적시 제1의 (14)을 독시(讀示)하니
답: 그것은 조봉암 가(家)에서 한 것이 아니고 동 7인 써클원은 평소의 언행이 타당원들보다 모범이 되어야 한다고 느껴오던 30항목을 주영숙(朱榮淑)에게 정서케 하여 1회 낭송하였던 것에 불과합니다.

문: 또 여사(如斯)한 범행을 하였다는데 여하(如何).
차시(此時) 재판장은 전동(前同) 적시 제1의 (15)를 독시(讀示)하니
답: 전연 그런 사실이 없습니다. 정태영은 동양통신사 기자임으로 주간 뉴스에 대한 보도를 담당하였던 것입니다.

문: 또 여사(如斯)한 범행을 하였다는데 여하(如何).
차시(此時) 재판장은 전동(前同) 적시 제1의 (16)을 독시(讀示)하니
답: 정태영이가 그러한 제의를 피고인에게 한 것은 사실이나 피고인은 그 제의가 경험 없는 유치한 것이라고 생각하였음으로 거부하고 조봉암 선생에게 건의한 사실이 없습니다.

문: 또 여사(如斯)한 범행을 하였는가.
차시(此時) 재판장은 전동(前同) 적시 제1의 (17)을 독시(讀示)하니
답: 그것 역시 사실무근입니다. 피고인이 경찰에서 취조 받을 시 친구의 이름을 대라기에 동인(同人)들을 말하였더니 그렇게 조작한 것이며 기중(其中) 김용성(金龍星), 박대실(朴大實), 임광원(林廣遠) 3인만은 피고인의 단독 생각으로 세포원으로 포섭할까 하였던 사실이 있었습니다.

문: 또 여사(如斯)한 범행을 한 것이라는데 여하(如何).
차시(此時) 재판장은 전동(前同) 적시 제1의 (18)을 독시(讀示)하니

답: 피고인은 당 조직관계를 담당하였던 관계로 당원명부 등을 김영범(金泳範) 가(家)에 운반하여 보관한 사실은 있으나 기타는 알지 못하는 것이며 또 그 사실을 조봉암 선생으로부터 지시받은 사실이 없습니다.

문: 당원 명부를 동가(同家)에 운반한 이유는 여하(如何).

답: 진보당은 창당일 하루만을 제외하고는 항상 어마어마한 테로를 당하여 왔던 관계로 당원명부만은 강탈당하면 안 되겠기에 동 명부를 조직책임자인 이명하 씨 가(家)에 보관시켰더니 중요한 서류를 선반 위에 얹어두었기에 다시 피고인 가(家)의 벽장에 옮겨놓았던 것인데 아동들이 가지고 놀기에 또다시 김영범 가(家)에 운반하게 되었던 것입니다.

문: 피고인은 또 여사(如斯)한 범행을 하였다는데 여하(如何).

차시(此時) 재판장은 전동(前同) 적시 제1의 (19)를 독시(讀示)하니

답: 피고인이 김정학 가(家)에 은신하고 김정학으로 하여금 김영범 가(家)에 보관하였던 당원명부를 동가(同家)에 운반하여 각 동소(同所)에 보관한 사실은 있으나 그 이외는 허위사실입니다. 피고인이 동가(同家)에 은신한 것은 피고인이 조봉암 선생을 7년간이나 모시고 있었으나 한마디의 불온한 언사를 들은 사실이 없었는데 구속되었음으로 필시 피고인에게도 테로가 도래할 것이라고 생각되어 김정학 가(家)에 가서 동인(同人)에게 테로가 무서워서 왔으니까 은신시켜달라고 하였던 것입니다. 그 후 피고인은 자진하여 경찰에 출두한 것이며 체포된 것이 아니었습니다.

문: 자금조달 관계 등의 비밀문건을 소각하였는가.

답: 소각한 사실이 없습니다. 만약 소각하였다면 그보다 더 중요한 당원명부를 소각하였을 것입니다.

문: 당원명부 등을 김정학 가(家)의 굴뚝 내에나 또는 천장 등에 은닉한 이유는 여하(如何).

답: 은닉한 것이 아니라 좀 든든한 곳에 보관할 것을 부탁하였더니 그렇게 한 것

입니다.

재판장은 피고인 김정학에 대하여

문: 경력은 여하(如何).

답: 특별한 경력은 없고 해방 후 본적지 함북(咸北) 명천군 남면 내포리에서 농업에 종사하면서 4279(1946)년 2월 민청(民靑) 및 농맹(農盟) 조소문화협회 신민당 등에 가입, 4280(1947)년 3월 노동당(勞農黨)에 가입, 4283(1950)년 3월 인민군에 입대하였다가 제대, 동년 10월경 국군이 진주하자 국군 제3여단에 입대, 미 수송선 선편으로 흥남(興南) 경유 묵호(墨湖)를 거쳐 강원도 횡성(橫城)에 도착, 동지(同地) 방위군에 입대하여 훈련 중, 4284(1951)년 3월 김해에서 해산되어 동년 12월 부산 소재 미군 특무대에 입대하여 약 4개월 후 동 부대 이동과 동시 상경하여 4287(1954)년 2월 동 부대 해산과 동시 국군에 입대하여 근무 중, 4289(1956)년 7월 제대 이래 무업(無業)으로 있었습니다.

문: 피고인은 전세룡을 아는가.

답: 동인(同人)은 피고인의 이종 6촌 형이며 유시(幼時)부터 같은 가정에서 성장하였습니다.

문: 피고인은 여사(如斯)한 범행을 하였다는데 여하(如何).

차시(此時) 재판장은 4291(1958)년 3월 3일자 공소장 기재 범죄사실 적시 제2의 (1)을 독시(讀示)하니

답: 피고인은 한 번도 전세룡으로부터 진보당 가입을 권고당한 사실이 없으며 금년 1월 13일 오후 10시경 전세룡이가 피고인 가(家)에 와서 조봉암 선생 가(家)에 유숙하기가 괴로워서 온 것이라 하여 같이 있자고 한 것이지 동인(同人)이 진보당사건으로 체포 당할까봐 겁이 나서 피신하러 왔다는 말을 한 사실도 없으며 김영범 가(家)에서 운반하여온 문건은 피고인의 생각에는 전세룡의 소유 책자인 줄 알았으며 진보당의 문건인 줄은 몰랐습니다.

문: 또 여사(如斯)한 범행을 한 것이라는데 여하(如何).

차시(此時) 재판장은 전동(前同) 적시 제2의 (2)를 독시(讀示)하니

답: 동 문건을 각각 보이라 굴뚝 속에와 천정에 보관한 사실은 있으나 그것은 은 닉하기 위한 것이 아니고 전세룡으로부터 좀 잘 보관하였다 달라는 부탁에 의하여 동소(同所)에 보관하기로 한 것이며 사실상 은닉할 범의(犯意)가 있었 다면 수하(誰何)나 발견할 수 없는 장소가 있습니다. 그리고 동 문건은 수색 당한 것이 아니라 자진하여 내놓은 것입니다.

문: 또 여사(如斯)한 범행을 하였다는데 여하(如何).

차시(此時) 재판장은 전동(前同) 적시 제2의 (3)을 독시(讀示)하니

답: 동 전세룡의 부탁으로 그와 같은 심부름을 한 것이나 동 서신의 내용은 전연 알지 못하고 동 전세룡은 피고인과 동향인이며 이성(異姓) 6촌간임으로 단순 히 동인(同人)의 심부름을 하였을 뿐 아니라 전세룡은 피고인이 빈곤함을 알 고 피고인에게 쌀값으로 5,000환을 주고 잔(殘) 2,000환은 자기의 담뱃값으로 소비한 것입니다.

재판장은 피고인 이명하에 대하여

문: 피고인의 경력은 여하(如何).

답: 해방 직후 본적지인 함북에서 조선청소년동맹(朝鮮靑少年同盟)을 조직하여 활약하다가 동 4278(1945)년 9월 하순경 월남하여 서울에서 기독교청년회(基 督敎靑年會) 전국연합회(全國聯合會)의 문화선전부장을 위시하여 민족자주연 맹 중앙위원 및 지방조사부장, 통일독립촉진회 중앙상무위원 겸 선전부 차장, 경동기독교회 집사로 종사 중, 6·25동란 시 서울에 잔류하였다가 1·4후퇴 당시 제주도(濟州道)에 피난하여 생활하여 오다가 4288(1955)년 4월 상경하여 현재에 이른 것입니다.

문: 피고인은 하시(何時)부터 조봉암이와 알게 되었는가.

답: 그 관계는 1심에서 진술한 바와 동일합니다.

문: 피고인은 여사(如斯)한 사실이 있다는데 여하(如何).

차시(此時) 재판장은 4291(1958)년 2월 24일자 공소장 기재 범죄사실 적시 제1의
모두(冒頭) 사실을 독시(讀示)하니

답: 김규식 박사는 기독교 장로인 관계로 피고인과 알게 되어 동인(同人)의 영도
　　하의 민족자주연맹에 가입하여 동 중앙위원 등으로 활약하다가 남북협상 주
　　류파인 통일독립촉진회에 가담하였다가 6·25사변이 발생되자 괴뢰 정치보
　　위부에 구금되었다가 요행으로 남북협상파에 속하였음으로 구사일생으로 석
　　방된 사실은 있으나 기외(其外)의 사실은 없습니다.

문: 또 여사(如斯)한 범행을 한 것이라는데 여하(如何).
차시(此時) 재판장은 전동(前同) 적시 제1의 (1)을 독시(讀示)하니
답: 본 피고인이 진보당을 결성하는 데에 있어서 주동적 역할을 한 사람 중의 1인
　　이라는 것은 사실이며 피고인은 기독교도적 입장에서 대한민국에 혁신정치
　　를 할 필요가 있다고 생각하여 오던 것인바 조봉암 선생보다 훨씬 먼저부터
　　혁신정당의 조직을 구상하였던 것이고 진보당의 정책에 있어서 평화통일을
　　부르짖는 것은 절대로 대한민국을 변란할 목적이거나 괴뢰의 남침기도에 호
　　응한 것이 아닌 것입니다.

문: 진보당에서 주장하는 평화통일의 구체적 방안은 대한민국을 북한 괴뢰와 동등시하
　　고 양측을 모두 해산시킬 것을 전제로 하여 중립국 감시하에 남북총선거를 이룩하
　　자는 것이라는데 여하(如何).
답: 평화통일이라는 것은 기독교적 견지에서 가장 타당한 것으로 생각하오며 결
　　코 대한민국을 괴뢰와 동등시하는 것이나 혹은 양측을 해산하고 선거하자는
　　것이 아닙니다.

문: 또 여사(如斯)한 범행을 하였다는데 여하(如何).
차시(此時) 재판장은 전동(前同) 적시 제1의 (2)를 독시(讀示)하니
답: 그런 사실은 전부 인정하나 진보당은 합법적인 당이므로 동당의 지방당을 조
　　직한 것입니다. 피고인은 기독교적인 견지에서 폭력적 수단을 혐오하는데 동
　　지방당 조직 시에는 각처에서 조직적인 테로를 당하여 순교적인 각오로 동

박해를 돌파한 것입니다.

문: 또 여사(如斯)한 범행을 한 것이라는데 여하(如何).
차시(此時) 재판장은 전동(前同) 제1의 (3)을 독시(讀示)하니
답: 동(同) 사실에 대하여는 이미 상(相) 피고인들이 진술한 바와 같으므로 피고인은 생략하고자 하나 피고인은 주로 지방당 조직을 하기 위하여 지방에 가 있었고 서울에는 없었음으로 그 내용은 잘 모르는데, 김기철 안의 푸린트를 일부 수령한 사실만은 있으나 동안(同案)을 결의한 사실은 없습니다.

문: 또 여사(如斯)한 범행을 하였다는데 여하(如何).
차시(此時) 재판장은 전동(前同) 적시 제1의(4)를 독시(讀示)하니
답: 각 정당의 국토통일추진을 위한 행동통일체 구성을 제의하기 위하여 각 정당에 발표할 것을 회합 결의한 사실은 있으나 그것은 대공투쟁을 하기 위하여 행동통일을 함으로써 단결을 호소한 것인데 그것이 위법인 줄은 몰랐습니다. 각 정당이 모략만 하고 분열하자는 것이 애국자라고 생각할 수 없는 일입니다.

재판장은 피고인 최희규에 대하여

문: 경력은 여하(如何).
답: 일본국 동경 소재 일본대학 척식과(拓殖科)를 졸업한 후 북해도제국대학(北海島帝國大學) 농학부 농장에서 낙농을 1년간 연구타가 귀국하여 목장 등에 근무하였으며 6·25사변 후 대한부흥건설단(大韓復興建設團) 경기도단(京畿道團) 산업국장, 동 서울특별시단부 부단장, 단장 등을 역임하여 왔던 것입니다.

문: 피고인은 하시(何時)부터 조봉암을 알고 있는가.
답: 그 사실은 경찰에서 진술한 바와 상위(相違) 없습니다.

문: 피고인은 여사(如斯)한 범행을 하였다는데 여하(如何).
차시(此時) 재판장은 4291(1958)년 2월 24일자 공소장 기재 범죄사실 적시 제2의

(1)을 독시(讀示)하니

답: 동 사실 자체는 인정하오나 진보당은 대한민국을 변혁할 목적으로 결성한 것
이 아니었으며 진보당의 성격에 대하여는 상(相) 피고인 이동화의 진술내용
과 동일합니다.

문: 또 여사(如斯)한 범행을 하였다는데 여하(如何).
차시(此時) 재판장은 전동(前同) 적시 제2의 (2)를 적시(摘示)하니
답: 동 문구는 그 표현이 좀 잘못되었습니다. 피고인이 당무위원회에서 당무부장
의 인준을 받았습니다.

피고인 윤길중은 재판장에게 고하고

당의 제도를 참고로 말씀드리면 당 간사장이 당 위원장인 조봉암의 승인을 얻어
간사를 추천하여 사무위원회의 인준을 받는 것인데 피고인 최희규는 간사로서
당무부장에 보직된 것입니다.

문: 또 여사(如斯)한 범행을 한 것이라는데 여하(如何).
차시(此時) 재판장은 전동 적시 제2의 (3)[이명하 범죄사실 (3)]을 독시(讀示)하니
답: 그것은 사실과 상위(相違)합니다. 당시 피고인은 김기철의 안을 낭독하는 것
을 한번 들은 사실이 있는데 동안(同案)과 피고인의 견해와는 달리함으로 반
대하였던 것입니다.

재판장은 피고인 안경득에 대하여

문: 피고인의 경력은 여하(如何).
답: 피고인은 해방 직후 함흥시로부터 월남하여 연희대학(延禧大學) 문과 및 철
학과를 졸업하고 4282(1949)년 9월 일본 조대(早大)[79]에 입학할 목적으로 밀
항하다 발견되어 동년 12월 강제 송환된 이래 무직으로 있다가 6·25사변으
로 남하하여 부산 소재 미(美) 육군성 한국파견대 문관(文官)으로 약 3년 종

---

79) '와세다대학(早稲田大学)'의 약칭이다.

사하다가 진보[80] 창당 당시부터 동당에 관계하여 왔던 것입니다.

문: 피고인은 여사(如斯)한 범행을 하였다는데 여하(如何).

차시(此時) 재판장은 4291(1958)년 2월 24일자 공소장 기재 범죄사실 적시 제3의 (1)을 독시(讀示)하니

답: 피고인이 그와 같이 진보당에 가담한 사실은 인정하오나 진보당이 국가를 변란할 목적이라는 사실은 중대한 모독이라고 생각됩니다. 원래 피고인은 왜정 (倭政) 시부터 반일·반공을 운동하여 왔으며 대개의 반일투쟁에는 용공(容共)이 수반된 것이나 피고인만은 반일·반공을 겸한 탓으로 해방 직후 함흥 (咸興)에서 공산당원들로부터 구금당하였다가 월남하여 반공투쟁을 한 것입니다. 피고인이 반공에 대한 사고방식은 공산당을 탄압하는 것도 중요하겠지만 공산주의자가 생기지 않게끔 예방하는 것이 더욱 중요한 것이라 생각되는 바이며 진보당원은 세간에서 생각하는 바와 같이 이상야릇한 사람들의 집단이 아니올시다. 그리고 조봉암 선생은 공산주의에 대한 면역성이 가장 강한 지도자라고 생각하고 있습니다.

문: 또 여사(如斯)한 범행을 하였다는데 여하(如何).

차시(此時) 재판장은 전동(前同) 적시 제3의 (2)를 독시(讀示)하니[이명하 범죄사실 (3)]

답: 피고인은 진보당 결당 당시부터 통일문제연구위원이었던바 김기철의 안을 푸린트한 것은 한 부 받었는데 동 푸린트를 한 번도 본 사실조차 없습니다.

재판장은 피고인 박준길에 대하여

문: 피고인의 경력은 여하(如何).

답: 피고인은 29세 시에 도만(渡滿)하여 만주국 통화성(通化省) 휘남현(輝南縣)에서 제승공장(製繩工場)을 자영하다가 8·15해방 후 귀국하여 전재동포구제회 (戰災同胞救濟會) 후생협회 후생부 차장, 한국군 유격사령부(遊擊司令部)의

---

80) 진보당을 가리킨다.

무차장, 국민방위군(國民防衛軍) 독립군 제1사단 정보처 4과장 육군 제5군단 임시 문관 등을 거쳐 4289(1956)년 4월부터 진보당에 관여하였습니다.

문: 피고인은 여사(如斯)한 범행을 한 것이라는 데 여하(如何).
차시(此時) 재판장은 4291(1958)년 2월 24일자 공소장 기재 범죄사실 적시 제4의 (1)을 독시(讀示)하니
답: 피고인이 5·15정부통령선거 당시 조봉암의 충북지구 선거사무장으로 취임하여 삐라, 포스타 등을 가지고 임지(任地)에 도착하자 테로를 당하여 삐라 등을 탈취 당하는 동시에 부상을 몽(蒙)하고 2주간이나 입원 가료(加療)하다가 상경한데 불과하며 선전한 사실이 없고, 또 진보당에 관계한 사실은 사실입니다.

문: 또 여사(如斯)한 범행을 한 것이라는데 여하(如何).
차시(此時) 재판장은 전동(前同) 적시 제4의 (2)를 독시(讀示)하니
답: 피고인은 동당 재정부 간사의 직에 있었으나 실지로 실무를 취급한 것은 동 부간사로 있든 조규택이가 한 것입니다.

문: 진보당은 국가를 변란할 목적으로 결성된 것이라는네 여하(如何).
답: 동당의 성격에 대하여는 상(相) 피고인 이동화 씨의 진술내용과 같습니다.

문: 또 여사(如斯)한 범행을 하였다는데 여하(如何).
차시(此時) 재판장은 전동(前同) 적시 제4의 (3) [이명하 범죄사실 (3)]을 독시(讀示)하니
답: 그것은 전연 사실과 상위(相違)합니다. 피고인은 동당 연구위원회(통일문제) 위원으로 선임 당하였을 시에 인사차 한 번 출석한 후 계속하여 대전에 가 있었음으로 김기철 안의 푸린트도 받은 사실이 없고 경찰에 구속되어 취조를 받을 시에 처음으로 동안(同案)을 본 것입니다.

재판장은 피고인 권대복에 대하여

문: 피고인의 경력은 여하(如何).

답: 4283(1950)년 12월 하순경 서울특별시 순경에 피임되어 영등포경찰서(永登浦警察署) 경무계 공보반에 근무하다가 4284(1951)년 사직하고 4286(1953)년 4월 국학대학(國學大學) 정치학과에 입학, 4290(1957)년 동 대학을 졸업한바 진보당에는 동 대학 재학 중부터 가담하였습니다.

문: 조봉암을 하시(何時)부터 아는가.

답: 그것은 1심에서 진술한 바와 상위(相違) 없습니다.

문: 피고인은 여사(如斯)한 범행을 하였다는데 여하(如何).

차시(此時) 재판장은 4291(1958)년 2월 24일 공소장 기재 범죄사실 적시 제5의 (1)을 독시(讀示)하니

답: 진보당 중앙당 사회간사가 아니라 동당 서울시당부 사회간사로 취임하였던 것입니다.

문: 또 여사(如斯)한 범행을 하였다는데 여하(如何).

차시(此時) 재판장은 전동(前同) 적시 제5의 (2)를 독시(讀示)하니

답: 네 그런 사실이 있습니다.

문: 진보당은 국가를 변란할 것을 정강정책으로 결성한 당이라는데 여하(如何).

답: 진보당의 성격에 관하여는 상(相) 피고인 이동화 교수의 진술 내용과 같습니다.

문: 또 여사(如斯)한 범행을 한 것이라는데 여하(如何).

차시(此時) 재판장은 전동(前同) 적시 제5의 (4)를 독시(讀示)하니

답: 당시에 조직한 여명회는 진보당과 전연 상관없는 대학생들을 회원으로 하여 정치·과학·문화 등을 학술 토론하여 주기적으로 교류하자는 취지에서 의견의 일치를 보아 조직하게 된 것이며 피고인이 동 여명회의 회장으로 선임되었던 것은 사실입니다.

문: 동 여명회를 조직하게 된 동기는 여하(如何).

답: 당시 화랑다방(花郎茶房)에서 차를 마시고 난 후 우연히 김달호 변호사 사무소(2층)에 들어갔더니 학생들이 신문에 게재된 기사인 원자력의 평화수용에 관하여 토론을 하게 되었는데 당시 극자(戟刺)[81]되어 주기적으로 회합하여 각자의 전문 부문을 연구 토론하여 횡적인 지식의 교류를 목적으로 결성하게 되었던 것입니다.

문: 또 여사(如斯)한 범행을 하였다는데 여하(如何)

차시(此時) 재판장은 전동(前同) 제5의 (5)를 독시(讀示)하니

답: 그것은 내용이 좀 상위(相違)합니다. 동 여명회원을 모집하는데 있어서 구상한 것은 양보다 질을 위주로 하려고 하였고 대략 15명 정도로 생각하였을 뿐이며 피고인은 동 토론회를 리드할 역할을 담당하여 회장으로 되었던 것입니다.

문: 또 여사(如斯)한 범행이 있었다는데 여하(如何).

차시(此時) 재판장은 전동(前同) 적시 제5의 (6)을 독시(讀示)하니 [이명하 범죄사실 (3)]

답: 피고인은 통일문제연구위원회에 2회 출석한 사실이 있는데 초회는 연구위원으로 선임되었을 시에 인사차 갔었고 2차에는 김기철 안을 낭독하는 도중이었는데 동 푸린트를 줌으로 받아서 내용이 여하(如何)한 것인가를 김기철에게 문의하니 동안(同案)이 각 위원들로부터 찬성을 받지 못하였다는 말을 들었을 뿐입니다.

재판장은 피고인 정태영에 대하여

문: 피고인의 경력은 여하(如何).

답: 피고인이 20세 시에 전북 이리농림학교(裡里農林學校)를 졸업하고 서울대학교 문리과대학 이학부 수학과에 입학 후 6·25사변으로 중퇴하고 4284(1951)년

---

81) '자극(刺戟)'의 일본식 표기이다.

5월경 전북 전시연합대학(戰時聯合大學)에 입학하였다가 동년 10월 학비 난으로 휴학하고 4286(1953)년 7월 전북 김제군(金堤郡) 청하면 동문산리(東文山里) 소재 청하국민학교(靑蝦國民學校) 교원으로 약 6개월간 근무, 4287(1954)년 3월 서울대학교 문리과대학 이학부 수학과에 복교(復校)하는 일편(一便) 서울특별시 종로구 관철동 소재 일심사(一心舍)(출판사)에 취직 고학(苦學)으로써 4289(1956)년 9월 20일 동교 4년을 졸업하고 동년 10월 4일 이리여자고등학교 수학과 강사로서 약 6개월간 근무하고 4290(1957)년 3월경 상경하여 동년 4월 5일 균명중학교(均明中學校) 수학교원으로 근무 중 동년 5월 10일경 동양통신사 외신부 기자 모집시험에 응시, 합격하여 동(同) 기자로서 현재에 지(至)하였으나 본건으로 말미암아 휴직 중에 있습니다.

문: 이리농림학교(裡里農林學校) 재학 시부터 좌익서적을 탐독한 것인가.
답: 네 그런 사실이 있습니다.

문: 6·25사변 중에는 무엇을 하였는가.
답: 인민군에 의하여 강제로 의용군에 편입되었다가 동년 8월 중순경부터 9·28 까지 신분보장책으로 이리시(裡里市) 화선동(和善洞) 인민위원회 서기로 근무하다가 그 후 진보당 노선에 공명하였던 것이었습니다.

문: 피고인은 사회주의 사회 건설에 대한 관심을 포지(抱持)하고 있었다는데 여하(如何).
답: 사회적 민주주의를 신봉하고 있습니다.

문: 피고인은 여사(如斯)한 범행을 한 것이라는데 여하(如何).
차시(此時) 재판장은 4291(1958)년 3월 6일자 공소장 기재 범죄사실 적시 1을 독시(讀示)하니
답: 피고인이 그와 같이 진보당에 가입하고 담당한 사실 자체는 사실과 상위(相違) 없으나 사회주의 이념을 실천키 위하여 동당에 가입한 것은 아닙니다.

문: 진보당은 국가를 변란할 목적으로 대한민국을 부인하고 북한 괴뢰집단과 동등한 위치에서 통일정권을 수립할 것을 강령정책으로 하는 정당이라는데 여하(如何).
[4291(1958)년 2월 12일자 동(同) 피고인에 대한 공소장]
답: 진보당의 성격에 대하여는 상(相) 피고인 이동화 교수의 진술과 같은 취지입니다.

문: 또 여사(如斯)한 범행을 하였다는데 여하(如何).
차시(此時) 재판장은 전동(前同) 적시 2를 독시(讀示)하니
답: 당시 피고인이 동당 서울특별시 당 상임위원으로 있으면서 균명고등학교(均明高等學校) 수학교원으로 있었으며 비밀당원의 신분을 견지하라는 지령을 받은 사실이 없습니다.

문: 또 여사(如斯)한 범행을 하였다는데 여하(如何).
차시(此時) 재판장은 전동(前同) 적시 3을 독시(讀示)하니
답: 그것은 피고인이 피고인의 지능을 과시하고저 하는 마음으로 「실천적 제문제」라는 메모를 써 가지고 조봉암 선생과 토론을 할려고 동가(同家)에 갔드니 조봉암 선생은 대단히 분주하다고 하면서 써 가지고 온 것이 있으면 내놓고 가라고 하므로 동 메모를 수교하고 귀환한 것인데 동 사항의 실행을 하기 위한 토론을 한 사실이 없으며 조봉암 선생도 그 내용을 읽어보지 않았을 것으로 추측합니다.

문: 여하한 목적으로 동 사항의 토론을 할려고 하였는가.
답: 그것은 공산주의 이념이였음으로 동 메모 후면에 콤미니즘[82]이라고 기재하였을 것입니다.

문: 또 여사(如斯)한 범행을 하였는가.
차시(此時) 재판장은 전동(前同) 적시 4를 독시(讀示)하니

---

82) '코뮤니즘(Communism)'을 의미한다.

답: 진보당의 경제정책이라는 제목으로 피고인의 주관적인 논문을 써서 전세룡
　　에게 수교한 사실이 있습니다.

문: 또 여사(如斯)한 범행을 하였는가.
차시(此時) 재판장은 전동(前同) 적시 5를 독시(讀示)하니
답: 그와 같이 회합한 사실은 있으나 동 회합에서의 토의 연구 내용에 있어서 자
　　본주의는 필연적으로 사회주의 제도로 이행한다는 것은 토의한 사실이 없고
　　소련 인공위성에 관하여는 그 성능에 관하여 말한 것을 그렇게 왜곡되게 써
　　놓은 것입니다.

문: 또 여사(如斯)한 범행을 한 것이라는데 여하(如何).
차시(此時) 재판장은 전동(前同) 적시 6을 독시(讀示)하니
답: 김태문(金泰文) 가(家)에 한 번 놀려간 사실은 있으나 피고인의 지배하의 포
　　섭공작은 한 사실이 없습니다.

문: 또 여사(如斯)한 범행을 한 것이라는데 여하(如何).
차시(此時) 재판장은 전동(前同) 적시 7을 적시(摘示)하니
답: 황명수(黃命守)가 그와 같이 피고인 가(家)에 놀려온 사실은 유(有)하나 동인
　　(同人)을 포섭코자 설득한 사실이 없습니다.

문: 동 써클에 참가한 횟수는 여하(如何).
답: 3~4회가량으로 기억합니다.

문: 동 써클 회합 시에는 무엇을 하는가.
답: 일간 신문과 당의 강령정책 등에 관하여 토론을 하였습니다.

문: 또 여사(如斯)한 범행을 하였다는데 여하(如何).
차시(此時) 재판장은 전동(前同) 적시 8을 독시(讀示)하니
답: 전세룡으로부터 그런 말을 들은 사실은 없습니다.

문: 또 여사(如斯)한 범행을 한 것이라는데 여하(如何).

차시(此時) 재판장은 전동(前同) 적시 9를 독시(讀示)하니

답: 김세길(金世吉)은 피고인의 10촌 처남으로서 『소련공산당사』를 1책 받은 사실이 있으나 공산주의 의식을 공고히 하기 위한 것은 아닙니다.

문: 또 여사(如斯)한 범행을 하였는가.

차시(此時) 재판장은 전동(前同) 적시 10을 독시(讀示)하니

답: 그와 같은 의견을 전세룡에게 제의하였으나 동인(同人)이 불가능하다고 함으로 실천을 못한 것입니다.

문: 진보당은 여하(如何)한 정당이라고 생각하는가.

답: 사회적 민주주의 복지국가를 목적으로 하는 정당이며 공산주의가 가장 무서워하는 적이 즉 사회적 민주주의일 것입니다.

재판장은 피고인 이동현에 대하여

문: 경력은 여하(如何).

답: 4283(1950)년 3월 20일 서울형무소 간수로 임명되어 동소(同所) 계호과(戒護課)에 근무하다 동(同) 4285(1952)년 1월 간수부장으로 승진, 동 4291(1958)년 1월경 동 형무소 구치과(拘置課) 계호계(戒護系)에 근무하여 오다가 본건으로 인하여 면직되었습니다.

문: 피고인은 여사(如斯)한 범행을 하였는가.

차시(此時) 재판장은 4291(1958)년 5월 2일자 공소장 기재 범죄사실 적시 제1의 (1)을 독시(讀示)하니

답: 피고인이 조봉암 선생의 감방을 간수하다가 조봉암 씨가 양이섭의 허위진술로 인하여 원죄(冤罪)를 쓰게 된 것이라고 함으로 피고인은 동 진상 여부를 알아보려는 호기심이 생겨 양이섭에게 가서 그렇게 타진하여 본 것입니다. 그리고 130만 환의 부채를 정리하여 주겠다는 말은 근거 없는 일이며 특무대에서 피고인을 조봉암 선생의 비밀 연락원으로 취조함으로 그런 동기로 한

것이라고 허위 진술한 것이었습니다.

문: 또 여사(如斯)한 범행을 한 것이라는데 여하(如何).
차시(此時) 재판장은 전동(前同) 적시 제1의 (2)를 독시(讀示)하니
답: 네 그런 사실은 있습니다마는 동 무기를 입수한 것은 4285(1952)년 말경입니
다.

재판장은 피고인 조봉암, 동 박기출, 동 김달호, 동 윤길중, 동 조규택, 동 조규희,
동 신창균, 동 김기철, 동 김병휘, 동 정태영, 동 이명하, 동 최희규, 동 안경득, 동
박준길, 동 권대복, 동 전세룡에 대하여

문: 피고인 등은 본건 공소를 당하기 전까지 진보당을 탈당한 사실은 없는가.

피고인 박기출, 동 김달호는
답: 본건으로 공소 당한 후 탈당하였습니다.

기(其) 이여(爾餘)의 피고인 등은
답: 탈당한 사실이 없습니다.

문: 진보당의 강령정책에 대한 견해는 상(相) 피고인 이동화가 당(當) 공정에서 진술하
는 내용과 상위(相違) 없는가.

동 피고인 등은
답: 네 이동화의 진술 내용과 상위 없습니다.

재판장은 피고인 조봉암에 대하여
문: 피고인은 상(相) 피고인 이동현에게 동인(同人)에 대한 공소장의 범죄사실 적시 (1)
의 내용과 같이 양이섭에게 전달하여 달라는 부탁을 한 사실이 있는가.
답: 그런 부탁을 한 사실이 없으며 당시 피고인이 특무대에 가서 조사를 받고 오

니 이동현 간수부장이 내용을 묻기에 양이섭이가 허위진술을 하였기 때문에 본인의 입장이 매우 곤란하게 되었다고 대답하였습니다. 물론 피고인의 심정으로는 그런 사실을 전달하여 주었으면 하는 마음이었으나 말은 하지 못하였으며 기후(其後) 임신환(任信煥) 간수부장이 지편(紙片)에 쓰라고 함으로 써 준 사실은 있습니다.

재판장은 피고인 양이섭에 대하여

문: 이동현으로부터 동인(同人)의 범죄사실 (1)과 같이 전달을 받은 사실이 있는가.

답: 네 그와 같은 사실이 있었습니다. 피고인의 감방 내에는 다른 수인(囚人)이 3인 있었는데, 동 3인이 특무대의 스파이였으며 이동현이가 그런 사실을 전달할 시에도 피고인은 동인(同人)을 같은 스파이로 오인하였던 것이 사실입니다.

피고인 윤길중은 재판장에게 고하고 이동화가 진술한 내용은 진보당의 선언·강령·정책의 전문(前文)을 기초한 것으로 동 전문에 대한 진술이며 강령에 대한 진술은 아니며 동 강령은 조문으로 쓰여 있는 5개조 만이라는 지(旨)를 술(述)하다.

재판장은 피고인 윤길중에 대하여

문: 강령 전문(前文)이라는 것은 강령 본문 취지를 부연한 것이라 인정되는데 여하(如何).

답: 대개는 그런 것이나 동 전문에는 역사적인 창당의 연혁을 밝힌 것 등이 있습니다.

문: 동당 정책은 여하(如何).

답: 그것은 9개 항목으로 되어있으며 그 중 5항의 경제정책 전문(前文)은 이동화의 안이고 기외(其外)는 신도성(愼道晟) 씨의 안에다 피고인이 가필한 것입니다.

피고인 이동화는 재판장에게 고하고 피고인은 진보당원이 아니라 민혁당원이며 단지 정치학도로서 의견을 피력하는 의미로 동당 강령을 초안하는 의도에서 작성한 것이며 동당의 5개조 강령을 부연한 것은 아니며 또 동 강령 실천에 대한 책임을 분담할 수 없으며 동당 강령은 형식적으로 잘 되지 못한 것이라고 생각하는바 피고인이 초안한 소위 전문(前文)이 강령의 성질이고 또한 경제정책 전문도 강령에 포함되어야 한다고 사료한다는 지(旨) 술(述)하다.

판사 최보현은 재판장에게 고하고 피고인 이동화에 대하여

문: 피고인의 초안한 진보당의 강령 전문(前文) 중 하(何) 부분이 우파적인 것이라고 보는가.

답: 그것은 첫째로는 수정자본주의(修正資本主義)라는 점인바 공산주의에서와 같이 급진적·폭력적으로 변혁시키는 것이 아니라 점진적으로 자본주의를 민주적·평화적으로 수정하여 복지국가를 이룩시켜 사회보장제도를 형성하자는 점에 있는바 이러한 수정자본주의라는 말은 피고인이 아는 한도의 타국의 사회당의 강령에서는 찾아볼 수 없는 것입니다. 둘째로는 반공주의이며 친미·친서방 주의를 명백히 표명한 점이 즉 우파적인 것이라고 할 수 있습니다.

문: 피고인은 민주적 통일이라는 문구를 기(其) 초안에 삽입하였는데 불구하고 진보당에서는 평화적 통일이라는 자구를 변경한 것이라고 진술하였는데 양자 간의 차이는 여하(如何).

답: 민주적 통일은 평화적 통일을 원칙으로 하지만 경우에 있어는 무력통일도 포함되었다고 생각할 수 있습니다.

재판장은 피고인 양이섭에 대하여

문: 피고인이 조봉암에게 수교한 미(美) 본토권(本土券)[불(弗)]의 출처는 여하(如何).

답: 3천 불은 시정(市井)에서 구입하고 25,000불은 중국인 한자방으로부터 받은 것입니다.

문: 중국인 한자방은 여하(如何)한 연유로 동 거액을 피고인에게 주었는가.

답: 동인(同人)은 과거 피고인이 중국 천진 경찰에 근무할 시 일본 군표를 일본

점령지역의 경제 교란책으로 다량 위폐(僞幣)하였다가 체포되어 즉결처분으로 총살하려는 직전에 피고인에 의하여 구출된 자이므로, 동 보은책으로 동 불(弗)을 준 것으로 생각하오며 동인(同人)은 부호(富豪)로서 동액(同額)을 그렇게 거액으로 생각하지 않을 것입니다.

문: 한자방의 소재는 여하(如何).
답: 현재 대만(臺灣)이나 일본에 거주한다고 생각합니다.

문: 하시(何時) 하처(何處)에서 받았는가.
답: 4290(1957)년 춘경(春頃)이나 하경(夏頃)이라 생각되며 서울에서 받았습니다.
   (4월 초순경으로 짐작)

문: 한자방의 연령은 여하(如何).
답: 금년 67세입니다.

문: 피고인은 조봉암과 사적인 친교로 수천 여원을 교부한 것이라 하는데 조봉암 이외의 친우에게도 그렇게 교부한 사실이 있는가.
답: 조봉암 이외에는 없습니다.

문: 피고인은 진보당에 가입하였는가.
답: 가입하지 않았습니다.

판사 최보현은 재판장에게 고하고 피고인 양이섭에 대하여
문: 피고인은 이북에서 월남할 시에 지참한 물품 약 4~500만 환(매회)을 매각하여 그 전부를 조봉암에게 준 것으로 인정되는데 장사 밑천은 하처(何處)에서 나오는가.
답: 장사 밑천만은 장사꾼이 쓰지 않는 법입니다.

재판장은 피고인 양이섭에 대하여
문: 피고인은 이북을 내왕함으로 수사기관에서 감시하지 않던가.

답: 물론 감시하였을 것으로 인정됩니다.

문: 조봉암이가 감시당할 것이라 생각하여본 사실은 없는가.
답: 물론 감시하리라 짐작하였습니다.

문: 쌍방 감시당한다는 짐작을 하고 동 위험을 무릅쓰고 자주 상면한 동기는 여하(如何).
답: 친한 처지이라 몰래 타인의 이목을 피하여 상면하였던 것입니다.

문: 쌍방의 가택에서 상면한 이유는 여하(如何)
답: 조봉암 가(家)이나 피고인 가(家)에서 회합하는 것은 감시를 우려하여 타 장소를 선택한 것입니다.

재판장은 피고인 조봉암에 대하여
문: 양이섭으로부터 받는 것과 같이 타인으로부터도 금품의 원조를 받은 사람이 있는가.
답: 소액을 주는 사람은 몇 사람 있으나 양이섭과 같이 거액을 주는 사람은 양(梁) 1인뿐입니다.

문: 진보당의 강령에 대하여는 상(相) 피고인 이동화의 진술과 상위(相違) 없는가.
답: 대략 같다고 생각되나 진보당은 사회적 민주주의라는 말을 사용치 않고 그보다 더 보수적이며 공산당과 대결하는 민주진영 측의 정당입니다.

재판장은 합의 후 금일의 공판은 차 정도로 속행할지 고하고 차회 공판 기일은 내(來) 9월 16일 오전 10시로 지정 고지하고 각 소송관계인의 출석을 명한 후 폐정하다.

4291(1958)년 9월 11일

서울고등법원 형사 제2부

재판장 판사 김용진

서기 김응교

[출전 : 18권 251~299쪽]

피고인 조봉암 외 20인에 대한 간첩 등 피고사건에 관하여 4291(1958)년 9월 16일 오전 10시 서울고등법원의 공개한 법정에서

재판장 판사 김용진, 판사 최보현, 판사 조규대, 서기 김응교 열석(列席)

검사 방재기, 조인구 출석

변호인 김춘봉, 김종열, 신태악, 이상규, 김봉환, 임석무
변호인 유춘산, 전봉덕, 최순문, 주승근(朱承根), 민동식, 조헌식
변호인 권재찬, 김병희, 윤용진, 강순원, 옥동형 각 출석

피고인 등은 신체의 구속을 받지 않고 출석하다.

재판장은 전회에 계속하여 공판심리할 지(旨) 고하고 각 소송관계인에 대하여 전회의 공판조서에 의하여 그 심리사항의 요령을 고한 후 차(此)에 대하여 증감, 변경할 수 있는 지(旨) 고하니

소송관계인은
답: 이의 없습니다.

피고인 이동화는 재판장에게 고하고 피고인이 초안한 진보당 강령 전문(前文) 등에 관하여 당시는 진보당과 민혁당이 분열되기 전이었으므로 동 분열 전의 진보당을 위하여 쓴 것이며 또 조봉암 선생은 진보당에서는 사회적 민주주의라는 말을 쓰지 않는다고 하나 동 강령 전문(前文)에 뚜렷이 사회적 민주주의라는 용

어가 있는데도 불구하고 부인하는 것은 옳지 못한 것이라고 생각되는 바입니다. 우리나라 일부 층에서는 사회적이란 용어가 대단히 비위에 맞지 않아 불미(不美) 하게 생각하고 있는듯하나 2차 대전 후의 서부 독일의 헌법 제20조에 민주적 · 사회적이라는 문구가 있으며 불란서(佛蘭西) 〈헌법〉 제1조에도 민주적 · 사회적이라고 밝혔는데 본 피고인이 말하는 사회적 민주주의도 그와 같은 의미이며 대체 19세기에 있어서의 민주주의라는 용어에는 사회적이라는 관념성이 전연 없었으나 20세기에 있어서의 민주주의의 용어에는 사회적이라는 의미가 뚜렷이 내포된 것이라는 사실을 이해하는 데 곤란을 느끼지 않으며 동 강령 전문(前文)의 개요는 수정자본주의 · 반공민주주의 · 의회민주주의의 성질인 것인 바, 헌법학자 박일경(朴一慶)[83] 씨의 책자에도 경제 조항은 수정자본주의라고 하였고 또 유진오(俞鎭午)[84] 씨의 책자에서 헌법 제5조의 설명 중 전단(前段)에서는 정치적으로는 민주주의이며 후단(後段)에서는 경제적으로 사회적 민주주의라고 설명하였는데 그 경제적 · 사회적 민주주의가 즉, 피고인이 말하는 사회적 민주주의와 같은 것이며 이론적인 관점에서 가장 타당한 것이며 20세기의 필연적인 조류라 할 수 있습니다. 그런데 사회적 민주주의와 사회주의와는 차이가 있는 것이라고 피고인은 생각하고 있는데 금일의 대개의 서구 사회당(社會黨)에서 강령으로 표방하는 것이 즉, 사회주의인 바, 동 사회주의는 맑스주의와 관련되어 있는 것인데 사회적 민주주의는 유물론(唯物論) · 유심론(唯心論)을 쌍방 모두 배격하는 것이며, 사회주의는 자본주의 체제를 근본적으로 전복하는 데에 있으나 사회적 민주주의는 수정을 거듭하여 내종(乃終)에는 결국 동일한 목적을 달성하자는 것이며 즉, 민주주의의 완성체가 사회적 민주주의라 할 수 있습니다. 유진오 씨는 저술에서 헌법 제5조와 동 제84조 이하의 경제 조항과의 관련에 관하여 설명하기를 종래의 자유방임제도를 수정하여 정치적 · 경제적 · 사회적 민주주의를 건국의 대강으로 삼는다고 하면서 개인주의적 · 자본주의적인 경향을 배격하고 사회적 · 균등적 민

---

83) 박일경(朴一慶, 1920~1994)은 경성제국대학 법문학부를 졸업한 헌법학자이다. 제3공화국에서 법제처장과 문교부 장관을 지냈으며, 명지대학교 총장도 역임했다.

84) 유진오(俞鎭午, 1906~1987)는 소설가, 법학자, 교육자(대학 교수), 정치인이다. 보성전문학교 교수, 고려대학교 총장을 역임하였다. 1948년 제헌 국회의 헌법기초위원으로 활동하며 제헌 헌법을 입안하였다.

주국가 체제를 목표로 조화할 수 있고 융합할 수 있는 새로운 체제의 국가를 채택한 것이라고 하였고 또 말하기를 헌법의 경제 조항에서는 동 제5조를 구체화한 것이라고 되어있는 바, 피고인이 첨언할 것은 서구의 각 사회당의 강령으로 하는 사회주의와 공산주의는 엄연히 구별하여야 하며 심각한 대립을 조성하고 있는 것이고 사회적 민주주의는 또 사회주의, 공산주의와 대립되고 있다는 사실입니다.

검사 방재기는 재판장에게 고하고 피고인 조봉암에 대하여

문: 피고인은 진보당의 강령 전문(前文)에 있는 바와 여(如)히 특권관료적 매판자본주의 국가라고 대한민국의 현 정권을 비판하였는데 현금(現今)도 그런 견해를 가지고 있는가.

답: 네. 현금도 그런 견해를 가지고 있습니다.

문: 이북 괴뢰정권에 대하여는 여하(如何)한 견해를 가지고 있는가.

답: 괴뢰정권으로 보고 있습니다.

문: 평화통일에 대한 구체적 방안의 요지는 여하(如何).

답: 진보당은 원칙적으로 통일은 평화적으로 하자는 것이고 상금(尙今) 그에 대한 구체적인 안은 별로 없습니다.

문: 『중앙정치』 10월호에 게재된 「평화통일에의 길, 진보당의 주장을 만천하에 천명한다」라는 제하(題下)에 통일방안에 대하여 다섯 가지 방안을 설명하였는데 그것은 무엇을 의미하는 것인가.

답: 그것은 우리 한국의 통일방안은 UN 감시하의 총선거를 하는 방법이 가장 적당하다고 생각한다는 의미입니다.

문: 한국을 발전적으로 해산시킨다는 진술을 한 바 있는데 그 의미는 여하(如何).

답: 한국을 통일시키고자 원하지 않는 놈들의 수작에는 통일을 하려면 저짝 놈들이 우리 앞에 굴복하여 오너라하는 것이나 그것은 불가능한 일이고 진정히

통일을 원하거든 남북에서 동시에 선거를 하는 것만이 유일한 길이며 또 통일을 하면은 한국을 크게 하는 것이므로 괴뢰나 대한민국이 없어지게 되는 것인데 즉, 그런 상태를 말하여 발전적 해산이라고 생각할 수 있는 것입니다.

문: 우리 한국 영토 내에 있어서 대한민국만이 엄연한 국가이고 괴뢰 도당은 정권이 아닌데도 불구하고 피고인은 쌍방을 동등시하는 견해를 포지(抱持)하고 있는 것 같은 진술을 하는데 여하(如何).

답: 통일을 하기 위하여 선거를 하려면 동일, 동시에 같은 선거를 하여야 된다고 한 것이지 대한민국과 괴뢰를 동등시한다고 하는 말을 한 사실이 없으며, 통일이 되어 가령 현재의 대한민국의 헌법을 그대로 쓰게 된다고 하여도 현재의 대한민국은 없어지는 것이라고 보는 것입니다. 그런 의미의 해소가 즉, 발전적 해산이라 할 수 있는 것입니다.

문: 『중앙정치』 10월호에 전술과 같은 진보당의 평화통일 방안의 일각(一角)을 노출시키는 일방(一方), 구체적 방안의 발표는 현행 정부와의 정면적 충돌을 피하기 위하여 사양하겠다고 하였는데 동 정면충돌이라는 것은 현 정부 안과 정반대라는 의미가 아닌가.

답: 네. 그런 의미입니다.

변호인 신태악은 재판장에게 고하고 피고인 조봉암에 대하여

문: 피고인은 통일을 하는 데 있어서 대한민국과 괴뢰집단을 일응(一應) 무(無)에 부(附)한다는 구상을 하여 본 사실이 있는가.

답: 그렇게 구상하여 본 사실이 없습니다.

문: 통일을 하기 전에 대한민국이나 괴뢰 측을 해산하자는 것이 아니라 통일된 결과 양측이 해소된다는 의미인가.

답: 네. 그런 의미입니다.

변호인 김춘봉은 재판장에게 고하고 피고인 조봉암에 대하여

문: 진보당 강령 전문(前文)에(55정) "우리 당(黨)이 권력을 장악하게 될 때에는 우리는 우선 대한민국 헌법의 규정과 정신을 소생(蘇生)시켜 광범한 민중에게 민주주의적 제(諸) 자유를 보장하여 주려고 한다."라는 구절이 유(有)한 바, 현 정부는 현행 헌법을 준수하지 못한다고 보는가.

답: 네. 현 정부는 헌법을 준수 못 하고 있습니다. 매판자본가들을 위한 부패한 정치를 한다고 생각합니다.

문: 피고인이 진술한 계획적 민주주의라는 것은 무엇인가.

답: 그것은 사회적 민주주의보다 더 우파적인 것이며 동 용어는 영국에서 사용하는 문구인바, 우리 진보당의 강령과 우리 헌법의 취지로 보아 가장 적합한 용어라고 생각되는 바입니다.

문: 피고인에 대한 공소장의 내용에 의하면 피고인은 사회주의를 지향하는 것이라 하였는데 여하(如何).

답: 그것은 전연 사실무근지사(事實無根之事)이며 검사가 조작한 것에 불과합니다.

변호인 김봉환은 재판장에게 고하고 피고인 조봉암에 대하여

문: 피고인이 양이섭과 상면(相面)한 것은 4288(1955)년 하절(夏節)부터인가.

답: 네. 그때부터였습니다.

문: 4288(1955)년 10월에 양이섭이가 피고인 가(家)에 찾아온 일이 있는가.

답: 네. 그런 사실이 있습니다.

문: 그 후부터 양이섭은 5만 환, 10만 환씩 피고인에게 경제적 원조를 하여 주었는가.

답: 네. 그렇습니다.

문: 피고인이 양이섭이와 같이 남한산성에 갔을 시, 광주경찰서(廣州警察署) 중부지서

(中部支署) 주임이 안내한 것인가.

답: 네. 그런 사실이 있습니다.

문: 양이섭으로부터 620불을 받을 시에 동 주고받는 광경을 동행하였던 경찰관(중부지서 주임)이 목견(目見)한 것인가.

답: 네. 동 경찰관이 보는 자리에서 주고받고 하였습니다.

문: 『중앙정치』와 진보당원의 명단 등을 양이섭에게 준 것은 양이섭의 요구에 의하여 준 것인가.

답: 네. 그렇습니다.

문: 대구시 지방당부(地方黨部)를 조직한 사실이 있는가.

답: 그런 사실이 없습니다.

문: 양이섭이가 피고인에게 자금을 원조함에 있어서 진보당이 테로를 당하고 있는데 어떤가라는 지(旨)의 제의를 한 사실이 있었는가.

답: 네. 그런 질문을 하기에 진보당은 지금 잘되어 나가고 있다고 한 것입니다.

문: 피고인이 양이섭에게 『중앙정치』의 판권에 대한 말을 하시(何時)에 하였는가.

답: 4290(1957)년 7월에 말이 나고 동년 9월에 실시하게 된 것입니다.

문: 양이섭은 동년 5월에 이북에 가서 『중앙정치』의 판권에 대한 이야기를 한 것으로 공소사실에 되어있는데 여하(如何).

답: 그것은 사실무근입니다.

문: 금년(今年) 1월 초순경 피고인은 양이섭 가(家)를 방문한 사실이 있는가.

답: 네. 그런 사실이 있습니다.

문: 당시 진보당원으로서 국회의원 입후보 예정자 명단과 진보당원 명단을 양이섭이와

상호 대조한 사실이 있는가.

답: 네. 그런 사실에 대하여는 기억이 없고 진보당원으로서 출마할 예정자 명단을 양(梁)에 주니까 양(梁)은 "이런 명단만 가지고는 당선 가능성의 여부에 대한 판단을 어떻게 하는가"라고 하는 말을 들은 기억이 있습니다.

문: 4290(1957)년 3월, 4월, 5월간에 중국인이 양이섭을 상면(相面)코자 한다고 하면서 피고인을 찾아온 사실이 있는가.

답: 네. 한국어를 잘하는 중국인이 찾아와서 양(梁)을 찾기에 시초(始初)에는 양이섭의 생각이 나지 않아서 모른다고만 하였던 것입니다. 피고인은 항상 양이섭을 김(金) 사장으로 호칭하여 왔던 것으로 양(梁)이라는 사람을 상도(想到)[85]치 못하였던 것입니다.

변호인 강순원은 재판장에게 고하고 피고인 조봉암에 대하여

문: 피고인과 이동현과는 하측(何側)에서 먼저 담화를 걸었는가.

답: 이동현이가 먼저 걸었습니다.

변호인 윤용진은 재판장에게 고하고 피고인 조봉암에 대하여

문: 양이섭으로부터 받은 녹용 등은 어디서 나온 물건으로 짐작한 것인가.

답: 강릉(江陵)에서 구득(購得)한 것으로 짐작한 것입니다.

검사 조인구는 재판장에게 고하고 피고인 조봉암에 대하여

문: 진보당에서 주장하고 있는 통일을 하기 위한 선거를 하려면은 대한민국과 괴뢰를 해체하지 않고는 못 하는 것이라고 생각되는데 여하(如何).

답: 양측을 모두 해산하지 않고도 선거를 할 수 있다고 상상할 수 있는 것입니다.

문: 피고인은 통일방안으로서 몇 가지 안을 검토하는 데 있어서, 첫째 안(유엔 감시하의 북한만의 총선거)은 북한 괴뢰나 소련 측에서 반대하고 있으므로 해서 국제적으로

---

[85] 생각이 미친다는 의미이다.

편협된 것이라 하고, 다섯째 안(유엔 감시하의 남북통일 총선거)을 지지하는 것이라 표명한바, 동 다섯째 안은 북한 괴뢰나 소련에서 찬동(贊同)한 것인가.

답: 찬동(贊同)한 사실이 없습니다.

문: 진보당의 주장하는 남북총선거에 있어서 공산당원의 당선을 예상하는가.

답: 그런 예상도 합니다.

문: 기타의 각 정당원들이 당선을 상상할 수 있는가.

답: 네. 그런 경우도 생각합니다.

검사 방재기는 재판장에게 고하고 피고인 조봉암에 대하여

문: 피고인의 진술을 종합하여 관찰하면은 결국 대한민국을 부인하는 것이 아닌가.

답: 그렇지 않습니다.

문: 한국 정부와 정면충돌이라는 말은 한국 정부와 정반대라는 의미인가.

답: 그런 의미입니다.

검사 방재기는 재판장에게 고하고 피고인 양이섭에 대하여

문: 피고인은 성명이 몇이나 되는가.

답: 필요 있을 시마다 변명(變名)을 하여 결국 4개입니다.

문: 피고인이 강릉에 있었을 시, 김동혁의 초청으로 상경하여 동인(同人)의 소개로 정시마(鄭時瑪)[86] 가(家)에 유숙(留宿)한 사실이 있는가.

답: 네. 약 20여 일 동가(同家)에 유숙한 사실이 있습니다.

문: 미군 첩보기관에는 여하(如何)히 침투하였는가.

답: 김동혁의 알선으로 들어갔던 것입니다.

---

86) 鄭時瑪 혹은 鄭時磨로 쓰인다.

문: HID[87] 선(線)을 타고 이북에 내왕한 것은 누구의 소개인가.

답: 김동혁이가 아편(阿片) 관계로 구속되자 엄숙진(嚴肅鎭)[88]을 통하여 HID 선(線)을 타게 된 것입니다.

변호인 김봉환은 재판장에게 고하고 피고인 양이섭에 대하여

문: 피고인이 양명산이라고 변명(變名)하게 된 동기는 여하(如何).

답: 피고인은 원래 서울시민증이 없었는데 정시마에게 교부(交付) 신청을 의뢰하였더니 동인(同人)이 자기 마음대로 그런 이름을 조작하여 교부받은 것입니다.

문: 특무대에서 피고인을 수사하기 전에 HID에서 피고인을 추심(推心)한 사실이 있는가.

답: 그런 사실이 없습니다.

문: 2월 8일 피고인에 대한 검거보고서 내용에 의하면 피고인은 4차에 긍(亘)하여 이북을 내왕한 것으로 되어있는데 시초(始初)에는 진실을 자백하지 않았는가.

답: 네. 시초에는 진실을 자백하지 않았습니다.

문: 피고인은 특무대에 장성팔(張盛八)이와 같이 가서 범죄사실을 고백하였는가.

답: 네. 그런 사실이 있습니다.

문: 피고인은 시초(始初) 2일간 고민 끝에 자백한 것이라는 내용이 진술되었는데 특무대에서 피고인이 해방 후 조봉암과 상면(相面)하였다는 사실을 여하(如何)히 아는가.

답: 목견자(目見者)가 있었던 것입니다.

---

[87] 육군첩보부대(Headquarters of Intelligence Detachment, 약칭 HID)를 말한다.
[88] '엄숙진(嚴淑鎭)'의 오기이다.

문: 피고인은 정시마를 시켜 신문잡지(『인물계(人物界)』) 등을 휴대시켜 입북(入北)시킨 사실이 있는가.

답: 정시마와 같이 입북한 사실이 있는데 정시마는 종전부터 누차 같이 이북 내왕하는 장사를 하자는 것을 거부하면서 미군 첩보기관을 통하면 장사할 수 있다고 하였던 것입니다.

문: 금년 2월 8일은 특무대에서 조사를 받았는가.

답: 네. 그런 사실이 있습니다.

문: 그 후는 태평양여관(太平洋旅館)에서 조사를 받았는가.

답: 네. 그렇습니다.

문: 조봉암이와 대질신문한 사실이 있는가.

답: 피고인이 대질신문할 것을 검사에게 요청하였더니 불응한 것입니다.

문: 피고인은 특무대에서 혈압 주사를 맞았다는데 사실 틀림없는가.

답: 네. 틀림없습니다.

문: 수사기관에서 피고인을 조사할 시 조봉암에 대한 적개심을 앙양(昻揚)하였다는데 여하(如何).

답: 네. 조봉암은 역적(逆賊)이니 사형당한다고 하므로 그런 줄 믿었으며 다액(多額)의 금원(金員)을 준 결과가 이렇게 되었다는 데 대하여 원망한 것입니다.

문: 피고인을 석방할 것 같은 시사(示唆)를 주면서 조사하던가.

답: 네. 그런 것입니다.

문: 특무대에서 진술할 시에 녹음을 한 것인가.

답: 네. 녹음을 하였습니다.

문: 피고인의 자필 진술서는 하시(何時)에 썼는가.

답: 3월 10일 썼는데 2월 10일로 기입하라고 하므로 그렇게 한 것입니다.

문: 1심에서도 피고인이 특무대에서의 자백과 같이 진술한 이유는 여하(如何).

답: 1심까지는 조봉암의 범행이 진실한 것이라고 믿고 그렇게 하였는데 사실이
   그렇지 않으므로 2심에서 진실을 말하게 된 것입니다.

문: 미군 첩보선을 타고 월남한 물품의 매각은 여하(如何)히 하였는가.

답: 김동혁(金東赫)[89] 가(家)에서 매각 처분하였습니다.

문: 정시마가 피고인이 가지고 온 아편을 팔아 준 사실이 있는가.

답: 네. 그런 사실이 있습니다.

문: 박일영이가 피고인과 조봉암과 친근하다는 사실을 알고 있었는가.

답: 박일영은 만나본 사실이 없습니다.

문: 박일영은 피고인에게 신문, 잡지 등과 같은 위험한 물건을 피하라고 한 것 같이 기
   재하고 그와 반면에 피고인이 신문, 잡지를 이북에 가져간 것 같이 기재된 동기는
   여하(如何).

답: 그것은 월북 시에 포장지로 가져간 신문에서 근거하여 그런 조작을 한 것입
   니다.

문: 피고인이 2차 월북 시에 박일영이가 조봉암의 동태를 물은 것 같이 되어있는데 그
   렇게 조작하게 된 동기는 여하(如何).

답: 특무대에서 조봉암을 아는가 묻기에 신문지상(新聞紙上)을 통하여 아는 바를
   말하니까 그렇게 조작하였습니다.

---

[89] '김동혁(金東爀)'의 오기이다.

문: 피고인은 조봉암이가 민주당을 탈당하였다는 사실을 알고 있었는가.
답: 그런 사실을 몰랐습니다.

문: 피고인이 HID에 들어갈 시에 심사를 받은 사실이 있는가.
답: 네. 엄숙진으로부터 심사를 받았습니다.

문: 이북으로부터 월남하여 인천에 도착하면 지정 숙소에 일박(一泊)하는가.
답: 네. 엄숙진과 같이 지정 숙소에서 일박합니다.

문: 월북, 월남할 시에는 HID에서도 복장을 갈아입하는가.
답: 네. 그렇습니다.

문: 소지품은 여하(如何).
답: 소지품은 포스톤백[90] 1개를 소지할 수 있습니다.

문: 그 소지품도 검사를 하는가.
답: 그 백은 잠그지 않으므로 검사하는지 여부를 알 수 없습니다.

문: 지령은 수하(誰何)가 하는가.
답: 수하가 지령하는지 모르나 엄숙진을 통하여 받았습니다.

문: 이북 돌개포에 가면 여하(如何)히 하는가.
답: 역시 지정 숙소 이외는 못갑니다.

문: 연즉(然則) 모든 물건은 엄숙진의 동의 없이는 물건을 가져가거나 가져오지 못하는
   가.
답: 그렇습니다.

---

[90] '보스턴백(Bostonbag)'을 뜻한다.

문: 이북에서 지참한 물품목록을 엄숙진에게 주는가.

답: 네. 동인(同人)에게 교부합니다.

문: 이북에서 지령받은 내용을 보고하는가.

답: 네. 귀환 보고서를 작성, 제출합니다.

문: 피고인이 이북에 내왕하였을 시마다 엄숙진을 상면(相面)하였는가.

답: 네. 그렇습니다.

문: 박일영이가 조봉암이와 합작할 용의가 있다고 한 동기는 여하(如何).

답: 8차에 피고인이 월북할 시 박일영을 상면하고 임호라는 배심원이 저술한 박
    헌영의 재판기(裁判記)를 본 사실이 있다고 하였으니 그렇게 조작하였던 것
    입니다.

문: 피고인은 1심에서 울면서 진술한 사실이 있는가.

답: 네. 적지 않은 돈을 원조하여 주었는데 결과적으로는 동 원조 때문에 이런 고
    초를 당한 것이며 남산 집에서 조봉암이와 상면하였을 시 피고인이 이북 장
    사나 해볼까 하는 제의를 동인(同人)이 제지하여 주지 않았다는 것이 원망스
    러워 눈물이 나와서 울면서 진술하였던 것입니다.

문: 피고인이 조봉암에게 돈을 줄 시에 진보당에 관심이 있었던가.

답: 네. 잘되기를 바랐던 것입니다.

문: 이북에 갔다가 월남하는 사이에 동지(同地)에 체류하는 기간은 여하(如何).

답: 일주일 내지 9일간 이북에 체류하였다가 월남하는 것이었습니다.

문: 피고인은 매회 마다 약 4~500만 환의 물품을 가지고 월남한 것이라는데 6, 8, 9회만
    은 6, 7, 800만 환의 물품을 가지고 월남한 것으로 되어있는가.

답: 그것은 그 당시에 조봉암에게 금 500만 환을 준 것 같이 조작하기 위하여 꾸

며낸 것입니다.

문: 피고인이 7차에 월북하였을 시에 조봉암이와 서상일 간에 알력이 생겼다는 말을 박일영에게 전달한 사실이 있는가.
답: 피고인은 도대체 동 알력의 여부를 알지도 못하였던 것입니다.

문: 피고인이 8차 월북 시에 평양에 갔다 왔다는 사실을 조작하게 된 근거는 여하(如何).
답: 당시 한광이가 평양에 가서 구경하고 올 수 있다는 말을 하더라는 진술을 하였더니 그것을 근거로 조작한 것입니다.

문: 8차 월북 시에 박일영과 상면하였는가.
답: 네. 박일영이가 자전거를 타고 내방(來訪)하였던 것입니다.

문: 박일영과는 가족적으로 친밀하였는가.
답: 네. 동인(同人)의 결혼식에도 참가한 사실이 있습니다.

문: 백삼(白蔘) 3근을 이북에서 가져온 사실이 있는가.
답: 네. 가져다가 엄숙진이와 음식점에 좀 주고 잔량은 하도론지[91]에 넣어서 조봉암에게 보냈습니다.

문: 박일영이가 알바니아 대사(大使)로 전임(轉任)되었다는 사실을 여하(如何)히 알았는가.
답: 9차 월북 시에 한광으로부터 듣고 알았습니다.

문: 미군 철수에 관한 말은 어떠한 근거로 조작한 것인가.
답: 미군이 철수하겠으면 하고 안하겠으면 말든지 피고인이 알 바가 아닙니다.

---

91) '하드롱지'를 말한다.

문: 미 본토권 27,000불의 양(量)은 한국은행(韓國銀行) 100환권 약 4만 환의 부피와 같은데 그것을 비밀히 이북에서 가져올 수 있는 것인가.
답: 불가능한 일입니다.

문: 피고인은 이정자로부터 불(弗)을 매수한 사실도 있는가.
답: 네. 11,000불을 매수한 사실이 있습니다.

문: 피고인은 그렇게 재산도 많지 못한데 여하(如何)히 하여 조봉암에게 거액의 금원(金員)을 교부한 것인가.
답: 중국인 한자방으로부터 25,000불을 받았고 또 피고인은 조봉암에게 그 정도를 주고도 한 번만 이북 장사를 하여 보석을 취급하면 약 1억 대(台)는 남을 자신이 있었으므로 준 것입니다.

문: 여하(如何)한 장사를 하면은 1왕복에 1억 대의 이윤을 획득할 수 있는가.
답: 시계를 가지고 갔다가 다이야92)를 가지고 월남하면 그렇게 이윤이 생길 수 있습니다.

문: 시계를 가지고 월북한 사실이 있는가.
답: 네. 약 300개 가지고 갔던 사실이 있습니다.

문: 시계 300개 가져간다는 사실을 엄숙진에게 보고하였는가.
답: 약간 전량(前量)이 초과한다고 말하였는데 동인(同人)에게 정확한 수량은 말하지 않았습니다.

문: 피고인이 12차 내왕하면서 장사한 이윤의 총액은 여하(如何).
답: 약 5,000만 환의 이윤을 얻었습니다.

---

92) '다이아몬드'를 가리킨다.

문: 동(同) 이윤 액의 소비처는 여하(如何).

답: 약 천여 만 환은 조봉암에게 교부하고 HID에 선박 수리비로 약 2,500만 환 주고 장사하다가 실패하여 약 1,800만 환 소비하고 잔액은 가정생활에 소비한 것입니다.

문: 피고인의 평소의 신조(信條)는 타인을 위하여 돈을 써보자는 것인가.

답: 네. 그런 것입니다.

문: 조봉암에게 돈을 준 것도 결국 평소의 신조로서 애국지사에게 돈을 써보자는 이념으로 준 것인가.

답: 네. 그렇습니다.

문: 특무대에도 피고인의 재산을 납입한 사실이 있는가.

답: 네. 본 사건 발생 후에 특무대에서 요청하는바 사형을 당하게 될 처지에 있는 피고인의 신세이므로 부득이 응하고 재산 전부를 납부하였습니다.

문: 연즉(然則) 조봉암에게 주는 것과 같은 심정에서 납부한 것이 아닌가.

답: 그런 심정이 아니고 특무대의 요구를 거부하면 피고인의 신명(身命)에 좋지 못할까 우려되어 응한 것입니다.

문: 특무대에서는 조봉암을 역적이라 하였는가.

답: 네. 역적이라는 말을 한두 번만 한 것이 아닙니다.

변호인 유춘산은 재판장에 고하고 피고인 김달호에 대하여

문: 피고인이 3대 민의원 의원으로 출마하였을 시에도 평화통일의 구호를 정견으로 발표한 사실이 있었는가.

답: 네. 그런 사실이 있습니다.

문: 동 구호를 당국에서 검토한 사실이 있는가.

답: 네. 당시 검찰총장이 검토한 후 대단히 좋은 안이라는 말을 한 것입니다.

재판장은 합의 후 금일의 공판은 차(此) 정도로 속행할 지(旨) 고하고 차회(次回) 기일은 내(來) 9월 18일 오전 10시로 지정 고지하고 소송관계인의 출석을 명한 후 폐정하다.

4291(1958)년 9월 16일

서울고등법원 형사 제2부
재판장 판사 김용진
서기 김응교

[출전 : 19권 300~329쪽]

피고인 조봉암 외 20인에 대한 간첩 등 피고사건에 관하여 4291(1958)년 9월 18일 오전 10시 서울고등법원의 공개한 법정에서

재판장 판사 김용진, 판사 최보현, 판사 조규대, 서기 김응교 열석(列席)

검사 방재기, 조인구 출석

변호인 신태악, 조헌식, 권재찬, 김병희, 김봉환, 옥동형, 강순원, 김춘봉, 오승근, 민동식, 임석무, 유춘산, 전봉덕, 최순문, 이상규, 윤용진 각 출석

피고인 등은 신체의 구속을 받지 않고 출석하다.

재판장은 전회에 계속하여 공판심리할 지(旨) 고하고 소송관계인에 대하여 전회의 공판조서에 의하여 기(其) 심리사항의 요령을 고한 후, 각(各) 차(此)에 대하여 증감, 변경할 수 있는 지(旨) 고하니

각 소송관계인은
답: 이의 없습니다.

변호인 김춘봉은 재판장에게 고하고 피고인 김달호에 대하여
문: 피고인이 2대 국회의원으로 출마하였을 시 남북평화통일의 구호를 정견(政見)으로 발표한 사실이 있는가.
답: 네. 그런 사실이 있습니다.

문: 당시의 구호이던 평화통일의 방안은 현재 진보당에서 주장했던 것과 동일한 것이 아니었던가.

답: 네. 그와 동 취지였습니다.

문: 결국 진보당의 평화통일안은 UN에서 주장하는 통일안과 동일한 것이 아닌가.

답: 네. 그렇습니다.

문: UN의 평화통일 결의안은 대한민국 정부의 승낙 없이 실시할 수 있는 성질의 것인가.

답: 한국은 UN 가입국이 아니므로 동 UN 결의안에 기속(羈束)[93]을 받지 않습니다.

문: 한국이 동 UN의 평화통일 결의안을 승낙한다고 가정한다면은 한국 헌법의 수속 절차에 따라서 실시하여야 된다고 하는데 여하(如何).

답: 그것은 당연한 것으로 생각합니다.

문: 진보당이 정권을 잡아서 평화통일 정책을 실현한다 하는 경우에 있어서도 한국 헌법의 수속 절차에 의하여서 하는 것인가.

답: 물론 그렇습니다. 한 걸음 더 나가서 미국과 상의하여 남북한을 해체시키고 통일총선거 실시를 생각할 수 있습니다.

문: 1954년 변영태(卞榮泰) 외무장관이 제네바회의에 제의한 한국 통일방안 제2조의 취지는 진보당의 통일정책과 부합된다고 생각되는데 여하(如何).

답: 그렇게 생각하는데 그 후 피고인은 변영태 씨와 단독으로 만나서 대담한 사실이 있는데 변(卞) 씨는 만약 통일총선거가 실시되는 경우에는 6개월 이내에 실시하여야만 된다고 하기에 그 이유를 물었더니 장기간에 걸쳐 선거운동을 하게 되면 공산당의 선전술이 성공할 우려가 있다고 하므로 피고인은 그와 반대의 견해를 발표한 사실이 있었습니다.

---

[93] 얽어매어 묶는다는 의미이다.

변호인 김봉환은 재판장에게 고하고 피고인 박기출에 대하여

문: 1·4후퇴 시 피고인은 조봉암이와 상면(相面)하여 왔는데 조봉암이가 통일정책에나 혹은 기타 정책에 관해서 자기 고집을 관철하려고 애쓰는 것을 본 사실이 있는가.

답: 조봉암 선생은 항상 즐겁게 술을 잘 마시는 선배이라는 인상이 있고 또 피고인은 항상 본업에 바빠서 진보당에 참가할 기회가 별로 무(無)하였는데 월 1회 가량 상경하여 조봉암 선생을 방문한 사실이 있는데 동인(同人)은 피고인을 만나자 반가운 얼굴로 "아, 선생님"하고 같이 술을 마신 일은 있으나 정치에 관한 말은 상금(尙今) 한마디도 들어본 사실이 없습니다.

변호인 신태악은 재판장에게 고하고 피고인 조봉암에 대하여

문: 진보당에서 평화통일 방안에 대하여 자유당과 민주당에 진보당의 안을 보낸 사실이 있다는데 그 동기는 여하(如何).

답: 진보당의 정책은 평화적이며 민주주의가 승리를 할 수 있는 통일방안을 염두에 두고 있는데 일부에서는 그것을 곡해하고 마치 진보당이 공산당에 호응하고 있는 것 같이 생각하고 있는바, 앞으로 국제정세가 급격히 변경되어 통일 준비를 하여야 할 단계에 이르게 될 것을 가상(假想)하여 볼 적에 이북 괴뢰들은 일계불란(一系不亂)[94]의 조직체로서 만단(萬端)의 준비가 되어있을 터인데 그와 반대로 우리 민주진영에서는 무준비(無準備) 상태일 뿐만 아니라 상호 모략중상(謀略中傷)을 일삼는 일이 있으면 안 되겠으므로 민주진영이 대동단결 행동통일체의 구성이 필요하다고 인정되어 동안(同案)을 각각 송부하였던 것인데, 자유당에서는 이에 대해 아무런 반응도 없고 민주당에서는 회답이 오기를 "일반 국민이 진보당과 동당의 통일정책 방안의 의혹이 풀리지 않고 있으므로 동 의혹이 풀릴 때까지 무어라 말할 수 없다"라는 회답 있었습니다.

문: 피고인은 1심에서 진술하기를 진보당의 평화통일론은 원칙적이고 진정으로 평화통일을 원하는 정당의 원칙론에 의거하여 각자의 구체적 방안을 작성하여 거국적으로

---

[94] '일사불란(一絲不亂)'의 오기이다.

결정적인 안을 채택하기 위하여 전술(前述) 서한을 보낸 것이라는 취지의 진술을 하였는데 여하(如何).

답: 진보당에서 구체적인 통일방안을 발표 안 한 것은 현 정부와 충돌을 회피하기 위한 것이 아니고 이 거룩한 사업은 일개 정당이나 개인이 주장할 것이 아니고 거족적으로 합치되는 안을 작성하기 위한 것이었습니다. 자유당에서도 평화통일을 부인하는 것은 아니고 원하는 바이지만 진보당을 반대하기 위하여 평화통일을 배격하는 데 불과하다고 생각하는 바입니다.

문: 결국 자유당이나 민주당은 평화통일을 원하는 것이지만 일말의 시기심으로 배격한다는 의미인가.

답: 그렇다고 봅니다. 결국 평화통일의 주목적은 동족상잔을 피하자는 것이요, 남북이 분할되어서는 살 수 없다고 보는 것이며 또 한 가지는 통일을 하되 공산정권에 대하여 승리를 할 수 있는 통일을 하자는 것인데 전반에 검사가 피고인에 대하여 보충신문하기를 "조봉암이는 아직도 대한민국을 특권관료적, 매판자본적인 정치를 한다고 보는가?" 하였는데 그렇게 볼 뿐만 아니라 검사가 동 정권의 앞잡이 노릇을 하고 있다고 보는 바입니다.

변호인 김춘봉은 재판장에게 고하고 피고인 윤길중에 대하여

문: 공보실에서 진보당의 등록을 취소하게 된 동기는 여하(如何).

답: 진보당이 등록하게 된 경위를 먼저 말씀드리면 4289(1956)년 10월[95] 10일 진보당 결당대회가 관헌(官憲)의 입회와 전국 정치인이 모인 자리에서 공개적으로 개회된 것이며 익일 공보실에 등록 신청을 하였더니 공보실에서는 얼핏 등록 승인을 하지 않고 차일피일하여 2개월 반이나 끌어왔으므로 본 피고인이 진보당을 대표하여 공보실장에게 그 이유를 문(問)한 즉, 동 실장이 말하기를 진보당의 강령정책에 대하여 합법성의 유무(有無)를 각 방면에서 검토 중에 있으므로 동 검토가 종료되어야 승인이 된다고 하는 등의 엄격한 심사를 경(經)하여 등록이 된 것인데 본건 발생이 되자 동 강령정책 위법이라 하

---

[95] '11월'의 오기이다.

여 취소를 한 것은 납득할 수 없는 바입니다. 진보당원은 인간적으로 전부 선량·온순한 자이고 좌익적 색채는 전연 찾아볼 수 없는 사람들뿐입니다.

문: 진보당의 평화통일 정책과 제네바회의 시에 변(卞) 외무부장관이 제안한 2조와는 여하(如何)히 다른가.

답: 근본적으로 같은 것인데 피고인이 항상 이상하게 생각되는 점은 보수적인 정당들이 남북이 통일되면 한국이 없어지는 것 같은 생각을 하고 있는 경향입니다. 변영태 외무장관의 안의 주요 골자는 원칙적으로 북한 지역에서만 선거를 하되 동시에 남한에서도 대한민국의 헌법 절차에 의하여서 선거를 하여 합쳐서 통일을 하자는 것인데 진보당의 정책에는 "대한민국의 헌법의 절차에 의하여"라는 문구가 삽입 안 되었다고 하여서 의아(疑訝)를 가진 것 같이 생각되는데 피고인의 생각에는 그런 문구를 삽입한다는 것은 사족에 불과하며 일례(一例)를 들면 내각책임제를 주장한다고만 하면 그것은 곧 대한민국의 헌법 절차에 의하여 주장한다고 보는 것은 논할 여지도 없는 것이며 단지 변영태 안은 주의적(注意的), 환기적(喚氣的)으로 삽입한 심정만은 알 수 있는 바, 진보당의 주장도 그와 같은 것입니다.

변호인 김봉환은 재판장에게 고하고 피고인 전세룡에 대하여

문: 진보당 대구시당부(大邱市黨部)를 결성한 사실이 있는가.

답: 대구시당부는 결성한 사실이 없고 경북도당부(慶北道黨部)를 조직한 사실은 있습니다.

변호인 윤용진은 재판장에게 고하고 피고인 양이섭에 대하여

문: 약간 중첩(重疊)하는 감이 있지만 사안이 중대하므로 묻는데 피고인이 수사기관 이래 제1심 공판정(公判廷)까지의 진술을 2심에 와서 180도 번복한 동기 여하(如何).

답: 검찰청에서 조인구 검사를 접하니 대단히 인격자로 보였는데 동 검사가 피고인에게 말하기를 상사(上司)의 의견은 아니고 나의 단독 의견인데 이번에 석방이 되거든 다시는 월북하지 말고 남한에서 영주(永住)하라고 의미심중(意味深重)한 말을 하고 조봉암이는 국가를 변란케 하려고 하던 자임으로 국가

에서는 여하(如何)한 희생을 하더라도 목적 달성을 하는 데 노력할 것이라 하였으며 피고인은 동 검사의 말을 진실로 믿고 조봉암의 범죄를 확신케 되어 특무대에서의 진술을 유지하였으며 1심 공판정에서는 조봉암의 진술을 들어보고 피고인의 태도를 결정하려고 하였던바, 의외(意外)에도 공판 벽두(劈頭)에 피고인부터 심문(審問)당하게 되어 부득이 동 진술을 유지하게 되었던 것입니다. 이상과 같은 경위로 이번에야 2심에서 진실을 말하게 된 것입니다.

변호인 신태악은 재판장에게 고하고 피고인 양이섭에 대하여
문: 피고인은 중국인 한자방으로부터 미 본토권 얼마를 받았는가.
답: 25,000불을 받았습니다.

문: 중국인 한자방으로부터 동 금원(金員)을 받은 사실을 상금(尙今) 말하지 않은 것은 외국 친구의 신변(身邊)을 위하여서 그런 것이 아닌가.
답: 그런 생각도 다소 있었으나 반드시 그렇지 않습니다.

검사 방재기는 재판장에게 고하고 피고인 조봉암에게 대하여
문: 피고인이 양이섭으로부터 받은 금원(金員)을 진보당 운영에 사용하였을 시에는 동 당 재정위원장을 거쳐서 사용하였는가.
답: 그렇게 하여야 할 것인데 실지적(實地的)으로 재정위원장이나 차장이 각 간부들로부터 염출(捻出)하여 당 운영비에 충당하였던 것입니다.

문: 양이섭으로부터 받은 돈으로 당 기관지 판권(版權)을 샀다는데 여하(如何).
답: 양(梁)으로부터 받은 돈이라고 한계(限界)를 구별할 수는 없습니다.

문: 진보당 간부들에게 동당 운영비를 양이섭으로부터 받은 돈으로 쓴다고 말한 사실이 없는가.
답: 그런 말을 한 사실이 없으며 양이섭이가 피고인에게 돈을 줄 적에 진보당을 위하여 쓰라고 준 것은 아닙니다.

문: 진보당 간부가 국회의원 입후보를 할 시에 양이섭이가 금원(金員)을 동당 입후보자
　 를 위해 쓰라고 한 것이라는데 여하(如何).
답: 그런 사실은 없습니다. 단지 양이섭이가 "진보당원으로서 몇 명이나 입후보
　 할 것인가"라고 물어본 사실은 있습니다.

변호인 권재찬은 재판장에게 고하고 피고인 김정학에 대하여
문: 피고인은 전세룡을 어떻게 아는가.
답: 동인(同人)은 이성(異性) 6촌 형[조고모(祖姑母)의 손자]일 뿐만 아니라 같이
　 자라나서 친형제 이상으로 친근합니다.

문: 전세룡이가 구속당했다는 사실을 언제 알았는가.
답: 금년 2월 4일 동인(同人)이 외출하였다가 구속당한 사실을 신문지상으로 보
　 고 알았습니다.

문: 전세룡으로부터 보관하여 달라고 하는 서류의 분량은 여하(如何).
답: 기록 10권 합한 정도일 것입니다.

문: 그것은 여하(如何)한 서류인 줄 알았는가.
답: 동인(同人)의 서적인 줄 알았습니다.

문: 동 서류를 '보이라'[96] 굴뚝 속에나 천정(天井)에 각각 은닉한 이유는 여하(如何).
답: 은닉한 것이 아니고 방내(房內)가 심히 협소함으로 비교적 공처(空處)에 보관
　 한다는 것이 그렇게 되었습니다.

재판장은 피고인 조봉암에 대하여
문: 피고인은 이것 등을 아는가.
차시(此時) 재판장은 4291(1958)년 서울지검 압(押) 제146호의 증(證) 제1호 내지

---

96) '보일라'의 오기이다.

동(同) 제13호를 각 제시하고 기(其) 요령을 고하니

답: 증(證) 제1호는 『중앙정치』 10월, 11월, 12월호이며 동 2호는 진보당의 선언
문, 강령, 정책 전문(前文)의 책자이며 동 제3호는 진보당 결당대회 문헌이며
동 제4호는 『우리의 당면과업』이라는 책자이고 피고인이 저작(著作)한 것이
며 그 내용은 한국의 통일을 위하여 민주진영의 단결을 강조한 원칙적인 문
제를 기술한 것이며 4286(1953)년부터 쓰기 시작하였던 것입니다. 동 제5호는
피고인이 보신용(保身用)으로 사두었던 권총이고 동 제6호는 동 실탄(實彈)이
며 동 제7호는 피고인 가(家)에서 압수하였다고 하는 좌익서적이나 피고인이
본 것인지 잘 기억이 없습니다. 동 제8호는 우리 당의 경제정책이란 원고(原
稿)인바, 정태영이가 초안한 것입니다. 동 제9호는 시당(市黨) 추진 명단인 바
이나 본 기억은 없습니다. 동 제10호는 진보당 중앙당 및 동당 서울시당의 접
수부(接受簿)인바, 역시 본 기억은 없습니다. 동(同) 제11호는 「북한 당국의
평화공세(平和攻勢)에 대한 선언문」이며 김기철이가 기초한 자료입니다. 동
제12호는 행동통일체(行動統一體) 구성 제의를 하기 위하여 진보당이 자유당
및 민주당에게 보낸 문건입니다. 동 제13호는 피고인이 진보당 노선 내용에
대하여 교양강의를 한 것을 속기한 것입니다.

문: 이것 등은 무엇인가.

차시(此時) 재판장은 증(證) 제24호, 동 25호, 동 47호, 동 48호를 각 제시하니

답: 동 제24호는 전세룡이가 시안(試案)한 특별당부 조직준칙 초고이며 동 제25호
는 정태영이가 진보당의 이데올로기에 대한 의견을 제의하기 위하여 피고인
에게 보내온 메모인바, 제목이 「실천적 제문제」라고 쓰여 있었던 것입니다.
동 제47호는 자료 수집 초안인바, 전연 본 사실이 없고 동 제48호는 진보당의
강령, 정책이라는 책자와 동일한 내용인바, 안가(安價)로 출판하기 위하여 인
쇄하였던 것입니다.

재판장은 피고인 박기출에 대하여

문: 피고인은 이것 등을 아는가.

차시(此時) 재판장은 전회(前回) 압(押) 증(證) 제36 내지 동 제39호를 제시하고

기(其) 요령을 고하니

답: 동 제36호는 과반(過般) 피고인이 정부통령선거 당시 진보당 공천 부통령 후보로 출마하였을 시 동 정견 발표 요지 메모 문건입니다. 동 제37호는 진보당 부산시당부(釜山市黨部) 조직부에서 취급한 서류이며 피고인은 본 일이 없습니다. 동 제38호는 한국 진보세력의 계급적인 기반이라고 하여 피고인이 저술한 것인바, 동 내용은 우리 한국에서는 선진국가와 같이 계급 구별을 하는 것이 아니고 국민 대중을 기반으로 한다는 것이며 계급이라고 하는 말은 봉건시대에는 있었으나 현재는 특권층과 비특권층이 있을 뿐이라는 내용입니다. 동 제39호는 피고인이 불교사상을 해명하려고 기술한 독백이라고 제목한 원고입니다.

재판장은 피고인 김달호에 대하여

문: 이것 등은 무엇인가.

차시(此時) 재판장은 전회(前回) 압(押) 증(證) 제32호, 동 42호, 동 79호, 동 80호 내지 동 84호를 각 제시하고 각기(各其) 요령을 고하니

답: 동 32호는 피고인이 진보당 통일문제연구위원회에서 통일문제 방안에 관하여 강의한 것을 속기(速記)한 록(錄)입니다. 그러나 동 속기록 중에는 오기(誤記)된 것이 있습니다. 동 제42호는 진보당 통제위원이 진보당과 타 혁신정당과 합당하자는 론(論)이 있었는데 그렇게 될 경우 당명(黨名)을 개칭할 것에 관하여 메모한 용지를 정성업(鄭成業)으로부터 받아서 조봉암에게 전달하려다가 줄 필요가 없기에 휴지화(休紙化)한 것입니다. 동 제79호는 『현대(現代)』라는 잡지사에서 4대 정당 대표들이 경제정책 및 평화통일에 관하여 토론한 내용을 게재한 것입니다. 동 제80호는 국회의 속기록이며 동 제81호는 『대한연감(大韓年鑑)』에 수록된 제네바회담 초(抄)이며 동 82호는 『영남일보(嶺南日報)』에 피고인의 논설(論說)을 게재한 신문이고 동 제83호는 역시 피고인의 논설(論說)을 게재한 『대구일보(大邱日報)』의 일부입니다. 동 제84호는 민주당이 제4대 민의원 의원선거 시의 통일방안 내용입니다.

재판장은 피고인 윤길중에 대하여

문: 이것은 무엇인가.

차시(此時) 재판장은 전회 압(押) 증(證) 제23호를 제시하니

답: 그것은 피고인이 저술한 「혁신정치론(革新政治論)」이란 원고인바, 그 요지는 보수파들과 같이 자기 생명 연장책으로 개선(改善)하여 나가자는 주의(主義)가 아니고 국민 대중이 갈망하고 있는 혁신을 하자고 하는 데 있는바, 여기서 혁신이라 함은 혁명과 다른 폭력적이 아니고 평화적, 합법적인 개혁을 의미하는 것입니다.

재판장은 피고인 조규택에 대하여

문: 이것을 아는가.

차시(此時) 재판장은 전회 압(押) 증(證) 제31호를 제시하고 그 요령을 고하니

답: 그것은 「국제정세보고」라는 진보당 결당대회의 문헌입니다.

재판장은 피고인 조규희에 대하여

문: 이것 등을 아는가.

차시(此時) 재판장은 전회 압(押) 증(證) 제26호 내지(乃至) 동 제30호, 동 41호, 동 43호를 각각 제시하고 기(其) 요령을 고하니

답: 동 26호는 『유물사관경제사』로서 피고인의 소유인 것이며 동 27호는 『중앙정치』 10월, 11월호이며 동 제28호는 「우리의 당면(當面) 과업」이란 진보당 문헌이며 동 29호는 「국제정세보고」라는 진보당의 문헌이며 동 제30호는 원래 『경성일보(京城日報)』 소유 좌익서적이던 바, 동 신문사를 접수할 시, 피고인 가(家)에 가져다 두었던 것이며 진보(進步) 관계 조사 자료집입니다. 동 제41호는 나는 이렇게 테로를 당하였다는 제목하에 신태양잡지사(新太陽雜誌社)에서 단행본을 발행하려다가 말은 원고(原稿)이며 동 43호는 피고인이 시공관에서 진보당을 대표하여 경제적인 통일문제라는 제목하에 연설한 메모입니다.

재판장은 피고인 김기철에 대하여

문: 이것을 아는가.

차시(此時) 재판장은 전회 압(押) 증(證) 제33호를 제시하고 그 요지를 고하니

답: 그것은 피고인이 초안한 「조국의 평화통일」이라는 내용의 문건입니다.

재판장은 피고인 박기출에 대하여

문: 이것을 아는가.

차시(此時) 재판장은 전회 압(押) 증(證) 제40호를 제시하니

답: 그것은 피고인의 서책에 끼어 있던 좌익서적입니다.

재판장은 피고인 이동화에 대하여

문: 피고인은 이것 등을 아는가.

차시(此時) 재판장은 전회 압(押) 증(證) 제14호, 동 제22호, 동 44호 내지(乃至) 동 46, 동 49호, 동 85호 내지(乃至) 동 88호를 각 제시하고 각각 그 요령을 고하니

답: 동 제14호는 피고인이 초안한 진보당의 강령, 정책 기초문(基礎文)이고 동 15호 는 여러 사람의 참고자료로 초안한 경제정책이고 동 16호는 피고인이 초안한 「국제정세보고」를 진보당에서 채택한 문건이고 동 17호는 『사상계』 잡지사 의 요청으로 소련 공산주의의 비판을 쓴 원고이고 동 18호는 피고인이 대구 에 있을 시에 국제정세에 관하여 쓴 원고나 발표한 사실은 없는 것이며 동 19호는 공산정치와 폭력이라는 제목하에 사상계사에 보냈던 원고이고 동 20호 는 중국인이 사물을 보는 방법에 대해서 피고인이 대구에 있을 시, 일본 잡지 에서 참고로 한 것을 발취(拔取)하여 두었던 것입니다. 동 21호는 피고인이 국방대학(國防大學)에서 강의한 내용이며, 동 22호는 볼쉬비끼[97] 비판을 한 영문서적이며 동 44호는 중공(中共) 헌법인데 피고인이 정치학 연구상 참고 로 소지하고 있던 것이며 동 45호의 1 내지(乃至) 5는 이상두로부터 피고인에 보내온 편지이며 동 46호는 진보당 등록 취소 통지서이고 동) 49호는 피고인 이 소지하고 있던 일기, 수첩이고 동 85호는 공보처(公報處) 발행의 『정보(情

---

[97] '볼셰비키'를 가리킨다.

報)』이고 동 86호는 『성균(成均)』이라는 잡지인데 피고인의 기고한 소비에트 공산주의 비판문이 게재되어 있으며 동 87호는 잡지 『현대(現代)』인데 「수정 자본주의의 길」이라는 피고인의 논설(論說)을 게재한 것이고 동 88호 및 89호 는 『사상계』 잡지인바, 「스포츠와 정치」, 「정치학을 공부하는 학생에게」라는 피고인의 논설이 게재되어 있습니다.

재판장은 피고인 이상두에 대하여 증(證) 제45호의 1 내지 5를 제시하니 동 피 고인은 동 편지는 자기가 이동화에게 보낸 편지라고 술(述)하다.

재판장은 피고인 양이섭에 대하여
문: 피고인은 이것을 아는가.
차시(此時) 재판장은 전회 압(押) 증(證) 제57호 및 4291(1958)년 서울지검 압(押) 656호의 증(證) 제1호 내지 제5호를 제시하고 각기(各其) 요령을 고하니
답: 동 제57호는 피고인이 자살기도 직전에 쓴 유서(遺書)이고 증(證) 제1호는 피 고인의 거래하던 남산 집 김영애(金永愛)의 영업장부(營業帳簿)이고 증(證) 제2호는 조봉암으로부터 받은 『중앙정치』이고 증(證) 제3호는 마재하(馬在 河)의 수표(手票)의 공(控)이고 증(證) 제4호는 조봉암으로부터 받은 진보당 당헌(黨憲)이고 증(證) 제5호는 역시 조봉암으로부터 받은 진보당 위원 명단 입니다.

재판장은 피고인 이동현에 대하여
문: 피고인은 이것 등을 아는가.
차시(此時) 재판장은 4291(1958)년 서울지검 압(押) 제1024호의 증(證) 제1호 내지 제3호를 제시하고 각기 요령을 고하니
답: 증(證) 제1호는 피고인이 불법소지하였던 권총이고 동 제2호는 동 총탄이고 동 제3호는 형무소 발행의 무기소지 증명 카드입니다.

재판장은 피고인 조봉암에 대하여
문: 피고인은 이것을 아는가.

차시(此時) 재판장은 전회 압(押) 증(證) 제4호를 제시하고 기(其) 요지를 고하니
답: 그것은 피고인이 서울형무소에 수감 당시 간수부장 임신환을 시켜서 양이섭에 연락한 쪽지입니다.

문: 또 이것을 아는가.
차시(此時) 재판장은 압(押) 제146호의 증(證) 제58 및 59호를 각 제시하고 그 요지를 고하니
답: 무엇인지 모르겠습니다.

변호인 김춘봉은
답: 그것은 변호인이 참고로 1심에 제출한 증거 서류입니다.

문: 또 이것 등을 아는가.
차시(此時) 재판장은 전회 압(押) 증(證) 제60호 내지(乃至) 78호를 각 제시하고 그 요지를 고하니
답: 기억이 없습니다.

피고인 양이섭은 동 제78호는 동인(同人)에 대한 증거보전 기록이라는 지(旨), 술(述)하다.

문: 또 이것 등을 아는가.
차시(此時) 재판장은 전회 압(押) 증(證) 제90호 내지 97호를 제시하고 각기 요지를 고하니
답: 모르겠습니다.

변호인 김춘봉은
답: 그것은 본 변호인이 참고로 제1심에 제출한 증거 서류입니다.

재판장은 피고인 전세룡에 대하여

문: 이것을 아는가.

차시(此時) 재판장은 압(押) 제357호의 증(證) 제1호를 제시하고 기(其) 요지를 고하니

답: 그것은 진보당 조직부 계획서입니다.

재판장은 피고인 정태영에 대하여

문: 이것 등을 아는가.

차시(此時) 재판장은 압(押) 제147호의 증(證) 제1 내지 제5호를 각 제시하고 기(其) 요지를 고하니

답: 각각 그것은 피고인이 소지하고 있던 좌익서적 문헌 및 진보당에 관한 문건 등입니다.

재판장은 피고인 최희규에 대하여

문: 이것을 아는가.

차시(此時) 재판장은 압(押) 제258호의 증(證) 제1호를 제시하고 그 요지를 고하니

답: 그것은 진보당 창당추진 조직 공작의 활동원 수첩입니다.

재판장은 피고인 이명하에 대하여

문: 이것 등을 아는가.

차시(此時) 재판장은 전회 압(押) 증(證) 제2호 내지 제5호를 각 제시하고 그 요령을 고하니

답: 그것 등은 피고인이 소지하고 있던 명함, 서신, 수첩 메모 등입니다.

재판장은 피고인 안경득에 대하여

문: 이것은 무엇인가.

차시(此時) 재판장은 전회 압(押) 증(證) 제7호를 제시하고 기(其) 요지를 고하니

답: 그것은 김기철로부터 받은 평화통일안 팜플렛입니다.

재판장은 피고인 권대복에 대하여

문: 이것을 아는가.

차시(此時) 재판장은 전회 압(押) 증(證) 제8호를 제시하고 그 요지를 고하니

답: 그것은 여명회원 명부입니다.

재판장은 피고인 등에 대한 신문을 종료한 후, 증거 조사를 할 지(旨)를 고하고 피고인 등에 대하여

문: 피고인 등 및 각 관계인은 사법경찰관 및 검사에게 여사(如斯)히 진술한 바 있는데 사실 여하(如何).

차시(此時) 재판장은 기록에 편철된 사법경찰관, 동 사무취급 및 검사 작성의 각 피의자 진술조서를 제시하고 기(其) 요지를 고하다.

피고인 등은

답: 각기 성립은 인정하나 내용은 당(當) 공정에서 각 진술한 바와 저촉되는 부분은 부인합니다.

재판장은 이여(爾餘)의 증거로서

一. 각 압수 조서 및 동 압수물 등

一. 사법경찰관, 동 사무취급 및 검사 작성의 각 관계인에 대한 신문 및 진술 조서

一. 피고인 등의 경찰 및 육군 특무대에서 작성한 각 자공(自供) 진술서

一. 원심 각 회 공판조서

이상의 각 서류를 제시한 후 각기 요지를 고하고 각 증거 조사 종료 시마다 피고인 등에 대하여 의견 변해(辯解)의 유무(有無)를 묻고 기외(其外) 권리를 보호함에 필요한 증거 조사를 신청할 수 있음을 고하니

피고인 등은

답: 각기(各其) 성립은 인정하오나 피고인 등이 당(當) 공정에서 진술한 바와 저

촉되는 부분을 부인하여 증거 신청에 관하여는 종합적으로 변호인에게 일임하겠습니다.

변호인 김봉환은 피고인 조봉암 및 양이섭을 위하여

일(一). 육군참모총장에 대하여

4289(1956)년 2월 하순경부터 4290(1957)년 9월 하순경까지의 간에 육군 첩보부대 첩자(諜者)로서 9차에 궁(亘)하여 북한 연백군 석포리(石浦里) 삼육공사에 내왕할 당시 피고인 양이섭이가 제출한

(1) 귀환 보고서

(2) 삼육공사 발행 수령 물품목록 전부

이(二). 주한 중화민국 대사에 대하여

4290(1957)년 3, 4, 5, 6월 간에 대만 거주 중국인 한자방이란 자가 입국한 사실이 있는가의 여부

삼(三). 장성팔, 엄숙진(嚴肅鎭), 김동혁, 김봉한(金鳳翰), 이정자, 조문자(趙文子), 김준식(金俊植), 조규진, 김귀녀(金貴女), 정시마(鄭時磨), 김재봉(金在鳳) 이상 각인을 증인으로 환문(喚問)할 것을

사(四). 현장검증 신청으로서

(1) 육군 특무대 본부 감방, 의무실 및 동 근방 소재 태평양여관과

(2) 인천 HID 본부 및 동 지정 숙소

오(五). 육군 특무대 본부에 피고인 양이섭의 진술 녹음 테프[98]를 각 취기(取寄)[99]할 것을

---

[98] '테이프'를 의미한다.

[99] '주문'을 뜻한다.

변호인 김춘봉은 피고인 전원을 위하여

一. 변영태, 오재경(吳在璟)을 각 증인으로 환문(喚問)할 것

二. 4290(1957년) 11월 25일자 국토통일 추진을 위한 행동통일체 구성에 관한 제의문을 자유·민주 양당에 취기(取寄)할 것을

변호인 강순원은

一. 서울형무소 감방 및 의무실을 현장 검증할 것을

변호인 조헌식은

一. 오영진(吳英鎭), 여운홍(呂運弘), 조봉연(趙鳳衍), 박도영(朴道永), 박철규(朴哲圭)을 각 증인으로 환문(喚問)할 것을

변호인 권재찬은

一. 피고인 김정학의 거주 가옥을 현장검증할 것

변호인 신태악은

一. 고영섭(高永燮)을 증인으로 환문(喚問)할 것을

각각 신청하고 각기(各其) 입증(立證) 취지를 설시(設示)한 다음 동 김춘봉은 각 신문 스크랍[100]을 참고로 제출하다.

검사는 우(右) 각 변호인 등의 증거 신청에 대하여는 법원의 재량에 일임할 지(旨), 술(述)한 후, 이(李) 중령(中領)(인천 HID 공작과장)을 증인으로 환문(喚問)할 것을 신청하고 입증(立證) 취지를 설시(設示)하다.

재판장은 합의 후, 우(右) 각 신청 중, 변호인 김봉환 신청의 제2의 사항 및 엄숙진, 김동혁, 김봉한, 이정자, 김준식, 김재봉(金在鳳)

변호인 조헌식의 신청인 박도영

---

[100] '스크랩'을 의미한다.

변호인 신태악의 신청인 고영섭

우(右) 각인(各人) 등을 증인으로 환문(喚問)할 것을 각 채택할 지(旨) 결정하고, 기(其) 이여(爾餘)의 각 신청에 대하여는 보류할 지(旨) 결정한 후, 금일의 공판은 차(此) 정도로 속행할 지(旨) 고하고, 차회(次回) 기일은 내(來) 9월 25일 오전 10시로 지정, 고지하고 각 소송관계인의 출석을 명한 후 폐정하다.

4291(1958)년 9월 18일

서울고등법원 형사 제2부
재판장 판사 김용진
서기 김응교

[출전 : 19권 5~41쪽]

진술조서 1958년 9월 22일

주거 - 서울특별시 서대문구 현저동
직업 - 형무관(刑務官) / 성명 - 이□□(李□□) / 당(當) 36년

검사는 우자(右者)를 피의자에 대한 피의사건으로[101] 4291(1958)년 9월 22일 서울지방검찰청에 소환하여 〈형사소송법〉 제148조 또는 동 제149조 소정의 해당자 여부를 문(問)하니 대답하고 임의(任意) 좌기(左記)와 여(如)히 진술하다.

一. 본인은 서울형무소 형무관으로서 미결수(未決囚) 양이섭과 윤용진 변호인과의 면접에 입회한 사실이 있습니다.

차시(此時) 우(右) 진술 사실을 명백히 하기 위하여 임의(任意) 좌(左)와 여(如)히 문답함.
문: 진술인은 좌(左)의 일자(日字)에 윤용진 변호인과 양이섭과 면접한 □□데 입회(立會)하였다는데 그런가.

차시(此時) 별지(別紙) 면접부(面接簿) 중 4291(1958)년 5월 28일, 5월 30일, 6월 11일, 6월 23일, 7월 3일자 면접부를 제시하다.
답: 그와 같이 입회한 사실이 있습니다.

문: 6월 23일자 면접부에 의하면 윤(尹) 변호인은 양(梁)에게 "양(梁) 선생이 살길은 별거 없어요. 1심에서 이야기한 것이나 또 특무대, HID나 검찰에서 이야기한 것을 초월(超越)하여 말하라"고 한 구절이 있는데 이런 말은 무슨 말끝에 나온 것인가.

---

[101] 원문에는 '피의사건의' '으로'라고 기재하여 그 사이에 빈란을 두고 있다.

답: 당시 본인은 회담 내용을 적느라고 몰두하여 동인(同人) 등의 표정을 잘 보지
   못하였는데 그때 회담 내용을 그대로 적은 것은 사실이올시다.

문: 초월(超越)이란 말은 무슨 뜻인가.
답: 잘 모르겠습니다.

문: 7월 3일자 면접부에 의하면 양(梁)의 태도가 돌변되어 있는데 그때 느낀 인상은 여
   하(如何).
답: 검사 논고(論告) 후부터 단식을 하다시피 하고 했는데 7월 2일 판결 언도를
   받고 나서는 대단히 명랑해졌으며 판사의 도량에 감격했다, 판사가 그만큼
   생각하는데 다시 내가 죽으려고 한다는 것은 판사의 성의를 무시하는 것이라
   고 하였습니다.

문: 기외(其外) 참고될 말 없는가.
답: 없습니다.

   우(右) 조서를 진술자에게 읽어주고 기재 내용에 오기(誤記)의 유무(有無)를 물
은 즉, 오기와 증감변경(增減變更)할 점이 없음을 진술하고 간인(間印)한 후 서명
인(印)하다.

진술자 이□□
4291(1958)년 9월 22일
서울지방검찰청 검사 조인구

[출전 : 19권 126~128쪽]

진술조서 1958년 9월 24일

주거 - 서울특별시 성북구 성북동(城北洞) □□번지의 1호
직업 - 무직 / 성명 - 정□□(鄭□□) / 당(當) 50년

검사는 우자(右者)를 피의자 양명산 등에 대한 간첩 등 피의사건의 증인으로 4291(1958)년 9월 24일 오후 12시 30분 인천지구 HID에 소환하여 〈형사소송법〉 제148조 또는 동 제149조 소정(所定)의 해당자 여부(如否)를 문(問)하니 대답하고 임의(任意) 좌기(左記)와 여(如)히 진술하다.

一. 본인은 양명산의 알선으로 이북 교역을 한 사실이 있습니다.

차시(此時) 우(右) 사실을 명백히 하기 위하여 여좌(如左) 임의(任意) 문답하다.
문: 양명산을 알게 된 동기 여하(如何).
답: 원래 본인은 이북 교역을 하고 있었는데 김동혁과 안면(顔面)이 있어 동인(同人)에게 출자(出資)도 한 사실이 있었는데 4288(1955)년 4월경 동인이 양명산을 본인 가(家)에 임시 유숙(留宿)케 하여 달라고 하기에 약 1개월간 본인 가(家)에 동숙(同宿)함으로써 알게 되었습니다.

문: 당시 양명산이 진술인 가(家)로 직접 왔었던가.
답: 그것이 아니고 김동혁 말이 을지로 4가 소재 광복여관(光復旅館)에 가면 강릉에서 온 양장우(梁丈禹)라는 사람이 있으니 동인을 데려다가 당분간 집에 있게 하여달라고 하기에 본인이 그 여관에 가서 양명산을 데리고 오게 된 것입니다.

문: 그 후 양명산과의 접촉 관계 여하(如何).

답: 미군 첩보기관에서 공작사무를 담당하는 옥량선(玉良善)으로부터 김동혁이
   이북 갔다 오는 편에 편지를 가지고 오는 것을 보았더니 김난주가 사람을 보
   내 달라는 내용의 것이라는 것을 들은 일이 있었는데 양명산이 본인 집에 와
   서 하는 말이 김난주가 보내 달라는 사람이 바로 자기라고 하기에 알게 되었
   습니다. 그 후 선원(船員)을 가장(假裝)하여 이북에 가려고 김동혁이 주선을
   하였으나 여의치 못하였으므로 사진만이라도 가지고 가겠다고 하여 김동혁
   의 부탁으로 본인과 양명산이 그 경(頃) 종로 3가 소재 라이카 매장에 가서
   양명산의 독사진을 찍어 와서 그 사진을 김동혁에게 주어 동인(同人) 혼자만
   이 이북으로, 양명산과는 계속하여 본인 집에 대기하고 있었는데 그 후 김동
   혁이 갔다 와서 양명산에게 하는 말이 사진을 갖다 보였더니 돈이 없어도 좋
   으니 입북(入北)하라고 하더라고 함으로써 피차 대단히 기뻐하였는데 그런
   말끝에 자기가 조봉암이나 기타 몇 사람들도 잘 알지만 현재 너무 빈곤하고
   옷도 제대로 입지 못한 관계로 찾아가지도 못하고 있다고 한 말이 있었는데
   그 후 양명산은 김동혁과 함께 입북하고 돌아온 후에도 주소를 가르쳐 주지
   도 않고 노상에서 간혹 만났을 정도입니다.

문: 그 후 진술인은 양명산의 알선으로 입북코자 한 사실이 있었다는데 그 경위(經緯)
   여하(如何).

답: 그 후 양명산이 종종 와서 아편을 팔아달라고 하며 수차(數次)에 긍(亘)하여
   십수 천(瓩)을 팔아준 사실이 있었는데 4290(1957)년 7월경 본인이 돈 2백만
   환만 꾸어달라고 하였더니 옥량선에게 말하여 자기 이야기는 하지 말고 입북
   루트만 알아두면 돈은 문제가 없고 입북하는 자금도 자기가 대 주겠다고 하
   기에 옥량선에게 부탁하였더니 육로 루트가 있다고 하므로 그 후 양명산에게
   육로 루트를 얻었다고 말하였더니 육로는 틀렸다고 하므로 일응(一應) 단념
   을 하고 있었는데 그 후 9월 초순경 양명산이 이북에 갔다 와서 하는 말이 육
   로든지 해상이든지 관계없으니 루트만 잡으라고 하기에 다시 옥량선을 찾아
   가서 전반(前般) 루트로 부탁한바, 승낙하므로 그 말을 양명산에게 말하였더
   니 양명산이 하는 말이 미군 기관에 대하여서는 김난주나 박창원(朴昌元)이
   를 만나러 간다고 말하되 실지(實地) 이북에 가면은 삼육공사 한광을 찾아라,

인민군에게 체포되더라도 하등 겁낼 것이 없으니 한광이만 찾으면 된다고 말하므로 그렇게 알고 출발 준비를 하고 미불(美弗) 750불을 100불 권, 10불 권으로 만들어 주기에 받고 그 익일인 10월 29일 서울시 중구(中區) 남대문(南大門) 로타리 부근에 있는 남산을 올라가는 길에서 양명산과 만났더니 동인이 잡지와 신문 등을 싼 보따리를 주면서 이 중에 『인물계』라는 잡지가 있는데 이것만은 한광에게 양명산이 직접 주는 것이라고 말하여 달라고 합디다.

문: 미불(美弗) 750불은 양명산이 주는 것인가.
답: 원래 입북하는 준비를 전부 자기가 해주겠다고 하여 돈도 대 주고 신문, 잡지도 자기가 사주겠다고 하였던 것인데 출발에 앞서 양명산이 돈이 없다고 하기에 할 수 없이 본인이 대구에 가서 대금(貸金) 80만 환을 회수(回收)하여 그것을 양명산에게 주었는데 그 돈을 가지고 가서 전술(前述)과 여(如)히 미화(美貨) 750불로 바꾸게 된 것입니다. 그중에서 그때 80만 환을 가지고는 아무 장사도 할 수 없지 않느냐고 반문하니 이번에 갔다 오면 앞으로는 언제든지 자금을 보충할 수 있다고 하였습니다.

문: 양명산이 사준 잡지 속에 『진상(眞相)』 4290(1957)년 11월호가 있었다고 하는데 사실인가.
답: 그것도 들어있었습니다.

문: 그 후 진술인은 입북하였는가.
답: 입북 하지 못하였습니다.

문: 기(其) 이유 여하(如何).
답: 양명산으로부터 받은 보따리와 본인이 준비한 의약품 등을 가지고 미군 기관에 가서 김난주나 박창원을 만나러 간다고 하니 박창원은 벌써 오래된 인물이니 거짓말이 아니냐고 추궁을 받아 결국 가지 못하였습니다.

문: 진술인이 양명산과 접촉한 후 조봉암과 관계가 있다는 것을 알았는가.

답: 조봉암을 알고 있다는 말은 들었으나 그 이상은 모릅니다.

문: 양명산은 무슨 이유로써 이북에서 후대(厚待)를 받는다고 생각하였는가.
답: 잘 알 수는 없으나 작년 6월 본인이 볼일이 있어 영동(永同)에 간 일이 있었는데 가기 전에 양명산에게 영동에 간다고 말하니 양명산 말이 영동에 가면 시멘트 공대(空袋)가 몇십만 개 있는데 알아놓으라고 하기에 무엇하려고 하는가고 물으니 장사하면 남을 것이 아니냐고 하기에 본인은 그 정도로 알고 영동에 갔었는데 영동에는 그러한 공대는 없고 조그만 다리를 놓은 것이 있었는데 갔다 온 후 양명산이 와서 다시 묻기에 그러한 공대는 없다고 하니 큰 군(軍) 공사가 있다고 하던데 하고 묻기에 조그만 다리 공사는 하고 있더라고 말한 일은 있었는데 그때부터 본인이 생각하기를 양명산이 영동에 갈 필요도 없는 사람이고 또한 군(軍) 공사 유무(有無)를 알 필요가 어디 있는가고 이상히 보고 왔었습니다. 그 후 양명산이 본인에게 빌려준 돈을 받으러 오면서 하는 말이 요즘은 돈이 없어서 금을 팔아서 쓴다고 하기에 그 말은 본인의 처도 들었으나 한 번만 갔다 오면 많은 이익이 남을 터인데 그 돈을 다 어디다 쓰고 또한 금이 무슨 이유로 많은지 결국 그자는 이북 공작원이 아닌가 생각되어 그 후부터는 여러 가지로 본인도 동인의 내막을 알아보려고 하였으나 일절 주소를 알리지 않고 혼자서만 행동을 하고 다니므로 잘 알 수가 없었던 것입니다. 그리고 10월 29일 본인이 출발하려고 하던 날 본인의 처가 걱정을 많이 하니 양명산 말이 "자기가 남한에서는 책임질 수 없으나 이북에 가면 전적으로 책임질 수 있으니 만약에 못 오게 되면 자기가 가서 데리고 오겠다"고 말하였습니다. 또한 "한광을 만나면 대접도 잘하여 줄 것이고 평양도 갔다 올 수 있을 것이다"라고 말하는 점 등을 종합하여 볼 때 이북과는 완전히 통하고 있지 않은가 생각되었습니다.

문: 남한에서 사고가 생기면 어떻게 한다던가.
답: 양명산이와 한광의 이름만 일절 대지 않으면 자기가 차월(此月) 후에서 운동하여 빼내 준다고 말하였습니다.

문: 양명산은 원래 남한에 재산이 있는 사람인가.

답: 전술(前述)과 여(如)히 강릉에서 올 때도 이북의 출자(出資)로써 시작하였고 아편 장사로써 남은 이익만 하더라고 상당한 것입니다. 그때부터 화려하게 지냈던 것입니다.

　　우(右) 조서를 진술자에게 읽어주고 조서 기재 내용에 오기(誤記)의 유무(有無)를 물은 즉, 오기와 증감변경(增減變更)할 점이 없음을 진술하고 간인(間印)한 후 서명, 무인(拇印)하다.

진술자 정□□

4291(1958)년 9월 24일

서울지방검찰청 검사 조인구

서기관 양재덕(梁在德)

[출전 : 19권 137~149쪽]

피고인 조봉암 외 20인에 대한 간첩 등 피고사건에 관하여 4291(1958)년 9월 25일 오전 10시 서울고등법원의 공개한 법정에서

재판장 판사 김용진, 판사 최보현, 판사 조규대, 서기 김응교 열석(列席)

검사 방재기, 조인구 출석

변호인 신태악, 조헌식, 권재찬, 김병희, 김봉환, 옥동형, 강순원, 김춘봉, 오승근, 민동식, 임석무, 유춘산, 전봉덕, 최순문, 이상규, 윤용진 각 출석

이상두 이외의 피고인 등은 신체의 구속을 받지 않고 출석하다.

피고인 이상두 불출석

증인 김동혁, 김봉한, 이정자, 김준식
동 박도영(朴道永), 고영섭, 김재봉(金在鳳) 각 출석
동 엄숙진 불출석

재판장은 합의 후, 전회에 계속하여 공판심리할 지(旨) 및 피고인 이상두를 이여(爾余)의 피고인 등과 분리심리할 지(旨) 각 고하고 피고인 등에 대하여 전회의 공판조서에 의하여 기(其) 심리사항의 요령을 고한 후 차(此)에 대하여 증감, 변경할 수 있는 지(旨) 고하니

피고인 등은

답: 이의 없습니다.

재판장은 전회의 증거 결정에 의하여 증인 등에 대하여

문: 성명, 연령, 직업 및 주거는 여하(如何).

증인 김동혁은

답: 성명은 김동혁, 연령은 50세, 직업은 토건업, 주거는 서울특별시 동대문구 신
    설동 91의 26

증인 김봉한은

답: 성명은 김봉한, 연령은 50세, 직업은 목재상, 주거는 서울특별시 성북구 종암
    동(鐘岩洞) 산(山) 2번지

증인 이정자는

답: 성명은 이정자, 연령은 37세, 직업은 무직, 주거는 서울특별시 중구(中區) 충
    무로(忠武路) 2가 820번지

증인 김준식은

답: 성명은 김준식, 연령은 36세, 직업은 경찰관(광주경찰서 경위), 주거는 경기도
    광주군(廣州郡) 언주면(彦州面) 역삼리(驛三里) 121번지

증인 박도영은

답: 성명은 박도영, 연령은 42세, 직업은 무직, 주거는 서울특별시 종로구 명륜동
    (明倫洞) 3가 53

증인 고영섭은

답: 성명은 고영섭, 연령은 51세, 직업은 육군 특무대 수사계장, 주거는 서울특별
    시 성동구 신당동 308

증인 김재봉은

답: 성명은 김재봉, 연령은 27세, 직업은 무직, 주거는 부산시 토성동(土城洞) 22
　　번지

　　재판장은 "〈형사소송법〉 제148조 및 동 제149조에 해당 여부를 각 조사한 후
차(此)에 해당치 않음을 인정하고 각각 증인으로 신문하겠다"고 하고 위증(僞證)
의 죄를 경고한 다음 각 별지 선서서(宣誓書)의 낭독에 의하여 선서를 시킨 후 증
인 김동혁, 동 김봉한, 동 이정자, 동 박도영, 동 고영섭, 동 김재봉을 퇴정(退廷)
시킨 후

증인 김준식에 대하여

문: 증인은 하시(何時)부터 경찰관으로 종사하는가.
답: 4285(1952)년부터 현재에 이릅니다.

문: 증인은 광주경찰서 중부지서장으로 근무한 사실이 있는가.
답: 네. 4290(1957)년 3월 6일부터 동년 10월 31일까지 동직(同職)에 근무하였고
　　그 후 동서(同署) 구천지서장(九川支署長)으로 전임(轉任)되었습니다.

문: 증인이 동 중부지서장으로 근무할 시 피고인 조봉암을 남한산성에 안내한 일이 있
　　는가.
답: 네. 그런 사실이 있습니다.

문: 그 동기는 여하(如何).
답: 4290(1957)년 6월 11일 13시 30분경 피고인이 근무하던 중부지서 앞에 찦차가
　　1대 와 서더니 어떤 낯익은 신사가 내려 지서로 들어오면서 주임을 찾기에
　　증인은 고위층 정객으로 짐작하고 나섰더니 나는 조봉암인데 남한산성에 소
　　풍하러 나왔으니 안내하여 줄 수 없는가 하므로 증인은 남한산성 청소 작업
　　감시 겸 안내한 사실이 있습니다.

문: 당시 조봉암은 혼자 왔던가.

답: 이름은 후에 본 사건이 발생되고 알았으나 양이섭과 여인(女人)을 대동하였 었습니다.

문: 증인이 조봉암을 안내한 상황은 여하(如何).

답: 조봉암의 찦차를 타고 서장대(西將台)까지 올라가서 하차하여 고적(古蹟)에 대한 설명을 하고 하산(下山)하다가 음식점이 없는가 물어보기에 백제장(百 濟莊)으로 안내하였더니 조봉암이 증인도 같이 식사를 하자고 하므로 점심 겸 저녁으로 취식한 후 세간(世間) 잡담을 하다가 조봉암이는 한잠 취침하고 가겠으니 증인 보고 먼저 가서 일을 보라고 하므로 증인은 부하 경찰관에게 조봉암이가 왔으니 불편이 없도록 유의하라고 지시한 후 하산하여 직무를 본 것입니다.

문: 증인이 하산한 후 몇 시간이나 있다가 조봉암이가 돌아갔는가.

답: 상당히 오래 있다가 갔는데 약 1시간 반 내지 2시간 쯤 있다가 간 것으로 기 억하는바 동 귀환 시간은 동일 18시 50분경으로 서(署)에 기록되어 있습니다.

문: 증인이 동 일행을 안내하는 동안에 정법성(政法性)의 담화나 내막 모를 담화를 조 봉암이와 양이섭 간에 주고받고 한 일은 없던가.

답: 그런 사실은 전연 없었습니다.

문: 양이섭의 진술에 의하면 동인은 증인의 목전(目前)에서 미 본토권 620달러를 조봉 암에게 준 사실이 있다는데 여하(如何).

답: 그런 사실은 전혀 없습니다.

문: 양이섭의 태도에 수상하게 보인 적은 없었는가.

답: 그렇게 보이지는 않았습니다.

문: 양이섭은 당시 상의를 착용하였던가.

답: 그 기억은 잘 나지 않습니다.

문: 양이섭이가 당시 미 본토권 27,000달러가량 소지한 것으로 본 기억은 없는가.
답: 당시 그런 점에 관하여 전연 무관심하였으므로 기억이 없습니다.

문: 증인이 특무대에서 진술한 사실은 사실과 틀림없는가.
차시(此時) 재판장은 육군 특무대 작성의 동 증인에 대한 진술조서를 제시하고 그 요지를 고하니
답: 네. 그것은 사실과 상위(相違) 없습니다.

　　재판장은 우(右) 증인에 대한 신문을 종료할 지(旨) 고하고 피고인 조봉암 및 동 양이섭에 대하여 우 증인의 진술에 대한 의견 변해(辯解)의 유무(有無)를 문(問)하니

동 피고인 등은
답: 별 의견이 없습니다.

재판장은 증인 고영섭을 입정(入廷)시키고
문: 증인은 특무대에서 피고인 양이섭의 본건 범죄사실을 담당 조사한 사실이 있는가.
답: 네. 그런 사실이 있습니다.

문: 양이섭에 대한 수사를 하게 된 단서는 여하(如何).
답: 동 단서는 4290(1957)년 12월 중순 경인데 모(某) 수사기관 정보원으로부터 양이섭이와 조봉암의 범죄사실을 세밀히 보고받았는데 그 내용인즉, 양이섭이가 남북한을 십 수차 내왕하면서 그 시(時)마다 조봉암이와 접선하였다기에 상사(上司)에 보고한바, 그 사실 여부를 조사하여 보라는 지시를 받고 즉시 부하를 양이섭 가(家) 주변에 파견하여 동정을 살피게 하였던바, 양이섭이는 좀처럼 나타나지 않고 장성팔이란 자만이 동가(同家)를 출입하므로 동인(同人)을 특무대로 연행하여 문초하니 자기는 양이섭이와 극친(極親)한 사이임

으로 양(梁)을 특무대까지 동행하여 올 자신이 있다고 하므로 동인(同人)을 석방하면서 동시에 특무대원을 미행시켰던 것입니다.

문: 장성팔이는 그 후 양(梁)을 특무대까지 동행하였던가.

답: 동행(同行)을 하지 않고 장성팔은 그의 언약과는 달리 파견하였던 특무대원을 매수하여 무사(無事)하게 하려고 기도(企圖)한다는 보고를 접하고 증인은 이를 좋은 기회라고 생각하고 매수된 것처럼 가장하여 연행하라고 지시하였더니 부하는 장(張)·양(梁)과 회동하여 양(梁)으로부터 금품을 받고 매수당한 것으로 가장하여 동인(同人)을 무마하여 줄 것을 언약하고 특무대까지 양(梁)을 연행하는 데 성공했던 것입니다.

문: 그래서 양(梁)을 여하(如何)히 조사하였는가.

답: 전술(前述) 범죄 보고서와 동서(同書)에 의하여 작성된 도표를 기준으로 남북 내왕 사실 및 아편 취급 사실 유무(有無)를 문(問)하니 그 점에 대하여는 순순히 자백하였는데 동 자백 내용은 전술(前述) 정보 내용과 대동소이(大同小異)하므로 동 정보 내용이 허위가 아님을 확신하게 되어 그 다음에 조봉암과의 접선 관계를 물으니 의외에도 조봉암이란 사람이 누구인지 알지도 못한다고 딱 잡아떼므로 동인(同人)이 조봉암과 접선한 일시, 장소 및 피고인 양(梁)의 일거일동을 일일이 거시(擧示)하였고 일례(一例)를 들면 양(梁)이 신설동에서 양명산이란 가명으로 시민증(市民證)을 교부받은 상황, 그리고 일시, 교제비, 상대방 성명, 액수까지를 지적하면서 증거가 이렇듯 확실함에도 부인하느냐 하였더니 양(梁)은 당황하고 심히 고민하는 태도로 변하므로 부하에게 감시시키고 증인은 취조를 중단하였더니 동일 밤에 양(梁)은 부하에게 조봉암과 접선하였다는 관계의 일체를 자백한 것입니다.

문: 동 자백을 증인도 확인하여 보았는가.

답: 네. 익일 증인이 양(梁)에게 그 자백한 사실을 문(問)하였더니 양(梁)은 허심탄회한 태도로 작야(昨夜) 자기가 증인의 부하에게 자백한 사실과 틀림없다고 하였던 것입니다. 그래서 일부러 세밀한 기본 조사 단계로 들어갔는데 수

사형식은 양(梁)을 음식점에 데리고 가서 회식하면서 좌담회를 하는 방식으로, 혹은 시가(市街)나 공원을 산책 중 세간(世間) 잡담하는 형식을 취하는 등 추호도 양(梁)의 자백을 강요하지 않고 자진(自進)하여 나오는 말을 머리에 메모하여 두었다가 일일이 도표를 작성하여 조사를 완료했던 것입니다.

문: 조서는 언제 작성하였는가.

답: 이와 같이 하여 기본 조사를 일단락한 후 이를 종합적으로 정리한 도표에 의하여 조서를 작성한 것인바, 작성 시마다 매매(每枚) 양(梁)으로 하여금 낭독케 하여 확인시킨바, 양(梁)은 각 매(枚)마다 일별하고 다 틀림없는 사실을 가지고 무어 이렇게까지 할 필요가 없지 않느냐 하기에 증인은 양(梁)에게 이렇게 함이 소송법상 절차에 부합(符合)하는 것이라고 하였던 것입니다.

문: 양(梁)의 진술에 의하면 증인의 진술하는 것과 같이 조사당한 것이 아니라 양(梁)이 고혈압으로 고민하니까 증인이 양(梁)을 특무대 의무실로 데리고 가서 약명(藥名)은 모르나 빨간색의 액체로 된 주사를 증인이 먼저 한 대 맞고 난 후 양(梁)에게도 동통(同桶)의 약을 주사한 것인데 동 주사 후 급작히 양(梁)은 맥을 못 추고 혼미(昏迷) 상태에 함입(陷入)하여 부득이 침대에 눕게 되었던바, 이때에 조서를 작성하여 양(梁)은 문(問)에 대하여 무의식하게 "네, 네" 대답만을 하여서 작성된 조서에 불과한 것이라는데 여하(如何).

답: 그것은 전연 무근(無根)한 허위진술이며 한낱 양(梁)의 구명책에서 나오는 것임을 사과반(思過半)[102]하고도 남음이 있습니다. 증인은 당시에 주사를 맞은 일이 없을 뿐 아니라 평생 주사란 것은 맞아본 사실이 없고 단지 로테이싱이란 빨간 액약(液藥)(고혈압약)을 음복한 사실은 있는데 양(梁)이 그 약을 먹었는지 또는 주사를 맞는지는 증인이 먼저 의무실을 나와서 모르겠습니다.

문: 양(梁)은 조사 시 하처(何處)에 구금하여 두었는가.

답: 양(梁)은 시초 범죄사실을 자백한 후부터 자기 범죄사실의 결과에 대하여 심

---

[102] "생각하여 깨달은 것이 많음" 혹은 "사실이 상상 이상"이라는 의미로 쓰인다.

히 우려하는 기색을 보였으며 항시 신병(身病)으로 고민한다고 하면서 여관이나 어떤 편안한 장소에서 조사하여 줄 것을 호소하였던 것인데 정보 사실 중에 동인(同人)은 과거 평안남도 민위원회(民委員會)[103] 후생부(厚生部)에 있을 시에 선편(船便)으로 인천에 월남하였다가 체포되자 다량의 염수(鹽水)를 음복하여 설사와 신열(身熱)을 자초케 하여 입원을 꾀하였다가 감시 경관을 매수하여 탈출, 월북한 사실이 있다는 정보가 있었으므로 특무대에서는 매수 안 당할 만한 정예 수사원들로 하여금 은밀히 감시케 하여 특무대 근처 태평양여관에 양(梁)을 유숙(留宿)케 하고 가급적 광범위한 자유를 허락하여 기거(起居) 일동(一動)을 독자적으로 하게끔 하여 단지 도주만을 감시케 하였던 것입니다.

문: 연즉(然則) 양(梁)을 하시(何時)에 서울형무소로 구금하였는가.

답: 〈형사소송법〉상의 절차에 의하여 구속영장의 교부를 받았으나 형무소에 구금하면 형무관 등을 매수하여 기밀을 연락하는 등 사실이 있는 전례(前例)에 감(鑑)하여 이를 피하기 위하여 송청(送廳) 시에, 즉 금년 3월 중순경에야 서울형무소에 이감시켰던바, 아니나 다를까 조봉암과 쪽지 연락을 하다가 발각된 것입니다.

문: 미 본토불 관계를 수사한 경위는 여하(如何).

답: 그 점은 양(梁)이 자진 협조하여 줄 것을 제의하면서 증인을 달러 시장으로 인도하여 과거 불화(弗貨)를 거래하던 이정자를 유인하여 증인을 동업자인 양 가장(假裝)시켜 과거 불화(弗貨) 거래 관계에 대한 담화를 함으로써 증거를 제시하여 주므로 증인은 이정자의 말로부터 이에 대한 확증을 얻어 비로소 증인은 특무대원임을 고하고 이정자를 특무대에 연행하여 신문한바, 양(梁)의 진술과 부합한 진술을 하므로 조서를 작성한 후 귀가시켰던 것입니다.

문: 특무대에 양(梁)을 조사 시 동인은 자살을 기도한 사실이 있었다는데 여하(如何).

---

[103] '인민위원회'의 오기로 보인다.

답: 조사가 일단락된 후에 양(梁)은 태평양여관에서 자살을 기도하는 것을 방지시켰다는 보고가 감시 부하로부터 유(有)하기에 증인이 익조(翌朝) 가보니 양(梁)은 누워있었던 것입니다.

문: 자살기도 시 유서를 써놓은 것이 있었는가.
답: 자살기도 시 썼는지 여부는 모르나 후일 부하 대원에게 발견되어 압수하였던 것입니다.

문: 동 유서의 내용은 여하(如何).
답: 증인의 생각에는 자기의 죄과에 대하여 항상 고민하던 끝에 모든 것을 단념하려고 하던 것으로 생각하며 첨가하여 말하여 둘 것은 양(梁)은 자백한 후부터 자기의 구명책에 대하여 초조하고 급급하였으며 증인에게 자기를 석방하여 주면 자기가 월북하여 자유당, 민주당 등에 대한 대남(對南) 루트를 색출하여 낼 수 있으며 이후 대한민국을 위하여 속죄책(贖罪策)으로 신명(身命)을 도(賭)하겠다고 무한히 애를 쓴 바 있습니다.

문: 증인은 양이섭 이외에 진보당사건에 대하여도 조사한 사실이 있는가.
답: 진보당사건에 대하여는 조사한 사실이 없습니다.

문: 증인이 양이섭을 조사 시 조봉암은 역적이니 동인을 말살시키기 위하여 양(梁)은 최고 악질이 되어달라고 부탁한 사실이 있는가.
답: 조봉암이가 〈국가보안법〉 위반사건으로 구속되었다는 사실은 말한 적이 있으나 기외(其外)에는 말한 것이 없습니다.

문: 증인은 법원에서 증거보전 차, 양(梁)에 대한 신문을 하게 되자 양(梁)이 특무대에서 진술한 사항을 쪽지에 적어주면서 이를 암송케 하여 특무대에서 진술한 사실과 꼭 같이 진술하라고 강요한 사실이 있는가.
답: 전혀 그런 사실이 없으며 가령 그렇게 강요하였다고 하여도 이에 응할 양이섭이가 아니며 한갓 우스운 넌센스가 아닐 수 없습니다.

문: 특무대에서 양이섭의 재산을 강제로 증정케 한 사실이 있는가.

답: 상사(上司)가 양이섭의 재산은 전부 이북서 공작금으로 가져온 것이며 그렇다고 증거가 없으니 몰수는 법적으로 불능(不能)하니 그렇다고 방임할 수는 없으므로 증정을 권유하여 보라고 하므로 권유하였더니 동인은 자기 재산으로서는 신설동에 가옥 1동, 전세금으로 받은 백 수십만, 또 종암동에는 수백 평 대지가 있다고 하면서 전부 증정할 것을 쾌히 승낙하였던바, 이를 전부 수락함은 가혹하다고 생각되어서 전세금으로 받은 중 130만 환을 증정케 하고 이외에는 상사(上司)에게 묵살하였던 것인데 이 130만 환은 현재 특무대에서 보관하고 있는데 양(梁)의 장녀는 변호료, 생활고 등을 구실로 반환을 요구하나 이에 응치 않고 있습니다.

문: 기타 참고로 할 말은 없는가.

답: 없습니다.

변호인 신태악은 재판장에게 고하고 증인에 대하여

문: 증인의 말에 의하면 특무대에서는 양(梁)을 여관에 투숙시켜 도주를 감시하는 정도 이외에는 인권 옹호를 위하여 최대한의 취급을 하였다고 하나 우리가 법적으로 보는 견해로서는 구속영장 없이 월여(月餘)나 여관에 투숙을 강요한 것은 불법감금이라고 보는데 여하(如何).

답: 그것은 정식 구속영장에 의하여 유치장에 감금하려고 하였으나 양(梁)이 자기의 신병(身病)의 고통을 호소하면서 그러한 조치를 요구하므로 수사기관으로서 차(此)에 응하였던 것입니다.

문: 증인은 양(梁)에게 김산(金山)에게도 조봉암이와 같은 연락 접선을 하였다고 진술하라고 한 사실이 있는가.

답: 언어도단의 말입니다.

문: 증인이 양(梁)을 조사할 시에 양(梁)은 미군 첩보원인 동시에 한국 HID 첩보원이라는 사실을 알고 있었는가.

답: 네. 조사가 시작되자 양(梁)은 자기가 HID 첩보원이라고 하기에 동 사실을
HID에 문의하여보니 엄숙진이가 좋은 미군 첩보원으로 있던 양(梁)을 소개하
여 주겠다고 하므로 HID에서는 선박을 빌려주고 첩자로 이용할 것에 불과하
다고 답하였습니다.

문: 첩보원이라는 것은 대개 이중첩자인 바, 양(梁)은 하측(何側)에 더 충실한 첩자로
생각되는가.
답: 물론 이북에 충실한 첩자이며 도대체 HID는 양(梁)에 대하여 등한히 하였던
것은 사실이며 이중첩자라고 칭하는 자 중 대부분은 이북의 일방적인 첩자이
고 성적이 좋아야 이중첩자입니다.

문: 여하(如何)한 점으로 보아서 양(梁)을 이북의 첩자로 보는가.
답: 이북의 지령에 의하여 조봉암이와 연락한 것으로 보아도 명백한 것이 아닙니
까.

변호인 김봉환은 재판장에게 고하고 증인에 대하여
문: HID에서 첩자가 이북에 갔다 오면 보고서를 받는 것이 아닌가.
답: 증인은 HID 대원이 아니므로 그런 사실은 모릅니다.

문: 양(梁)을 미행하여 특무대에 정보를 제공한 자는 누군가.
답: 양(梁)과 같이 이북을 내왕한 모(某) 선원인데 성명은 국가기밀로 말할 수 없
습니다.

문: 특무대의 정보서류 및 도표를 내놓을 수 있는가.
답: 국가기밀로 내놓을 수 없습니다.

문: 조봉암과 양(梁)을 대질신문한 사실이 있는가.
답: 조서를 보시면 알 것이 아닙니까.

문: 인간의 기억력은 한계가 있는데 양(梁)은 과거에 한 행동에 대한 일자와 장소를 세세히 기억하였다가 특무대에 진술하였는가? 말하자면 진보당의 결당 일자가 어느 날이라는 것까지 기억하던가.

답: 그것은 양(梁)이 진보당 결당 일자에 무엇을 했다고 진술하면 그 날짜는 특무대에서 조사할 수 있으므로 그것을 기록하는 식을 취한 것입니다.

문: 특무대에서 이북의 정보기관에 대하여 세밀히 알고 있는 것이 아닌가.

답: 정보원을 통하여 알려고 노력은 하나 시시각각으로 변하여 알 수 없습니다.

문: 특무대에서 양(梁)을 조사할 시 중국인 한자방으로부터 불화(弗貨)를 받았다는 말을 들은 사실이 없는가.

답: 그런 말은 모릅니다. 그렇게 진술하였다면 어떻게 이북에서 가져온 것처럼 날조할 수 있습니까.

문: 양(梁)이 이북으로부터 물품을 가지고 월남한데 대하여 HID에 보고된 물품목록과 대조해본 사실이 있는가.

답: 그런 사실이 없습니다.

변호인 김춘봉은 재판장에게 고하고 증인에 대하여

문: 양(梁)이 특무대에서 작성한 자공서(自供書)는 양(梁)의 자필(自筆)인가.

답: 증인이 동 자공서를 받지 않았기 때문에 자세히 모르나 본인의 자필일 것입니다.

문: 양이섭을 신문하여 특무대 조서를 작성한 것이 아니고 정보 내용에 의하여 조서를 작성한 것이 아닌가.

답: 그런 것이 아닙니다.

피고인 양이섭은 재판장에게 고하고 증인에 대하여

문: 분명히 증인도 피고인과 같이 주사를 맞았는데 기억이 없는가.

답: 절대로 그런 사실이 없습니다.

　재판장은 우 증인에 대한 신문을 종료할 지(늡) 고하고 피고인 조봉암, 동 양이섭에 대하여 우 증인의 진술에 대한 의견의 유무(有無)를 문(問)하니

피고인 조봉암은
답: 별로 없습니다.

피고인 양이섭은
답: 동 증인의 진술은 전부가 허위이며 동 증인은 우래옥에 가서 냉면 한 그릇 얻어먹기 위하여 자기 상사(上司)에게 전화를 걸어 본 피고인이 요청하므로 냉면집에 와 있다고 하는 따위의 허언(虛言)을 잘하는 인간입니다

재판장은 증인 김봉한을 입정시키고
문: 증인은 양이섭을 아는가.
답: 네. 약 22~3년 전부터 동인을 알고 있는데 알게 된 동기는 동인이 과거 만주 통화에서 일본군 수비대에 통역으로 있었는데 증인도 당시 통화에서 토지 개간 사업을 하던 차 상면(相面)하게 되어 알고 있습니다.

문: 동인과 접촉한 기간은 여하(如何).
답: 북경(北京), 천진 등지에서 약 15년 전에 상면하였던 사실이 있었던 정도입니다.

문: 당시 양이섭의 재산 정도는 여하(如何).
답: 내막은 모르나 상당한 자본금이 있었다고 생각합니다.

문: 중국인 한자방과 양이섭이 과거 천진에서 교섭한 사실에 대하여 알고 있는가.
답: 그런 사실에 대해서는 모릅니다.

문: 증인은 양이섭으로부터 5백만 환을 원조받은 사실이 있는가.

답: 재작년 봄에 증인이 토건사업을 하려고 할 시에 2백만 환을 위시(爲始)로 도합 6백만 환을 차용한 사실은 있으나 원조받은 것은 아닙니다.

문: 연(然)이면 동 금(金)을 반환하여 주었는가.

답: 사업에 실패하여 반환치는 못하였습니다.

검사 방재기는 재판장에게 고하고 증인에 대하여

문: 양이섭으로부터 차용한 6백만 환의 출처를 아는가.

답: 출처에 대하여는 알지 못합니다.

변호인 김봉환은 재판장에게 고하고 증인에 대하여

문: 증인은 양(梁)으로부터 차용하였다고 하는데 거저 받은 것이 아닌가.

답: 증인은 반환할 의도로 차용한 것입니다.

문: 양이섭은 과거에 빈곤한 사람들을 잘 살려준 사실이 유(有)하였는가.

답: 과거 양이섭과 교섭한 사람 중에 내외인을 막론하고 양(梁)을 나쁘다고 말한 사람은 없습니다.

변호인 윤용진은 재판장에게 고하고 증인에 대하여

문: 양(梁)이 대만에 친구가 있다고 말한 것을 들은 일이 있는가.

답: 작년 4월경 양(梁)이 말하기를 내가 대만에 가면 좋은 중국인의 친구가 있다고 말한 사실을 들은 일이 있습니다.

재판장은 우 증인에 대한 신문을 종료할 지(旨) 고하고 피고인 조봉암, 동 양이섭에 대하여 우 증인의 진술에 대하여 의견의 유무(有無)를 문(問)하니

피고인 등은

답: 별 의견이 없습니다.

재판장은 증인 김재봉을 입정시키고

문: 증인은 조봉암 및 박기출을 아는가.

답: 네. 조봉암이는 진보당 위원장이고 박기출은 동 부위원장 겸 부산시 동구을구(東區乙區) 당위원장이므로 알고 있습니다.

문: 연즉(然則) 증인도 진보당원인가.

답: 네. 증인은 동당 부산시 동구을구당 조직책임자입니다.

문: 이것은 진보당 비밀당원 명부인가.

차시(此時) 재판장은 압(押) 증(證) 제37호를 제시하고 그 요지를 고하니

답: 진보당에는 규약에 비밀당원이라는 제도가 없으며 따라서 동 명부도 정식 당원명부입니다.

문: 연즉(然則) 동 명부 표지에 비(秘)자를 압날(押捺)한 이유는 여하(如何).

답: 진보당은 아시다시피 관헌에게 압박을 당하고 있는 형편이므로 진보당에 가입하고자 할 인사가 많으나 동 관헌의 박해를 두려워하여 당원이라는 존재를 일반에 공표하지 말아 달라고 요청하는 당원의 명부를 발취(拔取), 기재하여 취급자 이외에는 볼 수 없다는 의미에서 '비(秘)'자를 압날한 것입니다.

문: 당원이란 존재를 일반에 비밀히 하여야 할 성질의 당원은 그것이 즉 비밀당원이 아닌가.

답: 진보당에서는 그것을 비밀당원이라고는 하지 않습니다.

재판장은 우 증인에 대한 신문을 종료할 지(旨) 고하고 피고인 조봉암, 동 박기출에 대하여 우 증인의 진술에 대하여 의견의 유무(有無)를 문(問)하니

동(同) 피고인 등은

답: 별 의견이 없습니다.

재판장은 증인 박도영을 입정시키고

문: 증인은 피고인 이동화를 아는가.

답: 4275(1942)년에 증인이 평양에서 조그마한 서점을 경영하였는데 당시 이동화 씨가 자주 동 서점에 출입을 하게 되어 알게 된 것입니다.

문: 증인은 한국내외문제연구소에서 이동화의 서생(書生)으로 동인을 보조한 사실이 있는가.

답: 서생이란 명칭은 아니었지만 보조한 사실이 있습니다.

문: 언제부터 보조했는가.

답: 4288(1955)년 추경(秋頃)으로부터 현재에 이릅니다.

문: 이동화의 서책에 공산주의에 관한 서적이 나열되어 있는 사실을 알고 있는가.

답: 전연 보지 못한 사실입니다. 동 서책(書柵)의 방실(房室)에는 항시 사찰계 형사가 출입하였는데 만약 동 서적이 나열되어 있었다면 형사들 눈에 띄지 않을 수 없었을 것이며 동 서적은 캐비넷 안에 보관되었던 것이 압수된 것이라고 생각됩니다.

문: 증인이 경찰에서 작성한 자공서에 의하면 이동화는 수다(數多)한 제자를 선동하여 반국가적으로 행동을 하게 한 것 같이 기록되어 있는데 여하(如何).

답: 그것은 경찰의 강요에 의한 본의 아닌 자공서입니다.

　재판장은 우(右) 증인에 대한 신문을 종료할 지(旨) 고하고 피고인 이동화에 대하여 우 증인의 진술에 대하여 의견의 유무(有無)를 문(問)하니

동 피고인은

답: 별 의견이 없습니다.

재판장은 증인 이정자를 입정시키고

문: 증인은 피고인 양이섭을 아는가.

답: 네. 증인은 작년에 달러 상(商)을 하였던바, 같은 친구 달러 상인 정옥실(鄭玉實)이란 여자의 소개로 동인의 달러를 매매, 소개하여 준 사실이 있어서 당시부터 알고 있습니다.

문: 양이섭은 달러를 샀는가, 팔았는가.

답: 대개는 거액의 달러를 팔아달라고 부탁한 것이고 사간 일은 한번 600달러를 사간 사실 이외에는 없습니다.

문: 작년에 1,200달러를 팔아준 사실이 있는가.

답: 양이섭으로부터 도합 4회에 긍(亘)하여 팔아주고 콘미숀[104]을 먹었는데 1,200달러를 팔아준 기억이 있습니다.

문: 그것은 몇 번째에 팔아준 것인가.

답: 3회째라고 기억하는데 당시 양(梁)은 거액을 가지고 와서 팔아달라고 하였으나 수요소비능력(需要消費能力)이 부족하여 그 이상 팔아주지 못하였던 것입니다.

문: 양이섭의 달러를 팔아준 총액은 여하(如何).

답: 그것은 이미 1년 전의 일이고 증인이 직접 산 것이 아니며 또한 증인이 일일이 기록해 둔 사실도 없어서 정확한 숫자는 모르나 대략 약 2만 2, 3천 달러가 아닌가 생각하는 바입니다.

문: 양(梁)이 본건으로 입건된 후 증인과 다방에서 상면하였을 시 양(梁)으로부터 자기가 판 달러 총액이 2만 5, 6천 달러라고 말하여 달라고 부탁을 받은 사실이 있는가.

답: 증인이 계원(稧員)들과 다방에서 있을 적에 양(梁)이 나타나더니 달러 거래액

---

[104] '커미션(commission, 수수료)'을 의미한다.

이 2만 5, 6천 달러이니까 수사당국에서 묻거든 기억하여 두라고 한 사실이 있는데 증인의 생각으로는 그 액(額)보다 조금 적을 것이 아닌가 생각하는 바입니다.

　재판장은 우 증인에 대한 신문을 종료할 지(旨) 고하고 피고인 양이섭에 대하여 우 증인의 진술에 대한 의견의 유무(有無)를 문(問)하니

동 양이섭은
답: 별 의견이 없습니다.

재판장은 증인 김동혁을 입정시키고
문: 증인은 피고인 양이섭을 아는가.
답: 네. 해방 후 4281(1948)년 초 증인이 국방부 정보국 제3과에 있을 시 평양에 가서 친구 가(家)에 있었는데 당시 양이섭과 대면, 인사하게 되어 알게 된 것입니다.

문: 증인은 미 첩보부대선을 타고 이북에 내왕한 사실이 있는가.
답: 네. 4287(1954)년 7월부터 동년 10월경까지 3개월간 내왕한 사실이 있습니다.

문: 양이섭과 같이 이북 돌개포에 갔다 온 사실이 있는가.
답: 네. 그런 사실이 있습니다.

문: 그 동기는 여하(如何).
답: 증인은 미군 중령 스카후, 소령 스라노 비치의 지시에 의하여 대북무역 공세(攻勢)를 하면서 군사 정보를 수집하였는데 이북 돌개포에 갔을 적에 동소(同所)에 있는 선일상사(鮮一商社)의 부사장이라고 하는 김난주란 사람이 양이섭이를 잘 안다고 하면서 같이 데리고 올 수 없는가 하므로 동 사실을 미군 중령과 소령에게 상의하였더니 좋은 기회라고 하면서 미 첩보원으로 채용하여 돌개포에 내왕하게 되었던 것입니다.

문: 동인과 같이 3회 내왕하였던 것인가.

답: 2회까지는 확실한 기억이 있는데 3회인지는 모르겠습니다.

문: 양(梁)이 남북교역을 한 상황은 여하(如何).

답: 증인은 미군으로부터 2백만 환의 선대금(先貸金)을 받아 가지고 내왕하였는
데 양이섭은 미군으로부터 선대(先貸)를 받지 못하였습니다.

문: 교역 물품은 무엇인가.

답: 월북 물품은 기계, 의약품, 시계 등이고 월남 물품은 아편, 한약재 등입니다.

문: 일(一) 왕복의 이윤은 여하(如何).

답: 대략 2배의 이윤이 있으나 그렇지 못할 때도 있습니다.

문: 양이섭이가 이북에 가서 여하(如何)한 행동을 하던가.

답: 이북에 가면 증인과 양이섭은 분리(分離)되고 증인은 감시당하므로 전연히
알 수 없습니다.

문: 증인은 정시마(鄭時磨)라는 자를 아는가.

답: 네. 알고 있습니다.

문: 증인은 정시마 가(家)에 양이섭을 보낸 사실이 있는가.

답: 오래된 일이라 잘 기억할 수는 없으나 하숙을 시킨 일이 있다고 생각됩니다.

문: 옥량성(玉良成)[105]을 아는가.

답: 네. 알고 있습니다.

문: 동인에게 편지를 보낸 사실이 있는가.

---

105) '옥량선(玉良善)'을 가리키는 것으로 보인다.

답: 네. 그런 사실이 있습니다.

변호인 김봉환은 재판장에게 고하고 증인에 대하여

문: 비밀리에 물건을 가져가거나 가져올 수 있는가.

답: 월북할 물건을 사놓으면 미군이 최전선까지 운반하여다 주고 월북자의 의복
　 을 갈아입히고 또한 물건이 월남하면 목적지까지 동 물품을 운반하여 주고
　 또한 의복을 갈아입히므로 물품을 비밀히 취급할 수 없습니다.

문: 한국 HID에서도 그런 방식을 쓰는가.

답: HID 내용은 모릅니다.

　 재판장은 우 증인에 대한 신문을 종료할 지(늡) 고하고 피고인 양이섭에 대하
여 우 증인의 진술에 대한 의견의 유무(有無)를 문(間)하니

동 피고인은

답: 별 의견이 없습니다.

재판장은 피고인 이동화에 대하여

문: 피고인의 전과(前科)에 대하여 조회한 바, 동 회한(回翰)은 여사(如斯)한데 여하(如
　 何).

차시(此時) 재판장은 당원(當院) 4291(1958)년 9월 18일자 〈형공(刑控)〉 접수 제2478호
를 제시하고 그 요지를 고하니

답: 네. 그와 상위(相違) 없습니다.

**재판장은 피고인 조봉암, 동 양이섭 및 변호인 김봉환, 동 윤용진, 동 신태악, 동
이상규에 대하여**

문: 검사가 한국화교자치연합총회 회장 장자천(張子泉)으로부터의 여사(如斯)한 공함
　 (公函)을 증거물로 제출하였는데 의견 여하(如何).

차시(此時) 재판장은 당원(當院) 4291(1958)년 9월 22일 〈형공〉 접수 2509호를 제

시하고 그 요지를 고하니

동 피고인 등 및 변호인 등은
답: 한국화교자치연합총회는 사설단체라 증거능력을 부인합니다.

문: 검사가 피고인 양이섭에 대한 변호사 접견대장을 증거물로 제출하였는데 의견 여하
(如何).
차시(此時) 재판장은 전동(前同) 접수번호 서류를 제시하고 내용을 고하니

동 피고인 등 및 변호인 등은
답: 동 접견대장은 형무관이 일방적으로 청취, 기재한 것인바, 그 증거능력을 부
인합니다.

문: 검찰청으로부터 여사(如斯)한 추송서(追送書)가 제출되었는데 의견 여하(如何).
**차시(此時) 재판장은 검사의 양이섭, 조민삼(趙潣三),[106] 태명호(太明浩), 이종수
(李鍾洙), 이광훈(李光勳), 정시마에 대한 각 진술조서를 제시하고 각기 요지를
고하니**

변호인 김봉환은 검사에 대하여
정시마의 소재 및 당심(當審) 증인으로 신문할 수 있는가의 여부를 문(問)하니
검사 방재기는 정시마는 현재 모처(某處)에서 대북공작을 하고 있는 중인데 동인
(同人)의 안면(顔面)을 공개법정에 출현시키면 국가 기밀상 중대한 지장을 초래
하게 되므로 불가하다고 술(述)하다.

동 피고인 및 동 변호인 등은
답: 동 진술조서 등은 증거능력을 부인합니다.

---

[106] 조민삼(趙潣三) 혹은 조연삼(趙淵三)인지 불명확하다.

재판장은 합의 후, 전회의 보류 중이던 각 증거 신청 및 검사의 소정외(訴廷外)의 증거 신청[서상일을 증인으로 환문(喚問)할 지(旨)의 신청]은 각각 차(此)를 각하(却下)하고 또 전회(前回)에 결정하였던 증인 엄숙진의 환문(喚問)은 차(此)를 철회(撤回), 각하할 지(旨) 각 선언하고 금일의 공판(公判)은 차(此) 정도로 속행할 지(旨) 고하고

　　차회(次回) 기일(期日)은 내(來) 9월 26일 오전 10시로 지정, 고지하고 소송관계인의 출석을 명한 후 폐정하다.

4291(1958)년 9월 25일
서울고등법원 형사 제2부
재판장 판사 김용진
서기 김응교

[출전 : 19권 154~191쪽]

피고인 조봉암 외 19인에 대한 간첩 등 피고사건에 관하여 4291(1958)년 9월 26일 오전 10시 서울고등법원의 공개한 법정에서

재판장 판사 김용진, 판사 최보현, 판사 조규대, 서기 김응교 열석(列席)

검사 방재기, 조인구 출석

변호인 신태악, 조헌식, 권재찬, 김병희, 김봉환, 윤용진, 옥동형, 강순원, 김춘봉, 오승근, 민동식, 유춘산, 전봉덕, 임석무, 최순문, 이상규 각 출석

피고인 등은 신체의 구속을 받지 않고 출석하다.

재판장은 전회에 계속하여 공판심리할 지(旨) 고하고 소송관계인에 대하여 전회의 공판조서에 의하여 기(其) 심리사항의 요령을 고한 후 각(各) 차(此)에 대하여 증감, 변경할 수 있는 지(旨) 고하니

각 소송관계인은
답: 이의 없습니다.

재판장은 합의 후 종전에 채택하였던 증거 조사 중

一. 외무부 장관을 통하여 관계 외국공관에 중국인 한자방이가 한국에 체류하였던 여부를 조사, 제출시키기로 하였던 건(件)은 사정에 의하여 차(此)를 철회(撤回), 각하(却下)할 지(旨) 결정한 후, 사실심리 및 증거조사 종료의

지(旨)를 선(宣)하다.

관계 각 변호인 등은

한자방에 대한 조사와 양이섭이가 인천 HID에 제출, 보고한 귀환 보고서 및 삼육공사 발행의 수령 물품목록의 조사는 본건 심리상 기(其) 진상을 규명함에 있어서 필요불가결한 것이라고 인정되는바, 다시 동 조사를 하여줄 것을 신청하다.

검사는 변호인 등의 우 신청은 고의로 본건 공판 진행을 지연시킬 목적 이외에는 의미가 없다고 생각하며 본건 구속 피고인 등의 구속 기간 만료도 박두하고 각 수사기관 이래(以來) 당심(當審)에 지(至)하기까지 방대하고 세밀한 조사가 유(有)하였으므로 이 이상의 조사는 기(其) 필요가 없다고 사료한다고 진술하다.

재판장은 합의 후, 우 변호인 등의 신청은 기(其) 이유 없다고 인정되므로 각하한다고 선언하다.

변호인 등은 변호인 등 간에 합의할 중대한 사항이 있으니 30분간 여유를 달라는 지(旨)를 요청하여 재판장의 허가를 득(得)하여 퇴정하였다가 약 1시간 후 입정하여

변호인 신태악은

변호인단을 대표하여 진술하는데 변호인들은 본건의 재판부 판사 전원에게 〈형사소송법〉 제18조 제2항 해당의 사유가 있다고 인정되므로 재판부 전원의 기피를 신청한다고 진술하는 동시에 별도 기피 신청서를 제출하고 3일 이내에 소명서를 제출할 지(旨) 술(述)하다.

재판장은 재판부를 기피 신청하는 각 피고인 및 변호인의 성명을 진술할 것을 고하니

피고인 전원 및 변호인 김봉환, 윤용진, 김춘봉, 신태악, 유춘산, 조헌식, 임석

무, 민동식, 김병희, 권재찬, 이상규, 최순문은 각각 동 기피 신청을 한다고 술(述)하다.

재판장은 합의 후, 〈형사소송법〉 제22조 본문에 의하여 소송의 진행이 정지되므로 폐정할 지(旨)를 고하다.

4291(1958)년 9월 26일
서울고등법원 형사 제2부
재판장 판사 김용진
서기 김응교

[출전 : 19권 199~202쪽]

공판조서(제8회) 1958년 10월 14일

피고인 조봉암 외 20인에 대한 간첩 등 피고사건에 관하여 4291(1958)년 10월 14일 오전 10시 서울고등법원의 공개한 법정에서

재판장 판사 김용진, 판사 최보현, 판사 조규대, 서기 김응교 열석(列席)

검사 방재기, 조인구 출석

변호인 신태악, 조헌식, 권재찬, 김병희, 김봉환, 옥동형
변호인 강순원, 김춘봉, 오승근, 민동식, 임석무, 유춘산
변호인 전봉덕, 최순문, 이상규, 윤용진 각 출석

피고인 등은 신체의 구속을 받지 않고 출석하다.

재판장은 합의 후, 피고인 전원에 대하여 각기 전회에 계속하여 공판심리 할 지(旨) 고하고, 종전에 분리심리 할 것을 결정하였던 피고인 이상두를 이여(爾餘)의 피고인 등과 병합심리 할 지(旨) 결정한 다음, 각기 전회(前回)의 공판조서에 의하여 각기 심리사항의 요령을 고한 후

각(各) 차(此)에 대하여 증감, 변경할 수 있는 지(旨) 고하니
각 소송관계인은 이의 없다는 지(旨) 술(述)하다.

재판장은 피고인 이상두에 대하여 제6, 7회의 각 공판조서를 제시하고 각기 요령을 고한 후, 각(各) 차(此)에 대하여 의견 변해(辯解)의 유무(有無)를 문(問)하니
답: 별로 의견이 없습니다.

변호인 신태악은 재판장에게 고하고, 동 피고인 및 변호인 등을 대표하여 저번 (這番)의 기피(忌避) 신청에 대하여 미안하다는 지(旨)를 표명한 후, 피고인 등에 대하여 동 기피 신청으로 인하여 본건 판결에 추호도 영향이 없을 것이니 구구한 억측이 없기를 원한다는 지(旨) 술(述)하다.

검사 방재기 및 조인구는 각각 별첨 논고서(論告書) 내용과 여(如)히 의견을 하고

변호인 김봉환은 피고인 양이섭을 위하여 별첨 변론 요지서 제1혈(頁) 내지 제 83혈(頁) 제3행(行) 내용과 여(如)히 유리한 변론을 하다.

재판장은 금일(今日)의 공판은 차(此) 정도로 속행할 지(旨) 고하고, 차회(次回) 공판기일은 내(來) 10월 16일 오전 10시로 지정, 고지한 후 각 소송관계인의 출석 을 명한 후 폐정하다.

4291(1958)년 10월 14일
서울고등법원 형사 제2부
재판장 판사 김용진
서기 김응교

[출전 : 19권 248~250쪽]

양이섭 간첩사건 변론 요지
진보당사건에 관련해서

변호사 김봉환

변론 순서[107]

제1 변호인의 입장

제2 진보당사건 발단 당시의 수사 고위층 발표와 양(梁) 피고 사건
　　1. 수사당국의 담화발표
　　2. 당국 발표와 공소사실
　　3. 진보당사건에 관련시키고자 한 사건
　　4. 양(梁) 피고 사건의 발생

제3 첩자(諜者) 사용의 원칙, 수사의 맹점(盲點)과 양(梁) 피고의 법정 태도
　　1. 양(梁) 피고는 우리의 첩자
　　2. 첩보기관의 첩자 사용 원칙
　　3. 첩자 사용 원칙에 대한 양(梁) 피고의 허위 진술
　　4. 수사상의 맹점
　　5. 양(梁) 피고의 법정 태도

---

[107] 이 책자에는 목차가 별도로 기재되어 있으나 여기서는 모두 생략하였다.

제1 변호인의 입장

　6 · 25사변 때 괴집의 만행을 몸소 체험한 우리 국민들은 공산당에 대한 적개심이 용솟음치고 있으며 수복 이후에 많은 부역자가 처단되고 아울러 좌익분자들의 월북과 이북 애국 동포들의 월남, 재산공비(在山共匪)의 완전 소탕으로 인하여 우리나라는 사회질서가 안정되고 명실공히 반공국가로서 괴집의 여하(如何)한 공작원도 발붙일 곳이 없으리라 믿었었던 것입니다.

　그러던 것이 작년 여름경부터 이상한 거물급 간첩사건이 속출했습니다. 지상(紙上)에 보도된 것을 추려보면 황익수(黃益秀), 김정제(金正濟), 박정호, 김동혁, 양이섭사건 등등이 속출하고 매일 지상(紙上)에 대소(大小) 간첩사건이 보도되어 국민들은 전율을 느끼고 마치 과거 우리 정부 수립을 전후해서 좌익분자들이 최후 발악을 하던 여순반란사건, 10 · 1대구폭동사건, 국내 도처에서 발생하던 파괴 행동 등등 사회질서가 문란하고 민심이 불안의 도가니 속에 있었던 때와도 같이 근자(近者) 지상(紙上)에 보도되는 간첩 검거 사건을 보면 불안을 금치 못하고 국민들은 증오심에 불타고 있습니다.

　본인은 변호사로서 여사(如斯)한 간첩사건을 변호할 용기가 나지 않았습니다. 영국의 아스킴 경(卿)이 절대주의 군주국가 시대에 반역자 벤을 변호했을 때 "만약 국왕에 반대하는 자는 변호할 수 없다고 하는 자가 한 사람이라도 있다면 그

순간에 영국의 자유는 소멸한다"는 유명한 경구를 모르는바 아닙니다마는 본건 진보당사건이 지상(紙上)에 보도되었을 때 검찰 고위층이 간첩과 관련하여 괴집과 내통되었다는 담화 발표를 보고 변호사의 한 사람으로서 검찰에서까지 이런 발표를 하니 확실한 증거가 있는 것으로 믿었습니다. 그래서 이 사건을 변론하는데 매우 주저했습니다.

그러나 진보당사건 관련자 중 김달호 피고만은 본인과 동향(同鄕) 선배로 또 본인이 대구에서 서울 복귀 후 사무소가 없을 때 약 3년간 한 사무소에서 조석(朝夕)으로 대하던 관계상 이분의 인품과 성격을 확신하는지라 이분만은 관련성이 없는 것이라 확신하고 정리상(情理上) 부득이 본건 변호에 참여하게 되었고 그 후 거의 같은 위치에 있던 박기출 피고를 수임(受任)하게 되었던 것입니다. 제1심 공판 초기에 모 선배 변호사가 같이 양이섭사건을 변호하자는 권유가 있었습니다마는 본인은 검찰 발표를 사실인 것으로 믿었기 때문에 변론을 거절한 사실까지 있었습니다.

그러던 것이 1심 공판을 통하여 진보당사건의 구체적 내용과 그 정치적 윤곽이 드러났고 양 피고의 괴이한 법정 태도와 수사상의 모순 및 첩자 사용의 원칙 등등이 드러나서 본(本) 변호인이 1심 변론 때 지적한 바와 같이 양 피고 사건을

① 우리 첩보부대에서 이 사건을 조장한 것이 아닌가.
② 권력기관에서 진보당을 불법화하기 위하여 조작한 사건이 아닌가.
③ 그렇지 않으면 양 피고가 별개의 빼지 못할 간첩사건이 있어 자기가 살기 위하여 조(曺) 씨를 모함함으로써 살려고 하는 것이 아닌가.

의 세 가지로 추측을 했던 것입니다. 그러나 1심 때는 반증(反證)을 수집할 여유가 없어 검찰의 일방적 입증만으로 종결을 보았던 것입니다.

당시 변호인들이 판단하기에는 1심에서 양 피고가 사형을 언도받는다면 정신을 차리고 진실을 말할 것이라 믿었었는데 거(去) 7월 2일 5년 형을 받고 난 후는 양 피고가 더 이상 진실을 말하지 않을 것이라 단정했었고 2심 변론을 양 피고 가족으로부터 수임(受任) 받을 때에도 상(相) 변호인과 상의하기를 양 피고 자신이 더 이상 사실대로 말하는 것을 바랄 수 없으니 양 피고가 월남 후 접촉한 인

물 또는 특무대, 첩보대 양쪽에서 증거를 수집해서 입증할 도리밖에 없겠다고 생각을 했었고 그 증거 수집에는 본인들의 신변의 위해(危害)와 수사기관의 압력 등을 각오하면서 변호를 수임했던 것입니다.

그러던 것이 2심 공판기일 수일(數日) 전 윤(尹) 변호사와 같이 형무소에 가서 양 피고를 접견했을 때 180도의 번복 진술을 하게 되어 연 3일간이나 그 진술을 청취했는데 본 변호인이 1심 때 추측한 바가 적중했고 검찰에서 또 법정에서 왜 허위 진술을 하게 되었느냐, 또 1심 공판 때 변호인들의 조롱과 모욕을 받아가면서까지 억지로 허위자백을 일관해서 하게 되었던가의 이로정연(理路整然)[108]한 이유를 들었을 때 의심할 여지가 없었습니다.

만약 선량한 대한민국 국민의 한 사람을 또는 지도자의 한 사람을 또는 정당의 구성원들을 옛날 이조시대 우리 조상들이 역적으로 돌아서 반대파를 새삼터[109] 형장으로 보내듯이 현대에 와서도 모략에 의하여 사건을 처리한다면 우리나라의 민주주의는 법률과 재판의 형식을 빌려서 그 옛날 이조시대의 당파 싸움으로 역행하는 결과를 초래할 것이 아닌가 하여 흥분을 금치 못했고 이 나라 민주주의와 사법권의 정상적 발전에 미력이나마 이바지하고자 결심을 굳게 하였던 것입니다.

그러나 재판장 및 심판관 여러분 현대 형사소송 절차가 형식상 원피고의 당사자 대립에 대한 재판소의 판단이란 3면(面)을 □□를 □□□□□□□□서도 원고인 검찰관 또는 수사기관은 그 국가권력의 강력하□ 배경으로 □□□□□라도 수집할 수 있고 수집한 증거 중에서 적당하게 유죄가 될만한 증거를 재판소에 제출하고 죄 성립을 조각(阻却)할만한 증거는 군사비밀이라 불변(不變)하다는 이유로 제출하지 않을 자유도 가지고 있습니다. 수사기관원이 변호인의 거주 동회(洞會)에 와서 동적부(洞籍簿)도 조사해간다, 사무소 내외에서 감시를 한다 등등으로 압력을 주는 자유도 가졌습니다.

---

108) 의논이나 언설이 사리에 잘 통하고 정연한 모양을 뜻한다.
109) '새남터'의 오기이다. 새남터는 조선 때 사형 집행장이다. 특히 천주교의 순교지로 유명하다. 서울 신용산의 철교 부근이다.

양 피고가 2심에서 번복 진술을 하자 지상(紙上)에 배후조종자 색출 중이라 접견대장에서 단서를 포착했다. 윤(尹) 변호사의 입건 여부를 검토 중이다 등등을 보도하여 변호인들에게 숨 막힐 압박감까지 느끼게 하는 자유도 향유하고 있습니다. 또한 진보당사건은 타 사건과 판이하게 변호인과 피고와의 접견 내용을 녹음까지 하고 입회간수는 2~3인이 속필로 내용을 기록하는 등 무언의 압력과 실질적 변호권을 제약해가며 심지어 유사 이래 처음으로 변호인과 피고 간의 접견대장마저 당(當) 공정(公廷)에 증거로 제출하는 권리까지 향유하고 있습니다.

그와 반면에 변호인들은 그야말로 적수공권(赤手空拳)[110]입니다. 변호인이 할 수 있는 것은 법정에서 검찰관 제시의 증거 중 증거능력 및 증명력(證明力)을 보충신문으로서 다투는 이외에는 반증(反證)의 제시와 증명력을 다투는 증거를 신청해서 재판소의 월권 발동을 촉구하는 정도의 힘밖에 없습니다. 그것마저 시간적 여유가 없다는 이유로 각하되었을 때 재판소의 반성을 촉구하기 위하여 본의 아닌 기피 신청까지 하게 된 것입니다.

이 사건이 말썽 많은 정치적 사건이라 심판부의 고충도 짐작 못 하는 바 아닙니다마는 변호인들은 저 유명한 미국의 바리 판사가 지적한 용기, 정직, 성실, 기지, 판단, 우애의 변호사가 지닐 일곱 개의 등(燈) 빛을 도표로 하여 적수공권으로 압력에도 굴하지 않고 성심성의 노력을 했습니다. 원컨대 재판부에서는 현행 형사소송 절차에 있어 제약된 변호인의 활동할 수 있는 범위를 염두에 두시고 관용으로 대해주시기 바랍니다.

또 한 가지는 아시다시피 이 변론은 사실심의 최종변론입니다. 운명의 날을 기다리는 피고인의 심정을 생각하셔서 다소 지루하시더라 끝까지 들어주시기를 간청합니다.

제2 진보당사건 발단 당시의 수사 고위층 담화 발표와 양 피고 사건

이 점에 관해서는 본 변호인이 1심 변론 때도 논급한 바 있습니다마는 진보당

---

[110] 맨손과 맨주먹이라는 뜻으로, 아무것도 가진 것이 없음을 이르는 말이다.

간부의 검거 후 당국이 간첩사건과 결부시키려고 얼마나 노력했느냐의 점에 대하여 약술하겠습니다.

작년 10월에 박정호 사건이 발생하였는데 소위 근민당 및 한독당 잔류인사 십수인이 검거된 바 있습니다마는 당시 그 사건은 매일같이 고위층에 보고되고 진보당도 불원(不遠) 불법화될 것이나 외국의 반응이 어떨까 해서 아직 망설이고 있다. 그러나 검찰에서는 반대하고 있다는 풍설이 돈 적이 있었습니다.

기후(其后) 과연 금년 1월 11일 진보당 간부의 검거 선풍이 불었습니다. 그때의 구속 이유는

① 『중앙정치』 10월호에 게재된 조 씨 논문의 구절과
② 진보당 강령, 정책 중의 통일문제 이 두 가지를 증거로 진보당이 괴집과 상통하는 평화통일을 주장하여 국가변란을 기도했다는 것이었습니다. 당시 국민들은

① 선거를 목첩(目睫)에 둔 혁신세력 출마 방지책으로 정책적 검거가 아니냐
② 공인된 정당의 국토통일정책이 보안법 위반의 수사대상이 될 수 있느냐고 적지 않게 놀랐고 여론이 비등하였던 것입니다.

1. 수사당국의 담화 발표

이와 같은 국민들의 의혹을 풀고자 금년(今年) 1월 15일 도하(都下) 각 신문에는 수사 고위 당국자가 진보당사건의 윤곽을 발표했습니다. 그 요지를 말씀드리겠습니다.

(1) 정순석(鄭順錫) 전 검찰총장 담(談) "『중앙정치』에 게재된 조 씨의 평화통일론은 대한민국과 괴집을 동등한 위치에서 동일한 시간에 실시된다는 것은 불유쾌(不愉快)한 일이지만 기왕에도 UN 감시하에 몇 번씩이나 선거를 해왔으니 또 한 번 한다고 해서 나쁠 것이 없지 않느냐고 용공정책을 써서 대한민국의 국시(國是)에 위배되는 평화통일을 내세웠다." …… 하고 나서 …… "진보당이 평화

통일을 내세운 것이 국시 위반이 아니라 평화통일 간판(看板) 하에 괴집과 규합함으로써 수사대상이 된 것이다." …… 하고 계속하여 ……… "조 씨는

① 박정호 간첩과 89(1956)년 5월에 밀회하여 진보당의 평화통일이 괴집과 상통한다는 결론을 얻은 후 진보당 조직을 추진했고
② 정우갑 간첩과 90(1957)년 8월 신흥사(新興寺)에서 밀회하여 재일본 조련(朝聯)과 합세키로 논의 후 동인을 입당시키고
③ 김동혁, 허봉희(許鳳熙), 이태순(李泰淳) 간첩사건의 괴집 지령 내용이 진보당 확대공작에 있다." …… 운운(云云)해서 조 씨가 여사(如斯)한 간첩들과 내통하고 있다는 것을 극구 강조한 바 있었습니다.

(2) 최치환(崔致煥) 전 시경국장 담(談) 상술(上述) 정(鄭) 검찰총장 담화 이상으로 조 씨는

① 박정호로부터 평화통일 주장을 위하여 괴집과 협력할 수 있는 정당을 조직하라는 지령문을 받았다(그 얼마 후 이 지령문은 조 씨가 소각했다고 발표했습니다.)
② "불법화된 근민당 재건을 위하여 김성숙(金星淑)에게 4만 환을 주었다"고 발표했습니다.

(3) 서정학(徐廷學) 전 치안국장담 담(談) 상술(上述)한 내용을 말한 후 "진보당 일반 당원은 자숙자계(自肅自戒)하라"고 발표했습니다.

2. 당국 발표와 공소사실

진보당 검거 당시 조 씨가 간첩과 내통했다는 당국 발표 내용은 기후(其后) 어떻게 기소되고 어떻게 입증되었던가.

(1) 박정호 간첩사건은 조 씨 공소사실 (一)의 (1)로 기소되었으나 원심에서 박

정호는 조 씨와 상면(相面)이 없고 만난 사실이 전무하다고 진술했고 증(證) 10호의 1 접수부(接受簿)에는 89년(1956)년 5월 5일 박정호 내방(來訪) 기재(記載)가 있으나 조 씨는 당시 해공(海公) 선생 사망으로 인하여 신변(身邊) 위험으로 서상일 씨 댁에 은신하고 있을 때라 내객(來客)을 접견한 사실이 전연 없다고 진술했습니다.

당국이 조 씨가 박정호로부터 지령문을 받았다 소각했다고 발표한 것은 전연 공소사실에 없을 뿐 아니라 당시 국민의 물의를 피하려는 변명에 지나지 않았던 것입니다.

(2) 정우갑 간첩사건은 조 씨 공소사실 (三)으로 기소되었으나 기(旣)히 정우갑 피검(被檢) 당시 검찰에서는 조 씨와 윤길중 씨를 소환하여 신문한 바 있고 또 기(旣)히 정우갑은 보안법으로 기소되고 서울지법, 고법을 통하여 각각 보안법을 적용하여 처벌했다는 객관적 증거가 있으니 간첩이라 할 수 없고 또 1심에서 정우갑은 재일본 조련(朝聯)과 합세 운운(云云)은 말한 사실이 없다고 증언한 바 있습니다.

(3) 김동혁, 허봉희, 이태순 간첩사건의 괴집 지령 내용이 진보당 확대공작에 있다고 발표되었으나 그자들이 진보당 간부나 평당원 한 사람 상면한 사실이 없고 진보당 확대공작에 노력한 흔적이 없어 검사는 이에 대한 기소조차 없습니다.

(4) 불법화된 근민당 재건 공작은 조 씨 공소사실 (五)로 기소되어 있으나 소위 근민당 사건이 서울지방법원, 고등법원을 통하여 "불법화된 근민당 재건을 획책한 사실이 없다"는 이유로 무죄가 된 바 있습니다.

(5) 밀사 파견 당국 발표 이외에 조 씨 공소사실 (一)의 (2)에 "조 씨가 이북 김약수에게 밀사를 파견했다"고 기소되어 있으나 이것은 대남간첩 조복재(趙福在)란 자가 이북에서 밀봉교육을 받을 때에 지도원으로부터 들었다는 진술조서만을 증거로 제출했는데 그것이 전문(傳聞) 증거라 배척되는 것은 고사하고 여사(如

斯)한 말 한마디가 죄가 된다면 얼마든지 반대파의 미운 자를 역적으로 몰수 있을 것입니다.

이상 말씀한 바와 같이 진보당 검거 당시의 "조 씨가 간첩과 내통하여 괴집과 야합했다"는 당국의 허장성세는 지금에 와서 볼 때 그 전부가 증거 없는 것을 억지 춘향(春香)으로 결부시켜 국민들이 표면상 □□하겠금 발표한 데 불과했다는 것을 능히 짐작할 수 있습니다.

3. 진보당사건에 관련시키고자 한 사건

이 사건에 약간 참고가 될까 하여 본 변호인이 직접 경험한 바를 말씀 올리겠습니다.

진보당사건이 발생한 10여 일 후 시경 사찰과 분실의 모(某) 형사가 본인 사무소에 내방(來訪)하여 본인이 과거 담당한 사건의 기록을 빌려 간 사실이 있습니다. 그 사건 내용은 이융헌(李隆憲)이란 자가 진보당 창당추진위원인데 1·4후퇴 시에 지령을 받고 남한에 잠복 중인 김동식(金東植)을 이북에 교역차 보내면 많은 공작비를 얻을 수 있으니 보내자고 이융헌은 출자(出資)를, 이원승(李元承)이란 소령은 월북 루트 개척을 담당하고 김동식이란 자를 월북시키고자 했다는 것인데 김동식이란 자가 특무대에 밀고하여 특무대원의 유도하에 주고받고 이야기한 것이 군법회의에 회부되어 각각 형(刑)을 받고 현재 대구형무소에서 복역 중의 사건인데 이자들이 만약 조 씨나 여기 있는 피고인들과 한번이라도 상의를 했다면 필시 이것도 간첩과 내통 운운(云云)으로 기소되지 않았을까 생각되는 바입니다.

4. 양 피고 사건의 발생

이 자리에서 재판을 받는 진보당 간부가 모두 구속된 후 당국에서는 상술한 바와 같이 "간첩과 내통하여 괴집과 야합했다"는 뚜렷하고도 정확한 증거를 하나도 포착하지 못하고 있을 때 발생된 것이 양 피고 사건입니다. 3월 초순경 육군 특무부대는 양명산사건의 전모를 발표했고 그 후 군(軍)·경(警)·검(檢) 합동수사가 진행되었는데 당시 매일같이 "조 씨도 시인했다. 양자(養子)인 조규진을 구속했다. 장녀 조(曺)호정도 구속했다. 공작 미불(美弗)을 교환한 불(弗) 상인(商人)도 구속되었다"는 등등 일련의 긴박한 사태가 지상에 보도되었습니다.

국민들은 전에 박정호, 정우갑, 김동혁 등 간첩사건의 당국 발표를 보았을 때는 설마 조 씨가 그런데 관련되었을라구 하면서 일말의 의혹감으로 보던 것이 양 피고 사건이 발표된 후부터는 결정적으로 조 씨가 괴집과 내통했구나 하는 감(感)을 받았던 것이고 재판 이전에 기(旣)히 여론상으로 조 씨는 역적이란 감(感)을 주었던 것입니다.

돌이켜 진보당 간부 검거 당시, 조 씨가 괴집과 내통했다는 증거를 잡기에 급급했던 수사당국의 일련의 담화발표 내지 그 태도와 마지막에 등장되어 국민감정을 충동시켰던 양 피고 사건의 실태를 고찰할 때 그 어떤 관련성이 그 속에 내포되어 있지 않다고 누가 단정하겠습니까. 여사(如斯)한 수사당국의 일련의 사태를 상기하면 당(當) 공정(公廷)에서의 양 피고의 번복 진술의 신빙성이 자연 수긍될 것으로 믿습니다.

제3 첩자(諜者) 사용의 원칙, 수사의 맹점(盲點)과 양 피고의 법정 태도

1. 양 피고는 인천 첩보대 첩자

괴집의 간첩은 거개(擧皆)가 밀봉교육로 전문적인 교육을 받고 남파(南派)하는 것이나 본건 양 피고는 처음 3차는 미군 첩보기관의 선원으로 다음 4차는 육군 인천첩보대의 첩자로서 남북을 왕래한 것입니다.

양 피고가 2심에서 번복(飜覆) 진술한 후부터 검사는 별안간 양 피고를 우리 기관에서 첩자로 사용한 일이 없다 하고 특무대 고영섭 증인 역시 동 취지의 증언을 했는데 과연 그런가. 1심 때 조인구 검사는 김춘봉 변호사가 양 피고에 대하여 "이중첩자인 위인"이 운운(云云)의 보충신문을 했을 때 "앞으로 기관에서 첩자를 사용하는 데 지장이 있으니 발언을 취소하라"고 우기던 것과 또한 2심 고영섭 증인이 양 피고의 수사 단서가 HID 감시자로부터 입수된 조·양 피고 관계의 정보를 얻은 데 있다고 증언했을 뿐 아니라 양 피고의 직접 조종자인 엄숙진은 특무대나 검찰에서는 물론 1심 법정에서 "자기는 88(1955)년 7월 중순경부터 90(1957)년 11월까지 한국 첩보기관인 육군 HID에서 첩보 공작에 종사한 사실이 있고 [4716정(丁) 이면(裏面)] 당시 육군 HID 인천 책임자이든 김일환(金一煥) 대령에게 양 피고를 천거했더니 동인은 다시 동대(同隊) 대북공작 책임자인 서민(徐民)에게 말하라 해서 동인에게도 그 지(旨)를 말하였던바, 첩자로서 성과를 기대할 수 있다는 데서 해보자고 하여 89(1956)년 1월 하순경 서민이가 양 피고를 직접 심사한 다음 동인을 첩자로 하여 대북공작을 시작한 것입니다"(4720정)고 증언한 바 있으므로 양 피고는 어디까지나 인천 첩보대 첩자로서 대북공작차 남북을 왕래한 사실은 움직일 수 없는 것입니다.

2. 첩보기관의 첩자 사용 원칙

첩보기관에서 첩자를 어떻게 사용하고 있는가의 실정에 관하여서 양 피고는 특무대 이래 검찰 1심 법정신문 시까지 구체적인 진술이 없다가 변호인들의 보충 신문에서 마지못하여 그 일단을 진술한 바 있습니다. 당(當) 공정에서 김동혁 증인은 미 첩보부대 첩자로서 3차 남북을 왕래할 때의 실정에 관하여 "물품을 구입해 두면 하루 전에 기관 미인(美人)이 상경하여 실어가고 자기들은 익일 인천 월미도(月尾島) 소재 부대에 가서 그곳에서 주는 이북에서 입을 의복을 갈아입고 들어가며 이북에서 나올 때는 보음도(甫音島) 앞바다에 기관의 배가 3척 대기하고 있는데 그 배를 타면 의복을 갈아입는 것은 물론 신발이나 모자까지도 갈아쓰고 월미도에서 2~3일 동안 세밀한 심사를 받고 돌아온다"고 증언했습니다.

우리 국군의 첩보기관도 미군 정보 계통에서 전문적인 교육을 받은지라 첩자 사용의 원칙은 동일합니다. 여기에 엄숙진 증인이 특무대 검찰 1심 법정에서 증언한 첩보기관의 첩자 사용 원칙을 종합해서 그 내용을 검토하여보겠습니다.

(1) 첩자에는 감금·개방의 두 가지가 있습니다.

① 감금되는 첩자는 순연히 첩보사업에만 종사시키고 남한에서의 자유활동을 금지하고 있습니다.

② 개방되는 첩자는 소위 남북교역자인데 돈벌이를 시키는 대신 우리가 알고자 하는 임무를 주어서 정보를 수집하는 첩자입니다. 이 개방되는 첩자에 관해서는 남한 정보 4를 적(敵)에 제공하고 북한 정보 6을 수집하는 원칙하에, 즉 이중첩자란 것을 공연히 인정하면서 첩자로 사용하고 있는 것입니다. 이 점에 대하여 엄숙진은 1심에서 "입북하면 남한의 기밀을 제공하고 남하 시에는 대남첩보공작에 대한 지령을 받았을지 모르나 그러나 양 피고의 행동 일체에 대한 감시를 하고 또 부당한 것이 있으면 압수 또는 검거를 한다"고[4720정 이면(裏面)] 진술하고 또 "첩보기관에서는 첩자를 이중첩자라는 관념하에서 다루는 것이니까 더 큰 것을 얻기 위하여 적은 것은 알고도 눈 감아 주는 수도 있습니다"(4734정)고 증언하고 있습니다.

(2) 물품 구입은 첩자가 하고 양 피고는 대개 의약품, 시계, 기타 의류 등속(等屬)을 구입했습니다.

(3) 입북할 때 조종자인 엄숙진이 HID에 통지하면 HID는 짚차로 상경(上京)하여 물품과 첩자인 양(梁)과 조종자인 엄(嚴) 씨를 싣고서 인천 첩보부대에 가서 지정 숙소에 일박(一泊)케 합니다. 차시(此時)에 첩자의 소지품 또는 지북(持北) 물품은 공연 또는 비밀리에 조사를 받습니다. 또 여기서 마치 괴집의 대남공작대원이 남한에서 입을 수 있는 양복, 소위 기술복을 입고 나오듯이 HID 첩자도 북한에서 입을 의복을 갈아입습니다. 보안상 기밀서류와 물품 등을 못 가지고 가게 함과 동시에 북한에 가서의 위장을 위해서 그렇습니다.

(4) 월북할 때는 인천 HID 발동선으로 공작책 서민과 조종자인 엄숙진과 첩자인 양 피고 및 선원 약간 명이 인천에서 70리 상거(相距) 휴전 접경에 있는 납도(納島)에 가서 그곳에서 다시 목선(木船)에 양 피고와 선원 1명이 분□(分□)하여 물품을 싣고 야음(夜陰) 들물 조수(潮水)를 이용하여 연백군 돌개포에 가서 전지(電池)로 신호를 하고 상륙합니다.

(5) 돌개포 삼육공사에서는 양 피고와 선원을 각 분리 수용하고 도서간행물 등을 숙소에 비치하여 열람케 하고 또 그들은 문답식으로 남한 정보를 알고자도 하며 철저한 감시하에 전연 자유행동을 허용하지 않습니다. 첩자가 정보를 수집하는 것은 상사(商社) 직원과의 담화에서 혹은 숙소 비치(備置)의 도서간행물에서 얻는 것입니다.

(6) 삼육공사에서는 첩자가 지북(持北)한 물품에 대하여 수령물품록과 지남(持南)할 물품목록을 언제나 삼육공사 명의(名義)로 발행하며 이것은 첩자가 월남한 후 HID에 제출하는 것입니다. 첩자의 월남 일자는 입북(入北)할 때 미리 정해두고 풍랑(風浪), 조수(潮水), 월명(月明) 관계 등 사고가 있을 때는 그 며칠 후에 나간다고 약속을 하는 것이며 돌개포에서 첩자가 야음(夜陰) 썰물 조수(潮水)를 이용하여 납도(納島)에 돌아오면 인천 HID 서민과 엄숙진이 대기하고 있다가 양 피고를 싣고 인천으로 귀대(歸隊)하는 것입니다.

(7) 새벽에 인천에 도착하면 첩자를 지정 숙소에 수용하여 오전 중 재웁니다. 이때 소지품을 조사합니다. 오후에는 임무의 수행 내용, 체북(滯北) 시의 괴집 동태 등에 관한 귀환 보고서를 작성, 제출하고 문답식으로 괴뇌 세뇌공작에 대한 심사를 합니다. 그 후 남한에서 입고 갔던 의복을 다시 갈아입고 돌아옵니다.

(8) 첩자가 지남(持南)한 물품 처분은 원칙적으로 HID가 매각하나 첩자가 처분할 때는 HID에서 서울까지 실어다 주고 그 판매에도 감시를 합니다. 첩자가 남한에 개방된 후에도 HID는 철저한 감시를 하는 것입니다.

(9) 첩자가 조종자의 동의나 묵인 없이 모르게 물품을 가지고 왕래할 수는 없습니다. 그것은 내왕 시마다 반드시 지정 숙소에 일박(一泊)케 하고 다시 의복을 갈아입히고 은밀하게 또는 공연하게 소지품 조사를 하고 또 언제나 첩자의 행동을 감시하기 때문입니다.
이상 첩보기관의 첩자 사용 원칙은 김동혁, 엄숙진, 양 피고의 진술을 종합한 것입니다.

(10) 상술(上述)한 외에 첩자는 항상 상부(上部) 지령자의 지령만 듣고 행동하며 첩보사업의 횡적(橫的) 관계를 알면 아니 되고 첩자가 임무 수행에 있어 상부 지령자 모르게 적국(敵國)의 지령을 받고 그것을 실천할 때는 즉결처분을 하고 또 첩자가 귀환하여 사고를 내면 HID는 항상 첩자의 신분을 보장하는 원칙이 있습니다.

엄숙진은 1심에서 검사 신문에 대하여(4736정 이하) "첩자의 신체 또는 물품 등의 조사를 어떻게 하는가 뚜렷하게 보았느냐"의 문(問)에 대하여 "감시를 해야 한다는 원칙은 제가 알고 제가 그것을 해왔다고 생각합니다" 하고, 다시 검사의 "감시를 철저히 해왔다고 보는가"라는 문(問)에 대하여 "본인 말고도 본건에 대하여 감시를 했던 것입니다. 이번 사건이 일어난 것을 신문(新聞)에서 듣고 인천 HID 공작과장을 만났더니 여지껏 감시를 해왔다고 그도 말하였습니다" 하고, 다시 검사가 "2만 7천 불은 가지고 온 것을 몰랐지 않느냐. HID에서 감시를 했으면 왜 모르느냐"의 문(問)에 대하여 "혹 알고도 두고두고 살펴보는 모양인데 모르겠다"고 증언했습니다.

결론적으로 말씀드리면 첩보기관의 첩자 사용 원칙상 첩자는 조종자 모르게 물품을 가지고 남북을 왕래할 수 없다는 것을 추찰(推察)할 수 있습니다.

여사(如斯)한 것이 원칙이라면 그 예외가 되는 미불(美弗) 지남(持南) 사실, 진보당 문건 지북(持北) 사실 등 양 피고의 행동은 과연 HID 묵인하에 이루어졌든가 하는 입증책임은 검사에게 있는 것인바, 검사는 이 점에 대하여 하등 입증한바가 없습니다.

3. 양 피고의 첩자 사용 원칙에 대한 허위 진술

상술한 원칙에 대하여 양 피고는 1심에서 허다한 허위 진술을 했습니다.

(1) 괴집 삼육공사 발행의 수령 물품목록과 물품목록은 받을 때도 있고 아니 받을 때도 있어 약 3차가량 받았다 진술했으나 엄숙진은 언제나 꼭 받아온다고 증언했습니다.

(2) 11차 월남 시 2만 7천 불을 가지고 넘어올 때 몰래 옆구리에 넣어서 왔다, 또 10차, 11차, 12차 월북할 때 진보당 문건, 책자,『중앙정치』등도 옆구리에 넣어서 가지고 갔다, 6차, 8차, 9차 월남 시 조 씨에게 5백만 환씩 선대(先貸) 형식으로 자금줄 때는 HID 모르게 사향을 가지고 와서 1kg 150만 환에 팔아서 주었다고 진술하는 한편, 항상 가지고 다니는 보스톤 백은 한 번도 조사당한 일이 없다고 진술하였습니다.

변호인의 보충신문에서 드러난 것은 ① 2만 7천 불이 일불(日弗),[111] 50불, 20불, 10불 등 종류이고 그 부피는 환화(圜貨) 백환권(百圜券) 4만 환 묶음 정도라고 말하였는데 이것을 여름철인 6월 초순경 옆구리에 넣어서 발견 안 될 수 없습니다. ② 또 진보당 문건, 책자,『중앙정치』도 옆구리에 숨겨서 다녔다고 했는데 부스럭 소리가 나도 못 가지고 다닙니다. ③ 또 사향이란 노루 배꼽을 말린 분말인데 5백만 환 분이면 3kg이니 소맥분(小麥粉) 한 포대의 약 ⅗분량을 HID 모르게 반출할 수는 없는 것입니다.

하물며 남한에서도 감시받고 HID 지정 숙소에서 내왕 시 공연 또는 은밀리(隱密裡)에 소지품 조사를 받고 또 심지어 내왕 시 HID에서 의복까지 바꾸어 입는대서야 어찌 HID 모르게 부피가 큰 2만 7천 불, 진보당 문건, 책자,『중앙정치』, 사향 3kg 정도의 물건을 HID 눈을 속여 가지고 내왕할 수 있단 말인가. 이것은 어디까지나 허위 진술입니다. 만약 여사(如斯)한 물품을 가지고 내왕할 수 있다면 조종자인 엄숙진의 묵인하에 엄(嚴)이 상부(上部) 모르게 갖다 주거나 하면 가능할지 모르지만 도저히 상상할 수 없습니다.

남북교역 첩자가 여사(如斯)한 물건을 비밀히 가지고 내왕할 수 있다면 국가 군사기밀의 모든 것을 가지고 월북할 수 있고 또 괴집이 애써서 밀봉교육을 해서 간첩을 남파(南派)할 필요 없이 합법적으로 내왕하는 남북교역 첩자로서 능히 소기의 목적을 달할 것입니다. 과연 그렇다면 여사(如斯)한 첩자를 쓰는 첩보부대는 적(敵)에게 우리 기밀을 팔고 조장하는 원흉이 아닐 것인가. 그 존재의의가 어디 있습니까. 양 피고가 HID 모르게 물품을 가지고 내왕했다는 것은 상상할 수

---

111) '백불(百弗)'의 오기로 보인다.

없으며 우리 첩보부대가 제일 큰 신조인 보안을 무시해가며 남북교역 첩자를 사용할리 만무한 것입니다.

4. 수사상의 맹점

양이섭사건에 대한 특무대의 전(全) 조서를 일독할 때 의문점과 모순을 많이 내포하고 있으므로 2심에서의 고영섭 씨 증언을 종합하여 검토해 보겠습니다.

(1) 수사의 단서는 기록 79정 이면(裏面) 4. 참고사항 (2)에 "본건은 HID에서 대북첩보공작에서 입수된 정보이며 운운(云云)" 하였고 고영섭 증인 역시 90년(1957년) 10월경에 HID에서 양 피고와 같이 월북하던 선원으로부터 양(梁)이 이북에서 괴집 간부와의 접촉 관계 조종인물의 정보를 얻고 또 서울에서 양(梁)을 감시하던 자로부터 양 피고와 조 씨 간의 접촉에 관한 상세한 정보를 얻었으며 또 양(梁)이 입북시킨 정시마(鄭時磨)의 보고를 받았다고 증언했습니다.

그러나 고영섭 증인이 양(梁)과 같이 내왕(來往)한 선원으로부터 양(梁)을 이북에서 조종한 인물과 그의 접촉 관계에 관한 상세한 보고를 받았다 하지만 상술(上述)한 바와 같이 첩자가 돌개포 삼육공사에 도착하면 선원과 각각 분리수용하고 자유행동을 하지 못하는 관계상 아무것도 모르는 것이 원칙이고 또 기록 163정 내지 166정의 HID 보고서와 같이 황(黃) 모, 강(姜) 모 등 인상(人相), 연령 정도만 알 따름이지 극히 조잡한 사실 밖에 모르는 것이 사리일 진데 어찌 박일영, 김난주 등 인물이 양 피고를 조종하고 조(曺) 씨에게 지령을 주는 등 접촉 관계에 관한 자세한 보고가 있을 수 있는가, 이것은 위증(僞證)입니다.

또 고(高) 씨는 서울에서 양 피고를 감시하는 자로부터 양 피고와 조 씨의 접촉 관계에 대한 자세한 정보를 받았다고 증언했는데 연 3년간 조 씨와 자주 만나서 음식점에도 가고 소풍을 가는 정도는 알겠지만 두 사람 간의 대화 내지 금전수수 관계를 알 리 없으며 소위 괴집의 지령 운운(云云)의 담화가 있었다면 양·조 두 피고만이 알 것인데 어찌하여 자세한 보고가 나올 수 있습니까. 다만 감시자로부터 어느 날, 몇 시, 어디서 조 씨를 만나 어느 방향으로 차를 타고 갔다는 정도의 보고는 있었을 것입니다만 자세한 보고란 있을 수 없으니 이것도 위증입니다.

(2) 혐의 받은 이유는 첫째 정시마 관계입니다. 정시마는 양 피고가 김동혁과 같이 미 첩보기관선을 타고 남북교역할 때 양 피고가 당시 정시마 집에 하숙한 사실이 있고 또 이북에서 가지고 온 물품, 특히 마약 등속(等屬)은 정(鄭)이 팔아 준 사실이 있고 양명산 명의의 서울시민증을 성북서(城北署)에서 내준 사실이 있는 자인데 양 피고가 남북교역하여 상당한 자미(滋味)를 보는 것을 알고 90(1957)년 10월경 같이하자고 간청하여 12차 월북 시 돌개포 삼육공사 한광에게 내가 신세 진 자인데 올 수 있는냐고 물었던바, 재정적 신용이 있으면 가(可)하다는 승낙을 받고 월남했는데 동년 10월 말경 남대문로에서 정(鄭)의 내외(內外)를 만났던바, 미 첩보선을 타고 가게 되었다 하며 한광에게 이야기했다는 말을 전한바 있고 동 인이 월북한 사실이 있다는 점을 1377정 내지 1388정에서 진술한 바 있습니다.

정시마가 물자와 잡지 등속(等屬)을 가지고 월북하다가 우리 HID에 체포되어 누가 보내더냐, 양 피고가 보내더라 해서 HID는 양 피고를 의심하게 되고 또한 서울 양(梁) 감시자의 양(梁)·조(曺)의 접촉, 내왕하는 보고와 또 양(梁)이 항상 정식 거래 이외에 시계, 사향 등을 약간씩 엄숙진 묵인하에 가지고 내왕하는 것 을 종합해서 혹시 무엇이 있지 않느냐 하고 엄중 감시하다가 진보당사건이 돌발 하자 양(梁)이 의심스럽다고 해서 특무대에 정보를 제공한 것으로 추측됩니다.

(3) 양(梁) 수사 개시는 1월 11일

기록상으로 보면(79정) 공교롭게도 서울, 강릉 특무대에 양두우(梁杜宇) 소재를 조회하고 수사를 개시한 일자가 진보당 간부가 검거되던 날입니다. 고영섭 증인 은 작년 10월에 양 피고의 정보를 얻었다고 증언했지만 그간 방치해 두다가 1월 11일에야 수사를 개시한 것은 우연의 일치라고는 너무도 기교적입니다.

(4) 양(梁)의 특무대 출두 경위

양 피고는 검찰(3074정-3075정)과 1심에서 "동대문서에서 자기를 찾는다 해서 불응했더니 그 후 알고 보니 특무대였고 장성팔이 내방(來訪)하여 자기가 꼭 데 리고 가겠다고 특무대에 확약했으니 불응하면 자기 입장이 곤란하다 해서 본인 은 모든 것을 깨끗이 고백하려고 장(張)과 같이 특무대에 자수하였다. 특무대에 서는 처음 김동혁과 같이 미 첩보기관선으로 3차 월북한 것을 묻고 해방 후 인천서 조(曺)씨 만났던 사실을 묻고 조(曺)에 대한 정보를 묻기에 2일간 고민하다가 모두 자백했다"고 진술했습니다.

그러나 장성팔 증인은 1심에서 "양(梁)을 특무대에서 찾는다 해서 아는 대원을 찾아갔더니 데리고 오라, 다른 사건의 증인으로 묻겠다 해서 돌아와 양 피고에게 그 취지를 전하고 무슨 일이 있느냐 만약 무슨 일이 있으면 나가지 말고 피신하라 했더니 양 피고는 그 전의 마약사건인 게지 아무 꺼리낄 것 없다. HID에 알아보고 출두하겠다 하면서 HID에 알아본 후 특무대에 자진출두했다"고 증언했습니다.

즉, 양 피고는 4288년도(1955년도) 김동혁과 같이 다닐 때의 마약 사건 이외에 타(他) 범죄가 없다고 친우(親友) 장성팔이 피신하라는 권고도 듣지 않고 상부기관인 HID에 엄숙진을 통하여 알아본 후 특무대에 가도 좋다는 동의를 얻고 자진 장(張)과 같이 특무대에 출두했던 것입니다.

특무대에서 작성한 양 피고의 조서와 검찰 조서와 1심에서 진술할 때에는 일관해서 자진자수하고 자진고백한 양(樣)으로 양(梁)이 진술하고 있습니다. 그때는 검사나 수사기관에서 하등 말이 없다가 이번 양 피고의 번복진술을 일자 고영섭 증인은 양(梁)은 유도검거했다, 2~3일 후 증거를 드러내니 할 수 없이 자백했다고 증언하였습니다.

(5) 검거 보고서(기록 85 내지 86정) 90(1957)년 2월 8일자 고영섭 증인 필적(筆跡)의 양 피고 검거 보고서 (3) 조사 내용을 보면 "① 88(1955)년 4월 김동혁을 통하여 삼육공사 김난주의 초청으로 사진을 찍어 보내고 ② 88(1955)년 5월부터 10월까지 간, 미(美) 첩보기관을 통하여 3회 월북하고 김난주, 한광 등에게 남한 정보를 제공하고 모르히네 3kg(2백만 환)을 밀수입하고 ③ 89(1956)년 3월부터 90(1957)년 3월까지 전후 4차 인천 HID 공작용 발동선으로 단독 월북하여 남한 정보를 제공하고 마약 3kg(7백만 환)을 밀수입하고 ④ 90(1957)년 11월 정시마를 자기 대신 입북(入北)시켰다"고 기재되어 있습니다.

이것은 앞서 수사의 단서를 말씀 올렸습니다마는 정시마가 90(1957)년 11월 HID에 체포되어 정시마도 아는 김동혁과의 3차 남북교역 및 교역하게 된 경위, 마약 밀수입 관계는 상세하나 인천 HID 공작선으로 남북교역한 횟수를 4회라고 썼다가 추후 9차로 정정(訂正)한 흔적이 있고 또 내왕한 기간이 본건 공소장 기재(記載) 기간과 현격한 차이가 있었다는 것을 발견할 수 있습니다.

고영섭 증인은 앞서 말한 바와 같이 HID에서 양 피고와 같이 돌개포에 내왕한 선원과 서울 감시자로부터 양 피고에 대한 괴집 조종인물 및 접촉 관계와 남한에서의 조 씨와의 접촉 관계에 관하여 자세한 보고가 있어 이것을 수사의 단서로 했다고 증언했으나 2월 8일자 검거 후 조사한 결과를 보고한 그 내용에는 조 피고 관계가 전연 없습니다. 또 HID 공작선으로 내왕한 기간과 횟수가 전연 틀리는 것을 간취(看取)할 수 있는데 고영섭 증인이 증언하다시피 상세한 정보를 입수 후에 조사했다면 여사(如斯)한 보고서가 나올 리 만무일 것입니다. 따라서 HID로부터 북한 및 남한에서의 상세한 행동 경위의 정보를 얻고 수사를 시작했다는 점은 위증입니다.

(6) 조(曺) 관계를 진술한 경위 양 피고의 검찰 진술에 "해방 즉후 인천서 조 씨를 만난 일을 물으면 조(曺)에 대한 정보를 묻더라(3075정)"는 진술로 보면 특무대에서는 양(梁)이 해방 즉후 인천에서 조 씨를 만난 사실을 사전에 알았고 또 HID에서 양(梁)에 대한 서울 감시자로부터 양(梁)이 조 씨를 자주 만난다는 정보는 알았을 것입니다.

그러면 공소장에 기재된 바와 같은 조 씨 관계가 어떻게 나왔는가 이 점에 대하여 고영섭 증인은 "2월 8일 검거 후 안심시키기 위하여 이북 내왕 관계와 마약 관계를 2~3일 동안 부하 조사원에게 조사시킨 다음 고 씨가 양(梁)에 대하여 조 씨를 아느냐고 물으니 신문에 난 것을 본 정도고 모른다고 부인함으로 정보 기록과 도표를 보이며 누구한테 돈을 얼마 써서 양명산이란 시민증을 낸 것까지 안다. 조(曺)에 돈 대어준 것도 안다고 설명하였더니 그날 저녁 양 피고는 같이 자던 부하직원에게 조 씨 관계 이야기를 했다. 익조(翌朝) 상관(上官)과 확인한 후 신병(身柄)을 여관으로 옮겨서 방안지에다가 약 10일 동안 면밀하게 기입하여 도표를 만든 후 일사천리로 조서를 작성하게 되었다"고 증언했습니다.

그러나 양 피고가 ① 특무대에 출두할 때 장성팔이가 무슨 일이 있다면 피신하라고 했을 때 그 전에 마약 관계뿐이지 아무 꺼리낌이 없다고 하며 HID의 동의를 얻고 출두한 자가 ② 또 2월 8일 피검(被檢)된 후 조사 받을 때 HID 공작선으로 89(1956)년 3월부터 90(1957)년 3월까지 4회 내왕했다고 진술한 자가 ③ 또 HID의 양(梁) 감시자라 할지라도 언제 어디서 조(曺)와 만나 차를 타고 혹은 음식점에 혹은 소풍 가더라는 정도의 접촉 관계만 알 뿐이고 금전수수 관계나 담화 내용은 알지 못할 것이거늘 어찌하여 말했나 ④ 또 정시마 관계나 양명산 명의(名義) 시민증 낸 것은 조(曺)와 하등의 관계가 없는데 양(梁)·조(曺) 단 두 사람만이 알 수 있는 관계를 또 그 내용이 첩자로서 상식상 알고 있는 어마어마한 화약을 지고 불에 들어가는 격(格)의 간첩 내용을 어떤 동기로 불게 되었나 하는데 상도(想到)할 때 고영섭 증인의 진술만 가지고는 전연 믿기 어렵습니다. 변호인은 고영섭 증인에게 "양 피고가 조 씨 관계를 진술하게 된 동기의 그 상세한 정보 기록과 도표를 보관하고 있느냐 재판장에게만이라도 제시할 수 없느냐"고 반문했을 때 고(高) 증인은 자기가 소지하고 있는 봉통(封筒)을 가리키면서 "지금 여기 가지고 왔으나 기밀상 보일 수 없소"라는 답을 하였습니다.

과연 고(高) 증인이 봉통(封筒) 속에 가지고 왔다면 왜 보이지 못하는가. 기밀이라 하지만 여사(如斯)한 기밀서류를 증인은 왜 법정에 지참하였는가. 또 그 내용은 양 피고가 이북에서 삼육공사 직원과의 접촉 관계 및 남(南)에서 조 씨와의 접촉 관계를 보고한 기록에 불과한 것이며 그것은 이미 법정에 전부가 노출되었는데 그 어느 점이 기밀이란 말인가. 이것은 사리상 납득할 수 없는 위증입니다. 이 점에 대하여 검찰관은 신빙력을 확보하기 위하여 왜 제출을 명(命)하지 못하였던가 의심스럽기 한이 없습니다. 변호인 측이 증언의 신빙력을 분쇄하기 위하여 취기(取寄) 신청을 하지 않는 이유는 만약 특무대에 단 3, 4시간만 여유를 준다면 그와 같은 정보기록과 도표 등을 얼마든지 작성할 수 있기 때문에 신청하지 않았던 것입니다.

(7) 양(梁)의 진술서와 피의자 신문조서

고영섭 증인은 "2월 8일 검거 후 2~3일 있다가 양(梁)이 조(曺) 관계를 진술하게 되어 방안지에 도표로 구체적인 것을 약 10일간 기입하여 그 후에 조서를 일사천리로 작성했다"고 증언했습니다. 그 시일이 경과했다면 2월 20일 이후에 양(梁)에 대한 조서가 작성되었을 것인데 양 피고의 진술서는 2월 11일자로 피의자 신문조서는 2월 11일 후 매일같이 고(高) 증인 입회하에 작성된 것으로 기록상

남아있습니다. 이 점에 관해서 고 증인은 "방안지에 진술한 날짜를 기준으로 추후 작성했으나 양 피고가 한 장 한 장 다 읽었다"고 증언했습니다.

2월 11일자 30매에 달하는 양(梁)의 진술서를 보면 한 자도 정정·가필할 것 없이 청서(淸書)가 되어 있는데 그 날짜에 작성할 수는 도저히 없습니다. 또 왜 2월 20일 이후 피의자 신문조서가 작성되었는데 일자를 소급해서 기재할 필요가 어디에 있습니까. 이것은 방안지에다 작성한 도표를 보고 추후 특무대에서 조서를 일방적으로 작성해두고 양 피고의 무인(拇印)을 받은 것이 아닌가 하는 의심까지 나는 것입니다.

또 기이한 것은 취조결과 중간보고(90-129정)의 기재 내용을 보면 본건 공소내용의 전(全) 사실이 기재되어 있는데 일자를 3월 11일자로 했다가 2월 11일자로 정정하고 있습니다.

2월 8일 양(梁) 검거 2~3일 후부터 약 10일간 조 씨 관계를 청취하면서 방안지에 도표로 그려 넣은 후에 조서가 작성되었으니 적어도 2월 20일 이후라야 전(全) 내용이 판명될 것인데 어찌하여 3월을 2월로 정정해 가며 일자를 소급시킬 이유가 내변(奈邊)에 있습니까.

상술한 제(諸) 모순을 합리적으로 어떻게 설명할 수 있는지 매우 의아스럽습니다.

(8) 불법감금과 회유

기록상 명백한 바와 같이 특무대는 양 피고를 검거한 2월 8일부터 3월 8일자로 법관의 구속영장이 발부될 때까지 1개월간 불법감금을 했습니다.

또 3월 8일자 구속영장에는 제10헌병 중대 영창(營倉)에 구치했다고 기재되어 있는데 양 피고가 송청(送廳)될 때까지 영창에 들어가 본 사실이 없고 2월 8일 이후 2~3일간은 특무대 사무실에서, 그 후는 태평양여관에 있다가 3월 17일 송청(送廳)될 때 형무소에 갔다는 사실에 대해서는 양 피고의 진술이나 고영섭 증인의 증언으로 명백하여 졌습니다.

고영섭 증인은 이 점에 관해서 "유치장에 넣을 것 없이 여관에 있게 해달라고 하는 양 피고의 요청과 형무소 감방 같은 데는 얼마든지 증거인멸을 할 수 있기 때문에 정예(精銳) 부하로 하여금 철저한 감시를 부치고 여관에 두었으며 가족

면회도 시키고 자유 분위기를 보장했고 인권을 옹호했다"고 변명하지만 피의자가 여관에 있고 싶다고 해서 또는 가족도 면회시켰다고 해서 불법감금이 합리화되는 것은 절대 아니고 영장이 나왔는데도 피의자의 희망만 있으면 여관에 들 수 있는 자유가 있다면 지금도 형무소에 넣지 말고 여관에 두고서 재판 받게 할 수 있을 것이 아닌가.

여사(如斯)한 사실은 양 피고를 회유와 유도로서 조 씨 관계를 구성시켰다는 생생한 증명이 될 것입니다.

(9) 조(曺)·양(梁) 피고 간 대질 무(無)

대체로 공범관계에 있어 상호진술이 상치될 때는 각 공범자를 서로 대질시켜서 어느 것이 진실인가 밝히는 것이 수사의 원칙입니다. 그런데도 조 씨가 특무대 또는 검찰에서 대질을 요구하였는데 불구하고 응(應)하지 않고 각각 일방적 진술만은 조서에 올리고 그 중 대한민국에서 장관도 지내고 국회부의장도 지내고 공인된 정당 당수(黨首)인 조 씨의 말은 전적으로 불신하고 양 피고의 진술이 진실이라고 단정하여 기소까지 되었습니다마는 이 점 역(亦) 조(曺)·양(梁) 관계를 회유와 유도로서 구성시켰으나 혹 양 피고가 허위 진술한 것이 번복되지 않을까 두려워서 통상 수사의 원칙을 떠나 대질을 시키지 않았다는 것이 웅변(雄辯)히 증명되고도 남음이 있습니다.

(10) 양(梁)의 유서

양 피고가 3월 16일 목을 매어서 오전 10시경부터 오후 6시경까지 실신 상태에 있다가 깨어났습니다. 1심 언도 시까지도 양 피고의 목에는 청자색의 목맨 흔적이 뚜렷했습니다. 양 피고의 자살 기도를 고영섭 증인은 "자기 처분(處分)이 어찌 될까 극정(極情)한 끝에 자살 기도한 것이다"라고 간단히 증언했습니다마는 여사(如斯)한 양 피고의 자살 기도는 기록상 나타나지 않고 1심 마지막 15회 공판 때 변호인의 신문에서 자살 기도와 유서 내용이 비로소 법정에 등장하게 된 것입니다.

유서 내용에는 "조(曺) 건(件)은 제가 부재(不在)하여도 처리될 단계가 되었으니 나는 갑니다"의 구절이 있는데 양 피고가 조 씨와는 그 옛날 상해 시대와 신의

주형무소 복형(服刑) 시대, 독립운동할 때의 지기요, 그간 조 씨에게 경제적 도움을 많이 주었고 조 씨 피검(被檢) 약 1주일 후 조규진을 불러서 조 씨 변호료 30만 환까지 보조해주어 조 씨를 극심히 생각하던 자입니다마는 단 두 사람만이 아는 사실관계를 어찌하여 특무대에 출두한 2~3일 만에 조 씨는 괴뢰 지령과 자금을 받아 정치 운동을 하고 자기가 모두 전달했다고 자진자백하고 또 마지막에는 조 씨를 처리할 단계이니 자살한다는 심리(心理)가 되었을까, 또 양 피고는 1심에서 "HID로부터 의심받은 일 없다. 조 씨 피검(被檢) 후에도 HID 공작선 타고 월북할 수 있었으나 남한이 그리워 월북하지 않았다"고 진술한 바 있는데 남한이 그리워 남한에서 살고자하던 양 피고가 특무대에 가서 자살을 기도했다면 그에 수반하는 적절한 동기나 이유가 있어야 할 것입니다. 이것은 양 피고가 자신의 처형을 두려워 고민한 끝에 자살을 기도했다고 간단히 볼 문제가 아닙니다.

(11) 귀환 보고서, 물품목록의 미제출

특무대에 엄숙진은 "양 피고가 남북교역 차 갔다 오면 HID에 반드시 귀환 보고서를 작성, 제출한다"는 지(旨)를 증언하고 있는데 양 피고의 행동 경위를 세세히 기재되어 있을 귀환 보고서를 증거로 제출하지 아니했고 역시 특무대에서 엄숙진은 "내왕할 때마다 반입 물품목록을 항상 가지고 와서 HID에 제출한다"고 증언했는데 공소장 기재와 여(如)히 6·8·9차에 소위 선대(先貸) 형식으로 물자를 많이 도입하여 5백만 환씩 조 씨에 자금을 전달했다면 삼육공사 발행 물품목록에 평상시보다 값진 물품이 배(倍) 이상 반입되었다고 기재되어 있어야 할 것이며 이 점은 소위 2만 7천 불을 지남(持南)했다는 것과 같은 가치를 가진 중요한 증거인데 제출하지 않고 있습니다.

특무대는 육군부대 간의 협조로 첩보부대에서 얼마든지 서류를 취기(取寄)할 수 있는 권능(權能)을 가지고 있습니다. 특무대의 증거조사를 보면 남산동 음식점의 장부까지 압수했고 멀리 광주(廣州) 김준식 경위 또는 시민증을 내준 주□신(周□新)까지 증인 조사를 했는데 죄 성립에 관한 여사(如斯)한 증거는 고의적으로 법정에 제출하지 않은 것으로 봅니다.

아마 이것이 양 피고에게 결정적으로 유리해서 제출하지 않았을 것입니다. 해서 변호인 측이 귀환 보고서, 반입 물품목록의 취기(取寄) 신청까지 했던 것입니다.

(12) 첩보기관의 불처벌

만약 HID의 첩자가 또 첩자가 아닐지라도 HID 공작선에 HID 대북 공작책 서민이가 인도하여 남북을 내왕하다가 본건과 같은 중대 사건을 야기시켰다면 양 피고를 첩자로 쓰게 된 인천 HID 대장 김일환 대령과 직접 양 피고를 심사하고 매번 같이 양 피고를 남북 왕래를 인도한 동대(同隊) 대북 공작책 서민이와 조종자인 엄숙진은 적어도 군 불신임초래죄로서 처단되어야 할 것이며 참모총장 나아가서 국방장관까지 정치적 책임이 추궁되어야 할 것입니다.

그러나 김일환 대령, 서민의 처벌은 고사하고 특무대는 엄숙진의 증인신문만을 했을 뿐 이 자들을 증인신문조차 한 흔적이 전무하며 심지어 1심에서 서민은 증인 소환에 불응했고 인천 HID는 재판소의 서류 제출 명령을 묵살해버렸습니다. 여사(如斯)한 모순이 또 어디에 있겠습니까.

5. 양 피고의 법정 태도

현행 〈형사소송법〉은 심판관이 직접 피고인 또는 증인의 안색, 거동, 발언 태도 등으로 그 신빙성을 판단하는 직접주의를 채용하고 전문(傳聞) 증거 배척의 원칙을 규정했습니다. 따라서 법정에서 심판관이 5관(官)의 작용으로서 간취(看取)하는 피고인 또는 증인의 태도야말로 진술의 진부(眞否)를 판단하는 중요한 자료가 될 줄 믿습니다.

(1) 1심 때의 양 피고

5월 15일 처음으로 법정에 나타난 양 피고의 진술 태도를 평하여 당시 신문에는 「힘없이 전(全) 기소 내용을 시인」이란 제목하에 공술(供述) 내용이 보도된 것을 기억하실 줄 믿습니다. 1심에서의 양 피고의 태도는 극히 힘이 없고 심판부를 정시(正視) 못 하고 피고인석에서는 항상 머리를 숙여 자기 이야기만 나오면 힐긋 보다가 눈이 마주치면 얼른 외면하고 보충신문으로 허위성을 추궁하면 얼굴을 붉히며 그야말로 몸 둘 곳을 못 찾는 태도였으며 안색이 매우 초췌하여 일편(一便) 가련한 감(感)을 금치 못했던 것입니다.

(2) 2심 때의 양 피고

그러나 2심에서는 양 피고의 안색이 매우 윤택해지고 얼굴을 바로 들어 심판부를 정시(正視)하고 항상 웃음으로 주위를 대하는 태도이고 힘차게 특무대 이래의 진술의 허위성을 밝히고 더욱 조사관이었든 고영섭 증인에게는 매우 흥분하여 따지고 덤비는 용기까지 발휘했던 것입니다. 양 피고가 1심에서는 재판장의 공소사실 낭독에 힘없이 "네네" 대답했고 조 피고와의 진술의 상위(相違)되는 부분에 대하여 약간의 변명을 꾀한 바 있으나 그때의 진술이 사실이었다면 양 피고는 조 피고에 대하여 하나하나 그때 이러하지 않았느냐고 반문했어야 될 것인데 그러한 태도는 전혀 보지 못하였던 것입니다.

이것을 비유하면 양 피고는 1심 때 겁을 먹은 토끼와 같았다가 2심 때는 호랑이와 같은 용기를 회복했습니다. 이 태도의 돌변은 무엇이냐. 그것은 진실 앞에 두려움이 없다는 심정입니다. 양 피고를 형무소에서 접견했을 때 "1심 때는 얼굴을 들지 못했습니다. 내가 2심에서 진실을 밝혀서 나 자신에게는 매우 불리할 줄 알고 검사나 판사의 동정을 못 얻으리라고 생각합니다마는 이제는 머리를 들고 사람을 대할 수 있으니 매우 기쁩니다"고 술회하는 태도야말로 사건을 초월해서 성실하고 참다운 인간성을 찾았구나 하는 감(感)을 금치 못했습니다.

이상은 본건에 관련하여 첩자 사용의 원칙과 수사상의 제(諸) 모순과 양 피고의 1·2심 법정 태도 등을 말씀 올리고 양 피고가 수사기관에서 1심에 이르기까지 공소사실 전(全) 내용의 시인 진술을 한 바 있으나 모두 신빙할 수 없다는 자료로서 설명드린 바입니다.

제4 양 피고의 번복 진술과 공소사실의 검토

1. 양 피고의 번복 진술

본 변호인이 2심 공판기일 수일 전, 형무소에 가서 양 피고를 접견했을 때 양 피고가 180도 번복 진술하는 진술을 연 3일간 청취한 내용과 양 피고가 당(當) 공정에서 진술한 내용이 같더란 말씀은 변론 모두에 언급한 바 있습니다.

검찰관은 양 피고의 번복 진술한 증명력을 다루기 위하여 유사 이래 볼 수 없는 변호인과 피고인 간의 접견대장까지 제출한 바 있습니다마는 그것이 증거능력이 없음은 고사하고 그 어느 구절에 진실을 왜곡하여 번복진술을 하라고 교사한 사실이 있습니까. 변호인들은 1심에 관여했을 때 첩자 사용의 원칙과 본건 수사상의 모순과 공소사실 개개에 대한 양 피고의 허위 진술을 보통신문으로서 추궁하여 전혀 신빙성이 없다고 단정하였던 것입니다.

그래서 양 피고를 처음 만났을 때 본(本) 변호인은 "왜 사리에 어긋나는 허위진술을 하느냐, 요(要)는 진실보다 두려운 것이 없다. 허위 진술을 하면 반드시 허언이 드러난다"고 충고했더니 양 피고는 "부끄럽게 되었습니다. 이미 결심한 바가 있습니다"고 말했을 때 "아직 말하지 마라"고 바꿨었으며 내종(乃終) 윤(尹) 변호사와 같이 올 터이니 그때 말하라고 했던 것입니다.

변호인들은 사건의 성질상 형무소에서 양 피고와의 접견 담화 내용이 녹음 또는 접견대장에 기재되어 당일로 검찰에 보고되는 것을 압니다. 그래서 양 피고와의 접견 시에는 각별한 조심을 했던 것입니다. 심지어 양 피고의 모든 진술을 들은 후에도 임의성 없는 고문, 협박, 기망에 의한 자백이 증거능력이 없다는 법률효과까지도 언급해 본 일이 있습니다.

그 반면 양 피고가 부끄럽다, 이미 결심한 바 있다 하면서 번복진술을 할 징조를 보일 때 겁이 덜컥 났던 것입니다. 왜냐하면 변호인과 양 피고의 번복 진술 내용이 검찰 또는 외부에 누설되었을 때에 사건의 성질상 양 피고의 신변이 매우 위험하다고까지 신경을 써서 형무소 당국에 감방과 법정 내왕 시 각별한 경계를 요청한 바 있었고 또 양 피고의 만약의 경우를 예측하여 녹음을 해달라고까지 요청을 한 바도 있었으나 지금까지 여사(如斯)한 사고가 나지 않은 것을 다행으로 생각하는 바입니다.

이제부터 양 피고가 당(當) 공정에서 진술한 내용과 또 형무소에서 변호인들이 청취한 사실 중에서 본건에 관계있는 부분을 종합해서 양 피고가 왜 1심까지 허위자백을 하게 되었느냐의 점에 대하여 말씀을 올리겠습니다.

(1) 특무대에서의 허위자백

① 양 피고는 장성팔과 같이 2월 8일 특무대에 출두하였더니 정시마 월북 관계와 미 첩보기관으로 3회 왕복한 사실, 마약 판매 사실 및 HID 왕복 사실의 간략한 신문이 있었습니다.

② 그 후 2~3일간 양 피고의 경력, 남북교역하게 된 경위, 마약 관계, 내왕 횟수, 교역 물자 관계, 교역 중 이북에서 접촉한 인물, 과거 경력상 이북에서 아는 사람 교역 중 보고 들은 이야기 등을 세세히 신문 받았습니다.

③ 다음 양 피고의 과거 경력에서 조 씨와 간에 상해 또는 신의주에서의 상면 관계, 해방 즉후 인천에서의 상봉 사실, 남북교역 중 상봉 관계 등을 신문 받고 대충 진술했습니다.

④ 기후(其後) 고영섭 조사관은 양 피고의 혈압 높은 것을 근심하여 자기도 혈압이 높은데 주사를 맞자 하여 특무대 의무실에 가서 고 문관과 같이 주사 두 대를 맞았더니 정신이 몽롱하여졌는데 꿈속에서와 같이 조 씨에 돈 대준 사실이 있느냐, 약 2천만 환가량 있다는 등의 기억이 날 뿐이라 합니다.
고영섭 증인은 이 점에 대하여 "나는 평생 주사 맞은 일이 없다. 빨간 혈압 복용약을 양 피고와 같이 먹은 사실이 있다. 주사 맞았다는 것은 거짓말이다"하고 증언했는데 양 피고가 흥분하여 직접 신문에서 "당신 왼쪽 팔에 한 대 맞지 않았느냐"고 추궁할 때에 고 씨는 난처한 태도로 답을 하지 않았던 것입니다.

⑤ 그 후로는 특무처장과 고 문관과 같이 우래옥에 가서 불고기, 국수 등도 먹고 목욕도 하고 다방도 가고 태평양여관에 연금(軟禁)했습니다.

⑥ 그간 고 문관은 "조(曺)는 역적이다. 간첩과 관련해서 국가변란을 도모했다. 조(曺)가 구속된 후 전 국민이 증오하고 있다"하며 조 씨에 대한 적개심을 환기시키는 한편, "너는 역적에게 돈을 대주었으니 같이 죽어야 한다. 어찌 생각하나"고 물었을 때 양 피고 생각으로는 조 씨 구속 후 당국 발표의 신문을 본데다가 여사(如斯)한 고 문관의 말을 듣고 자기는 나라에 도움되라고 돈을 주었는데 조 씨가 역적이라 하니 하도 원망스러워서 국가기관에 협조하겠다고 결심하고 "그렇다면 쳐야한다" 하니 고 문관은 '애국자'라고 찬양하였던 것입니다.

⑦ 그로부터 약 7~8일 후 고 문관은 여관에 와서 기(旣)히 방안지에다가 일방

적으로 세밀한 사실을 이리저리 줄을 그려서 기재된 도표를 가지고 와서 조서를 작성하게 되었는데 그 제목에 양이섭 간첩사건 일람표란 것을 넘어다보다 누워서 답하라 해서 장판 방(房)에 누워서 대답을 하게 되었던 것입니다.

⑧ 조사관이 "그랬지" 하면서 시인을 강요할 때 사실 아닌 것은 그렇지 않다고 하였더니 고 문관은 "조(曺)에 대한 잔재가 아직 있다. 영감이 혈압 높으다고 동정을 했는데 지하실에 들어가야 알겠군" 하면서 협박하고서는 1일간 여유를 주었습니다. 양 피고 생각으로는 자기가 혈압이 높은데 전기고문을 당하면 죽는다. 살면 사실을 규명할 수 있을 것이라 생각하고 또 그 자리에서 조 씨를 좋다고 할 수 없어 조 씨를 원망도 하고 의심도 하였던 것입니다.

⑨ 익일부터 양 피고는 "당신들 좋도록 하시오" 체념하니 조사관은 "최고 악질이 되라" 하면서 "요렇게 들어갔지, 이 사람 만났지, 이런 말 했지, 돌아와서 조(曺)를 만나 이렇게 했지" 하면 양 피고는 덮어놓고 "네네" 하는 문답이 연일 계속되어 고치고 또 고쳐가며 조서가 작성되었던 것입니다.

⑩ 그 후 판사가 와서 신문한 그 전일(前日) 조사관은 "명일(明日) 재판소에서 판·검사가 오는데 나가서 증언만 하면 다음에는 증언할 필요가 없다"고 알렸을 때 "기억이 없어 일일이 진술 못 하겠다" 하니 방안지를 주면서 각 회(回)에 가서 어떻게 했다는 것을 메모해서 외우라고 해서 하루 동안 외우고 익일 판사 앞에 가서 메모를 보면서 그대로 답변했으며 그때 강당문에서 특무대원이 엿듣고 또 판사 신문이 끝났을 때 동 대원들은 어떻게 답하였느냐까지 물은 사실이 있습니다.

⑪ 미군 기관이 와서 조사할 때는 역시 메모를 보고 진술했으나 특무대 요청으로 "이야기 말라"는 구절은 빼고 진술했으며 그 자리에는 특무대원이 출입을 하면서 감시를 했던 것입니다. 고 씨는 이 점에 대하여 증언하기를 "양 피고 자신이 첩보부대의 기밀에 굴(屈)[112]하는 이야기는 말할 수 없는데" 할 때 "빼고 말하면 될 것이다"라는 말은 있었다고 합니다. 그러나 양 피고의

---

112) '속(屬)'의 오기로 보인다.

특무대 조서를 보면 첩보대의 기밀에 굴(屈)한 내용을 소상하게 진술한 바가 전혀 없습니다.

⑫ 그동안 고 문관으로부터 "너는 문제 아니다. 조(曺)를 잡자는 것이다"고 항상 회유하여 왔으며 양 피고가 특무처장에게 어찌 되니 물었더니 동인은 "자기는 한 참모에 불과해서 상관이 어떻게 결정할지 모르나 만약의 경우가 있으면 경무대(景武臺)에 가서 이야기 해주마"고까지 했다는 것입니다.

⑬ 또는 발표하지 않는다더니 양 피고의 처(妻)가 음식을 차입할 때 우선 발표된 신문을 싸 가지고 와서 양 피고는 대단히 놀랐는데 그 후부터는 가족 접견을 금지당하였다는 것입니다.

⑭ 조 씨에 대한 모든 조사가 끝나자 조사관들은 태도를 표변하여 "김산 씨에게 돈을 얼마 주었느냐. 상해서 아는 임정 요인을 아는 대로 대라. 그자들은 모두 대한민국을 반대하는 자이다" 하면서 수일(數日)에 긍(亘)하여 과거 독립운동한 혁명가들에 대하여 어떤 조작을 하려 함에 너무나 분개하고 비탄하였던 것입니다.

⑮ 양 피고가 3월 16일 자살을 기도한 것은 조사관 고 씨는 과거 일정(日政) 시 경찰에서 독립운동자들을 탄압하였는데 지금은 우리 기관의 수사원이 되어 반성함이 없이 다시 혁명가들을 해롭게 하려 하니 이 세상에 살아서 무엇하겠나 하는 극단(極端)한 염세증(厭世症)으로 자살을 기도하여 약 5~6시간 실신 상태에 빠졌습니다. 압수된 유서에 특무대원들의 친절을 감사하는 지(旨) 기재한 것은 양 피고가 일평생 타인과 싸움한 바 없는지라 죽는 마당에 욕을 쓰느니보다 비꼬아서 쓴 것에 불과합니다.

이상과 같이 양 피고가 특무대에서 조 씨 관계를 허위자백한 것은 고문, 협박, 유도, 약속, 기망, 불법감금 등으로 이루어진 임의성이 없는 의제자백(擬制自白)에 불과한 것입니다.

(2) 검찰에서의 허위자백

양 피고는 3월 17일 송청(送廳)되어 형무소에서 조인구 검사의 취조를 받았습니다. 검찰에서도 역시 조 씨와의 대질은 일절 시키지 않았습니다.

양 피고는 당(當) 공정에서 검찰에서 허위자백한 경위에 대하여 "검사가 취조하기 전에 조봉암사건을 위하여 국가는 어떤 손해라도 감수한다. 이번에 나가게 되면 이북에 다니지 말고 남한에서 정주하라. 이것은 내 의견이지마는 우리는 거짓말은 않는다는 이야기를 듣고 국가방침으로 조 씨를 친다는 점에 대하여 검사는 특무대와 꼭 같은 입장이구나 생각하고 검사가 특무대 기록을 읽어주는 대로 전부 시인했다"고 진술하고 있습니다. 그뿐 아니라 변호인들이 형무소에서 양 피고로부터 들은 이야기는 검사가 자기를 조사 중에 또는 조사가 끝날 무렵 재판 도중 구형(求刑) 전전일(前前日) 1심 언도 후에 수차(數次) 형무소에 내방하여 어떠어떠한 말을 하면서 약속을 했다고까지 말한 바가 있으나 변호인들은 그 어떠어떠한 말의 내용은 검사의 인격을 존중해서 법정에서 진술하지 말라고 권했던 것입니다. 그 주고받은 내용은 접견대장에 기재되어 있는데 검사가 당(當) 법정에 제출한 접견대장에는 그 부분만은 제출하지 않고 있습니다.

따라서 양 피고의 검찰에서의 허위자백은 조 씨를 국가방침으로 처벌한다는 말과 나가거든 남한에서 살라는 말과 취조 전후의 약속 등으로 자기 형사책임이 감면된 것이란 심리적 영향으로 이루어진 임의성 없는 허위자백이었습니다.

(3) 1심 법정에서의 허위자백

양 피고는 공판 전일(前日) 형무관으로부터 내일 법정에 나가는데 하루에 끝난다는 검사의 연락이 있었다는 것이고 5월 15일 제9회 공판정에 처음으로 출두하였더니 법정에 산적해 있는 방대한 기록과 황색 봉통(封筒)의 증거품을 보고 과연 조 씨가 역적 짓을 했구나 하는 생각이 굳어져서 그날 재판장이 공소사실을 하나하나 읽어가면서 물었을 때 유유(唯唯) 시인했다는 것입니다. 그 후 변호인들의 보충신문으로 매우 곤란한 입장이었다는 것입니다.

여사(如斯)한 양 피고의 진술은 특무대와 검찰을 거쳐 인위적으로 가해진 심리적 영향이 연장되고 소위 국가방침에 영합한다는 심리로 허위자백을 한 것이고 또 공소사실을 읽어주며 신문하는 것을 허위자백을 한 후부터는 그 자백을 번복하는 데에 피고인 입장에서 용기를 내지 못하는 것은 우리들이 재판 경험상 허다히 볼 수 있는 것입니다. 그 후 변호인들이 세밀하게 보충신문을 하면 더욱 허위자백을 진실인 것처럼 가장하기 위하여 상술한 바와 같은 허위진술을 많이 하였던 것입니다. 그럼으로 1심 법정에서의 양 피고의 허위자백은 진실에 반하는 종래의 자백을 반복한 데 불과하여 임의성이 결여된 것입니다.

2. 공소사실의 검토

수사기관에서 검찰을 거쳐 그 결론으로 표현된 본건 공소장을 일독(一讀)하면 범죄 구성에 흡흡(吸吸)한 나머지 마치 저 유명한 애도가와 람보[113]나 새록 홈스[114]의 탐정소설 이상의 문장으로 이로정연하고도 유창하게 표현이 되어있으나 허다한 모순을 내포하고 있으므로 양 피고가 남북을 12차 내왕하는 동안의 제(諸) 사실에 대하여 몇 가지의 모순을 지적하여 공소사실 전체가 신빙성이 없다는 점을 말씀을 올리겠습니다.

(1) 박일영의 돌개포 내왕 사실

공소장에는 양 피고가 88(1955)년 5월경 제1차로부터 89(1956)년 11월 중순경 제9차 왕복 시까지 괴집 박일영을 상봉하고 그의 지령을 받고 실천하였다고 기재되어 있습니다.

그러나 동 박일영은 막부(莫府) 정보학교를 졸업하고 해방 때 소군(蘇軍) 중위로 김일성과 같이 귀국하고 그 후 평북도(平北道) 인위장(人委長)[115]을 거쳐 6·25 사변 전 내무성 제1부상까지 역임한 자라 남한으로 말하면 평북도지사, 내무부차관을 역임한 거물이 일개 상인인 양 피고를 만나기 위하여 7차에 긍(亘)하여 우선 평양서 연백군 돌개포까지 내왕하였다는 것은 사리상 믿을 수가 없는 것입니다.

양 피고의 당(當) 공정에서의 진술은 해방 후 신의주에서 건국무역사(建國貿易

---

113) 일본의 추리소설 작가이자 평론가인 '에도가와 란포(江戸川 乱歩, 1894~1965)'를 말한다. 본명은 히라이 다로(平井太郎)다. 필명은 미국의 문호 에드거 앨런 포의 이름에서 따온 것이다
114) 셜록홈즈를 말한다. 영국의 작가 아서 코난 도일이 쓴 추리 소설 셜록홈즈 시리즈의 주인공을 말한다.
115) '인민위원장'의 약칭이다.

社)를 경영할 때 자기 부하로 쓰던 한광이가 삼육공사 돌개포 지점장이고 또 신의주에 있을 당시 같은 업자로 서북기업사(西北企業社)를 경영하던 김난주가 삼육공사 사장이며 동인 등과 양 피고는 과거 친하게 지내던 처지라 남북 내왕하는 김동혁 첩자를 통하여 양 피고가 남한에서 고생한다는 이야기를 듣고 동정한 나머지 교역상이나 하라는 권을 받고 김동혁이 양 피고에게 차(此) 지(旨)를 전하여 그 후 미 첩보기관 또는 인천 첩보대를 통하여 남북을 내왕하게 되어 매양(每樣) 김난주나 한광을 만났을 뿐이고 박일영은 평북인위장(平北人委長) 시대 양 피고가 대만(對滿) 무역을 하는 관계로 많은 경제적 원조를 하여 잘 아는 터이지마는 8차 즉, 89(1956)년 8월 중순 월북했을 때 동인이 자전차를 타고 우연히 와서 상봉한 바 있으나 과거 이야기만 주고받았다고 진술하고 있습니다.

박일영이 돌개포에 7차 내왕했다고 기재된 것은 결국 특무대에서 김난주나 한광은 일개 상사(商社)의 사장 또는 지점장의 위치밖에 안 되니 양 피고가 과거 잘 안다는 박일영이 괴집 거물이므로 동인이 항시 돌개포까지 와서 지령을 했다고 해야 권위가 서겠기로 그렇게 기재한 데 불과할 것입니다.

(2) 괴집이 조(曺)·양(梁) 간의 지면(知面) 관계를 어찌 알 것인가.

공소장에는 괴집이 제1차로부터 조봉암을 만났느냐고 양 피고에게 묻고 그 후 12차 내왕 시까지 연면(連綿) 조 씨에 대한 지령 및 그의 실천 관계를 기재하고 있습니다.

그러나 괴집 한광이나 김난주나 박일영은 양 피고와 조 씨 지면(知面) 관계를 어떻게 알고 제1차부터 조 씨를 만났느냐고 물을 수 있습니까. 일건(一件) 기록상 괴집이 양 피고와 조 씨 간의 지면 관계를 어찌 알았느냐의 경위에 대하여는 하등의 기재가 없이 논리의 비약을 하고 있습니다.

양 피고는 당(當) 공정에서 이북에서 조 씨를 어떻게 알고 있는지 전연 모르는데 자기가 조 씨 이야기를 꺼낼 수 없으며 12차 내왕 시 조 씨의 말은 한 번도 언급한 바가 없다고 진술하고 있습니다. 또 당(當) 재판부에서 과거에 재판을 한 황익수 간첩사건 기록을 보면 그 자가 89(1956)년 9월 1일 남하(南下)하기 전에 이북에서 밀봉교육을 받을 때 실무학습에서 남한의 정당, 사회단체, 군부, 경찰에 대한 해설을 받았는데 그중 자유당은 어떻다, 민주당은 어떻다 하고 난 후 진보당 문제에 관해서는 조봉암은 자기들의 반역자이니 타협할 여지가 없다 하고 일축하고 있는 기재가 있는데 이 점은 양 피고의 당(當) 공정에서의 진술을 뒷받침하는 것으로 믿습니다.

(3) 공소장의 기교(技巧)

공소장에는 양 피고가 제3차 월북 시의 조 씨가 민주당 합당운동에서 탈퇴하고 서상일 씨와 합작한 사실, 제4차의 진보당 창당추진위원회 구성 사실, 제5차의 정부통령선거위원회 구성 사실, 제7차의 진보당 창당에 서상일 파(派)와의 알력 사실, 제8차의 11월에 진보당이 창당된다는 사실, 제9차의 결당대회 인원이 800여 명이란 사실, 제10차의 혁신세력 규합 추진 사실, 제11차의 『중앙정치』 판권획득과 야당 연합전선 추진 사실 등등이 지령 또는 보고내용으로 기재되어 있습니다.

이와 같은 기재는 너무 기교(技巧)에 지나친 것 같습니다. 왜냐하면 사람의 기억력은 한정이 있는 것인데 양 피고의 두뇌가 얼마나 조직적이고 명석하기에 88(1955)년 3월부터 91(1958)년 2월 7일까지 간에 있어 공소장에 나열된 것과 같은 이북에서 한 말, 조 씨가 한 말 등을 소상하게 기억을 회복할 수 있겠습니까. 그것도 매차(每次) 월북 기간에 꼭 들어맞게 보고도 하고 지령도 했다고 기억할 수 있겠습니까. 이것은 수사기관에서 전문적으로 알고 있는 진보당 창당 과정을 방안지에 일방적으로 도표를 작성해서 시기적으로 맞추어가며 조서를 작성한 탓입니다.

더구나 제10차 월북 시 괴집 강(姜) 모가 진보당 선언문을 보고 '문(文)틀을 보니 신도성이가 작성한 것 같다'라는 구절에 이르러서는 정말 □□[116]의 극치(極致)입니다. 괴집 강(姜) 모가 신도성 씨와 면식(面識) 있는 자라 가정하더래도 해방 후 13년 동안 상봉한 사실이 없을 것이고 만약 남한에서 발간되는 신씨(愼氏)의 논문과 국회 속기록을 모조리 수중에 두고 읽어본 자라 가정할지라도 신씨가 창당추진위원회 의안부(議案部) 책임자로 있으면서 여러 사람의 의견을 종합해서 채택한 것인데 그 선언문의 문(文)틀을 보고 신씨가 작성한 것 같다 했으니 그 자는 사람이 아니고 귀신인 모양입니다. 이것도 수사기관에서 진보당의 개개 정

---

116) 문맥상 '기교'로 보인다.

책문은 신씨가 기안했다는 것을 알기 때문에 더욱 기교를 부리느라고 삽입한 데 불과합니다.

(4) 박헌영 재판기

공소장에는 괴집이 양 피고에게 "박헌영 재판 때 동인이 과거 조 씨를 출당한 것은 자기의 과오라고 자백한 일도 있어 현재 북에서는 조 씨와 합작할 용의가 있으니 평화통일 목표로 합작하자는 제안을 했다"고 기재되어 있습니다.

양 피고는 이 점에 관하여 당(當) 공정에서 진술하기를 "특무대에 피검된 후 북에서 보고 들은 것을 이야기하라 해서 삼육공사 숙소에 비치되어있는 임호 작(作)의 『박헌영 재판기』라는 책자를 본 일이 있는데 박헌영이 공판정에서 과거 조봉암을 출당한 결과 남한에서 지도적 정치 인물로 활동하고 있는 것은 괴집에 대해서 일대 손실을 초래했다고 고백한 사실이 있었다는 책자 내용의 일부분 이야기를 했더니 특무대에서 일방적으로 삽입했다"고 진술했습니다. 이 점은 조 씨가 과거 공산당으로부터 출당당한 자인데 괴집과 언제 합작할 수 있느냐의 의문점을 풀기 위하여 나열된 기교에 불과하다고 생각합니다.

(5) 조 · 양 피고의 초(初) 대면

공소장에는 양 피고가 4차 월남 시 조 씨에게 김동호인데 좀 만나자고 전화를 해서 퇴계로 로타리에서 기다리다가 남산동 음식점에서 만나 오래간만에 인사를 하고 괴집의 제의를 전했더니 조 씨는 얼굴이 창백해지며 긴장해서 약 30분간 침묵했다고 기재되어 있습니다.

당(當) 법정에서는 보는 바와 같이 조 피고의 안색은 검은 편이고 창백해지는 얼굴이 아닙니다. 1심에서 사형 구형을 받을 때나 지금이나 희로애락을 안색에 나타내는 사실이 없었습니다.

또 김동호인데 하면서 전화를 걸고 조 씨를 만나서 오래간만에 인사를 교환했다는 점은 양 피고는 1심에서 법정신문 시까지 1 · 4후퇴 후 이때 처음 만났다는 양(樣) 진술했습니다. 그때 조 피고가 88(1955)년 여름경부터 자주 상봉하여 식사도 하고 2~30만 환씩의 용돈도 얻어 쓴 사실이 있지 않느냐고 반문하니 양 피고는 답을 고의로 회피했던 것입니다. 특무대나 검찰에서 조 피고의 장녀 조호정은 88(1955)년 10월경 김 사장이 내가(來家)하여 부친 소개로 인사해서 양 피고를 알게 되고 당시 김 사장은 부친과 본인을 미도파 백화점에 데리고 가서 본인 결혼 기념으로 시계를 사주고 남편 양복하라고 2만 환을 나에게 준 일도 있다고 증인으로서 진술을 하고 있습니다. 양 피고는 당(當) 공정에서 88(1955)년 가을부터 조 씨를 자주 만나 청진동 소재 중국요리점에 자주 가서 식사를 했는데 그 집 '뽀이'가 언제나 조 씨와의 담화를 엿듣는 것 같아서 다음부터 타처(他處)로 옮기자 해서 그 후 마침 전화로 불러 남산동 음식점에 가게 된 것이라고 진술하는 것이 사실이라고 생각되는 것입니다.

(6) 11월 창당설

공소장에는 양 피고가 89(1956)년 7월 제7차 월남 시 조 씨로부터 11월에 창당한다는 이야기를 듣고 그 후 제8차 월북 시 괴집에 보고한 양(樣) 기재되어 있습니다.

그러나 진보당 창당 과정을 보면 정부통령선거 후 비자유, 비민주 당(黨)의 재야세력을 총규합하자는 운동이 전개되어 7월 하순 경 신태권(申泰權) 법률사무소에서 11인 회합이 있었고 9월 하순경 7인 위원회에서 혁신세력 대동단결로 당명을 민주혁신당으로 개칭하는 것까지 조 씨가 수락하였으나 진보당 중앙, 지방 간부들이 당명 개칭을 반대하게 되어 서씨(徐氏)와 결렬되고 우선 결당한 후에 혁신세력을 규합하자고 서둘러 11월 10일에 결당하게 되었는데 그 경위는 기록상 명백한 바 7월경에는 조 씨가 11월 결당을 생각할 수도 없을 때입니다. 이 점도 결국 수사기관에서 89(1956)년 11월 10일 결당대회를 한 결과에 착안해서 그 이전에 괴집과 상통한 흔적이 있어야만 진보당 불법화가 되기 때문에 사리에 어긋나는 것을 삽입한 것으로 생각됩니다.

(7) 양 피고의 평양 내왕

공소장에는 89(1956)년 8월 말, 즉 제8차 월북 시부터 박일영이 허리를 다쳐서 평양으로 소환되어 그 후 12차 월북 시까지의 5회는 각각 평양까지 가서 기림리 (箕林里) 아지트에 유숙(留宿)하고서 그들의 안내로 평양 시가 또는 안주(安州)

저수지를 구경한 양(樣) 기재되어 있습니다.

반문하노니 양 피고가 그와 같이 괴집의 신인(信認)이 두터운 자라면 양 피고의 처자나 형의 가족이 평북 희천(熙川)에 거주하고 있는데 어찌 5회나 평양까지 가면서 그리운 가족을 한 번도 상봉한 사실이 없을까요. 또 돌개포 삼육공사에서 양 피고와 선원은 각각 분리수용되나 방에 감금하는 것이 아니라 조석(朝夕)으로 운동도 하고 상호 얼굴은 볼 수 있는 것인데 HID의 양(梁) 행동경위서를 보면 2~3일 동안 행방을 몰랐다는 기재는 전연 없습니다.

양 피고의 당(當) 공정에서의 진술은 돌개포 숙소에 선전용으로 비치되어 있는 북한, 중공, 소련 등의 화보(畵報) 중에서 평양의 복구상(復舊相)이라든지 안주 저수지의 그림을 본 일이 있다고 말한 것을 수사기관에서 그들 안내로 구경까지 한 양(樣) 조서가 작성된 것이라는 것입니다.

평양 기림리 아지트 운운(云云)은 괴집이 대남 간첩의 밀봉교육을 대개 기림리 아지트에서 실시하고 있다는 수사 경험에서 삽입한 데 불과하고 박일영이 허리를 다쳐서 평양 갔다 함은 남산동 8차 월북 시에 돌개포에서 우연히 박일영을 만난 사실이 있다는 것을 앞서 말씀 올린 바와 같이 권위를 세우기 위해서 1차로부터 7차까지는 돌개포, 8차부터 12차까지는 평양에 내왕한 양(樣) 인위적으로 조서가 작성된 것입니다. 양 피고는 당(當) 공정에서 이북 한광이가 형님 평양 구경해 보겠소 하는 것을 사고날지 모르니 가지 않겠다고 거절한 것을 특무대에서 말했더니 박일영을 한번 만난 8차부터 평양 내왕으로 기록되었을 뿐이란 것입니다.

(8) 조 씨 편지 전달

공소장에는 양 피고가 9차·11차·12차 월북 시에 조 씨의 편지를 각각 전달했는데 그 내용은 백삼(白蔘)·녹용·한약대(漢藥代) 2만 환 고맙다. 앞으로 많은 후원 바란다는 것이고 김 사장 앞, 조(曺) 또는 조봉암이란 식이라 기재되어 있습니다.

9차 월북 시의 조 씨 편지에 대하여 특무대에서는 손바닥만한 백지(白紙)라 하고 검찰에서는 봉통(封筒) 형식에 썼다고 상호 모순되는 진술을 하고 있습니다. 또 12차 월북 시의 녹용과 한약대 2만 환의 영수증과 후원해달라는 편지를 각각 쓸 리 만무할 것입니다.

만약 공소장 기재대로 조 씨가 괴집과 합작했다면 괴집 독특(獨特)의 암호문을 보내서 지령과 보고를 필름에 모아서 상세히 연락할 것이지 이러한 엉터리 편지를 내왕하지는 않을 것입니다. 또 번번이 속초 김 사장 앞이라 되어있는데 이것은 양 피고가 당(當) 공정에서 진술하듯이 조 씨가 바쁠 때 자기에게 돈 좀 후원해달라는 쪽지를 한두 번 받은 일이 있는데 조서에는 밀서인양 기재되었다고 진술하는 것이 진실이라고 믿어집니다.

(9) 임호의 편지

공소장에는 양 피고가 제9차 월남 시에 임호의 우리도 잘 있고 사업 잘된다, 앞으로 후원하겠다는 내용의 편지를 가지고 와서 조 씨에 전달한 양(樣) 기재되어 있습니다.

괴집 정보부위원장쯤 되는 자가 이런 내용의 서신을 남한에 있는 조 씨에 보낼 것인가 믿기 어렵습니다. 그뿐 아니라 양 피고는 11차 월남할 때 강(姜) 모에 대하여 미불을 주는지라 편지를 써달라고 요청했더니 괴집 강(姜) 모는 우리들은 원칙적으로 문서 연락을 삼가한다. 피차(彼此) 신인(信認)하는 처지이니 말로 하라. 문서 같은 것은 후환이 있다고 하면서 거절하더라는 것이 949정에 기재되어 있는 것과 모순을 노정하고 있습니다. 조 씨의 편지를 가지고 갔다면 양 피고가 그렇게 신인(信認)이 두터운 처지이니 다음부터 편지는 가지고 오지 마라 했을 것입니다. 이런 것은 북에서 자금이 왔다고 구성한 것을 더욱 믿도록 하기 위하여 인위적으로 기재한 데 불과할 것입니다.

(10) 치안국장의 무전

공소장에는 양 피고가 9차 월북 시 괴집으로부터 치안국장이 전국에 진보당 감시의 무전을 쳤다는 사실을 듣고 돌아온 후 조 씨에 전하였더니 자기도 이미 알고 있다 하면서 10차 월북 시 동 무전문 사본을 조 씨로부터 받아서 가지고 갔다고 기재되어 있습니다.

양 피고는 당(當) 공정에서 삼육공사 한광이가 상인이 들어왔다고 해상에서 본대에 무전 치는 것을 연안(延安)에서 포착해 가지고 연락이 오는데 형님은 아무일 없지요 하면서 연안에서 김종원 치안국장이 전국에 진보당을 엄중 감시하라는 것도 듣고 있소 하며 무전 이야기가 나오게 되고 그때 월남한 후 엄숙진에게 보고하고 자기가 왕복 시는 절대로 본대에 무전을 치지 마라고 부탁한 사실이 있었고 또 그 후 조 씨를 만나서 치안국장이 전국에 진보당 감시의 무전 친 이야기를 하니 조 씨는 그런 것을 아니 참 기특하다고 하면서 나도 안다. 무전문 사본을 보여줄 수도 있다고 하였고 그 후에 양 피고가 금호동 갈 때 약수동에서 동 사본을 주는 것을 보고 찢었다는 사실을 진술한 바 있습니다.

(11) 사람 교환 사실

공소장에는 9차 월북 시 양 피고가 괴집에게 앞으로 직접 사람을 교환하자는 제의를 한 즉 찬성했고 또 월남 후 조 씨에게도 이야기했더니 북에서 사람 와도 무방하다고 찬의(贊意)를 표한 양(樣) 기재되어 있는데 어찌해서 그 후 10·11·12차 월북 시 사람 교환문제를 한번 언급조차 하지 않았던가, 아마 기교적인 수사기관에서도 이 점에 대한 그 후의 논의 관계를 깜짝 잊고서 기재가 없는 듯합니다.

(12) 백삼(白蔘), 녹용, 만년필(萬年筆) 전달 사실

공소장에는 양 피고가 8차 월남 시 괴집 임춘추로부터 백삼 3근을 11차 월남 시 강(姜) 모가 녹용을 조 씨에 선사하라고 받아서 각 전달했고 11차 월북 시는 조 씨가 괴집 선사용(膳事用)으로 만년필 3본을 사주기에 월북 후 전달했다고 기재되어 있습니다.

양 피고가 반입하는 물자는 주로 인삼과 한약제인데 매번 여사(如斯)한 물자를 가지고 오면서 그중 얼마를 친지들에 선사도 하고 가용(家用)에도 사용한 것은 상식일 것입니다. 양 피고는 당(當) 공정에서 백삼에 붙은 개성인삼이란 종이 띠를 베껴서 엄숙진에도 선사하고 조 씨에게도 선사했으며 녹용은 강원도에서 샀으나 그리 좋지 못하다 하면서 조 씨에 주었다는 진술이 진실인 것입니다.

또 만년필 3본 문제는 조 씨가 소위 형무소에서 양 피고에게 보내고자 한 쪽지에도 언급이 있는데 양 피고는 조 씨로부터 만년필 1본을 선사 받고 그것을 소지하고 다녔는데 금차(今次) 피검(被檢) 후 기록에 첨부된 진술서도 그 만년필로 썼는데 그 후 특무대에서 잊었다고 진술하고 있으며 또 이북에서 만년필이 귀하기 때문에 그간 수십(數十) 본을 신신백화점(新新百貨店) 구내상점에서 사 가지고

수차(數次)에 긍(亘)하여 이북에 선사했다는 사실도 밝혔습니다.

(13) 『중앙정치』 판권

공소장에는 양 피고가 90(1957)년 5월 말 월북했을 때 『중앙정치』 판권을 획득할 수 있다고 보고한 구절이 있습니다. 이 점은 수사기관에서 9월에 『중앙정치』가 발간되었으니 이것도 괴집의 지령으로 기관지인 양(樣) 구성하려고 한 모양입니다마는 1심 이래 김병휘 피고나 조 피고가 실제로 『중앙정치』 판권 말이 나온 것이 7월이었다는 것이 밝혀졌으니 양 피고가 5월 말에 이북에 가서 이런 이야기를 했다는 것은 수사기관의 창작입니다.

(14) 진보당 문건, 『중앙정치』의 지북(持北)

공소장에는 양 피고가 10차 월북 시 진보당 중앙위원 및 상임위원 명단과 선언문·강령·정책 책자를 11차 월북 시 지방당과 대구시당 간부 명단을 12차 월북시 『중앙정치』, 지방조직 명단을 각각 가지고 가서 괴집에 제공했다고 기재되어 있습니다.

첩보부대 모르게 여사(如斯)한 문건을 가지고 갈 수 없다는 점에 대하여는 앞서 상세히 말씀드린 바 있습니다. 여사(如斯)한 문건이나 잡지는 양 피고가 조 씨에게 2천여만 환이나 원조해준 터라 진보당 발전에 관심이 있으므로 조 씨가 준 것입니다. 양 피고는 당(當) 공정에서 조 씨가 금년 1월 초 자기 집에 내방(來訪)했을 때 그 시(時) 받은 4대 민의원 출마 예상자 3~40명의 명단을 마침 자기 집 선반 위 『진상(眞相)』 잡지 속에 끼워둔 중앙위원 명단과 대조하며 이 속에 있느냐고 조 씨에게 물으니 조 씨는 안경이 없어 잘 못 보니 다음에 크게 자세한 것을 써서 보내주겠다고 한 일이 있고 (이 점은 조 피고가 기억이 자세치 않다고 진술함) 또 양 피고는 조 씨 피검 후 수상한 자들이 감시하는 것 같아서 부인 김귀녀에게 태우라고 주어서 동인이 소각했다고 진술하고 있으며 변호인이 이 점을 입증코자 김귀녀를 증인으로 신청했으나 각하 당한 바 있습니다. 만약 여사(如斯)한 문건이 양 피고 집에 지금까지 보존되어 있었더라면 이 사건의 중요한 증거가 되었을 것을 아깝게도 태워버렸습니다.

혹자는 조 피고 자신이 양 피고를 평하여 별로 정치에 관심 없는 자라 인정했는데 어찌해서 여사(如斯)한 문건을 주었느냐고 의심할지 모르겠습니다. 그러나 양 피고가 아무리 장사꾼이라 하지만 과거 소년 시절에 독립운동한다고 상해로 망명도 하고 형무소에서 복형한 사실에 상도(相到)할 때 정치에 관심이 많던 자입니다. 조 씨에게 원조를 2천여만 환 해준 자라면 조 씨의 정치적 활동에 관심을 가질 것은 사실입니다. 그리하여 조 씨는 양 피고에게 진보당 문건도 주고 강압117) 받는 이야기에서 치안국장 무전 이야기도 했던 것이며 다만 양 피고 자신이 정계에 투신할 자가 아니라는 의미에서 정치에 별 관심 없는 자라 했을 뿐 전연 정치에 무관심하다고는 볼 수 없을 것입니다.

(15) 괴집 정보위원회

공소장에는 양 피고가 8차 월북 시 괴집 정보위원장에 김일성, 부위원장에 박일영, 그 후 임호, 무임소(無任所) 지도원에 임춘추, 그 밑에 국내외관계책(國內外關係責) 장지민(張志民), 경리책(經理責)에 최범두, 대남정당책(對南政黨責)에 최(崔) 모가 있고 최 모 밑에 대남정당과장(對南政黨課長) 조(趙) 모, 그 밑에 진보당책(進步黨責) 강(姜) 모가 있다는 괴집 정보위원회 조직을 기재하고 있으며 여사(如斯)한 조직은 기록상 8차 월북 시 진보당책 강모로부터 문득(聞得)했다는 것입니다.

그러나 8차 월북 시 처음 상봉한 강(姜) 모가 여사(如斯)한 조직내용과 구성원을 양 피고에게 알릴 필요가 없을 것이고 또 정당 관계자이며 그 후 양 피고가 매번 월북해서 최(崔) 모, 조(趙) 모, 강(姜) 모를 접촉했다면 어째서 이자들의 성명은 모르면서 기록상 한 번도 접촉한 사실이 없는 국내관계책과 경리책 성명만은 장지민, 최범두라고 밝혀졌을까. 또 박일영이가 직장이 바뀐다고 임춘추를 데리고 와서 소개를 하고 동인은 조 씨에게 인삼까지 선사했다는데 왜 8차에 한 번만 임춘추 이름이 나오고 그 후는 한 번도 상봉한 사실이 없고 9차 이후는 임호를 접촉한 양(樣) 기재되어 있는가 등등 풀지 못할 의문을 내포하고 있었던 것입니다.

여사(如斯)한 의문점에 대하여 양 피고는 진술하기를 2월 8일 특무대에 출두하

117) '탄압'의 오기로 보인다.

여 2~3일간 남북교역으로 접촉한 자와 과거 북에서 알던 자와 그 알게 된 경위와 또 보고 듣던 이야기를 죄다 했더니 그 다음 조 씨와의 관계를 묻고 주사를 놓은 다음 조 씨는 역적이라 하면서 증오감을 북돋은 후 여관에 옮겨서 방안지에다 일방적으로 도표를 만들어서 공소장 기재와 같이 조사관이 조작했다고 진술한 것은 앞서 말씀 올린 바 있습니다.

그러면 이 조직체계에 나오는 인물들은 양 피고가 어떻게 아는 자였던가. ① 박일영은 앞서 상세히 말씀 올렸으니 생략하겠습니다. ② 양 피고가 해방 직후 강계에 있을 때 최현(崔賢) 대장(大將)이 강계왕(江界王) 노릇을 했던□□ (김봉한 증인은 강계 총독(總督)이라 평함) 그 해에 기근으로 식량이 부족해서 동 최현 대장의 알선으로 양 피고가 만주 통화에 왕래하면서 포목(布木)을 주고 다량의 식량을 도입해온 일이 있고 그것이 강계 희천은 물론 그 후에 함경도까지 식량이 가게 되었는데 장지민은 그때 평북 인위(人委)[118] 경찰부장으로 강계에 와서 양 피고의 업적을 칭찬하는 일방(一方), 그 후 양곡 도입을 국가경영으로 해서 양 피고는 자연히 양곡무역을 그만두게 되었습니다. 그때 최현, 장지민을 알게 된 것입니다.

③ 그 후는 목재상을 했는데 적산(敵産)인 입목(立木)은 강계왕인 최현 대장으로부터 사서 제재(製材) 판매한 후 입목(立木) 대금(代金)은 평양에 있던 최현 대장의 부하인 최범두에게 언제나 지불한 사실이 있는 고로 최범두 이름이 나왔고 ④ 그 후 양 피고가 신의주에 있을 때 대남무역으로 생고무 2천 톤, 원면(原綿) 5천 톤이 입하(入荷)했을 때 대상물자로 대두(大豆)를 요구했으나 그때 북한에 대두가 없어 평북 인위(人委) 박치우와 같이 양 피고가 통역으로 봉천에 가서 대두 도입을 교섭할 당시 임춘추가 동만주(東滿洲)에서 귀국 도중 봉천에 들려서 같이 노력하여 대두를 도입해서 남방무역(南方貿易)이 성공한 사실이 있는데 그래서 임춘추, 박치우를 알게 되었고 ⑤ 양 피고는 임호란 자를 전연 상면(相面)한 사실이 없으나 삼육공사 숙소 비치의 『조국방위』란 신문에서 정보위원장 임호 명의로 남북 평화통일 문제 논문이 게재되어 읽은 일이 있는데 그 중에도 외국군 철퇴하고 민족끼리 평화통일해야 하며 남한 정당, 사회단체가 거족적 민족운동을

---

[118] '인민위원회'의 약칭이다.

전개해야 한다는 지(旨)의 기사를 보았다고 특무대에서 진술했더니 이것을 교묘하게 정보위원회 조직과 미군 철퇴 운운(云云)의 표현으로 공소장에 기재된 것이라 합니다.

즉, 양 피고가 이북 있을 때 자기 경력상 아는 사실과 삼육공사 비치의 잡지, 신문 등에서 본 사실을 진술했더니 특무대에서는 시기를 따라서 조 씨와의 연결성을 맺기 위하여 마치 베옷을 짜듯이 이리 얽고 저리 얽어서 조서가 조작되었다는 것입니다.

(16) 선대(先貸) 형식의 자금 문제

공소장에는 양 피고가 6차·8차·9차 월남 시 괴집으로부터 선대(先貸) 형식으로 각 500만 환의 물자를 더 받아와서 혹은 대통령선거비, 혹은 판권획득비, 혹은 창당비조로 1,500만 환을 조 씨에게 전달한 양(樣)으로 기재되어 있습니다.

양 피고는 당(當) 공정에서 조 씨에게 돈을 준 것은 진보당 사무실 앞에서 30만 환 수표를 조 씨에 주었고 태평로 찦차 내에서 70만 환 수표를 주었고 사직공원(社稷公園)으로 조규진을 불러서 70만 환 현찰을 준 일이 있고 조 씨 장녀에게 100만 환씩 2차 수교(手交)했고 광릉(廣陵)[119] 소풍 시에 100만 환 수표를 조 씨에게 주었고 또 운전수에게 80만 환 현찰을 준 사실이 있고 그 후도 3~400만 환을 조 씨에게 준 것 같은데 불(弗) 이외 도합 약 8~900만 환 준 것 같으나 주먹구구로 대충 그렇게 된다고 생각되며 그 시기가 남북교역 시 수시로 준 것이지 공소장 기재 시기와 맞지 않는다고 진술한 바 있습니다.

찦차 내에서 혹은 사직동(社稷洞)으로 불러내서 돈을 준 것은 어떤 비밀이 내포되어 있지 않나 하는 의심도 할 수 있으나 그때는 고(故) 해공 선생 서거 후 조 씨가 신변위험으로 피신하고 있을 때니 양 피고는 조 씨 댁에 전화해서 여사(如斯)한 방식으로 돈을 전달한 것이며 또 전화로 약수동 '로타리'에 조 씨 장녀나 운전수를 호출해서 돈을 전달한 것도 불과 지척지간(咫尺之間)에 있는 조 씨 댁에 직접 가서 주지 않는 것이 매우 의심스럽다고 할지 모르겠습니다마는 조 씨 집 주변에는 형사들이 언제나 조 씨 동태를 사찰하고 있는지를 아는지라 그 눈을

---

119) 원문에는 '광릉(廣陵)'이라고 표기되어 있으나, '광릉(光陵)'이 바른 표기이다.

피하여 조 씨의 장녀나 운전수에게 전했을 따름으로 하등 비밀리에 준 것은 아닙니다.

양 피고는 1심에서 6차·8차 월남 시 500만 환씩 전달한 장소, 액수, 수표, 현금의 종류 등을 상세히 진술하면서 9차 월남 시 500만 환 전달은 어디서 얼마를 어떻게 전달했는지 기억이 나지 않는다고 진술했다가 변호인들로부터 왜 가까운 시일의 것을 기억하지 못하느냐고 매우 추궁당한 바도 있으나 그때 명확한 답을 하지 못한 사실까지 있었습니다.

(17) 미불(美弗) 문제
(가) 1심까지의 진술
양 피고가 11차 월남 시에 괴집이 조 씨의 자금요청 편지를 보고 경제적으로 매우 곤란 당하고 있는 모양이니 2만 불을 전달하라. 또 임호가 계산서를 보고 양 피고의 선대(先貸) 미청산인 7천 불을 한목에 지불한다(3063정). 또 최(崔) 모가 만약 조(曺)가 돈이 급하거든 2천 불을 입체(立替)해주면 후에 청산하겠다(3059정)고 해서 2만 7천 불을 가지고 월남한 후 조 씨와 같이 남한산성에 소풍 갔을 때 2만 7천 불 전부를 신문지에 싸가지고 가서 조 씨에게 미불을 보이면서 북에서 하던 말을 전하니 조 씨는 우선 60만 환만 주고 나머지는 우리 돈으로 환화(換貨)해서 내가 필요할 때 주고 또 7천 불도 자기에게 달라 해서 양 피고는 남한산성에서 620불을 전하고 그 후 불상(弗商) 이정자에게 우리 돈으로 바꾸어 전부 전달했다고 진술했습니다.

그 2만 7천 불은 백불(百弗), 50불, 20불, 10불 권(券)으로 주었고 부피가 우리 돈 백환 권(券) 네 묶음 되는 것을 옆구리에 숨겨서 가지고 왔다 했으나 첩보대 모르게 가지고 오지 못하는 것은 앞서 말씀드렸습니다. 또 재판 경험상 알기에는 괴집이 공작금으로 미불을 줄 때는 언제나 부피가 적은 백불(百弗) 권(券)만 주는데 양 피고만은 50불, 20불, 10불 등 4만 환 부피 되는 미불을 공작금으로 받았다니 경험상 수긍하기 어려운 것입니다. 또 양 피고가 제일 먼저 1,200불을 교환한 일자에 관해서 정옥실, 이정자는 각각 90(1957)년 4월경이라 증언한 바 있으니 11차 미불 가지고 오기 전에 미불을 소지하고 있었다는 것을 증명할 수 있고 또 김준식 경위 증언으로 조, 양 피고가 6월 11일 남한산성에 소풍 갔는데 이정자,

마재하 증언을 보면 며칠 전에 8천 300불을 우리 돈으로 바꾸었고 남한산성 소풍 익일인 6월 12일 다시 만 불을 바꾸었는데 왜 남한산성 갈 때 2만 7천 불 전부를 가지고 갔다고 허위 진술했는지 의도를 모르겠습니다.

또 7천 불은 괴집으로부터 양 피고 자신의 선대(先貸) 청산(淸算)조로 받았다고 진술했으나 남북교역은 약 3배가량의 이득이 나는 것이 원칙이라(3035정)고 진술했는데 공소장에 의하면 양 피고가 5차까지 북에 가지고 간 물자는 총액 700만 환이고 남으로 가지고 온 물자는 1,300만 환입니다. 소위 선대(先貸) 형식으로 받았다는 6차 이후 11차 청산 시까지의 계산을 공소장에 의해서 본다면 그간 양 피고가 북에 가지고 간 물자는 총액 660만 환이고 남으로 가지고 온 물자는 3,300만 환입니다. 북에 가지고 간 물자 660만 환의 3배 이익은 1,980만 환이니 결국 계산 면으로 따진다면 잔(殘) 1,400만 환은 소위 선대조(先貸條) 물자로 남에 가지고 온 것이 되니 괴집에서 무슨 미청산이 있다고 7천 불을 줄 것인가 이 점도 허위 진술을 했던 것입니다.

또 비밀리에 괴집의 지령과 자금을 전달하는 자라면 소풍 갈 때 조문자를 데리고 갈 리가 없으며 더욱이 2만 7천 불이란 거대한 돈을 전달코자 남한산성에 간 자라면 왜 조 씨가 지서(支署) 주임(主任)에게 자진 인사를 하고 그의 안내로 구경을 하고 4~50분 동안 같이 행동했을 것인가 특무대 이래의 기록을 보면 조문자는 조(曺), 양(梁) 간에 잡담이나 했지, 정치담이나 시국담(時局談)을 별로 들은 사실이 없다 했고 김준식 지서 주임 역(亦) 조(曺), 양(梁) 간 교담(交談)이 잡담이나 고적(古跡)의 역사담뿐이지 정치담은 들은 사실이 없다 하고 운전수 이재윤(李載允)은 조(曺), 양(梁) 간은 친밀한 사이로 평소 존경했으며 차(車) 중에서 잡담 등을 했을 뿐 정치담이 없었다고 진술하고 있습니다.

(나) 2심의 진술

양 피고는 당(當) 법정에서 1심 이래의 허위진술을 일□하고 미불 문제에 대하여 자기가 평소 3천 불 정도는 소지하고 다녔으며 2만 5천 불은 중국인 한자방으로부터 얻었다고 진술하고 있습니다.

양 피고가 평소 3천 불 정도의 미불화(美弗貨)를 소지하고 다닌 것을 이정자가 당(當) 공정에서 6백 50불을 사준 일이 있고 만날 때마다 불의 시세(時勢)를 묻더라는 지(旨)의 증언과 양 피고가 교역 물자인 시계를 살 때 중간 '브로커'가 PX에서 직접 살 때는 미불을 요구하는 때도 있고 또 귀중품이라 3천 불 정도는 평소 소지했다는 진술은 진실한 것으로 추인할 수 있습니다.

중국인 한자방은 양 피고가 일수(日收)[120] 시 화북철도회사(華北鐵道會社) 경무처(警務處)에 근무할 시 북경에서 후방교란 목적의 큰 위폐(僞幣) 사건에 연좌되었는데 그 인상이 너무 관후준수(寬厚俊秀)하여 양 피고가 살려준 사실이 있는데 동인이 석방된 후 그 은의(恩義)를 잊지 못하고 그 후 1년간 서주(徐州)에서 고물상을 하다가 이득 본 일화(日貨) 4백만 엔을 양 피고가 얻고 해방 2년 전 만주 통화로 돌아와서 개간사업을 했는데 해방 후 한자방의 소식을 모르다가 재일본(在日本) 친우(親友) 한득선(韓得善)이 내한(來韓), 상봉 시 한자방이 대만에서 일본에 자주 내왕하는 소식을 듣고 양 피고는 자기 집이 초라하여 속초에 거주하는데 진보당 사무실에 조봉암 씨를 찾으면 연락될 수 있으니 소식을 전해달라고 한 바 있었는데 그 후 90(1957)년 4~5월경 한자방을 아서원에서 우연히 만나서 같이 우이동(牛耳洞)에 소풍갔다가 2만 5천 불을 얻었다는 것입니다. 한자방은 기륭(基隆)에 별장도 가진 거상인데 개성인삼을 찾으면 좋겠다는 말이 있었다고 합니다.

양 피고의 부인 김귀녀는 양 피고로부터 90(1957)년 초하(初夏) 미불을 받아 손수건으로 세 묶음을 싸서 실로 꿰매서 약 2개월 동안 □□인지라 액수는 모르지만 보관한 사실이 있다 하는데 증인으로 신청했으나 각하되었습니다.

조 피고는 당(當) 공정에서 90(1957)년 4~5월경 그분이 중국인인지 모르나 한국말을 잘하는 분이 당(黨) 사무실에 와서 양이섭을 찾기에 모른다고 대답한 사실이 있는데 그 후 김 사장이 양(梁)이란 것을 상기하고 양 피고에게 전한 사실이 있다고 하는 진술과 김봉한 증인이 작년 4~5월경 자기가 건축업에 실패한 후 양 피고에게 동남(東南) 지방에 상품 수출할 좋은 줄이 있다고 하였더니 양 피고는 자기가 대만만 가면 아는 사람이 있어 많은 물자를 가지고 올 수 있다, 또 양 피고는 해방 2년 전 북지(北支)에서 통화에 왔을 때 거금을 가지고 왔었다는 등의 증언을 종합하면 양 피고와 한자방 관계를 추인할 자료가 되는 것입니다.

---

[120] '일정(日政)'의 오기로 보인다.

한자방이 90(1957)년 4~5월경 내한(來韓) 여부 문제에 관하여 화교자치연합총회나 중국대사관 측에서 여권관계로 공식적 방문이 없었다는 회보(回報)가 왔다고 해서 그자가 전연 우리나라에 입국한 사실이 없다고 단정할 수는 없습니다. 변호인 측이 중국기관의 소식으로 아는 사실은 90(1957)년 4~5월경 흥중호(興中號)라는 선박이 부산에 입항했는데 67~8세가량의 중국인이 상륙하며 경기도 모처(某處) 중국인 촌(村)에서 막대한 돈을 쓰고 간 사실이 있는데 김(金)인지 한(韓)인지는 모르나 양 피고의 2심 진술이 보도된 후에 그자가 수상하여 조사 중에 있다는 것이며 또 여권 없이 입국할 수 있느냐의 문제는 화물선의 매판(買辦) 화주(貨主)가 승선하고 한국에 와서 선원증으로 입국할 수 있다는 것입니다.

(다) 양 피고의 인간성

여하간 변호인 측도 확실한 조사가 미비하여 한자방의 입국과 또 거금을 양 피고에게 주었다는 점에 대하여 약간의 의심이 없는 바도 아닙니다마는 양 피고의 인간성을 참고로 알면 수긍할 자료가 될 줄 믿습니다. 양 피고의 인간됨은 자로 한치 두치 따지는 법조인으로서는 이해하기 곤란한 인물입니다. 왜냐하면 김봉한이 당(當) 공정에서 증언한 바에 의하면 ① 양 피고가 일정(日政) 시 만주 통화에서 수비대 통역을 했는데 일군(日軍)이 한국인을 몰살할 때 한국인의 생명을 많이 살려준 의인(義人)이란 점, ② 통역은 대개 일제 앞잡이로 동포를 못살게 구는 통성(通性)이 있는데 양 피고가 얼마나 인심을 얻었든지 해방 직후 친일파 숙청의 증오심이 비등할 때 당시 양 피고는 강계에서 만주 통화에 넘어가 대단한 환영을 받으면서 많은 수곡(樹穀)을 도입하는 공(功)을 세웠다는 점, ③ 해방 2년 전 북지(北支)에서 돈을 많이 가지고 만주 통화에 와서 개간사업을 크게 하여 많은 전답(田畓)을 이룩한 후 만척(滿拓)[121]과 대립되어 그 농지를 영세농민에게 분배해준 사실과 ④ 통화·강계·희천 등지에 중학교·국민학교를 설립하는 데 대부분의 자금을 양 피고가 원조해준 점, ⑤ 그 반면에 양 피고 자신은 주색에 빠지거나 고향에 집을 짓거나 땅을 사는 등 축재(蓄財)를 해서 호치(豪侈)한 생활을

---

[121] 선만척식주식회사(鮮滿拓殖株式會社)를 말한다. 1936년 9월 동양척식회사가 조선 농민의 만주 이주를 수행하기 위해 설립한 회사다.

한 일이 전연 없다는 점, ⑥ 1·4후퇴로 남한에 와서 고생은 많이 했으나 돈을 벌자 친지인 김봉한 증인에게 차용서나 이자나 기한 등의 작정(作定) 없이 사업을 해서 성공하라고 600만 환을 원조해준 사실, ⑦ 또 과거 아는 자 중에서 빈곤한 자에게 2~30만 환씩 도와준 것은 보통이고 불쌍한 학생 2인을 공부시키고 있다는 사실, ⑧ 또 양 피고를 과거 아는 사람은 그가 타인과 다투거나 모함하는 등등을 본 사실이 전연 없다고 증언한 바 있어 양 피고의 비범한 인간성의 일부를 관찰할 수 있습니다.

양 피고가 현재 남한에서 130만 환의 전세금 200만 환의 종암동 대지와 400여만 환의 명동 대지와 부인이 데리고 온 아들 두 사람 몫으로 500만 환을 예금했다가 장성팔에게 맡긴 것을 합하면 불과 1,200여만 환 정도의 재산을 가진 자가 어찌하여 조 씨에게 2천여만 환을 원조했겠느냐의 점은 상술한 양 피고의 인간성과 과거의 행적을 비교해 볼 때 양 피고와 같이 상해 독립운동을 하던 그 후 신의주형무소에서 같이 복형(服刑)을 하던 조 씨가 우리나라의 지도적 인물로 대통령도 출마하고 정당도 영솔(領率)하는 것을 볼 때 조 씨를 존경하고 또 잘 되기를 기대하면서 불우한 정객을 돕는다는 의협심에서 2천여만 환을 원조해준 것이라고 추찰(推察)할 수 있는 것입니다.

(라) 미불 교환 후 천만 환을 일시에 준 이유

양 피고가 11차 월남 후 천여만 환의 돈을 왜 한꺼번에 조 씨에 주었을까 의심할지도 모릅니다. 양 피고는 이 점에 대하여 남북을 평소 내왕할 때 이익이 박(薄)함으로 엄숙진 묵인하에 값진 시계 등을 다소(多少) 가지고 가서 삼육공사 한광에게 팔아달라 해서 이익을 얻는데 10차 월북 시 한광이가 형님 오래 다니면 의심 받으니 한 번에 천여만 환어치 물품을 가지고 오면 자기가 북경에 가서 거기는 사치품이 귀해서 비싸게 팔고 또 북경에서는 백금(白金) 한 냥이 2천 환, 다이아 1 캐럿에 20만 환하니 그런 것을 사면 1천만 환의 물자로 8천만 환 내지 억환 정도되니 한 번에 벌어서 자기도 이남에 가서 살 수 있게 해주오 하고 부탁해서 11~12차 월북 시 오매가, '로렉스' 시계를 각각 300개씩 엄숙진 묵인 하에 가지고 가서 한광에게 처분을 부탁했고 마지막 갔을 때 한광이 북경 가서 백금이나 다이아를 사오면 억환 대의 자금을 입수할 예산이었고 그 후는 남한에서 사업이나 할까 예정하고 있을 때 한자방으로부터 2만 5천 불을 얻은지라 우선 조 씨에게 천여만 환을 원조했고 또 백금, 다이아 물자가 나오면 □□□□□ □□ 비용으로 천여만 환 원조해주려고 생각했다는 것입니다.

(18) 형무소 쪽지 문제

조 씨가 형무소에서 양 피고에게 전달하라고 쪽지를 전달하려 했다는 것은 조 씨가 자기 죄과를 인멸하려는 것으로 곡해를 할지 모르나 사람이 타인의 모함으로 터무니없는 억울한 지경에 빠졌을 때 그것이 허위고 고문이나 강박으로 부자연한 진술이라 믿고 진실대로 말하라고 동정하는 간수를 통해서 부탁하는 것은 간혹 있을 수 있는 문제가 아닌가 생각됩니다.

상술한바는 공소장에 나타난 전(全) 범죄사실은 진보당사건을 간첩과 결부시키고 괴집과 야합했다고 구성하는 데 흡흡(吸吸)한 나머지 마치 탐정소설 같은 이로정연한 문장이 되어 있지만 그 내포하는 허다한 모순을 지적하여 양 피고의 1·2심 진술 중 그 어느 것을 믿어야 할 것인가의 문제에 대한 자료로 말씀 올린 것입니다.

사실론을 마감에 있어 당(當) 공정에서 김달호 피고인이 경찰에서 고문당한 이유를 설명한 바 있는데 경찰 조사관이 "과거 박헌영 사건을 아느냐. 조 씨를 좌익으로 쳐서 당신이 그 자리에 앉으시오. 그렇게 못하면 정치인의 자격이 없소. 조(曺)는 사형이고 당신은 20년이오" 할 때 김(金) 피고는 "타인을 모함하지는 못하겠다"고 거절하니 그것이 화가 되어 고문을 당한 바 있고 또한 놀랍게도 검사의 구형이 경찰 조사관이 한 말과 일치했다는 진술을 상기하여서 이 중대한 정치적 사실의 인정 여부에 있어서는 건전한 양식(良識)으로 수하(誰何)라도 수긍할 수 있는 판단을 내려주시옵기 바라는 바입니다.

제5 증거론

이상 말씀 올린 사실 관계에 입각해서 증거법에 의한 증거 이론을 말씀 올리겠습니다. 현행 〈형사소송법〉은 증거재판주의와 자유심증주의(自由心證主義)를 채택하고 있습니다. 죄가 되는 사실을 인정함에는 엄격한 증명, 즉 증거능력이 있고 적법한 증거조사를 한 증거가 있어야만 한다는 것입니다. 또 법정에 나타난 증거를 종합하여 범죄사실의 존부(存否)를 판단하는 것, 다시 말하면 증거의 가치판단은 재판관의 합리적이고 과학적인 이성에 맡긴다는 것입니다. 그러나 여사(如斯)한 자유심증주의는 영미법의 영향을 받아 많은 제한을 받고 있습니다. 그것은 ① 임의성 없는 진술과 의제자백은 증거능력이 없다는 것이고 ② 자백에는 보강증거가 있어야만 유죄의 증거로 할 수 있고 ③ 전문증거(傳聞證據) 배척의 원리를 도입하고 있는 까닭입니다.

1. 임의성 문제

〈형소법(刑訴法)〉 제317조 1항은 "피고인 또는 피고인 아닌 자의 진술이 임의로 된 것이 아닌 것은 증거로 할 수 없다" 동조(同條) 2항에는 "전항(前項)의 서류는 그 작성 또는 그 내용인 진술이 임의(任意)로 되었다는 것이 증명된 것이 아니면 증거로 할 수 없다"고 규정하고 있으며 동법(同法) 제309조는 "피고인의 자백이 고문, 폭행, 협박, 신체구속의 부당한 장기화 또는 기망, 기타 방법에 의하여 임의로 진술한 것이 아니라고 의심할 만한 이유가 있을 때에는 이를 유죄의 증거로 할 수 없다"고 규정하고 있습니다. 증거법 상 진술의, 즉 임의성과 의제자백의 문제는 개개의 증거 가치판단의 문제가 아니라 증거로 할 수 있느냐 없느냐의 근본적인 증거능력의 문제올시다.

여사(如斯)한 진술의 임의성 또는 의제자백 문제는 인권옹호의 견지에서 영미법의 원리를 우리 〈형사소송법〉에 도입했으나 우리나라에 도입된 역사가 짧아서 여기에 대한 적절한 판례가 없으므로 부득이 외국의 몇 가지 판례를 들겠습니다.

미국 워싱턴에 중국 유학생 하숙소가 있는데 하루는 유학생 세 사람이 권총으로 사살되었습니다. 마침 제3자인 어떤 사람이 사건 당일 딴 곳에 하숙하고 있는 중국인 유학생 진(陳) 씨가 그 현장에 서 있었다고 고발을 해서 진 씨는 체포되었습니다. 체포 당시 진 씨는 위장병으로 몸이 한약(寒弱) 중에 있었는데 경찰에서는 경위와 형사 두 사람이 매일 8시간씩 연 7일간 계속 조사를 해서 자백을 받았는데 1·2심 공히 사형을 받았습니다.

그러나 미국 대심원(大審院)은 "임의성이 과연 약속 또는 협박에 의한 공술이 아니라는 이유만 가지고는 불충분하다. 법률상 공술의 임의성이란 것은 진술에 있어 그 공술이 임의로 된 경우에 한하여 인정된다. 구류 중 경찰관의 신문에 의하여 공술되는 경우만 임의로 할 수 있다. 그러나 강제에 의하여 얻은 공술은 합법적인 수사 하에 된 것이라는 명문(明文)을 전부 배제한다. 진 씨의 공술은 몸이 쇠약한 사람을 연 7일간 계속 신문 끝에 행하여졌다. 피고인의 공술은 사실상 임의로 된 것이라 인정할 가치가 없고 강제로 했다는 사실은 따질 수 없는 사실인즉, 결국 신문조서와 자백서는 사건 증거로서 배제되어야 한다"는 이유로 사건 발생 후 5년 만에 무죄판결을 내렸습니다. 그것은 진 씨의 자백서 또는 신문조서 중의 공술이 위장병으로 몸이 쇠약한데 매일 8시간씩 연 7일간 취조했다는 사실만 가지고 진술의 임의성이 없다는 판례였습니다.

또 한 가지 판례를 들겠습니다. 1927년 미국에 도난사건이 발생했습니다. 이것은 뉴욕에 있는 경찰서에서 시간 후 형사들에게 강력범에 대비해서 권투를 가르치고 있는데 담당 모 형사가 퇴근 시간이 임박해서 바른 손에 권투 클럽을 끼고 왔다갔다 하면서 피의자를 조사해서 자백을 얻었습니다. 이 사건에 대하여 미국 재판소는 "모든 고문은 법률상 배제되어야 한다. 권투용 클럽은 용서할 수 없다. 권투용 클럽을 끼고 자기 손으로 툭툭치고 왔다갔다 해서 임의성이 없다"고 대심원 네만 판사는 무죄로 언도했습니다.

또 한 가지 판례를 들자면 일본국 대판(大阪)에서 어떤 절도사건이 있었습니다. 경찰관이 취조할 때 피의자가 부인하므로 구타는 하지 않고 머리털을 잡아다니고 또 찌르고 해서 자백을 얻었는데 피고인이나 변호인이 경찰관의 신문조서를 증거로 함에 동의까지 하였으나 대판 고등재판소는 그것을 가지고 강제에 의한 것으로서 임의성이 없으며 설사 피고인이나 변호인이 그 조서를 증거로 함에 동의했다 할지라도 증거능력이 없다 하여 무죄의 언도를 했습니다. 이와 같이 진술의 임의성 여부에 대하여는 엄격한 조건을 부치고 있습니다.

본건에 있어 상술한 바와 같이 양 피고는 당(當) 공정에서 특무대, 검찰, 1심 법정에서 왜 허위자백을 하였느냐의 점에 대하여 논한 바 있습니다. 인간은 자기 방위의 본능이 있는데 양(梁) 피가 어찌하여 화약을 지고 불 속에 들어가는 자백을 했나, 특무대에 2월 8일 출두할 때에 친우(親友) 장성팔이 어떤 사고가 있으면 피신하라는 충고도 물리치고 아무 일 없다, 그 전의 마약 관계인게지 하면서 HID에 사전 양해를 얻고 자진출두한 자가 어찌 본건과 같은 어마어마한 자백을 하였느냐의 점에 대해서는 앞서 상론(詳論)한 바 있습니다. 즉, 특무대에서는 주사를 놓아 정신을 몽롱케 하여 자백을 했다는 고문, 폭행, 또 지하실에 들어가야 알겠나의 전기고문의 협박, 1개월여의 불법감금으로 너는 증인이다, 조(曺)를 치는 것이 목적이다, 너는 아무 일 없다는 유도, 약속, 기망 등으로 이루어진 임의성 없는 진술이었다는 점입니다.

임의성에 관한 양 피고의 여사(如斯)한 주장에 대하여 검찰관은 하등의 증거를 제시치 않고 도리어 변호인 측이 특무대 조사관을 증인으로 신청하였던 것입니다. 그러나 변호인들은 그 조사관이 법정에 나와서 자기들이 고문, 폭행, 협박, 약속, 유도, 기망 등을 자인하지 않을 것이라는 것은 당초부터 예견한 것입니다.

그리하여 고영섭 증인의 진술의 자기모순을 살피자는 것인데 과연 그것이 드러났습니다. 주사는 맞은 일 없고 빨간약을 복용한 일이 있다 하면서 주사를 맞은 것과 비슷한 말을 할 뿐 아니라 양 피고 본인이 조사관을 보고 그때 당신 왼팔에 주사 맞지 않았느냐고 문(問)하니 고 씨는 답을 못하였습니다. 그 외 양 씨 혈압이 160이란 점, 양 피고를 구속영장이 발부될 때까지 1개월간 불법 감금했다는 점, 법관의 구속영장대로 집행하지 않고 여관에 자의로 감금했다는 점, 2월 20일 경까지 방안지에 도표로 조 씨와 양 피고 관계를 기입했다는 점, 그 도표를 작성한 후 신문조서가 일사천리로 매일같이 진행되었으나 일자를 2월 11일부터 소급 작성한 것으로 기록한 점, 상세한 HID 감시자의 정보기록과 도표를 양 피고에게 보여서 자백했다 하나 그것을 제출치 못한 점 등등으로 미루어 고영섭 증인의 증언은 자기모순을 허다히 내포하고 있으며 양 피고의 당(當) 공정의 진술을 간접적으로 추인할 수 있습니다.

다음 검찰에서는 양 피고가 특무대에서의 심리적 영향이 연장된 데다가 권위 있는 담당 검사로부터 조(曺) 건(件)을 위해서 국가방침으로 여하(如何)한 희생도 감수한다. 앞으로 나가거든 남한에서 살아라는 등 암시(暗示)로 그 외 아직 법정에 밝히지 않은 명확한 약속으로서 조봉암 건을 처리함이 국가방침이요, 양 피고는 이번 남한에 나가서 무사히 안주(安住)할 수 있다는 유도와 약속과 기망으로서 임의성 없는 진술을 했다는 지(旨) 당(當) 공정에서 주장했습니다마는 검사로부터 하등 반증의 제시가 없었습니다.

양 피고의 1심 법정에서의 자백은 형식상 어떤 유형적(有形的)인 강제는 없었습니다. 그러나 양 피고는 특무대 검찰에서 하도 조 씨는 역적이다, 국가방침으로 친다, 너는 아무 관계 없다는 등 심리적 영향이 계속되어 5월 15일 처음으로 법정에 출두하자마자 진술하게 되었는데 그때 법정에 산적한 기록과 증거품을 보고 과연 조 씨가 국가에 역적을 하였구나 하는 그릇된 감이 들어서 재판장이 읽어주는 대로 힘없이 고개를 숙인 채 하나하나 시인을 했고 번복할 용기가 없어 허위자백을 유지하다가 그간 조 씨의 주장도 들었는지라 1심 언도 기일(期日)에 손을 들고 모든 사유(事由)를 고백하려던 것이 재판장이 2심에 가서 말하라는 주의로 뜻을 이루지 못하였다 하니 여사(如斯)한 심리(心理)도 있을 법합니다.

보통사람이 증인으로 신문을 당할 때도 독특한 불안감에 싸이는데 항차 피고인의 심리적 압박은 매우 클 것으로 짐작됩니다. 이 점을 이해하시는 데 약간 도움이 될까하여 본 변호인의 경험을 말씀 올리겠습니다. 그것은 1심 때 김달호 피고인을 탈당케 한 진리입니다. 지상(紙上)에 조 씨가 간첩과 관련되었다는 검찰 고위층의 담화를 보고 그것을 믿었습니다. 검찰에 송청(送廳)된 후 담당 검사에게 조 씨가 간첩과 관련되었다는 확인이 있느냐 물으니 있다는 것입니다. 본 변호인은 그것을 확신하고 그러면 김달호 피고인에게 그 증거를 보여주고 탈당케 하여 당국이 진보당의 등록을 취소하기 전에 자체 내에서 해산결의를 시키는 것이 좋지 않겠느냐고 제의하니 좋다고 찬의(贊意)를 표하여 대검(大檢) 모 검사를 방문하고 상의한 후 형무소에 김달호 피고인을 접견하고 여사(如斯)한 절충을 한 바 있습니다. 그때 김(金) 피고는 조 씨가 그럴 리 없다, 공산당 세계가 되면 조 씨는 사형될 자다, 믿기 어려우나 검찰에서 간첩 관련의 확인을 보여주면 서슴치 않고 탈당하고 당의 뒷수습을 하겠다고 말했습니다. 그런데 어쩐 일인지 검사는 조 씨 간첩 관련 증거를 제시하지 않았습니다.

그때의 확인이란 지금 보면 허무한 증거였습니다. 그때까지는 아직 양 피고 사건이 특무대에서 발표하기 전입니다. 그 후 김(金) 피고는 송달된 공소장에서 김기철 씨 안을 보고 자기 부지(不知) 중에 여사(如斯)한 것이 당 기구 내에서 토의된 것이 불쾌함과 당국이 등록을 취소하면 형식상 불법화되는 것이니 당적을 유지할 필요가 없다고 이당(離黨)의 의사를 표명한 바 있었습니다. 본 변호인의 여사(如斯)한 탈당 권유는 오로지 김(金) 피고의 신상을 염려하는 일념에서 한 짓입니다마는 이것은 담당 검사의 인격과 그 말의 무게, 즉 조 씨 간첩 관련 확증이 있다는 말을 천금(千金)같이 전적으로 믿어서 이루어진 것입니다.

직업적인 변호사의 심리가 이와 같이 약할진대 하물며 당자(當者)인 양 피고가 사회와 격리된 장소에서 특무대와 검찰의 일방적 유도, 약속, 기망을 믿고 법정에 나오자마자 재판장의 공소장 기재 사실 신문에 대하여 또 조 씨가 국가의 역적이었다는 것을 그릇 인식하고 허위자백을 한 심리적 경로가 과연 임의성이 있을 건인가, 또 일단 허위자백 후 그것을 시정할 용기가 있겠는가에 상도(想到)할 때 임의성 없는 자백이라고 의심할만한 충분한 이유가 있습니다.

양 피고가 수사기관 또는 검찰에서 작성한 자공서, 진술서, 피의자 신문조서와 1심 공판조서에서 자백한 것은 형식 여하(如何)를 불문하고 아무리 자백을 누적한다 해도 그것은 피고인 스스로 범죄사실을 자인한 자백으로 밖에 인정할 수 없는 것입니다. 또 그 자백이 앞서 말씀 올린 바와 같이 임의성이 흠여(欠如)된 자백이라면 전혀 증거능력이 없는 것입니다. 또 그것을 토대로 구축된 검찰관의 모든 보강증거는 일고의 가치를 인정할 수 없으므로 본건은 결국 무죄에 도달해야 마땅할 것입니다. 공술의 임의성 여부는 앞에 약간의 외국 판례를 보다시피 재판관이 임의성 없다는 증거가 확신의 정도에 이르지 않아도 임의성에 대한 의심만 있으면 그것으로 증거를 할 수 없다는 것을 말씀드립니다.

2. 보강증거의 검토[122]

만약 심판부에서 변호인의 견해와는 달리 양 피고의 자백은 임의성 있는 공술이라고 판단하신다면 다음 문제는 보강증거가 있느냐의 문제로 들어갑니다.

---

122) 원문 변론요지 목차에는 '문제'라고 기재되어 있다.

〈형사소송법〉 제310조에는 "피고인의 자백이 피고인에게 불이익한 유일한 증거인 때는 이를 유죄의 증거로 할 수 없다"고 규정하고 있습니다. 이 규정의 취지는 피고인의 자백이 왕왕 강제 고문, 협박, 기타 부당한 간섭으로 인한 공포와 불안으로 본인의 진의와 자유의사에 반해서 이루어지는 폐가 있는 관계로 피고인의 자백만이 유일한 증거일 때는 타(他)에 적당한 보강증거가 필요하다는 원칙을 천명하고 죄를 진 자가 처벌을 면하는 경우가 있더라도 무고한 자를 처벌하는 것보다는 사회복지에 이롭다는 근본 사상에 기하여 자백편중(自白偏重)과 자백강요의 폐단을 방지해서 인권옹호를 기하자는 규정인 것입니다.

조금 전에 말씀 올린 바와 같이 특무대에서 작성한 양 피고 자신이 자공서나 진술서, 또는 피의자 신문조서, 검사 면전에서 작성한 양 피고의 피의자 신문조서, 원심 공판에서 양 피고가 진술한 공판조서는 모두 양 피고 자신이 자기 범죄사실을 공술한 것이니 그것들을 아무리 다량으로 누적한다 해도 필경 양 피고의 자백으로 귀착되는 것입니다.

과거 일본 최고재판소는 공판정에서 피고인이 자백했을 경우에는 타(他)의 보강증거가 없어도 유죄의 증거로 할 수 있다는 판례가 있고 그 후에 또 피고인의 '공판정에서의 자백'이란 것은 당해(當該) 사건을 재판하는 재판소 이외에 설사 1심 공판정에서 자백했다 할지라도 2심에서는 1심 공판조서의 자백을 증거로 할 수 없다는 판례를 한 바 있습니다. 본건에 있어 양 피고가 1심에서 자백했다고 해서 그것만으로 유죄의 증거는 할 수 없는 것입니다. 하물며 그 후 일본 〈신형사소송법〉은 공판정 자백이나 기외(其外)의 자백을 동일하게 취급하였고 우리 〈형사소송법〉 제310조도 동일한 취지입니다.

대저 공소사실의 입증 책임은 검사에게 있고 또 그 입증할 범위는 ① 주요 사실 즉, 범죄 구성 요건 해당 사실과 ② 간접 사실, 즉 주요 사실을 추인할 수 있는 사실, 이 두 가지는 모두 엄격한 증명을 요하는 것입니다. 다음 ③ 보조 사실, 즉 증거능력, 증명력의 유무와 그 정도를 추인하는 사실은 자유로운 증명으로 가(可)하다는 것입니다. 그러나 검찰관은 적어도 주요 사실과 이것을 추인할 수 있는 간접 사실에 대한 입증 책임은 전적(全的)으로 지고 있는 것입니다.

그러면 본건에 있어 주요 사실은 무엇이냐. 그것은 "양 피고가 괴집 박일영,

임춘추, 임호, 조(趙) 모, 최(崔) 모, 강(姜) 모로부터 평화통일 목표로 조 씨와 합작할 용의가 있다고 제안 받고 양 피고가 조 씨에게 여사(如斯)한 제의를 한바, 동인(同人)의 승낙을 얻고 내왕하였다"는 것이 주요 사실의 대전제이고 "그 후 양 피고가 이북을 내왕하면서 대통령선거비, 기관지 판권비, 창당비, 당 운영비 등 자금을 괴집으로부터 받아다가 조 씨에게 전달하고 또 조 씨로부터 진보당 문건, 간부 명단, 『중앙정치』 등을 받아서 괴집에 제공했다"는 것이 역시 주요 사실을 추인할 수 있는 간접 사실에 속할 것입니다. 왜냐하면 괴집과 조 씨가 합작하였다는 대전제가 무너지면 간접 사실은 사상의 누각 격이 되는 까닭입니다.

여사(如斯)히 본건의 대전제가 되는 합작 운운(云云)의 주요 사실은 이북까지 우리 행정력이 미치지 못하는 관계로 그 입증이 매우 곤란하다는 것도 추찰(推察)할 수 있습니다. 그러나 주요 사실에 가장 가까운 입증은 능히 할 수 있을 것입니다.

(1) 양 피고의 공소사실 (1), (2), (3), 간첩 예비(豫備)의 점에 대해서는 양 피고의 자백 이외에 어떤 보강증거가 있느냐.

검사는 공소장에 이북 선일사 또는 삼육공사는 괴집 직영으로서 장차 간첩 지령이 부하(負荷)된 것을 예측함에도 불구하고 미 첩보기관 선원으로 3차 남북을 왕래함으로써 간첩을 예비했다고 기재하였으나 김동혁이나 엄숙진은 이북 상사(商社)가 그와 같은 개연성은 있으나 각 기관에서 정보를 수집 차 그것을 알면서도 첩자를 파견한다고 공술하고 또 첩자는 이중첩자의 성격을 가졌다고 진술했습니다. 그렇다면은 이북 상사가 장차 간첩 지령을 줄지도 모른다는 점은 우리의 국법으로 우리 첩보기관에서 대북 첩자를 사용하지 못한다는 금지 규정을 해야만 여사(如斯)한 것이 불법화될 것입니다. 우리 첩보기관에서 합법적으로 사용하고 있는 첩자가 전부 이북 간첩이라면 첩자를 파송하는 우리 첩보기관은 이북 괴집의 수족이란 결론밖에 나오지 않습니다.

양 피고가 1차로부터 3차까지 왕복 시 박일영을 만나 조 씨의 동태에 관한 문답이 있었다는 사실은 김동혁 증인이 부지(不知)리 하므로 선원으로 3차 내왕 사실만으로 간첩 예비 사실을 추인하는 보강증거는 되지 못하는 것입니다. 또 삼육공사 김난주, 한광, 기타 상사(商社) 직원과의 접촉은 본건 주요 사실이 아닙니다.

　(2) 양 피고의 공소사실 (4) 내지 (12)의 간첩 사실에 관한 보강증거는 무엇인가.

　① 조봉암 씨의 공술로서는 3년 내외에 양 피고와 자주 접촉하여 음식점이나 소풍을 다니며 기간(其間) 약 2천만 환 내외의 돈을 얻어 썼다는 것과 양 피고가 진보당에 관심이 있어 진보당 결당 문건, 간부 명단, 『중앙정치』, 출마자 명단 등을 주었다는 것과 일간지 구입과 치안국장 무전문 등의 교담(交談) 내용은 시인하나 괴집과의 교역이나 괴집의 지령이나 혹종(或種)의 제의 등은 전연 문득(聞得)한 바가 없다고 특무대 이래 일관해서 진술하고 있습니다. 그러면 여사(如斯)한 조 피고의 공술이 앞서 말한바 대전제가 되는 주요 사실을 추인할 수 있을 것인가. 물론 선입감을 가졌거나 의심하려면 한정이 없을 것입니다.

　본 변호인은 이와 같은 증거의 가치판단 자료에 대하여 사실론에서 상론한 바 있습니다마는 조 피고의 진술이 얼마나 솔직담백하고 거짓이 없는가의 점을 몇 가지 들겠습니다. ⑷ 자기를 원조해주는 사람 중에서 양 피고보다 더 많이 준 자가 없다는 진술과 ⑷ 금년 1월 초순경 양 피고 가(家)를 방문했을 때 양 피고의 당(當) 공정 진술은 당시 출마자 명부와 중앙위원 명단과 대조할 때 조 씨는 안경이 없어서 못 보겠으니 더 크게 자세히 써 주겠다고 하더란 것을 조 피고는 그 대조의 점은 기억이 나지 않는다고 진술 한 점, ⑷ 진보당의 평화통일론이 국헌에 위배되느냐의 문제는 진보당사건의 핵심이요, 여타 피고인의 유무죄의 관건이 되는 것을 알면서도 남북이 평화적으로 통일이 이루어진다면 대한민국의 발전적 해소를 초래한다고 진술하는 등등을 종합해보면 조 피고는 어느 진술이 자기에게 얼마나 불리하든 또는 유리하든 간에 진실을 말하고 있다는 것을 짐작할 수 있습니다.

　따라서 조 씨가 특무대 이래 당(當) 공정까지 일관해서 양 피고가 괴집의 지령을 받았거나 괴집의 자금이라는 것을 몰랐다는 진술은 조 씨의 인격에 비추어 신빙할 수 있을 것입니다.

　② 다음 엄숙진의 공술은 보강증거가 되는가. 양 피고의 조종자인 엄(嚴) 씨도

양 피고가 괴집으로부터 지령받은 사실은 부지(不知)라고 공술했습니다. 도리어 양 피고는 인천 첩보대의 첩자로서 월북할 때나 월남할 때 공연(公然) 또는 은밀리(隱密裡)에 소지품의 조사를 받으며 남한 체재 중에도 엄중한 감시를 받고 만약 미화 2만 7천 불 또는 진보당 문건, 잡지 등을 가지고 갔다면 첩보대에서 묵인하고서 양 피고의 행동을 살피느라고 보냈을 것입니다라고 공술하고 있습니다.

엄숙진은 본건 주요 사실의 가장 가까운 증인입니다. 첩자가 첩보대 모르게 부피 4만 환 묶음의 미화 2만 7천 불 또는 진보당 문건, 잡지 등을 가지고 다니지 못함을 밝혔고 또 만약 가지고 갔다면 HID 묵인하에 가지고 왔을 것이라 하는 데에는 모름지기 HID가 예외적으로 묵인해서 가지고 가는 것을 방치했던가의 점에 대하여 입증이 있어야 하겠거늘 하등의 증거 제시가 없었으니 검찰관의 모든 보강증거를 깨트리는 것입니다.

엄숙진은 양 피고가 4~5차 목침(木枕)만한 것을 가지고 오는 것을 묵인한바 있다 하는데 그것도 무엇인가 조사를 했을 것이고 지금까지 나타난 것은 사향인데 그것은 1kg 정도이고 150만 환 가치의 물건을 HID와의 정식 거래 이외로 반입해서 장사한 데 불과한 것입니다.

③ 기외(其外) 이정자, 정옥실, 마재하의 진술이나 혹은 수표책(手票冊), 보증수표의 사진 등은 양 피고가 미불 2만 5~6천 불을 교환했다는 증거는 되지만 현재 남대문이나 자유시장에서 하루에 수만 불의 미화가 거래되고 있다는 점과 괴집에서 파송(派送)하는 거물급 간첩도 미 본토불 천 불 내지 1,800불 정도를 소지하고 그것도 모두 부피가 적은 백불권(百弗券)을 가지고 오는데 양 피고는 괴집으로부터 50불, 20불, 10불 등으로 2만 환 부피의 미화를 북에서 가지고 왔다 하니 이것은 재판경험법칙에 반하는 것입니다. 그러니 미화 2만 6, 7천 불을 교환해서 그중 1천여만 환이 조 씨에게 갔다 하더라도 괴집으로부터 받아왔다는 보강증거는 되지 못합니다.

④ 조규진, 조호정, 이재윤, 조문자 등의 공술은 양 피고로부터 돈을 받았다거나 자주 만난다거나 하는 정도는 알 수 있으나 그 돈이 괴집에서 오거나 또 만나는 것이 괴집의 지령 전달이라고는 추인할 수 없습니다. 그리하여 양 피고와 조 씨 간에는 잡담만 있었지 별로 정치담이나 시국담을 들은 사실

이 없다고 유리한 공술을 하고 있습니다.

⑤ 기타 남산동 음식점 김영애(金永愛)와 증(證) 1호 영업 장부, 중국인 한약상 (漢藥商) 간인평(干仁平) 등의 진술 등은 남산동 상봉 사실 및 녹용 수수 사실은 인정할 수 있지만 주요 사실을 추인할 자료는 못 되는 것입니다.

⑥ 증(證) 2, 4, 5호, 『중앙정치』, 선언문 책자, 진보당 간부 명단 등은 조 씨로부터 받은 것이 아니라 수사기관이 수집하여 제시한 데 불과한 것입니다.

⑦ 당(當) 공정에서 정시마의 진술조서를 제시한 바 있습니다마는 그 성립과 증거능력을 부인한 바 있습니다.

이상으로 검찰관이 제시한 보강증거를 대충 검토했습니다마는 여사(如斯)한 증거만으로는 조 피고와 양 피고 간에 금전수수, 혹은 문건수수 사실은 입증할 수 있으나 그것이 바로 괴집으로부터 받았다, 괴집에 보냈다 하는 주요 사실을 추인할 자료는 되지 못한다고 생각되는 바입니다.

도리어 검찰관은 양 피고가 6·8·9차 월남 시 선대(先貸) 형식으로 각 500만 환의 물자를 평소보다 더 많이 도입했다는 삼육공사 발행의 물품목록을 법정에 제시치 못했고 또 인천 첩보대 묵인하에 예외로 여사(如斯)한 물품과 미불과 문건 등이 왕래했다면 양 피고의 감시자를 법정에서 증인으로 내놓아야 기여(其餘)의 본건 보강증거를 합리화시킬 수 있을 것입니다.

증거론을 마감에 있어 본건은 우리 역사상 처음 보는 중대한 사건입니다. 공판정에 제시된 여러 증거의 가치판단은 오로지 재판관의 합리적인 이성에 일임(一任)되어 있습니다. 그러나 어떤 죄를 인정함에는 의심 둘 여지없는 확신에 도달하는 심증이 필요한 것입니다. 결코 부인증거보다 긍정증거의 증거 가치가 우월하다 해서, 다시 말하면 검찰관의 증거가 변호인의 반증보다 우월하다고 해서 유죄케 결(決)을 내릴 수는 없는 것입니다.

원컨대 우리나라의 현 사회실태와 앞서 사실관계에서 상론(詳論)한 진보당사건 발단과 양 피고 사건의 관련성, 첩자 사용의 원칙, 수사의 맹점, 양 피고의 법정 태도, 공소사실 개개의 모순 등등 매거(枚擧)하기 어려운 정도의 제(諸) 모순에 대하여 공판에 나타난 검찰관의 보강증거만으로는 조 씨와 양 피고가 괴집과 야합하였다는 주요 사실을 합리적으로 긍인(肯認)할 수 있는 확신은 절대 들지 못할 것으로 믿습니다. 고래(古來)로 의심스러운 것은 피고인의 이익으로 돌린다는 형사소송의 원칙에 따라 증거불충분으로서 무죄의 언도 있기를 바라는 바입니다.

제6 법률 적용 문제

백보천보를 양보해서 그럴 리가 없을 것으로 믿습니다마는 만약 공소사실에 대한 증거가 불충분하다고 판단할 경우에는 그 법률 적용을 어떻게 할 것인가.

혹자는 간첩의 정의가 전시(戰時)에 있어 적국(敵國)에 통보할 목적으로 은밀히 또는 허위 구실하에 군사상의 기밀을 탐지하거나 도서, 문건 등을 수집하는 행위이니 본건은 국가기밀도 아니요, 일개 정당의 공표된 사항이라고 할지 모르나 이미 우리 대법원은 여사(如斯)한 해석을 배척하고 현 국제정세가 자유진영 대 공산진영의 투쟁으로 인하여 무력전 외에 허위 선언, 모략 등으로 간단없이 상대국의 적화(赤化)를 기도하고 있는 이때 군사 또는 국가 일반 정책 간의 한계를 구분할 수 없고 정치, 문화 경제면의 동태에 관한 기밀탐지 역(亦) 간첩 행위라 해석하고 있으므로 이 점을 주장하고자 하는 바는 아닙니다.

또 혹자는 괴집이나 소련이 아무리 지령을 하고 돈을 주었다 하더라도 그 지령을 그대로 실천하지 않고 받은 돈으로 대한민국의 발전, 육성을 위하여 사용되었다면 무슨 죄가 되느냐, 진보당의 평화통일론이 괴집 통일론과 양립할 수 없는 현격한 차이가 있을 뿐 아니라 진보당의 강령, 정책은 국헌을 문란하는 의도가 추호도 없다고도 할 것입니다. 그러나 이것 역(亦) 국민 감정상으로 용납되지 않음은 물론, 상술한 우리 대법원 판례를 상기할 때 이것을 주장할 수는 없습니다.

마지막으로 본 변호인이 주장할 결론을 말씀드리면 1심에서 〈국가보안법〉을 적용한 것이 타당하다는 것입니다. 이것은 극히 가설적이고 나쁜 예라 자인하는 바입니다마는 순법리적으로 따진다면 북한에 정부를 참칭하는 괴뢰집단이 있고 또 국가변란을 목적하는 노동당이 있는데 만약 남한에 노동당이 표면으로 또는 지하로 존재한다고 가정할 경우에 북한 괴집 또는 노동당이 남한의 노동당에 지령을 주고 보고를 받는다는 사실이 있었다면 이것은 어디까지나 목적 사항 실행 죄로서 보안법 3조를 적용할 수밖에 없을 것입니다. 그와 마찬가지로 본건 공소장에 보면 대한민국 전복 목적으로 괴집과 합작하여 그 원조를 수(受)할 것을 응낙(應諾) 운운(云云)으로 기재되어 있는데 검사가 차(此) 문구를 제외하지 않는 이상 그 괴집과 합작한 면에 있어서는 마치 남한에 노동당이 있어 북한 괴집이나 노동당으로부터 지령을 받고 돈을 받은 것과 순법리론적으로 볼 때 조금도 다른 점이 없는 것입니다. 따라서 검사가 공소장에 합작 운운(云云)의 기재를 그대로 유지한다면 본건은 전형적 보안법 사건에 해당할 것이며 보안법 제3조를 적용해야 마땅할 줄 믿습니다.

이상으로서 양 피고에 대한 변론은 사실론을 주로 하며 증거법과 법률적용 문제를 약간 논급했습니다. 정상(情狀)에 관해서는 상(相) 변호인이 변론할 것입니다. 본인이 담당한 박기출, 김달호 양(兩) 피고인에 대한 변론은 상(相) 변호인이 변론한 후에 약간 언급하기로 하겠습니다.

변론을 마감에 있어 김달호 피고인이 1심 최후 진술에서 "재판소의 확신에 의해서 판결해주시오. 만약 우리들이 무죄가 된다면 판사 신변(身邊)에 영장이 발부될지도 모를 것입니다. 만약 20년을 언도한다면 판결에 따르겠습니다. 부디 재판소의 확신에 의해서 판결해주시오" 하고 진술했습니다. 본 변호인의 현재 심경도 매우 복잡합니다. 본건 담당 중의 직접, 간접의 압박은 이루 말할 수 없습니다. 본인의 신변에도 영장이 언제 내릴지 모르겠다는 공포감까지 느끼면서도 변호인이 할 임무는 다했다고 한편으로 자위(自慰)하고 있습니다.

원컨대 재판소에서는 본건에 있어 합리적으로 수긍할 수 있는 티 하나 없는 거울 같은 이성으로 의심할 여지 없는 확고부동한 심증(心證) 형성으로 판단해주십시오.

장□한 변호를 끝까지 들어주셔서 감사합니다.

[출전 : 19권 251~386쪽]

4291(1958)년 〈형공〉 제958호

피고인 이동화를 위한 진술서

진정인(眞情人) - 자유당 중앙위원, 제2대 민의원 여운홍
서울고등법원 형사 제2부
판사 제위(諸位) 귀하

진정의 요지

본인은 세칭 진보당사건 관계 피고인 중의 1인인 이동화 교수를 위한 특별 변론의 의미로 정직하게 몇 마디 말씀을 드려 진정합니다.

법학을 전연 공부한 일이 없는 본인은 물이 흘러감을 표시하는 '법(法)'이란 문자를 사리에 순응한다는 의미로 해석합니다. 이를 환언(換言)하면 '법'이란 것은 '양심을 따르고 시대사조를 따르고 민의, 즉 대중의사를 따르고 결코 이들 3자에 역행하지 않음' 그 본질로 하는 동시에 법은 전 국민을 향하여 이들 3자를 준수 행동하도록 요구하고 있는 것으로 본인은 이해하고 있습니다. 그러면 이동화 피고는 양심과 시대사조와 민의를 배반하여 용서 못 할 범법행위를 저지른 것이겠습니까. 아닙니다. 본인은 절대로 아니라고 확신하는 바입니다.

본인은 이동화 피고를 그의 약관(弱冠) 시부터 잘 알고 있으며 가족적으로도 서로 친근한 사이에 있습니다. 따라서 본인은 그의 성격, 품행, 경력 등을 가장 잘 알고 있다고 자신합니다.

이동화 피고를 누구보다도 더 잘 아는 본인은 그를 진심으로 애경(愛敬)합니

다. 본인은 공부 잘하고 재조(才操)있고 충직하고 근실한 학생 이동화 군을 지극히 사랑하였고 풍부한 학식과 고결한 인격을 가진 이동화 교수를 존경하고 있습니다.

가장 우수한 정치학자인 이동화 교수는 특히 맑시즘 및 볼세비즘 이론에 대한 깊은 조예(造詣)와 아울러 소련 및 그 위성제국(衛星諸國)에 대한 넓은 지식을 가지고 있습니다. 이와 같은 깊은 이론적 연구뿐 아니라 공산독재 하에서의 그의 체험을 통하여 공산주의의 폭악(暴惡)한 본질을 적확히 파악하게 된 이동화 교수는 공산주의를 철저히 반대하고 증오하게 되었을 뿐 아니라 또 이를 준열(峻烈)히 이론적으로 비판하여 온 것입니다. 1948년 4월 평양에서 소위 남북협상이 열렸을 당시에 벌써 이동화 피고는 본인을 면대(面對)하여 김일성 일파의 독재정치를 기탄없이 논란, 비판하였던 것입니다.

마음 속으로는 오래전부터 이미 공산주의와 결별하였었던 이동화 피고는 1950년 10월 유엔군이 평양에 입성한 조금 후 사랑하는 처자를 고향에 남긴 채 모든 고난과 위험을 무릅쓰고 월남하여 이후 만 8개 성상(星霜)의 좁고 불편한 자기 개인 생활에 대하여는 한 마디의 불평도 말하는 일이 없이 조국의 민주적 발전과 민족의 광영스러운 장래를 위하여 주야(晝夜)를 불변(不辨)하고 악전고투하여 왔습니다. 그가 월남 이후 공산주의의 이론적인 극복, 지양을 위한 다수의 가치 있는 논문을 발표하는 동시에 한국에서의 진정한 민주이론과 민주세력의 발전을 위하여 다대(多大)한 노력을 경주하여 왔다는 것은 주지의 사실인 것입니다. 그리고 본인이 진정한 애국자이고 훌륭한 학자이고 고결한 인격의 소유자인 이동화 교수를 존경하고 높이 평가하지 않을 수 없는 이유는 여기에 있는 것입니다.

이동화 피고에 의하여 기초되었던 강령 초안이 한국의 양(兩) 혁신정당, 즉 진보당과 민주혁신당에 의하여 각각 그들이 강령으로서 채택되어 있다는 것은 주지의 사실입니다. 진보당 강령이 이번 공판에서 심의대상의 하나로 되고 있는 것 같이 보입니다마는 이 강령을 정독하고 검토한 본인으로서는 그것이 가장 민주적이고 또 애국적 성격을 띄고 있다는 점을 확언하고 역설하지 않을 수 없는 바입니다. 이 강령을 일독한 사람이면 누구든지 용이(容易)히 이해할 수 있을 바와 같이 그것은 첫째로 점진적인 자본주의 수정의 원칙 위에 서 있고 둘째로 그것은 철저한 반공친미(反共親美) 원칙 위에 서 있으며 셋째로 그것은 가장 완전한 의회주의적 민주주의의 입장에 서 있습니다.

이를 요컨대 뚜렷이 반공친미적 입장을 견지하고 의회민주주의적 제(諸) 원칙에 충실하면서 어디까지나 민주적, 평화적 방식에 의하여 점진적인 자본주의수정(오늘날 자본주의수정을 거부하는 나라는 이 지구상에 하나도 있을 수 없습니다.)을 기도하는 한편, 나라의 경제적 건설을 촉진, 달성함으로써 아름다운 이 강토(疆土)에 여인공락(與人共樂)의 참다운 민주적 복지사회를 건설하려고 함이 이 강령의 기본적 목표로 되어있는 것입니다. 이리하여 이 강령은 아무런 비민주적 내지 반국가적 요소를 내포하고 있지 않음은 물론이고 그것은 가장 진정한 민주주의의 입장을 대표하는 강령이라는 것을 본인은 확신하고 의심치 않는 바입니다.

검사 공소장에는 이동화 교수가 주재하는 연구소 서가에 『김일성선집』수권이 꽂혀있던 것처럼 주장되고 있는 듯합니다마는 이것은 아주 사실과 어그러지는 말입니다. 본인은 때때로 동(同) 연구소를 방문한 일이 있습니다마는 이러한 책자가 서가에 꽂힌 것을 목격한 일은 전연 없는 것입니다. 동 연구소에는 이동화 교수의 우인(友人)과 제자가 다수 출입하였음은 사실입니다마는 간혹 그들 사이에 사상적, 정치적 문제에 관한 논의가 있을 때에는 이(李) 교수는 언제나 가장 철저히 공산주의를 반대하고 비판하는 입장에서 참다운 민주적 이론 및 실천을 강조하고 있었다는 것이 사실인 것입니다.

이동화 피고의 위인(爲人)과 소행은 약언(約言)하면 이상과 같습니다. 그와 같은 양심적이고 애국적인 일꾼을 법적으로 문죄(問罪)할 아무런 이유도 없는 것이며 도리어 그를 우대하고 그에게 모든 편의를 제공함으로써 그로 하여금 우리의 반공(反共) 사업과 민주국가 건설에 크게 이바지하게끔 하는 것이 우리의 국가적 이익과 합치하는 일이리라고 본인은 확신하고 의심치 않는 바입니다.

우리의 대공투쟁(對共鬪爭)의 승리적 종결은 총검만으로써 이룩될 수 없고 가장 훌륭한 민주적 이론과 실천에 의하여 달성되지 않으면 아니 되는 것입니다. 우리나라에서도 선진 제국(諸國)에서와 같이 서방세계와 공산세계의 정치, 경제, 문화에 관한 광범한 조사, 연구(그 일부로서 통일문제에 관한 종합적 연구)를 추진할 필요가 있다고 생각되는 것입니다.

하버드 대학 역사학 교수 슐레징거 씨가 그의 최근 논문 가운데서 말하고 있는 바와 같이 국내적, 국제적으로 큰 혼란이 계속되고 있고 거친 파도를 헤치면서 원양항해(遠洋航海)를 하는듯한 이 시대에 있어서는 주먹구구에 능한 구식 두뇌보다는 새 지식과 새로운 사고방식을 가진 신인(新人)들이 요청되는 것입니다.

우리나라 근대사를 더듬어 보더라도 정다산(丁茶山), 이가환(李家煥) 선생 같은 분들이 양학(洋學)을 연구한다고 해서 그들을 죽이고 귀양 보내는 대신 그들에게 기회를 주어 서양학을 연구시켰더라면 우리의 국가적 이익이 얼마나 크게 촉진되었겠습니까.

위에서 말씀한 바와 같이 이동화 피고는 고결한 인격자, 박학다문(博學多聞)한 대학자이고 진정한 애국자이며 공산주의를 깊이 알고 또 이를 철저히 배격하는 반공적 민주주의자입니다. 그러므로 본인은 현명하신 재판관 제위(諸位)께 동 피고에 대하여 무죄판결을 내리시도록 간망(懇望) 앙청(仰請)하고 또 반드시 그렇게 될 것을 굳게 믿는 바입니다. 경구(敬具)

4291(1958)년 10월 일
진정인 여운홍

[출전 : 19권 387~392쪽]

피고인 조봉암 외 20인에 대한 간첩 등 피고사건에 관하여 4291(1958)년 10월 16일 오전 10시 서울고등법원의 공개한 법정에서

재판장 판사 김용진, 판사 최보현, 판사 조규대, 서기 김응교 열석(列席)

검사 방재기 출석

변호인 신태악, 조헌식, 권재찬, 김병희, 김봉환, 옥동형
변호인 강순원, 김춘봉, 오승근, 민동식, 임석무, 유춘산
변호인 전봉덕, 최순문, 이상규, 윤용진 각 출석

피고인 등은 신체의 구속을 받지 않고 출석하다.

재판장은 전회에 계속하여 공판심리할 지(旨) 고하고 각 소송관계인에 대하여 전회의 공판조서에 의하여 그 심리사항의 요령을 고한 후, 차(此)에 대하여 증감, 변경할 수 있는 지(旨) 고하니

각 소송관계인 등은 이의 없다는 지(旨) 술(述)하다.

변호인 김봉환은
전회의 변론에 계속하여 별첨(別添) 변론요지 83혈(頁) 4행(行)부터 135혈(頁) 말행(末行)까지와 여(如)히 양이섭을 위하여 유리한 변론을 하다.

변호인 윤용진은

피고인 양이섭을 위하여 양이섭의 과거의 경력을 보면 애국애족 면에 사재(私財)를 투여하여 왔고 그 습성으로 애국 지도자인 조봉암에게 경제적 원조를 하였다는 것이 용이하게 수긍되는바, 동 조봉암에게 준 금품이 이북 괴집에서 보낸 것이라는 보강증거가 없는 본건에 있어서는 무죄라는 결론이 날 수밖에 없다고 보는 바이며 또 검찰 당국이나 일부에서는 양이섭이가 공소심에서 종전의 진술을 번복하는 것은 본 변호인의 교사에 인한 것이 아닌가 의심하는 듯하나 본 변호인은 일개의 양이섭을 구출하기 위하여 국가의 심판권을 혼란케 할 만큼 우매한 인간은 아니라는 요지의 변론을 하다.

변호인 임석무는

피고인 김달호를 위하여 김달호 피고인에 대한 공소사실은 구체화되어 있지 않고 국가를 변란할 것을 목적으로 하는 진보당에 가담하였다는 취지인바, 진보당 강령을 보면 평화적, 민주적인 방법으로 남북통일을 달성할 것과 사회적 민주주의, 즉 복지국가를 이룩하자는 것이며 공소사실을 인정할 만한 증거가 없으므로 동 피고인은 무죄라고 사료한다는 요지의 변론을 하다.

변호인 옥동형은

피고인 이동현을 위하여 동 피고인에 대한 수뢰(收賂)의 공소사실에 대하여는 동 피고인이 상(相) 피고인 조봉암과 뇌물수수의 약속을 하였다는 증거가 없는 것이고 또 법령 제5호 위반의 점에 관하여는 동 피고인은 형무관으로서 서울형무소의 권총을 동 형무소장의 휴대허가증으로 휴대한 것이므로 각 범죄의 구성 요건에 해당치 않는다고 사료한다는 요지의 변론을 하다.

변호인 강순원은

피고인 이동현을 위하여 예심(豫審)이 동 피고인에 대한 수뢰의 점에 관한 유죄의 증거로서 기결수 이덕신(李德信)의 증언을 채택한 것인데 동 증언은 일고의 가치가 없는 것이며 법령 제5호 위반의 점 역시 실형(實刑)의 가치가 없다고 사료된다는 요지의 변론을 하다.

변호인 김춘봉은

별첨(別添) 변론요지 제1혈(頁) 내지 동 제40혈(頁) 말행(末行)의 내용과 여(如)히 피고인 조봉암 및 윤길중을 위하여 유리한 변론을 하다.

재판장은 금일의 공판은 차(此) 정도로 속행할 지(旨) 고하고 차회(次回) 기일(期日)은 내(來) 10월 17일 오전 10시로 지정, 고지하고 각 소송관계인의 출석을 명한 후 폐정하다.

4291(1958)년 10월 16일
서울고등법원 형사 제2부
재판장 판사 김용진
서기 김응교

[출전 : 19권 393~397쪽]

피고인 **조봉암 외 20인에** 대한 간첩 등 피고사건에 관하여 4291(1958)년 10월 17일 오전 10시 서울고등법원의 공개한 법정에서

재판장 판사 김용진, 판사 최보현, 판사 조규대, 서기 김응교 열석(列席)

검사 방재기 출석

변호인 신태악, 조헌식, 권재찬, 김병희, 김봉환, 옥동형, 강순원, 김춘봉, 오승근, 민동식, 임석무, 유춘산, 전봉덕, 최순문, 이상규, 윤용진 각 출석

피고인 등은 신체의 구속을 받지 않고 출석하다

재판장은 전회에 계속하여 재판심리할 지(旨) 고하고 각 소송관계인에 대하여 전회의 재판조서에 의하여 기심리(其審理) 사항의 요령을 고한 후 차(此)에 대하여 증감변경할 수 있는 지(旨) 고하니 각 소송관계인 등은 이의 없다는 지(旨) 술하다.

변호인 김춘봉은
전회에 계속하여 피고인 조봉암을 위하여 별봉 변론 요지 제41엽 이후와 여(如)히 유리한 변론을 하고

변호인 신태악은
피고인 조봉암, 동 전세룡, 동 김기철 동 조규희를 위하여 다음 요지와 여(如)히 변론을 하다. 본건 공소심의 심리에 있어서는 피고인 조봉암과 동 양이섭의

간첩신고사건에 중점을 둘 것이라고 사료하여 왔는데 방(方)·조(趙) 양 검사의 논고에 의하면 동 간첩문제에 치중치 않고 본 변호인이 문제시도 안하던 진보당 관계에 정력을 집중하므로 본 변호인의 변론도 자연 동 진보당 관계에 집중하여 변호하고자 하는바 본건 증거조사단계에 있어서 증인 고영섭의 환문 신청은 그 성질에 있어서 의당 검찰관측에서 신청하여야 할 것임에도 불구하고 그 신청을 하지 않으므로 본 변호인은 동 증인의 진술내용이 심히 피고인에게 불이익한 것이라는 예측을 하면서도 진상을 규명하기 위하여 부득이 신청하였던바 다행히 채택되었으나 이여(爾余)의 신청 중 중요한 것을 각하하였으므로 심리미진이라고 사료한다.

그리고 피고인 조봉암에 대하여는 4291(1958)년 2월 8일 동년 2월 17일 동년 4월 7일(접수는 8일) 동년 6월 13일의 4차에 긍(亘)하여 공소장을 제출하였는데 동년 2월 8일자 이외의 공소장은 기(其) 성질에 있어서 추가공소장이며 동 추가공소장은 〈형사소송법〉 제298조의 허가 절차가 있어야 하는데도 불구하고 동(同) 합법 절차를 취한 것은 6월 13일자 이 추가공소장 이외에는 없으므로 그 추가공소장의 효력을 상실하는 것이라 생각하는 바이므로 동법 제327조를 적용하여 공소기각의 판결이 있어야 타당한 것이다.

그러므로 본 변호인은 간첩에 관한 변론은 생략하고 진보당이 국가의 변란을 목적으로 하는 여부에 관하여 논하고자 하는 바인데, 우선 원심판결을 보면 대체로 잘되어 있지만 단지 유죄 부분에 억측과 독단의 판결을 한 것이라 생각되나 이 점은 모종의 고충이 있어서 그런 것이 아닌가 추측되는 바도 있는 것이다.

다음 방(方)·조(趙) 양 검사의 논고 취지는 진보당이 공산당과 내통하여 사회주의를 지향하고 있으며 표면에는 반공하는 척하나 기(其) 실리면을 분석하여보면 천천히 공산주의화의 음모가 내포한 것이라는 바 이런 식의 억측과 독단적 해(解)을 하려면 한량이 없는 것이며 일례를 들면 어떤 자가 밥을 먹겠다고 말한 것을 가지고 그자가 밥을 먹겠다고 하는 이면에는 나를 구타하려고 하는 것이라고 하는 것과 같다. 그자는 밥을 먹고 기력을 왕성히 하여 나를 구타할 수 있을 것이기 때문이라는 식의 사고방식과 조금도 다름이 없는 것이라고 사료하는 바이며 이것은 오로지 양(兩) 검사께서 공산주의와 사회주의에 대한 이해와 연구가 부족한데서 나온 소론이라고 인정되는 것이며 현재 서구 선진국가에서 공산주의와 사회주의가 맹렬히 투쟁을 하고 있는 것을 볼 때에 더욱 동 논고는 일고의 가치가 없는 것이라고 생각되는 것이다.

논고 중에 우리 헌법은 개인주의 자본주의를 기초로 하고 있음에도 불구하고 진보당의 강령은 개인 자본주의를 말살 부인하려고 한다하는 취지가 있는바 우리 헌법은 절대로 개인 자본주의에 기초를 둔 것이 아니고 자본주의를 수정하여서 사회주의의 장점을 선택 융합시킨 계획적인 자본주의 체제라고 보는 것이 타당한 것이다. 이런 견해는 본 변호인의 단독 견해가 아니고 우리 헌법학의 태두(泰斗)인 유진오 씨도 『헌법해의(憲法解義)』라는 책자를 통하여 동 사실을 강조하고 있는 것이다.

이런 점으로 보아서 동 논고는 그 기초가 틀렸다고 보는 것이다. 진보당 강령 전문과 문구 중에 친애하는 노동자 농민 여러분....... 라던가 변혁이라는 자구, 우리 현 정권을 가르켜 특권적, 관료적 부패정치라는 등의 문구가 발견된다고 하여 사회주의 공산주의를 지향한다고 보는 것은 어불성설이며 오히려 그런 길만이 공산주의 만연의 길을 막는 것이며 검사가 이런 식의 해석을 하는 것이라면 정당을 조직하려면 강령을 작성하여 우선 검사의 허가를 얻지 않으면 심히 위험한 것이라 아니할 수 없는 것이다.

또 진보당의 강령과 민혁당의 강령은 동일인의 기초로서 기(其) 내용이 꼭 같은 데도 불구하고 진보당원만 입건 기소된 것은 기이한 것이며 이것을 보아도 본 건은 진보당원을 탄압하기 위한 내용 무실한 것임을 확인할 수 있다. 조인구 검사의 논고 중 헌법전문 설명과 사회주의의 특색에 대한 설명은 옳으나 결론에 모순이 있으며 전□의 설명을 순조로이 결론지으려면 결국 진보당은 사회주의를 지향하지 않고 우리 헌법과 협치되는 이념에 있다라고 하여야 되는데 그와 반대의 견해를 표명한 것은 독단한 폐단이 있는 것이고 진보당의 강령을 숙독하여보면 동당은 평화적 민주적인 선거의 방법으로 그 강령정책을 달성하자는 것이므로 불법결사라고 할 수 없으며 폭력적 계급적인 공산주의의 정당과 판이한 것이다. 그러므로 진보당이 국가변란을 목적으로 결성된 정당이라는 것은 전연 근거가 없으며 피고인 등의 진술내용과 여(如)히 진보당은 진정한 민주주의국가로 발전시키자는 것이다.

다음에 평화통일론에 관하여 고찰하여보건대 진보당 통일문제연구위원장 김기철 피고인이 작성한 초안은 공산괴뢰의 의장 평화공세를 통박하고 우리 국민이 진실로 염원하고 있는 당면문제를 애국적인 견지에서 연구한 것인데 우리 정부의 고관대작들은 협잡하는 데만 생각이 있고 오늘 저녁에는 어느 기생을 데리고 어느 요리집에 가겠는가에만 정신을 밧짝 차리고 평화통일에 관한 문제는 생각조차 하지 않고 있다. 또한 조금만 잘못하면 목이 달아나겠으니까 말도 못하겠지만 『중앙정치』에 발표한 평화통일의 안은 대한민국을 부인하는 형적을 찾아볼 수 없는 것이며 변영태 전 외무부장관이 제네바회담에 제안한 안과 그 실(実) 같은 것이다.

이 대통령은 세계적인 반공영도자로서 북진통일을 주창하는 반면에 평화적인 통일도 모색하고 있다는 일론(一論)을 몰이해하고 북진통일 이외에는 국시에 배반된다는 사고방식은 옳지 못한 것이다. 김기철 안을 위법이라고 따지는 식으로 변영태 장관 안을 법적으로 따지면 반국가적이라 아니할 수 없다.

이번의 진보당사건을 계기로 하여 앞으로 또 여사(如斯)한 정치적 사건 발생을 방지하는 의미에서 마지막으로 말하여 둘 것은, 이조시대의 갑자사화 한 토막을 살펴보면 연산군이라는 폭군이 모친의 원수를 갚기 위하여 모친을 해악하는데 가담하였다고 의심되는 충신을 모조리 살육하였는데 당시 이미 작고한 사람의 묘까지 발굴하여 사체의 목을 자르는 만행까지 한 것인데 당시의 재판관 역할을 한 윤상필(尹商弼)이는 그로부터 6년 후에 반대파에 의하여 바로 6년 전에 한 것과 꼭 같은 재판으로 처형을 당한 것이며, 당시의 재판관이나 검찰관은 지극히 음성에서 나온 것에 기인한 것이며 금일의 우리들이 당시의 재판관이나 검찰관을 상면한다면 안면에 침을 뱉어서 충신을 죽인 자들을 책망할 것인 즉 금일의 진보당사건의 판단도 후손에 의하여 그렇게 비판을 받을 것은 분명하므로 재판관들은 차(此) 사실을 명심하여 추호도 가책(苛責) 없는 판결을 내리어 자손 전대에 앞길을 열어주기 바라는 바이다.

　　과거 괴뢰군에 편입되어 우리에게 총부리를 향하던 소위 반공청년이라는 자들이 어느 시기에 그렇게 충신이 되었는지 의심스러우며 반공청년이 진실한 것이라면 좀 조용히 있어야 함에도 불구하고 모자(某者)들에게 매수되어 본건 원심재판장을 친공판사이니 공산판사이니 하며 '데모'한 것은 되먹지 않은 소행이라 아니할 수 없고, 또 작금 신문에 양이섭에게 금품을 전달하려던 여간첩을 체포하였다고 대서특필한 기사를 보는바 그것은 사실과 상위(相違)하고 실은 양이섭 가(家)의 가정교사 부인이 양이섭의 구속 중 동가(同家)의 금품을 절취(竊取)하여 도주하다가 체포된 것이라는 사실을 전문(傳聞)한 것이며, 종합적으로 고찰하건대 진보세력을 때리자는 것은 퇴보하자는 것을 의미하는바 보수적인 자유·민주 양당에 실망한 대중의 절대적인 요망에서 조직된 진보당에 대한 입건에 대하여 대다수 국민들이 의혹을 품고 있다라는 것을 말하고 본 변론을 그치고자 한다.

　　재판장은 금일의 공판을 차(此) 정도로 차회(次回) 기일은 래(來) 10월 20일 오전 10시로 지정 고지하고 각 소송관계인의 출석을 명한 후 폐정하다.

4291(1958)년 10월 17일

서울고등법원 형사 제2부
재판장 판사 김용진
서기 김응교

[출전 : 20권 3~14쪽]

공판조서(제11회) 1958년 10월 20일

피고인 조봉암 외 20인에 대한 간첩 등 피고사건에 관하여 4291(1958)년 10월 20일 오전 10시 서울고등법원의 공개한 법정에서

재판장 판사 김용오(金容吾), 판사 최보현, 판사 조규대, 서기 김응교 열석

검사 방재기 출석

변호인 민동식, 오승근, 김춘봉, 이상규, 최순문, 전봉덕, 유춘산, 임석무, 신태악, 강순원, 옥동형, 윤용진, 권재찬, 조헌식 각 출석 동 김병희 불출석

피고인 등은 신체의 구속을 받지 않고 출석하다.

재판장은
전회에 계속하여 공판심리할 지(旨) 고하고 각 소송관계인에 대하여 전회의 공판조서에 의하여 기(其) 심리사항의 요령을 고한 후 차(此)에 대한 증감변경을 할 수 있는 지(旨) 고하니
각 소송관계인은 이의 없다는 지(旨) 술하다.

변호인 오승근은
피고인 김달호를 위하여 본건 판결을 함에 있어서는 각종각양의 유형·무형의 압력을 과감히 배격하고 불교에서 말하는 무아무경의 심경에서 의연한 판결이 있기를 요망하며 타협적인 판결이 있어서는 불가하다고 사료하는바 1심 판결은 이런 점에 있어서 비난을 모면키 어렵다는 요지의 변론을 하다.

변호인 최순문은

피고인 김달호를 위하여 본 변호인은 피고인 김달호와 10여 년간이나 개인적으로 접촉하고 친교관계를 지속하였으나 동인의 사상이 불온하다고 의심한 바가 없었다는 요지의 변론을 하다.

변호인 이상규는

피고인 조봉암 동 윤길중을 위하여 검사 논고의 요지는 진보당은 사회주의를 지향하고 있으며 사회주의는 공산주의와 같은 것으로 보고 있는 것 같은데 사회주의의 정의에 관하여는 일정하지 않고 구구한 것이 사실이며 진보당에서 주장하는 사회적 민주주의는 결코 공산주의와 같은 사회주의라고 인정할 수 없고 또 원래 정당이라는 것은 계급적인 정치단체이며 국민전체적인 정당은 있을 수 없는 것이라고 사료되는 바임.

가령 국민 전체적인 성격의 정당이 있다면 그런 정당은 그 기반이 약하여 지지를 못 받을 것이고 또 평화통일 문제에 관하여 문제가 된다는 바 평화통일 문제는 현금 국민적으로 진지한 과제가 되어있음에도 불구하고 작금의 이 대통령 담화는 '허용하여주면 북진통일을 하겠는데 허용을 하지 않아 북진통일을 못한다'고 하니 주권국가로서 무슨 허용이 필요한지 본 변호인은 이해하기 곤란하다는 요지의 변론을 하다.

변호인 민동식은

피고인 윤길중을 위하여 진보당은 공보실에 등록되어 있는 합법적인 정당이고 동당 강령에 국헌을 변란한다는 구절을 찾아볼 수 없으므로 위법일 수 없다는 요지의 변론을 하다.

변호인 김봉환은

피고인 김달호 동 박기출을 위하여 종전에 계속하여 현 20세기의 문명국가들은 과거 18세기의 개인 자유주의의 헌법에 대한 반동의 의미에서 사회복지적인 규정을 성문화시킨 것인데 진보당의 강령 전문에 규정한 자본주의의 변혁 조항이 〈국가보안법〉에 저촉된다는 식의 사고를 하는 것은 근대적인 헌법의 성격을 몰이해한 데에 기인한다고 사료하며 현 정부는 근대적인 우리 헌법을 휴지화(休紙化)한 정책을 하고 있는 것이고 진보당의 강령만이 우리 헌법을 충실히 실천할 수 있는 규정이므로 위법성을 발견할 수 없고 또 평화통일 문제에 관하여는 국내적으로 여론을 환기시키자는 목적에 불과한 것이고 또한 김달호 피고인은 이북 괴뢰가 주장하기 전부터 주장하여 왔던 것이라는 점을 고찰할 시에 괴뢰와 호응하였다는 것은 더욱 부당하다는 요지의 변론을 하다.

변호인 조헌식은

피고인 이동화를 위하여 국가정책을 비판하였다고 하여서 반국가적이니 변란자이니 하는 규정을 내리는 것은 전제주의의 국가에는 있을망정 민주주의 국가에는 없는 것이며 이동화가 진보당 강령 전문과 경제정책 전문을 초안한 것이라 하나 당시는 민혁당과 진보당이 분열되기 전에의 정당을 위하여 초안한 것이고 현재 동인(同人)의 초안을 진보당과 민혁당에서 꼭 같이 강령으로 채택하고 있으므로 동 사실은 위법이라 할 수 없는 것이고 『김일성선집』 등을 서가에 비치하였다는 사실은 증거가 없는 것이고 이상두로부터 불온내용의 갱지를 받은 사실만으로서 불온사항을 협의한 것이라 할 수 없으므로 무죄라고 사료한다는 요지의 변론을 하다.

변호인 권재찬은

피고인 이명하 동 김정학을 위하여

피고인 이명하는 기독교 신봉자로서 장로직에 있는 자이며 동인(同人)의 가족으로나 직분으로 보아 좌익적 유물론자로 변할 수 없는 것이고 혁신세력을 탄압한다는 것은 선각자를 박해하는 것이므로 부당한 것이고

피고인 김정학은 상(相) 피고인 전세룡과 유시(幼時)부터 친밀한 외 육촌관계인바 그와 같은 사이에 있어서는 책자 같은 것의 보관을 부탁 받고 거부할 수 없는 것이 우리 인정이므로 결국 각각 무죄라는 지(旨)의 변론을 하다.

변호인 전봉덕은

피고인 김달호, 동 윤길중, 동 김기철, 동 신창균, 동 정태영을 위하여

본건은 진보당 자체가 불법한 것인지 동당 구성원이 나쁜 것인지 한계가 불분명한 것이고 진보당은 사회민주주의를 표방하는 혁신정당인바 비약적으로 해석하여 공산주의의 정당이라고 인정하는 것은 유감이라 생각하오며 정당의 본질을 좀 더 이해하였으면 이런 사건은 입건 안하였으리라고 믿는 바임.

김달호, 윤길중 등 각 피고인 등은 수재로서 한국의 인재 등이므로 동인(同人) 등의 애국적인 활약을 기대하는 바이며 또 정태영 피고인은 공산주의 이론에 있어서 의문 나는 점을 메모하여 조봉암에게 토론 문의하려던 것에 불과한데 이것을 공소한 것은 부당하며 각 피고인에게 무죄의 선고가 있기를 원한다는 요지의 변론을 하다.

재판장은
피고인 안경득에 대하여 동 피고인의 변호인 김병희의 불출석을 고하니
동 피고인은 동 변호인을 해임할 지(旨) 술하다.

재판장은 금일의 공판은 차(此) 정도로 속행할 지(旨) 고하고 차회(次回) 기일은 래(來) 10월 21일 오전 10시로 지정 고지하고 각 소송관계인의 출석을 명한 후 폐정하다.

4291(1958)년 10월 20일

서울고등법원형사제2부
재판장 판사 김용진
서기 김응교

[출전 : 20권 16~23쪽]

변론요지

4291(1958) 〈형공〉 제958호

피고인 이동화
우(右) 피고인 변호인 조헌식

변론요지

변론순서[123)]

서설
서론
본론
1. 평화통일 문제
   1) 진보당 강령 평화통일에 관한 전문내용
   2) 민주혁신당의 통일방안
2. 사회주의 문제
   1) 검사 논고에 대한 소견 기(其) 1
   2) 검사 논고에 대한 소견 기(其) 2
   3) 검사 논고에 대한 소견 기(其) 3
   4) 진보당 내지 피고인 등의 정치이념

[123)] 이 책자에는 목차가 별도로 기재되어 있으나 여기서는 모두 생략하였다.

서설

　8·15해방 이후 어언 40년이라는 세월이 흘러갔습니다. 30 전후의 젊은 분은 말로 들어 알고 계실 정도이겠지만 이 사람은 인생의 가장 중요한 시기를 36년간 몽땅 일제 이민족 치하에서 살아왔기 때문에 몸소 그 서러움을 체험하였고 사람이 졸렬하여 독립운동의 전선에 서서 활약은 못하였지만 항상 열렬한 독립정신을 간직하고 있었던 것만을 사실입니다.

　이러한 나로서 6·25[124]해방을 맞이하였을 당시의 기쁨과 감격은 어떻겠습니까. 그 후 몇 일 동안은 감격의 눈물로 동포를 맞이하였던 것이 사실입니다.

　해방된 우리 강토에는 우리 민족의 자유와 평등과 행복으로 누릴 수 있는 아름다운 민주국가가 수립되리라고 간단히 기대하였던 것입니다.

　그러던 것이 의외에도 미소 양군이 남북한을 분단 점거하고 각각 군정을 실시하므로 인하여 38선이 가로놓이게 됨에 이르러 청천벽력의 실망을 늣겼던 것입니다.

　그 후 대한민국이 수립되어 독립국가의 국민된 긍지는 갖일 수 있다고 하겠지만 북한에는 의연 공산도당이 반거하여 호시탐탐 6·25의 죄악을 범하였고 폐허가 된 국토는 양단된 채 민족 분열 상태가 지속되고 있음을 볼 때 마음 앞음[125]

---

124) '8·15'의 오기로 보인다.

125) '아픔'을 의미한다.

을 금할 수 없고 또 60 고개를 넘어선 본인으로서는 생전에 통일을 맛보지 못할 것만 같이 안타까운 마음 금할 수 없는 바인데 더구나 이 통일문제와 논의가 문죄(問罪) 받는 이 법정에 서서 일부의 변호를 담당하게 된 것을 일종 운명의 작희(作戲)126)로 생각되어 슲은 심정에 사로잪이게127) 되는 바입니다.

서론

검사는 이 사건의 공소사실은 1. 평화통일의 주장 2. 사회주의의 주장 3. 북한 상통문제의 3개 사실이라고 당 공정에서 분명히 말슴하였는 바 본 변호인은 1심 이래 사회주의 운운 문제는 공소사실에 포함된 것이 아니라고 견해합니다마는 본 변론에 있어서는 역시 그 점에까지 언급하려고 합니다.

그리고 검사는 헌법 전문을 해설함에 있어서 민족단결을 운위하고 진보당의 평화통일 주장은 민족단결을 저해하는 것이라고 비난하였습니다.

검사는 현 정부가 무력통일을 주장하고 있음에도 불구하고 차(此)에 반대하는 행동은 민족단결을 저해하는 것이라고 하시는 의미 같으나 이 점에 대하여도 본 변호인은 이견이 있습니다. 현 정부는 때때로 북한만의 선거 때로는 남북총선거 때로는 무력통일을 주장하여 통일정책에 있어 무정견한 늧김128)이 있습니다마는 일응(一應) 검사의 소견을 시인할지라도 검사는 국가와 정부를 혼동하고 단결과 맹종을 착각하는 오류를 범하고 있는 것입니다. 정부 즉 국가라는 사상과 단결이라는 구실 아래 맹종을 강요하려는 생각은 위험한 것입니다. 이러한 생각은 의식적이든 무의식적이든 히트러129)나 뭇소리니130)의 사상과 통하는 것이기 때문입니다.

---

126) "방해를 놓는다"는 의미이다.
127) '사로잡히게'를 뜻한다.
128) '느낌'을 뜻한다.
129) '히틀러'를 의미한다.
130) '무솔리니'를 의미한다.

민주국가에서는 반대의견이 허용되어야 합니다. 반대의견을 발표하는 용기와 반대의견을 존중하는 관용은 민주주의의 2대 지주(支柱)라고 말할 수 있기 때문이다. 상이한 사고를 절대로 용납하지 아니하는 것은 사회 그 자체에 자주적인 운동을 불가능케하여 자유의 편린조차 존재하지 못하겠기 때문입니다. 절대적인 정론이 있고 절대적인 사론이 있는 것처럼 우리가 착각하여서는 아니되는 것입니다.

과거 전제시대에 있어서는 만일 어떤 사람이 반대파에 속한다면 그 인물의 다른 모든 목적과 사업은 무시되고 간단히 '적성'[131]이라는 렛텔[132]을 첨부하여 금지하며 정부시책에 가해진 비판과 비위의 지적을 반국가적 비애국적 행위로 낙인하여 '국가에의 충성과 신뢰의 법칙'을 유린햇다는[133] 극단론까지 제기하는 습성이 있었지만 이것은 민주주의가 아닙니다.

고언에 "형제혁우장(兄弟鬪于墻)이나 외어시기모(外禦示其侮)"라는 말이 있습니다. 그것은 형제가 집안에서 싸우지만 외적에 대하여는 단결한다는 뜻입니다. 정부시책에 반대한다거나 이견을 제기하였다고 하여 단결을 파괴하는 것이 아니며 도리어 이견을 하는 자에 대하여 협의하려 하지 아니하고 배척하며 불실의 죄명을 씌워 욕뵈는 처사가 단결을 파괴하는 행동인 것입니다.

본론으로 드러가기로 하겠습니다.

피고인 이동화에 대한 변론을 주로 평화통일 문제와 사회주의 문제에 집약하고저 하는 바임으로 편의상 이 두 문제를 뒤로 돌리고 먼저 기타 공소사실에 언급하여 변론을 정리하고저 합니다.

첫째, 피고인 이동화가 진보당 창당위원회에 참가한 사실이 없고 또 동당 추진에 노력한 사실도 없으며 동당 결성 후에도 동당에 가입한 사실이 없음은 본 공판을 통하여 명백하여겼습니다. 피고인이 이 사건에 연좌하게 된 유일의 동기는 동인이 집필한 정강 초안이 진보당 결당 당시 동당 강령으로 채택되었다는 이유뿐인 것입니다.

---

131) 적성(敵性), 즉 서로 적대되는 성질을 의미한다.
132) 일본어 레테르(レッテル)로 '꼬리표'를 의미한다.
133) '했다는' 뜻이다.

사실인즉 이 초안의 작성도 꼭 진보당 결당을 위하여서가 아니라 서상일, 신도성, 조봉암, 윤길중 제(諸) 인사가 함께 혁신정당 운동을 추진 중(其) 후 분열되었음) 동 여러 인사의 의촉에 의하여 작성교부하였던 것이 그 후 서상일 씨를 중심으로 한 민주혁신당과 조 씨를 중심으로 한 진보당의 각 강령으로 채택되었던 것이니 이 점 특히 유념하여주시기 바랍니다. 검사는 피고인 이동화를 〈국가보안법〉 제1조 1항에 의하여 구형하였는데 피고인 이동화는 동당에 가입한 사실도 없고 따라서 동당 간부가 된 사실도 없은즉 검사의 구형은 법 적용에 착오가 있는 것입니다.

둘째, 공소사실 제2 피고인 이동화가 『김일성선집』 등 소위 공산주의 선전문서를 서가에 나열하여 다수인에게 열람시켰다는 사실은 피고인이 차(此)를 부인하는바 하등 합법의 증명이 없은즉 당연 무죄.

셋째, 피고인 이동화가 상(相) 피고인 이상두로부터 수통의 과격한 문구의 서한을 접수한 것은 사실이지마는 이에 대하여 일방적으로 서한을 접수만 하였어도 협의죄를 구성한다는 검사의 논고는 범의 없는 자를 처벌할 수 있다는 데 귀착하여 형법 이념상 성립될 수 없을 뿐 아니라 피고인 이동화, 동 이상두가 다 같이 제1조 소정의 결사 또는 집단에 가입한 바 없고 또 그 지령으로서 한 행위가 아니니 피고인 이상두도 동법 제3조에 의하여 처단할 수 없는 것입니다. 〈국가보안법〉, 〈형사소송법〉 등의 적용해석에 관한 김춘봉 변호인의 견해를 인용합니다.

1. 평화통일 문제

검사는 피고인 이동화가 기초한 진보당 강령 전문 중 평화통일의 주장을 지적하여 왈 북한 괴뢰집단에 호응하여 그와 동조하는 평화통일 방안을 주장함으로써 대한민국의 전복수단으로 동 괴뢰집단과 야합한 것이라고 단정하고 있습니다.

그러나 피고인 이동화는 북한 괴뢰집단에 호응한 사실도 없고 또 동 괴뢰와 야합한 사실도 없으며 또 대한민국의 전복을 의도해본 적이 없다는 것입니다. 다만 애국애족의 정열에서 또 국제 및 국외 정세의 귀결로서 국토의 통일은 평화적 방법밖에 없다고 판단하였기 때문이라는 것입니다.

피고인 이동화가 북한 괴뢰와 호응했다거나 야합한 증명이 어데 있으며 대한민국을 전복 의도했다는 증명은 어데 있습니까.

피고인 이동화는 평화적 민주적 방법에 의한 통일을 주장합니다.
피고인 이동화는 유엔 감시 하 자유총선거를 통한 통일을 주장합니다.
피고인 이동화는 민주주의 승리에 의한 통일을 주장합니다.
피고인 이동화는 북한 괴뢰집단의 통일정권 참가를 거부합니다.
피고인 이동화는 북한 괴뢰의 협상론을 배격합니다.

이것은 진보당의 주장이기도 합니다. 다만 이 통일정책은 한 정당이 통일에 대한 기본 주장을 표명한 데 불과한 것이고 우리의 통일이 실시되려면 첫재[134] 국제적 합의가 이루어져야할 것이고 둘재[135] 국내적인 제(諸) 법률절차를 경유해야 할 것입니다. 진보당이 이것을 주장하였다고 하여 이것이 곳[136] 실시단계에 드러서는 것도 아님이 물론입니다.

이것이 공소에서 지적된 바와 같이 북한 괴뢰의 평화공세에 호응한 것도 아니고 현 대한민국을 북한 괴뢰집단과 동등한 위치에 서서 각 해소하자는 것도 물론 아닙니다.

여기 피고인 이동화가 작성한 진보당 및 민주혁신당의 통일방안을 별견(瞥見)하겠습니다.

1) 진보당 강령 중 평화통일에 관한 전문내용
원수폭[137]의 발전으로 인한 세계 대세는 전쟁을 반대하고 평화를 희구하는 방향으로 도도히 흘러가고 있다.

더욱이 우리 민족은 이미 6·25의 참변으로 인하여 수백만의 생령을 희생시키

---

134) '첫째'의 오기이다.
135) '둘째'의 오기이다.
136) '곧'을 뜻한다.
137) 원자폭탄과 수소폭탄을 뜻한다.

고 국토는 폐허가 되고 민생은 거의 파멸에 임하였으니 평화를 갈망하는 마음 그 누구에게도 지지 않는다. 우리는 어떠한 일이 있더라도 이 이상 동족상잔의 피를 흘릴 수도 없다. 우리는 오직 피흘리지 않는 통일만을 원한다. 평화통일을 파괴한 책임은 6·25의 죄과를 범한 북한 공산집단에게 있다. 그들의 반성과 책임규명은 평화통일의 선행 조건이 아닐 수 없다. 오늘날에 있어서의 남한의 소위 무력통일론도 이미 불가능하고 또 불요한 것이다. 평화통일의 길은 오직 하나 남북한에 있어서 평화통일을 저해하고 있는 요소를 견제하고 민주주의적 진보세력이 주도권을 장악하는 것뿐이다.

우리는 조국의 평화통일 방안이 결코 대한민국을 부인하거나 말살하는 데 있지 아니하고 도리어 그것을 육성하고 혁신하고 진실로 민주화하는데 있음을 확신한다. 그렇기 때문에 우리 자신이 대한민국의 정치권력을 획득해야 하며 그런 연후에 국제정세의 진운에 발맞추어 제 우방과의 긴밀한 협조하에 유엔을 통한 민주적이고 평화적인 조국통일의 구체적 방안을 책정하려는 것이다. 민주주의 승리에 의한 조국의 평화통일 이것만이 우리의 유일한 길이다.

공소장에 의하면 이 강령 전문이 북한 괴뢰가 위장 평화공세로서 제안한 평화통일안에 호응하여 그것을 골자로 하여 현 대한민국이 북한 괴뢰와 동등한 위치에 서서 양측을 일대일로 간주하여 각 해소시키고 통일정권을 수립하기 위한 남북 자유총선거의 주장을 내포한 것이라고 주장하였으나 이상 말을 한 강령 전문으로서는 그러한 공소사실을 인정할 근거가 없는 것입니다.

2) 피고인 이동화가 그 정책위원장을 소속한 민주혁신당의 통일안(증 제44호 47엽)

국토통일을 성취하는 방안으로서 "유엔 감시하 자유총선거를 통하여 할 것을 우리는 주장한다." 그러나 이러한 방식의 채택은 국제적 합의에서만 이루어질 수 있는 것임으로 그에 필요한 국제 분위기를 조성하기 위하여 우리는 최선을 다할 각오이다. 그리고 북한에서 자유선거가 실시되려면 다음과 같은 제 조건이 전제되어야 하므로 우리는

(1) 북한 동포들이 남한에서와 꼭 같이 언론 출판 결사 집회 자유 등 제 권리를 완전 보장받아야 한다.

(2) 남한 제 정당을 포함한 일체의 합법정당이 북한에서도 자유로 입후보할 수 있고 자유로 여행할 수 있고 자유로 선거운동을 할 수 있으며 또한 신분의 완전보장을 받어야 한다.

(3) 유엔이 규정하는 한국전쟁 도발 책임자는 통일정권에 참가할 수 없다.

(4) 자유선거의 실시를 공포함과 동시에 북한의 치안은 유엔군이 담당하여야 한다. 한편 통일을 성취하는 민족적 주체성을 확립하기 위하여 우리는 다음과 같이 행동할 것이다.

① 대한민국의 민주주의적 발전을 정치 경제 사회 문화 등 각 분야에서 안정화하여 대한민국이 통일을 위한 자력적 존재가 되게 한다.

② 북한 괴뢰들이 현재 선전하고 있는 것과 같은 협상론의 허구성 기만성을 폭로 배격하고 남북한에서의 외세의존적 사대주의적 정치세력의 준동을 봉쇄 제거한다.

여기에서 피고인 이동화는 국토통일의 성취하는 방법으로서 유엔 감시하 자유 총선거를 지지하면서 그 구체적 방식은 국제적 합의에서만 이루어질 수 있는 것이라고 명언하여 일개 정당의 책정할바 못됨을 밝혔고 더구나 유엔이 규정하는 한국전쟁 도발 책임자 즉 북한 괴뢰집단의 통일정권 구성을 거부하는 원칙을 세웠고 북한 괴뢰가 현재 선전하고 있는 '협상은 위장된 평화공세에 불과한 것인' 즉 그 허구성을 폭로 배격해야 한다고 분명히 주장하고 있는 것입니다.

이상 열거한 민주혁신당의 통일방안을 보더라도 (이 방안은 이동화가 작성한 것) 피고인 이동화가 북한 괴뢰가 위장 평화공세로서 제안한 평화통일안에 호응하여 그것을 골자로 하여 현 대한민국이 북한 괴뢰가 동등한 위치에 서서 양측을 일대일로 간주하여 운운의 공소는 성립될 수 없는 것입니다.

이상 변론은 주로 본 변호인이 담당한 피고인 이동화에 관한 것이었습니다. 그에 관련하여 진보당의 평화통일 문제에 잠시 논급할 필요를 느낍니다.

전술한바 진보당 강령에도 "국제정세에 발맞추어 제 우방과 긴밀한 협조하에 유엔을 통한 민주적이고 평화적인 조국통일의 구체적 방안을 책정하려는 것이다" 명시되어있을 뿐 아니라 피고인 조봉암의 잡지 『중앙정치』 4290(1957)년 10월호 게재논문 「평화통일에의 길」 결론 말미에서도 "이 문제는 누구라도 경솔히 떠들기에는 너무나도 중대한 문제이다. 그런만치 어떠한 안이던지 개인 또는 어떠한 단체가 함부로 쑥쑥 내밀 것이 아니라 항상 정부 당국과 모든 정당 정파와 협의하고 정부 당국을 지도하고 편달해서 최선의 안을 연구해내어 최대의 노력을 해야된다"고 강조한 것을 볼지라도 진보당이 양단된 국토의 통일은 평화적으로 해야 한다고 주장은 하고 있지만 그 구체적 방안은 어느 일 개인이나 일 정당은 물론이고 우리 정부만의 힘으로도 정할 수도 없고 실천할 수도 없는 것인즉 국제적으로는 제 우방과 긴밀히 협조하고 국외적으로는 각 정당 정파가 협의하고 정부 당국을 편달하여 최선을 다하여 연구하고 노력하자는 것이 분명합니다.

또 설혹 진보당이 구체적인 평화통일 방안을 작성하였다고 가정하더라도 선거에 의한 통일문제는 최종적으로 대한민국 정부와 국회의 헌법 절차에 의한 승인 없이는 실시될 수 없는 것인즉 항상 한 사안이요, 의견으로밖에 될 수 없는 것이 〈국가보안법〉의 대상이 될 수 없을 것입니다. 조봉암 피고인의 논문 또는 김기철 피고인의 사안 등도 본 공판의 전 과정을 통하여 이미 명백하여졌고 관계 각 변호인이 진보당의 평화통일 주장 자체가 〈국가보안법〉 위반이 될 수 없다는 점에 대하여 세밀한 분석과 검토가 가하여졌으므로 본 변호인은 그 변론을 그대로 전부 인용하기로 하여 무죄를 주장합니다.

그러나 여기서 다시 피고인 이동화 개인의 입장으로 돌아가서 이 문제를 고찰할 필요가 있습니다.

위에서 말한 바와 같이 피고인 이동화가 이 문제에 연좌하게 된 유일의 동기는 강령 초안으로 작성 제공하였다는 일사(一事)입니다. 이 강령의 평화통일안 자체가 문제되는 것이 아니고 북한 괴뢰와의 호응 야합이 문제되는 것이라면 진보당 관계 피고인과 피고인 이동화와의 입장은 분리 고찰되어야 할 것입니다. 즉 설혹 진보당이 북한 괴뢰와 호응 상통 야합하였다 할지라도 그것이 결당 후의 일이라고 하면 그 당에 가입한 바 없는 피고인 이동화는 이에 책임을 져야할 하등의 이유가 없고 또 설혹 그 호응 상통 야합이 강령 작성 이전의 일이라고 할지라도 그 작성에 있어 피고인 이동화가 그 내용을 모의한 사실이 있어야 책임이 있다고 할 것입니다. 이러한 점에 관하여 하등 증명이 없는 검사의 본건 공소는 유지될 수 없음이 분명합니다.

2. 사회주의 문제

1) 검사 논고에 대한 소견 기(其) 1[138]

검사는 당심 논고에서 피고인 이동화가 집필한 강령 전문의 몇 구절을 인용하면서 진보당은 사회주의 실현을 기도하므로서 대한민국 헌법을 파괴하려는 불법집단이라고 규정하였습니다.

검사는 전심에서는 피고인 등이 주장하는 사회적 민주주의는 자유민주주의 원리를 채택한 현 대한민국 헌법을 파괴하려는 것이라고 논란하였는데 당심에서는 대한민국 헌법이 경제적 사회적 민주주의 원리까지도 채택되어 있다는 점을 분명히 시인하셨습니다. 그 솔직담백에 대하여는 경의를 표하는 바이나 평화통일 문제나 사회적 민주주의의 문제만을 가지고는 공소를 유지할 수 없다고 자신을 상실하심인지 돌연 당심에서는 피고인들이 표면으로는 평화적 민주적 방식에 의한 복지국가에 실현을 기한다고 하지만 그것은 한갓 위장에 불과하고 궁극적으로는 폭력 수단에 의한 근로대중의 독재정권을 몽상하고 유물사관에 입각하여 사유재산 제도 부인에 목적이 있는 사회주의를 지향하고 있다고 공산당의 몇 가지 문쟁(聞争)[139] 방식을 예시 비난하셨습니다.

2) 검사 논고에 대한 소견 기(其) 2

검사의 논고대로 하면 이것은 공산주의를 지향하는 것이기[140] 일반적으로 사회주의라고 범칭될 수 없겠거늘 검사는 왜 대담하게 공산주의를 지향하고 있다는 표현을 사용하지 못하셨는지 의아하는 바입니다.

내가 알기에는 사회주의에는 그 기본 이념과 실현수단의 상이, 기타 역사적 이유에 따라 수 개 분파가 있다고 합니다. 혹 공상적 사회주의, 과학적 사회주의, 이상적 사회주의로 분류되기도 하고 과학적 사회주의도 랏셀 사회주의, 맑스 사

---

138) 원문에는 숫자 1, 2, 3만 기재되어 있지만, 이해를 돕기 위해 앞서 제시된 목차를 참고하여 소제목을 달았음, 이는 2와 3도 마찬가지이다.
139) '논쟁(論爭)'의 오기로 보인다.
140) '것이지'의 오기로 보인다.

회주의로 분류되며, 맑스 사회주의도 수 개로 나뉘어서 볼세비즘 즉 공산주의도 그 일파에 속한다고 하여 그 사회주의 실현 수단이 혹 폭력적 혹 비폭력적 각양 각색이라고 하는데 만일 진보당이 검사 논고와 같은 사회주의를 지향하는 당이 라면 공산당[141] 분명하기 때문입니다.

3) 검사 논고에 대한 소견 기(其) 3

우리는 반공을 절대적인 국시로 하고 있고 피고인들도 철저히 공산주의에 반 대하는 입장을 그 정강정책 등에 의하여 명백히 한 이상 그것이 위장된 데 불과 하고 내용으로는 공산당식 방법에 의하여 공산주의 사회 실현을 목표로 하고 있 는 것이라고 단정하려면 그의 정치 행동에 의한 구체적 사실의 증명이 있어야 할 것이고 근거 없는 췌마(揣摩)[142]와 억측으로서 독단 내지 추단할 성질의 것이 아 닙니다.

4) 진보당 내지 피고인 등의 정치이념

피고인 등은 정치적 자유평등뿐만 아니라 경제적 자유평등을 주장하고 있는바 이 사상이 대한민국 헌법의 기본이 되어 있다는 사실은 검사도 당심에서 시인하 고 계시는 바와 같습니다.

이 사상을 피고인 이동화는 사회적 민주주의라고 호칭하고 있습니다. 이 이념 을 실현하려면 다분히 사회주의적 원칙이 적용될 것도 사실이지만 그렇다고 하 여 사회주의 자체는 아닌 것입니다.

대한민국 헌법 기초 위원이며 저명한 헌법학자 유진오 씨 저(著)『헌법해의』 (참고로 제출되어 있음) 254엽 경제총설 중에도 "균등생활을 보장하려는 사회주 의 균등경제의 원칙을 또한 존중하여 말하자면 정치적 민주주의와 경제적 사회 적 민주주의라는 일견 대립하는 두 주의를 한층 높은 단계에서 조화하고 융합하 려는 새로운 국가형태를 실현함을 목표로 삼고 있는 것이다"라고 하였음이 우리 나라에서는 이러한 사회주의도 용납되는 것입니다.

---

141) 문맥상 '공산당이'의 오기로 보인다.
142) 남의 마음을 미루어서 헤아린다는 의미이다.

5) 사회적 민주주의의 개념과 성격

피고인 이동화가 주장하는 사회적 민주주의의 개념과 성격은 다음과 같습니다.

사회적 민주주의를 일언으로 정의한다면 "민주주의의 최고 발전형태" 즉 가장 참다운 민주주의로서 폭력과 독재 따라서 "공산주의와 파시즘"를 반대 배격하면서 평화적 민주적 "의회민주주의적" 방식에 의한 점진적인 사회개혁(자본주의수정)을 통하여 모든 국민 대중이 자유와 평등과 사람다운 생활을 누릴 수 있는 참다운 민주적 복지사회를 실현할 것을 최고 목표로 하는 것입니다. 이를 분설(分設)하면

(1) 사회적 민주주의는 민주주의의 최고 발전 형태 즉 민주주의의 가장 발전하고 완성한 형태를 의미합니다. 19세기의 민주주의는 근대적 민주정치 제도를 수립하고 법률적 형식적인 자유평등을 보장하여주는 정치적 민주주의를 주로 의미하는 것이었습니다. 그러나 20세기의 민주주의는 국민 대중에게 법률적 형식적인 자유평등뿐 아니라 실질적인 사회적 경제적인 자유평등을 보장하여주는 것이며 19세기경의 민주주의가 주로 정치적 민주주의의 성격을 띠는 것이었다면 20세기 민주주의는 사회적 경제적 문화적 성격을 띠지 않을 수 없으며 이를 약언하면 20세기 민주주의는 즉 사회적 민주주의인 것입니다.

(2) 사회적 민주주의는 폭력과 독재를 거부하고 철저히 평화적 민주적 방식을 고수하여 따라서 그것은 공산주의가[143] 파시즘을 견결히 반대 배격하는 동시에 친미 친유엔적 입장을 확고히 견지하는 것입니다.

(3) 사회적 민주주의는 의회적 민주주의의 입장을 충실히 고수합니다. 사회적 민주주의 세력은 국민 대중의 압도적 지지하에 국회 내에 과반수 의석을 획득함으로써 의회주의 절차에 의하여 권력을 장악할 것이며 권력 장악 후에도 민주주의 원칙에 가장 충실하면서 힘 있는 혁신정치를 실천하자는 것입니다.

---

143) 문맥상 '공산주의와'의 오기로 보인다.

(4) 사회적 민주주의는 평화적 민주적 방식에 의하며 점진적인 자본주의 수정과 사회개혁을 수행함으로써 만인 공중의 참다운 민주복지사회를 건설하자는 것입니다.

(5) 사회적 민주주의는 철학적으로는 유물론 내지 무신론을 거부하고 휴매니즘 내지 이상주의에 입각한 것입니다.

이 사회적 민주주의의 내용을 이해함에 있어 도움이 될까 하여 피고인 이동화가 잡지 『현대』 4290(1957)년 12월호에 게재한 논문 「수정자주의(修正資主義)[144]길」을 증 제87호로 제출하여 있습니다. 참고하시기 바랍니다.

6) 사회적 민주주의와 진보당 강령

피고인 이동화가 자신이 주장하는 사회적 민주주의 실천에 있어 얼마나 충실하였고 또 폭력과 독재를 배격하였는가를 진보당 강령에 의하여 살펴보기로 하겠습니다.

(1) 공산주의의 반대 배격
① 진보당 강령 전문(자본주의의 공죄 말항)
……쏘베트[145] 공산주의 즉 볼세비즘은 후진적 전제주의적 로시아의 특수한 역사적 사회적 제 조건하에서 발전·발생한 특수한 정치적 일 현상이다. 로시아적인 특수성의 제약하에서 발생·발전한 볼세비즘은 세계적인 보통[146] 타당성을 가질 수 없을 것이며 또 가져서는 안 될 것이다. 우리는 후진 로시아의 불미한 역사적 전통을 지니고 나타난 폭력적 독재적이고 또 팽창주의적인 볼세비즘을 단호 명확히 거부하고 배격하지 않을 수 없는 바이다.

② 동(자본주의의 위기 말항)

---

[144] '수정자본주의(修正資本主義)'의 오기이다.
[145] '소비에트(Soviet)'를 말한다.
[146] '보편'의 오기이다.

……이 쏘베트식 독재 하에서는 국가권력은 절대화되는 반면 인간의 개성과 자유는 전적으로 무시되고 있다. 일시적 과도적인 것으로 주장되었던 엄혹무비한 이 독재 기간이 장기화하고 있는 사실에 비추어볼 때 민주주의를 배반하고 인간의 자유와 존엄성을 무시 유린하는 쏘베트 공산주의는 진정한 의미의 사회적 민주주의와는 상용할 수 없는 성질의 것임이 틀림없다.

③ 동(同) (7. 쏘베트 공산주의에 대한 우리의 입장)

…… 우리는 쏘베트 공산주의 즉, 볼세비즘을 단호히 거부하고 반대한다. 왜냐하면 쏘베트 공산주의는 결코 민주주의는 아니고 독재주의이며 그것은 대내적으로는 폭력적 독재주의를 대외적으로는 무력적 팽창주의를 의미하기 때문이다. 혁명 후 소련에서는 소위 푸로레타리아트 독재의 이름 밑에서 가장 냉혹 무자비한 쏘베트적 독재적 정치가 행하여졌다.

이 쏘베트적인 독재는 푸로레타리아트의 독재라기보다는 볼세비크 당의 독재이며 그것은 볼세비크 당의 독재라기보다는 소수의 당 최고간부의 독재이다. 쏘베트적인 독재정치 하에서는 근대민주주의적 자유와 인간의 존엄성은 완전히 무시 유린되어왔다. 특히 엄혹한 스타린적 독재하의 소련에서는 자유와 안전 대신에 암묵과 공포가 지배하였으며 광범한 민중은 자유와 인권을 누리지 못하고 폭악한 독재권력에 의하여 비인간적으로 냉대·혹사되고 있었다.……

등(무려 30엽에 긍한 비판을 가하였음)

이상 폭력과 독재 내지 공산주의의 반대

(2) 사유재산제도의 시인

진보당 경제정책 전문 중

우리는 교통 통신 운수 은행 등의 주요한 제 산업부문과 거대한 제 기업체의 국유화를 주장한다. 그리고 우리는 국가 자본과 외원(外援)에 의하여 필요한 제 산(諸産) 부문을 신설하고 이를 국유국영할 것을 주장한다. 그러나 우리는 모든 산업 부문과 모든 기업체의 국유화를 주장하지 않음은 물론이고 중소산업에 대하여는 적절한 국가적 지도와 원조를 부여하여 이를 보호 육성할 생각이다.

이상 자본주의의 폐해를 제거하고 사유재산제도를 보호하는 것.

(3) 민주주의에의 충실

동 9 당의 성격과 임무

우리는 당이 권력을 장악하게 될 때에는 우리는 우선 대한민국 헌법의 규정과 정신을 소생시켜 광범한 민중에게 민주주의적 제 자유를 보장하여주려고 한다. 우리는 사회적 민주주의의 실현 과정에 있어서나 그 후에 있어서나를 막론하고 끝까지 민주주의 제 원칙에 충실하려고 한다. 우리는 국민의 언론자유, 반대당의 존재와 그 외 자유로운 비판을 즐겁게 용납하려고 한다.

그리고 정권의 귀속과 이동은 어디까지나 자유로히 표명된 국민의 총의에 의하여 결정되지 않으면 안 될 것을 명언하는 바이다. 우리 당이 정권을 획득하고 그 정책을 실현하기 위하여서는 우리는 우리 당의 정책을 주도하고 열성적인 계몽선전 공작을 통하여 광범한 국민 대중에게 이해시키고 그들로 하여금 우리의 당과 정책을 적극 지지하게끔 하지 않으면 아니된다.

즉 정권의 획득 유지 교체를 민주주의 제 방식에 의하는 것은 물론 대한민국 헌법을 존중 준수하여 국민의 제 자유를 보장한다는 것을 전 국민 대중에게 약속하고 있습니다.

이상에서 진보당 강령에 의하여 동당의 성격을 별견하였습니다. 진보당은 공산주의를 반대하고 사유재산제도를 부인하지 않았으며 대한민국 헌법을 준수하여 끝까지 민주주의에 충실할 것을 만천하에 공포 맹세하고 있습니다.

그러면 진보당이 표면상 위장적으로 상술한 바와 같은 당의 성격을 표명한[147] 실천행동에 있어서는 폭력수단에 의하여 근로대중의 독재정권 수립을 책동한 구체적인 증명이 있습니까. 검사는 단순히 우(右) 강령 및 구절 중에 어떤 용어를 곡해하고 또는 어떤 문면을 왜곡하므로써 독단적으로 추측하고 있는데 불과합니다. 독단이나 추측은 각자의 자유이겠지만 그것으로서 문죄의 근거로 한다는 것은 용허될 수 없는 일종의 폭행인 것입니다.

여기에서 검사가 인용하신 진보당 강령 및 구절에 대하여서도 일일이 반박을 시도해야겠지만 실례이오나 사실 반박의 가치조차 없다고 생각되고 시간도 너무

---

147) 문맥상 '표명하고'의 오기로 보인다.

지리하기로 이것을 생략하는 바입니다.

다만 검사는 피고인 이동화가 사용한 변혁이니 지양이니 하는 술어를 대단 불온한 것으로 생각하시는 것 같기로 다소 해설을 가하겠습니다.

7) 인류 사회의 전진발전

우리 인류 사회가 원시시대에서 출발하여 고대와 중세와 근세에 걸쳐 20세기인 오늘에 이르기까지 혹은 서서히 혹은 급격히 끊임없는 전진적 발전을 계속하였고 또 계속하고 있다는 것은 부인할 수 없는 역사적 현실적 사실이며 이 전진적 발전[148] 항상 '변혁과 지양'의 과정을 통하여 이루어지는 것입니다.

변(變)은 자연적인 변화, 혁(革)은 인위적인 개혁이니 변혁이라는 말은 변화와 개혁을 합한 말인 것입니다. 자연법칙에 의한 변화와 인류 이상에 의한 개혁이 상호작용하여 고대 노예사회가 중세 봉건사회로, 중세 봉건사회가 근세 자본주의 사회[149] 변혁된 것이 사실인즉 근대 자본주의사회, 과학문명의 발달 등 자연적 제 조건에 의하여 변화가 불가피할진대 인류 이상을 가미하여 개혁하는 길을 모색함이 당연할 것이며 우리가 경험한바 역사적 사실에 비추어 폭력수단에 의한 급격한 변화는 막대한 희생을 수반하는 것이기 때문에 점진적인 온건한 방법을 택하여 이상에 도달하자는 것입니다.

지양(止揚)이라는 말도 변혁과 대동소이한 것으로서 변혁을 강조하는 의미에서 겸용한 데 불과할 것입니다.

변혁과 지양이라는 술어는 피고인이 창작한 말도 아니고 또 소위 좌익적 용어도 아닌 것입니다. 학자들이 정치, 경제, 법률 등 저서에서 흔히 사용하여 현 일본 대심원장[150]으로 있는 전중행태랑(田中幸太誏)의 법률 저서에서도 산견(散見)할 수 있는 술어인 것입니다.(예 기초의 변혁)

---

148) 문맥상 '은'이 생략된 것으로 보인다.
149) 문맥상 '로'가 생략된 것으로 보인다.
150) 현재는 최고재판소이며 과거에는 대심원(大審院)이었다. 일본의 최상급법원으로 한국의 대법원에 해당하며 그 장은 대심원장이라고 부른다.

8) 진보당 강령의 합헌법성

대한민국 헌법은 정치적 민주주의와 함께 경제적 내지 사회적 민주주의에 입각하고 있는 헌법입니다.

즉, 우리 헌법은 정치적 민주주의의 자유와 평등사상 이외에 또 균등이라는 사회주의 내지 사회적 민주주의 사상을 겸하여 채택하고 있는 현대적 헌법입니다.

민주주의라 하면 과거에는 정치적 민주주의 즉 각인의 자유를 정치적으로 확립하는 형식적 법률적 민주주의만을 의미하는 것으로 생각하는 것이 보통이었지만 대한민국에 있어서는 경제, 사회, 문화의 제 영역에 있어서도 또한 각인의 자유를 확보하려 하고 있습니다. 그러나 각인의 자유를 확보한다는 것은 과거에 있어서와 같이 자유방임주의를 취한다는 의미가 물론 아닙니다.

자본주의의 폐해가 노골적으로 발현된 현대에 있어서는 자유방임주의 체제 하에서는 우승성패(優勝省敗)[151]로 경제적, 사회적, 문화적 약자는 도리혀 자유를 확보하지 못하는 것이 상례이며 그것이 또 정치적 민주주의의 치명적 결함입니다.

그러므로 우리 헌법은 자유방임주의를 취하지 않고 각인의 기회를 균등히 하는 제도를 취하였으니 〈헌법〉 전문을 위시하여 동 제5조 15조 제28조 2항 제84조 제88조가 이것인 것입니다.

(유진오 저 『헌법해의』 서론 제7엽 본론 전문 중 제40엽 동 제42엽 제1장 총강 중 제5조 설명에서 제51엽 제52엽 제6장 경제총설 중에서 제254엽 제84조 해설 전문 제257엽 참조)

시간 절약의 의미로 이상 각 조항의 설명을 생략하고 재판관 제위의 참조를 요청하고 다만 유진오 씨 저서 중에서 한 구절만 소개하기로 하겠습니다.

유진오 씨는 대한민국 헌법 기초 위원으로 그 헌법 기초에 있어 주도적 역할을 한 분이고 일제시대에도 헌법학의 권위로서 뚜렷한 존재였으며 현재 고려대학교 총장으로 계신 분입니다. 그 저(著) 『헌법해의』 제25엽 경제총설 중에서 다음과 같이 논술하였습니다.

즉, 우리나라는 경제문제에 있어서 개인주의적 자본주의 국가 체제에 편향함

---

[151] '우승열패(優勝劣敗)'의 오기이다.

을 회피하고 사회주의적 균등경제의 원리를 아울러 채택함으로써 개인주의적 자본주의의 장점인 각인의 자유평등 및 창의의 가치를 존중하는 한편 모든 국민에게 인간다운 생활을 확보하게 하고 그들의 균등생활을 보장하려는 사회주의적 균등경제의 원리를 또한 존중하여 말하자면 정치적 민주주의와 경제적 사회적 민주주의라는 일견 대립되는 두 주의를 한층 높은 단계에서 조화하고 융합하려는 새로운 국가형태를 실현함을 목표로 삼고 있는 것입니다.

이상 서술한 바에 의하여 대한민국 헌법의 본질이 분명하여 졌습니다. 대한민국 헌법이 사회주의적 균등경제의 원리를 채택하였음이 분명할진대 진보당이 사회주의를 지향하는 정당이라 할지라도 헌법의 용인하는바 되어야 마땅하겠거늘 진보당은 사회주의를 지향하는 정당이 아니고 사회적 민주주의 즉 "평화적 민주적 의회민주주의적 방식에 의한 점진적인 사회개혁(자본주의수정)을 통하여 모든 국민 대중이 자유와 평등과 사람다운 생활을 누릴 수 있는 참다운 민주적 복지사회를 실현"할 것을 최고 목표로 하는 것이니 우리나라 헌법이 목표로 하는 국가형태를 구현하려는 것임이 틀림없은즉 이 점에 대한 검사의 논고는 황당무계함이 분명합니다.

9) 인류사회의 전진은 역사적 필연

먼저도 말씀한 바 있지만 인류사회는 일순의 정체 없이 부단히 진보하고 발전하고 변혁하는 것이 사실입니다. 본 변호인이 자신의 50년간을 회고하더라도 그간의 사회변혁이란 실로 놀라고도 남음이 있습니다. '격세지감'이라는 숙어로 표현할 수 없을 정도입니다.

이 역사의 흐름은 누구도 막을 수 없는 필연적인 인류발전의 조류이기 때문에 선성(先聖) 공자(孔子)도 '능여세추이(能與世推移)[152]'라고 했으며 제도변혁의 필요를 시인하여 '법구폐생(法久弊生)[153]'이라고 했습니다.(법은 즉 제도를 의미하는 것임)

---

[152] 굴원(屈原)이 지은 것으로 알려져 있는 어부사(漁父辭)에 나오는 어구이다. "聖人不凝滯於物 而能與世推移(성인은 사물에 엉기고 막히고 아니하고, 세상과 더불어 변하여 옮겨간다)"는 의미이다.
[153] 좋은 법도 오랜 세월이 지나면 폐단이 생긴다는 뜻이다.

우리가 역사를 회고할 때 현상을 고수하려는 고루한 세력의 이 역사적 필연의 조류를 막으려는 시도는 우리 인류에게 얼마나 많은 피를 흘리게 하였습니까.

그럼으로 우리 인류는 역사의 교훈에 따라 민주제도를 발견하고 보수와 혁신 양 세력 간에 절차하고 탁마하여 교격(矯激)[154]을 피하면서 점진하여 왔던 것입니다. 피고인들이 그의 주장하는 바와 같이 평화적이요 민주적으로 점진적 방법에 의한 사회개혁을 지향할진대 쌍수를 들어 그를 환영하고 육성할지언정 이것을 질시하고 말살하려는 기도는 국가백년대계를 위하여 지극히 어리석은 일입니다.

또 피고인 이동화와 조봉암이 과거 공산주의자였다는 사실로서 그를 의심하고 방해하고 탄압하는 처사는 국가적 손실입니다. 마땅히 그로 하여금 안심하고 그 지식과 경험과 성망을 반공투쟁에 경주 공헌케 하는 것이 현명하리라는 것을 확신하는 바입니다.

또 이러한 정치적 사건에 있어서는 "설혹 죄의 구성요건이 충족되었다 하더라도 급박하고도 현존하는 위험이 존재하지 않는 한 벌하지 않는다"는 미국의 유명한 홈스 판사의 견해를 재삼 음미하시기를 요망합니다.

10) 피고인 이동화의 입장

검사는 논고에서 이동화 피고인은 과거 김일성대학의 교수로서 한 시절 북한 괴뢰의 요직에 있었던 자로서 그가 진정코 자유가 그리워 월남했을진대 가장 열렬한 반공주의자여야 할 것이며 그가 주는 청년학도들에게 대한 영향이 크다함을 자각할지언정 언제나 단호한 반공정신을 앞세워야 할 것이다. 그럴 것이 오히려 국내 공산주의자로서 박헌영을 찬양하고 현 대한민국을 제국주의라는 이름 아래 비난하고 감화성 깊은 학도들로 하여금 유토피아적인 새로운 조국을 환상케 만들었다는 책임 적다 할 수 없을 것이라고 비난하였습니다.

피고인이 과거 공산주의자였고 검사가 논고에서 지적한 바와 같은 경력을 가졌던 것이 사실이지만 그가 공산주의를 청산하고 북한을 탈출하여 월남한 후 국군에 복무하여 군작전에 공헌한 바 컸을 뿐 아니라 학자로서 특히 공산주의 이론

---

[154] 마음이 굳세고 과격하다는 의미이다.

과 그 실천면에 있어 국내 제1인자라고 지칭할만한 권위자로서 기회 있을 때마다 공산주의를 완부(完膚)[155] 없이 비판하여 반공운동을 전개하고 있었던 것은 역력한 사실인 것입니다. 그가 공산주의를 비판한 논문만도 무려 그 10여에 달하였지만 수사기관에서는 이것을 도리어 공산주의를 선전하기 위한 연막에 불과한 것이라고 오해 내지 곡해하려고 하는 형편인 것입니다.

그것은 그가 학자적 양심으로서 공정한 입장에 서서 현 정부의 부패무능을 비판하고 때로는 솔직한 어구로서 시세를 개탄하였음을 증오하는 까닭일 것입니다. 이러한 솔직성이야말로 그의 우국정열을 입증하고도 남음이 있으며 또 귀중한 것입니다. 이에 경청하고 그를 존경하여 마땅할지언정 그를 증오한다는 일은 있을 수 없는 일인 것입니다.

그가 진정코 자유가 그리워 월남하였으면 권력에 아부하고 어용학자가 되어야 한다는 말입니까. 그가 만일 일신의 영달과 안일만을 취하는 인사였다면 그러한 길을 갔을 것입니다. 그가 진정코 자유가 그리워 즉 언론학문 행동의 자유가 그리워 월남하였기로 그는 양식을 찾아 자유로운 행동을 하는 것입니다.

이미 법원에 증거로 제출되어있는 잡지 『성균』에 게재된 「쏘베트 공산주의에 대하여」라는 논문을 위시한 중 제85호 내지 중 제89호의 각개 논문을 숙독 완미(玩味)하시면 피고인의 반공 입장을 충분히 이해 확인하실 수 있을 것으로 압니다.

또 피고인이 감화성 깊은 청년학도들로 하여금 유토피아적인 새로운 조국을 환상케 하였다는 것은 사회적 민주주의에 의한 대중적 복지사회의 실현을 주장한 것을 지칭함인듯하나 당치 않은 비난입니다. 유토피아가 별 것이 아니고 살기 좋은 사회를 말함일진대 그 사회의 실현 여부는 우리의 각오와 노력 여하에 있는 것이지 결코 환상이 아닌 것입니다. 현대에 있어서도 서전(瑞典) 정말(丁抹) 서서(瑞西)[156] 등 제국에서는 국민이 빵을 걱정하지 않고 도적이 없어 밤에도 문을 닫지 않는다고 합니다. 동양말로 "도불습유(道不拾遺)[157] 야불폐문(夜不閉門)[158]"

---

155) 흠이 없는 곳을 비유적으로 이르는 말이다.
156) '서전'은 스웨덴, '정말'은 덴마크, '서서'는 스위스를 말한다.
157) 길에 떨어진 물건을 주워 가지지 않는다는 뜻으로, 형벌이 준엄하여 백성이 법을 범하지

이것이 검사가 말씀하는 "유토피아", 피고인이 말하는 "복지국가"입니다. 이것은 환상이 아니고 우리의 각오와 노력에 의하여 실현할 수 있다는 것을 거듭 강조합니다.

결어

이상 논술한 바를 요약하면 피고인 이동화에 대한 공소사실은 전부 그 증명이 없거나 죄가 되지 않는데 귀착합니다.

그리고 본건은 확실히 정치적 사건입니다. 정치적 사건이라 말하는 것은 정치문제가 취급되는 사건이라는 의미 이외에 정치적으로 취급된 성격의 사건이라는 의미도 포함하고 있는 것입니다.

변론 모두(冒頭)에서도 말씀한 바 있습니다마는 우리 대한민국은 민주국가입니다. 영국에는 '계하(階下)의 반대당'이라는 말이 있습니다. 민주국가에는 반드시 위대한 반대당이 있어야 하며 반대당이 용인되지 않는 국가는 독재국가인 것입니다.

반대의견을 발표하는 용기와 반대의견을 존중하는 관용은 민주주의의 2대 지주입니다. 상이한 상고를 절대로 용납하지 않는 사회에는 자주적인 운동이 불가능하며 자유의 편린조차 존재하지 못합니다.

반대파에 속하는 인물이라고 하여 '적성(敵性)'이라는 '렛텔159)'을 첨부하여서도 아니되며 정부시책에 가해진 비판과 비위의 지적을 반국가적 비애국가적 행위라고 낙인하여서도 아니될 것입니다.

재판관 제위의 현명하신 판단을 기대하면서 이 변론을 맺읍니다.

아니하거나 민심이 순후함을 비유하여 이르는 말이다. 『한비자』의 「외저설좌상편(外儲說左上篇)」에 나오는 말이다.
158) 밤에 대문을 닫지 아니한다는 뜻으로, 세상이 태평하여 인심이 순박함을 이르는 말이다.
159) 일본식 발음인 'レッテル(렛테루)'를 지칭하는 것으로, 라벨(label)을 의미한다.

4291(1958) 10월 20일

우(右) 피고인 이동화 변호인

변호사 조헌식

[출전 : 20권 142~171쪽]

진보당사건 변론 기일 중 검찰관이 문제삼는
사화에 관한 구절

진보당사건 변론 기일 중 검찰관이 문제삼는 사화(士禍)에 관한 구절[160]

(전략)

이러한 정치사범은 하필 우리나라에만 있는 것은 아닙니다. 동서고금에 세계의 각국 각 민족에 이러한 사건이 거의 없는 데가 없을 정도로 많았지만은 외국의 예를 보면 대개는 국가 민족에 관한 대의를 위한 문제 또는 정책 문제로 해서 문제가 야기되었던 것입니다. 그런데 우리나라에 있어서의 사화 같은 것은 이와 달라서 대개가 개인적인 사사감정에 기인된 바가 많습니다. 1심 변론 시에 무오사화(戊午士禍)와 기묘사화(己卯士禍)에 관한 말씀은 이미 올렸고 그것을 속기한 '프린트'가 기록에도 점철되어 있으니 재판관께서 그것을 읽어주셨으면 감사하겠으며 이에 이것을 다시 중복하는 것은 싱거운 일이니 오늘은 4대 사화 중의 하나인 갑자사화에 관하여 한 말씀 올리기로 하겠습니다.

갑자사화로 말씀하면 여러분이 다 아시다시피 연산군 10년에 연산군의 생모인 성종의 폐비 윤씨가 폐비되고 기후(其後) 다시 사사(賜死)까지 당한 일이 있는데 그 후 연산군이 성장하여 이 변사(變事)를 알게 되자 이에 격분하여 그 복수로 당시의 연신(延臣)들을 처참한 옥사를 가르쳐 갑자사화라 하는데 이 사화에 있어서 특히 우리의 주의를 끄는 것은 두 가지가 있으니 하나는 윤필상(尹弼商)에 관한

---

[160] 2심 공판에서 신태악 변호사가 제출한 변론 요지 중 조선시대 갑자사화를 검찰관이 문제 삼은 것으로 보인다. 신태악 변호사는 1심에서도 진보당사건 관련자를 정치사범으로 판단해야 한다는 요지로 변론을 하였는데, 이해를 돕기 위한 사례로 조선시대 '4대 사화'를 언급하였다. 1심에서 언급한 사화는 무오사화와 기묘사화였고, 2심에서는 갑자사화를 언급하였다. 검찰관이 신태악의 변론 중 이 부분을 문제 삼은 이유는 확인되지 않는다.

일이요, 둘째는 한명회(韓明澮)에 관한 일입니다.

윤필상이라 하면 전에 즉 연산군 4년에 일어났던 무오사화 때 유자광(柳子光) 등과 공모하여 사관 김일손(金馹孫)의 사초 문제를 일으켜서 김일손, 권오복(權五福), 이목(李穆) 등을 살해하고 이미 죽은 김종직(金宗直)의 관을 파내서 그 뼈를 가루로 만들어서 바람에 날려 버리던 사람인데 그 후 6년이 지나서 일어난 갑자사화 때에는 조신 임사홍(任士洪)의 모략에 의해서 자기의 목이 달아났습니다.

또 한명회로 말씀하면 저 유명한 세조 즉 수양대군을 받들어서 모든 일을 꾸미던 사람인데 뒤에는 죽이기까지 하였고 그 동생 안평을 귀양보내고 또 사상(史上) 저명한 저 사육신들을 모조리 죽일 때 이 모든 일을 모사하던 사람으로서 당시 그 권세는 일세를 덮었었는데 갑자사화 때에는 이미 죽은 그 한명회의 묘를 파서 시체를 꺼내서 처참까지 하게 되었습니다. 인간세사(人間世事)란 이런 것입니다.

본 변호인이 이 자리에서 이 말씀을 하는 것은 이 역사 사실의 가부나 시비를 말하기 위해서 하는 것이 아니라 이러한 사화들이 일어날 때마다 그 당시에도 오늘의 검찰관의 임무 같은 것을 담당한 사람과 또 재판관의 임무 같은 것을 담당한 사람이 있었을 터인데 그때 그 사람 자신들의 당시의 판단으로서는 그렇게 하는 것이 가장 옳은 일이라고 생각하였을런지도 모르지만은 수백 년을 지난 오늘날에 이르러서는 이러한 사화를 일으킨 사람들은 모두 좋지 못한 사람으로 인정되고 사가(史家)는 일치하야 그들을 필주(筆誅)하고 있지 않습니까? 우리가 그 때에 여사(如斯)한 사화에 대하여 그렇게 처단한 검찰 또는 재판관들을 회상할 때 그 오류를 책하는 마음이 간절하여 실로 그 낯에 침까지 뱉고 싶은 충동을 느끼게 됩니다.

그런데 이제 이 진보당사건을 보면 검찰관께서는 피고인들이 유죄하다고 하고 우리 변호인 측으로서는 죄가 없다고 변론하고 있는데 이것은 각각 그 입장이 다른 데서 그렇게 되는 것인지도 모를 일이니 진정 공정한 제3자가 있어서 이것을 본다면 반드시 우리 변호인 측의 의견만이 옳은 것이다라고 할까 그것은 나로서도 확언할 수 없는 일입니다. 그러므로 나는 내 의견만을 옳다고 고집하지는 않습니다. 또 그런 것을 문제로 삼는 것은 아닙니다.

나는 이에서 분명히 말씀하고 싶은 것은 이 피고인들에게 죄가 있다면 중죄로
처단하여도 좋아요, 또 해야 할 것입니다. 다만 내가 이에서 진정으로 축원하는
것은 우리는 우리의 과거 경험에 비추어 이번 이 사건만은 후일 10년 후에나 내
지는 백년 후에나 어느 때에나 실로 공정한 민주재판이었다고 할만치 추호의 오
류도 없는 판결을 내려서 자손만대에 시범되도록 하여 주시기를 바랄 뿐입니다.
(후략)

[출전 : 20권 24~26쪽]

공판조서(제12회) 1958년 10월 21일

피고인 **조봉암 외 20인**에 대한 간첩 등 피고사건에 관하여 4291(1958)년 10월 21일 오전 10시 서울고등법원의 공개한 법정에서

재판장 판사 김용진, 판사 최보현, 판사 조규대, 서기 김응교 열석

검사 방재기 출석

변호인 신태악, 조헌식, 권재찬, 김병희, 김봉환, 옥동형, 강순원, 김춘봉, 오승근, 민동식, 임석무, 유춘산, 전봉덕, 최순문, 이상규, 윤용진 각 출석

피고인 등은 신체의 구속을 받지 않고 출석하다

재판장은
전회에 계속하여 공판심리할 지(旨) 고하고 각 소송관계인에 대하여 전회의 공판조서에 의하여 기(其) 심리(審理)사항의 요령을 고한 후 차(此)에 대하여 증감 변경할 수 있는 지(旨) 고하니
각 소송관계인 등은 이의 없다는 지(旨) 술하다.

재판장은
피고인 등에 대하여 최종으로 할 말은 없는가.

피고인 조봉암은
"현 정권은 본 피고인을 때려잡기 위하여 과거 큰 간첩사건이 발생할 때마다 연결시켜 보려고 무한이 애를 써스나 아모161) 거슬미162)가 없어서 못한 것인바

이번에 본인이 양이섭과 안면이 있어서 개인적으로 금원(金員)을 수수한 것을 기화로 하여 간첩하였다고 기소한 것이나 이것은 국내외에 악영향을 주고 국가적으로 큰 손실이 아니라 할 수 없으며 어데까지나 정치적인 음모 사건이 틀림없는 것이며 본건을 판단함에 있어서 본 피고인에게는 무죄 아니면 사형을 주고 그 중간이라는 것은 있을 수 없다고 생각한다"는 요지의 진술을 하다.

피고인 박기출은

"소위 국가와 민족을 건설하고 공산 괴뢰집단과 싸우는 합법적 등록을 한 정당의 강령이 위법이라 하여 기소한 자체가 위법이라 아니할 수 없으며 현 정부 말단 공무원들은 정부와 이 대통령, 자유당을 혼동하고 있고 또한 인류의 '이데올로기'는 항상 변천하고 있으며 변천하지 않는 것은 국토와 민족의 염원뿐이라고 생각하는바 본건 판결 결과 여하는 민족의 운명을 좌우하는 결과를 초래할 것이므로 진정한 판단을 바란다"는 요지의 진술을 하다.

피고인 김달호는

"이번 진보당사건은 한국 정부 수립 이후 최대의 정치적 탄압, 선거방해 사건이라 단언할 수 있으며 공보실에 등록을 마친 합법적인 정당을 불법화하려면 적어도 공보실의 등록을 취소하는 한편 앞으로 동 정당을 불법화한다는 〈대통령령〉으로 공포하여야 한다고 생각하는데 과거에 합법적인 정당의 강령을 소급하여 불법화하는 것은 세계에서 그 유례를 찾아볼 수 없는 폭악무도한 일이며 본 사건을 조작한 자들은 역사적으로 책임져야 한다고 생각하며 사람을 잡는 데에도 유분수이지 법 이론을 정면으로 파괴하려고 하는 것이라 아니할 수 없는바 진보당이 불법단체라면 진보당의 등록을 허가한 공보실장은 공범으로 처분하여야 한다고 생각되며 얄타 회담 시에 미 대통령 루즈벨트 씨가 한국은 자치능력이 없는 미개국이니 50년간 신탁통치를 하자고 발언하였는데 이렇게 무모한 입건을 하니 어떻게 자치능력이 있다고 외국에서 인정하겠는가.

---

161) '아무'를 뜻한다.
162) '거스러미'를 뜻한다.

'파시즘' 급의 일부 보수정객들이 무책임한 무력통일을 주장하나 그것은 불가하다는 것은 공지의 사실이며 본 피고인이 진보당에 가입한 동기는 동당의 강령보다도 조봉암 씨의 인격을 숭배한 것이며 조(趙) 검사가 원자력의 출현과 공업력의 오도메이숀[163]화를 유물사관적이라는 모순된 논고를 하여 국민의 조소를 받고 있는 것이고 전 국민은 본건이 하루빨리 무죄되기를 갈망하고 있고 사법부의 위기를 심려하는 바이므로 용기와 높은 절개에서 판결하기를 바란다"는 요지의 진술을 하다.

피고인 윤길중은

"본인은 1심에서 상세한 최후진술을 하였으며 동 진술이 속기되었다고 하므로 중복되지 않는 한도에서 간편히 술하고자 한다.

본건은 검찰 당국에서 적과 동지의 구별을 못하여 공산세력에 '푸라스'가 되고 민주세력에 '마이나스'가 된 것인바 진보당이 민주주의에 기초를 두고 혁신을 하자는 것을 가지고 공산 괴뢰는 평화통일을 부르짖는다 진보당도 평화통일을 부르짖으니까 진보당은 공산 괴뢰와 같다. 공산주의는 사회주의와 같다. 또 사회적 민주주의는 사회주의와 같으니 사회적 민주주의는 공산주의와 같다는 논법으로 공소하고 논고한 것인데 이것은 논리학의 삼단논법에 위반되는 것임.

이번 사건 발생을 계기로 본 피고인은 자숙자계를 하고 반성하여 보았으나 위법성을 발견할 수 없으며 불법한 입건에 대하여 희망을 잃고 자포자기의 함정에 몰려 들어가는 감(感)을 억제키 난(難)함.

가령 진보당의 강령이 헌법에 저촉되는 조항이 있다고 하여도 원래 정당이란 평화적 민주적 선거의 방식으로 개정하는 것을 목표로 할 수 있는 것이기 때문에 그 수단 방법에 있어서 폭력적 비합법적이 내포하지 않는 이상 입건할 수 없는 것인데 정치적 문제와 형사법 문제를 혼동한 것은 법 이론해석에 중대한 모순성이 있다고 보는 바이다"라는 요지의 진술을 하다.

---

[163] '오토메이션(automation)'을 말한다.

피고인 조규택은

별로 할 말이 없다는 지(旨) 술하다.

피고인 조규희는

"진보당원은 현 정세에 대한 선구적 역할을 하는 것이며 동 당원들은 밥을 굶고 자녀들에 올바른 교육까지 못시키면서 국가민족을 위하여 충성을 다하고 있는데 본건과 같은 불법입건을 하는 것은 불행한 일이라고 생각한다"라는 요지의 진술을 하다.

피고인 신창균은

"본건은 검사 배후에 보수정당이 조종하고 있는 대음모 사건인바 정의가 사느냐 불의가 사느냐 하는 중대한 것이므로 정의의 사도의 입장에서 대용단 있는 판결을 요망한다"라는 요지의 진술을 하다.

피고인 김기철은

"피고인이 쓴 평화통일의 논문이 문제된 것인바 우리나라는 UN에 의하여 탄생한 것이고 또 6·25의 공산침략을 저지하였으므로 UN을 전적으로 무시할 수 없으며 UN의 평화통일 1안을 계기로 본 피고인이 과거부터 수집한 자료를 기초로 하여 작성한 것이고 이북 괴뢰안과 근본적으로 판이한 민주진영이 승리하는 것을 전제로 한 안인데 불구하고 무기징역의 구형을 당한 것은 한국 아니고는 유례를 찾아볼 수 없다"는 요지의 진술을 하다.

피고인 김병휘는

답 별로 없습니다.

피고인 이동화는

"본인이 초안한 진보당의 강령 전문은 (1) 복지사회의 건설, (2) 친미우익적, (3) 의회주의의 3대 특징을 가진 민주주의의 발전의 제(諸) 조건을 구비한 것이며 사회주의의 특색과는 확연히 구별하여야 한다고 생각하는 바이고 조(趙) 검사가 논고한 사회주의의 4대 특색이라고 하는 것은 공산주의자들이 자진 논하는 개념이며 서구의 사회당에서 부르짖는 사회주의와는 다른 것임.

맑스가 부르짖은 '뿌로레따리아트'[164]라는 것은 산업이 오도메이션[165]화한 노동자를 지적한 것이 아니고 육체노동에 허덕이는 빈곤층 노동자를 연상한 것이므로 오도메이숀화한 시대에는 맑스의 연상한 '뿌로레따리아트'는 퇴거된다는 의미에서 초안한 것을 조(趙) 검사는 반대로 해석한 것임.

2차대전 후에 민주주의 국가가 공산국가로 변전한 것을 보면 전부가 소련의 무력에 의하여 굴복당한 것이며 절대로 국가 내의 자체 약화로 혁명이 생겨 공산국가로 변전한 것이 아닐진대 원자력이 무기화되어 전쟁이 지양되면 소련이 혁명수단으로 하던 폭력과 침략전쟁으로 하는 공산화는 불가능하다는 이론에서 초안한 것이며 폭력적 혁명의 방법에 의하지 아니하고 평화적 민주적 선거의 방식으로 제도를 개정하자는 취지이므로 위법성이 없는 것이라고 생각한다"는 요지의 진술을 하다.

재판장은

금일의 공판은 차(此) 정도로 속행할 지(旨) 고하고 차회 기일은 래(來) 10월 22일 오전 10시로 지정 고지하고 각 소송관계인의 출석을 명한 후 폐정하다.

4291(1958)년 10월 21일

서울고등법원 형사 제2부
재판장 판사 김용진
서기 김응교

[출전 : 20권 27~36쪽]

---

164) '프롤레타리아트(Proletariat)'를 말한다.
165) '오토메이션(automation)'을 말한다.

공판조서(제13회) 1958년 10월 22일

피고인 조봉암 외 20인에 대한 간첩 등 피고사건에 관하여 4291(1958)년 10월 22일 오전 10시 서울고등법원의 공개한 법정에서

재판장 판사 김용진, 판사 최보현, 판사 조규대, 서기 김응교 열석

검사 방재기 출석

변호인 신태악, 조헌식, 권재찬, 김병희, 김봉환, 옥동형, 강순원, 김춘봉, 오승근, 민동식, 임석무, 유춘산, 전봉덕, 최순문, 이상규, 윤용진 각 출석

피고인 등은 신체의 구속을 받지 않고 출석하다

재판장은
전회에 계속하여 공판심리할 지(旨) 고하고 각 소송관계인에 대하여 전회의 공판조서에 의하여 기(其) 심리사항의 요령을 고한 후 차(此)에 대하여 증감변경할 수 있는 지(旨) 고하니
각 소송관계인 등은 이의 없다는 지(旨) 술하다.

재판장은
피고인 정태영, 동 이명하, 동 최희규, 동 안경득, 동 박준길, 동 권대복, 동 전세룡, 동 김정학, 동 이상두, 동 양이섭, 동 이동현 등에 대하여
문: 최후로 할 말은 없는가.

피고인 정태영은

답: 1심에서 최후 진술한 내용과 같습니다.

피고인 이명하는

피고인은 과거 30여 년간이나 기독교를 신봉하여 왔음으로 공산주의에 공명할 수 없는 것이며 진보당은 잔인한 공산주의와 싸우기 위하여 창당한 것이므로 올바른 재판을 하여 존경하는 죽산 선생과 당 간부들에게 희망을 가지도록 하여주기를 바란다는 요지의 진술을 하다.

피고인 최희규는

본 사건은 대정치적 음모사건이며 작년 11월 중순경에 사찰계 형사가 찾아와서 진보당원에게 폭풍우가 있을 것 같으니 탈당하라고 권고하는 것을 불응하였드니 동 형사의 예고와 같이 이번 사건이 발생한 것이라는 요지의 진술을 하다.

피고인 안경득은

닭 한 마리 잡을 경우에도 세 번 네 번 생각하여야 한다는 것이 기독교리인데 본건과 같이 사람을 잡자는 검사 논고에 있어서 기(其) 내용이 애매한 점이 있었다는 것은 심히 유감으로 생각하며 또 피고인의 생각으로는 소위 하나님이 주신 인간의 생명을 인간이 말살한다는 것은 모순된 것이라고 보는 바 사형제도는 마땅히 폐지하여야 한다.

본 피고인은 무서운 공산당이 자라나는 온상을 우리 국내에서 제거시키기 위하여 정계에 투신하였고 또한 정당을 택함에 있어서 각층 지도자들을 면접하여 세밀한 검토 끝에 조봉암은 진정한 반공지도자임을 확신하고 진보당에 가입하였던 것이며, 본 피고인의 주관은 기독교사회주의라고 자처하오며 진보당이 제아무리 혁신이니 복지사회 건설이니 외쳐도 대한민국을 부인하면 본인은 동당을 배격하였을 것이고 대한민국이 아무리 민주국가라 하여도 기독교를 배척하면 본인은 따르지 않겠다는 확호부동한 신념이 있다라는 요지의 진술을 하다.

피고인 박준길은

정치적인 음모가 합법화되는 날에는 망국을 초래하는 것이다는 요지의 진술을 하다.

피고인 권대복은

본인은 전 치안국 특수정보과장의 밀서(성명미상)를 알고 있는데 동인(同人)이 진보당원 입건 직전에 본인을 찾아와서 진보당원을 탄압하니 조봉암 이하 간부들을 도피하게 하라고 권고하므로 그것은 일종의 모략으로 알고 있었는데 과연 동인(同人) 말과 같이 본 사건이 발생한 것인 바 본 사건이 만약 유죄가 된다면은 지금은 진보당원이 심판을 받지만 2차, 3차의 심판은 민주당이 받게 될지 자유당원이 받게 될지 알 수 없다는 것을 예고합니다는 요지의 진술을 하다.

피고인 조봉암은

지금 권대복이 말하는 요로(要路)166)의 인물이 본인을 찾아와서 도피하라는 사실이 있었다는 지(旨) 술하다.

피고인 전세룡은

답: 본인은 북한 괴뢰치하에서 공산당의 탄압의 회피하기 위하여 광인으로 가장 행세하던 사실이 있었다가 남하하였고 반공투쟁에 헌신할 용의가 있다는 지(旨)의 진술을 하다.

피고인 김정학은

답: 별로 없습니다.

피고인 이상두는

답: 일개 철없는 학생이 쓴 편지를 가지고 문제를 삼지 말고 학문의 자유연구의 자유를 보장하여야 합니다. 미국에서는 공산주의를 연구하기 위하여 소련어

---

166) 영향력이 있는 중요한 지위, 또는 그러한 지위에 있는 사람을 말한다.

를 배우는 학생들에게 국고 보조금까지 지불하고 있는 형편인데 서적을 보고 인용하고 강의안을 문의하기 위하여 학도가 선생에게 편지 보낸 것이 무엇이 안 된 것입니까라는 요지의 진술을 하다.

피고인 양이섭은

답: 특무대 고영섭 조사관의 인간성을 알게 되면 동인(同人)은 능히 본건과 같은 간첩사건을 조작할 수 있는 자라고 수긍할 수 있을 것이며 조봉암을 죽이기 위하여 본인은 양념이 된 것이고 피고인이 죽거든 조봉암의 묘 옆에 매장하여주기를 바라며 또 재판장께서 '애국자 양이섭의 묘'라는 비문을 써주시기를 원합니다.

피고인 이동현은

본 피고인의 경우는 속담에서 말하는 "고래 싸움에 새우 등 터진다"는 격이 되었다는 지(旨) 술하다.

재판장은
검사에 대하여
피고인 박기출, 동 김달호, 동 윤길중, 동 조규택, 동 조규희, 동 신창균, 동 김기철, 동 이동화, 동 정태영, 동 이명하, 동 최희규, 동 안경득, 동 박준길, 동 권대복, 동 전세룡, 동 이상두 등에 대한 각 보석 취소의 여부의 의견을 문하니

검사는
동 피고인 등은 도주할 우려가 농후하다고 사료되므로 각 보석을 취소하고 동 김병휘, 동 김정학을 각 구속함이 상당하다는 의견을 술하다.

재판장은 합의 후
동 피고인 등에 대하여 각각 별지와 여(如)히 결정한다고 고한 후 변론을 종결할 지(旨) 고하고 판결은 래(來) 10월 25일 오전 10시 선언할 지(旨) 고한 후 각 소송관계인의 출석을 명한 후 폐정하다.

4291(1958)년 10월 22일
서울고등법원 형사 제2부
재판장 판사 김용진
서기 김응교

[출전 : 20권 37~44쪽]

20   공판조서(제14회) 1958년 10월 25일

　피고인 조봉암 외 20인에 관한 간첩 등 피고사건에 관하여 4291(1958) 10월 25일 오전 10시 서울고등법원의 공개한 법정에서

　재판장 판사 김용진, 판사 최보현, 판사 조규대, 서기 김응교 열석

　검사 방재기, 조인구 출석

　변호인 김춘봉, 이상규, 김봉환, 권재찬, 윤용진, 조헌식, 유춘산, 전봉덕, 임석무, 민동식, 오승근, 최순문 각각 출석

　변호인 옥동형, 강순원 각 불출석

　피고인 등은 신체의 구속을 받지 않고 출정하다

　재판장은 판결을 선고할 지(旨)를 고하고 주문을 낭독하고 구두로써 기(其) 이유의 요령을 고하여 판결을 선고한 후 차 판결에 대하여 상고하려는 자는 7일 내에 기(其) 신립서(申立書)를 당원에 제출하여야 된다고 고지하다.

4291(1958) 10월 25일

서울고등법원 형사 제2부
재판장 판사 김용진
서기 김응교

[출전 : 20권 176쪽]

서울고등법원
판결문

4291(1958)년 〈형공〉 제958호

판결

본적 경기도 강화군 강화읍 관청리 번지 미상
주소 서울특별시 성동구 신당동 353번지의 44호
무직 조봉암
별명 조봉암
호 죽산
60세

본적 경상남도 부산시 부용동 2가 65번지
주거 경상남도 부산시 초량동 919번지
의사 박기출
50세

본적 경상북도 상주군 상주읍 서문리 80번지
주거 서울특별시 성동구 신당동 340번지의 53호
변호사 김달호

호 단제(端齊)

47세

본적 강원도 원성군(原城郡) 문막면 문막리 251번지

주거 서울특별시 마포구 아현동 495번지의 19호

변호사 윤길중

호 청곡(靑谷)

43세

본적 서울특별시 성북구 돈암동 산11번지의 81호

주거 상동(上同)

무직 조규택

36세

본적 함경남도 북청군 속후면 오매리 796번지

주거 서울특별시 종로구 신교동 66번지

무직 조규희

45세

본적 충청북도 음성군 음성읍 읍내리 486번지

주거 충청남도 대전시 충인동 85번지

무직 신창균

51세

본적 함경남도 함흥시 중앙동 2가 14번지

주거 서울특별시 서대문구 대현동(大峴洞) 33번지의 11호

무직 김기철

48세

본적 평안북도 용천군 외상면 정차동 113번지
주거 서울특별시 영등포구 흑석동 95번지의 11호
무직 김병휘
38세

본적 평안남도 강동군 승호면 화천리 500번지
주거 서울특별시 종로구 가회동 11번지의 107호
성균관대학교 교수(휴직 중) 이동화
52세

본적 전라북도 익산군 춘포면 신동리 360번지
주거 서울특별시 종로구 와룡동 1번지의 4호
동양통신사 외신부 기자 정태영
(일명 정동화)
28세

본적 함경남도 북청군 신창면 신창리 132번지
주거 서울특별시 성동구 충현동 산 24번지
무직 이명하
호 해암(海岩)
46세

본적 함경북도 학성군 학성면 업억리 1198번지
주거 서울특별시 동대문구 창신동 649번지
무직 최희규
39세

본적 함경남도 함흥시 황금정(黃金町) 1정목 223번지
주거 서울특별시 서대문구 홍은동 산1번지의 8호

약종상 안경득

37세

본적 충청북도 보은군 내북면 산성리 220번지

주거 충청남도 대전시 대흥동[167]

무직 박준길

(일명 박재영)

47세

본적 서울특별시 서대문구 북아현동 산18번지의 3호

주거 서울특별시 영등포구 도림동 212번지

무직 권대복

27세

본적 함경북도 명천군 남면 내포리 2번지

주거 서울특별시 성북구 하월곡동 88번지의 5호[168]

무직 전세룡

[일명 전경렬(全炅悊)]

41세

본적 함경북도 명천군 남면 내포리 59번지

주거 서울특별시 성북구 하월곡동 88번지의 5호

무직 김정학

(가명 박일)

37세

---

167) 이하는 먹칠이 진하여 판독이 불가한데, 박준길의 주거는 "대전시(大田市) 대흥동(大興洞) 2구 330번지의 2호"이다. 이 책 42쪽을 참조할 수 있다.

168) 아래에 나오는 김정학의 주소지와 동일하다. 전세룡의 주소는 '서울특별시 성동구 신당동 353번지의 44호'이므로 오기로 보인다.

본적 경상북도 안동군 일직면 송리 258번지의 1호

주거 경상북도 대구시 삼덕동 140번지의 1호

경북대학교 정치학과 강사(휴직중) 이상두

27세

본적 평안북도 강계군 강계읍 명륜동(明倫洞) 45번지

주거 서울특별시 동대문구 신설동[169]

무직 양이섭

(별명 양장우, 양명산, 양동호, 김사장)

52세

본적 평안북도 용천군 외상면 신룡동 249번지

주거 서울특별시 서대문구 현저동 101번지

무직(전 서울형무소 간수부장) 이동현

33세

우 피고인 조봉암에 대한 간첩, 간첩방조, 국가보안법 위반 및 법령 제5호 위반, 동 박기출, 동 김달호에 대한 〈국가보안법〉 위반, 동 윤길중에 대한 간첩방조, 국가보안법 위반, 동 조규택, 동 조규희, 동 신창균, 동 김기철, 동 김병휘, 동 이동화, 동 정태영, 동 이명하, 동 최희규, 동 안경득, 동 박준길, 동 권대복, 동 이상두에 대한 국가보안법 위반, 동 양이섭에 대한 간첩 및 간첩방조, 동 전세룡, 동 김정학에 대한 국가보안법 위반 및 증거인멸 등, 동 이동현에 대한 국가보안법 위반, 수뢰증거인멸 및 법령 제5호 위반, 각 피고사건에 관하여 4291(1958)년 7월 2일 서울지방법원에서 피고인 조봉암, 동 전세룡, 동 김정학, 동 이동현 등에 대하여는 각각 일부 유죄와 일부 무죄를 동 양이섭에 대하여는 유죄를 이여(爾餘)의 피고인 등에 대하여는 각 무죄를 각 선고한 판결에 대하여 동 조봉암, 동 양이

---

169) 이하는 먹칠이 진하여 판독이 불가한데, 이 책 44쪽에 의하면 양이섭의 주소는 '서울특별시 동대문구 신설동 12 통일반(統一班) 번지 미상'으로 나온다.

섭, 동 전세룡, 동 김정학, 동 이동현 등의 적법한 각 공소신립과 검사의 동 이동현을 제외한 전 피고인 등에 대한 적법한 각 공소신립이 있었으므로 당원(當院)은 검사 방재기, 동 조인구 관여로 다시 심리를 마치고 다음과 같이 판결한다.

주문(主文)

피고인 김정학, 동 이동현을 제외한 이여(爾餘)의 전(全) 피고인에 대하여는 원판결을 파기한다. 피고인 조봉암, 동 양이섭을 각 사형에, 동 박기출, 동 김달호, 동 윤길중을 각 징역 3년에, 동 조규택, 동 조규희, 동 신창균, 동 김기철, 동 김병휘, 동 이동화, 동 정태영, 동 이명하, 동 최희규, 동 안경득, 동 박준길, 동 권대복, 동 전세룡, 동 이상두를 각 징역 2년에 각 처한다.

원판결 선고 전 구금 일수 중 피고인 박기출, 동 김달호, 동 윤길중, 동 조규택, 동 조규희, 동 신창균, 동 김기철, 동 정태영, 동 이동화에 대하여는 각 150일을 동 이명하, 동 최희규, 동 안경득, 동 박준길, 동 권대복, 동 전세룡, 동 이상두에 대하여는 각 120일을, 동 김병휘에 대하여는 10일을 우(右) 각 본형(本刑)에 산입한다.

단 피고인 조규택, 동 조규희, 동 신창균, 동 김병휘, 동 최희규, 동 안경득, 동 박준길에 대하여는 본 판결 확정일로부터 각 3년간 우(右) 형의 집행을 유예한다.

압수한 미제 45구경 권총 1정[4291(1958)년 압 제146호의 증 제5회], 동 실탄 50발(동 압호의 증 제6호)은 피고인 조봉암으로부터 차(此)를 몰수한다.

공소사실 중

1. 피고인 조봉암은

(1) 4289(1956)년 5월 6일 서울특별시 양동(陽洞) 소재 진보당추진위원회 사무실에서 북한 괴집 김일성이가 남파한 간첩 박정호와 밀회하여 진보당의 평화통일의 구체적 방안이 동 괴집의 주장과 동일함을 상통하고

(2) 진보당에 대한 동 괴집의 동태와 동 괴집과의 야합방법을 검토키 위하여 동년 6월 초순 성명 미상자를 동 괴집 산하 조국통일구국투쟁위원회(祖國統一救國鬪爭委員會) 김약수에게 파견하여 북로당 연락부 박(朴) 지도원으

로부터 평화통일을 강조하라는 지령과 밀봉교육을 받고 동년 7월 20일경 귀환하여 피고인에게 그 지(旨)를 전달케 하여써 각 간첩행위를 하였다는 점

2. 피고인 조봉암, 동 윤길중은 상(相) 피고인 조규택과 함께 동 4290(1957)년 8월 12일 서울특별시 성북구 돈암동 소재 신흥사 승려 송백선(宋白善) 가(家)에서 조총(朝總) 병고현 조직부장 겸 민주크럽 병고현 부지도책 전쾌수(田快秀)로부터 진보당에 가입하여 평화통일 선전을 촉진하라는 지령을 받고 잠입한 간첩 정우갑과 밀회하여 그 정(情)을 알면서 재일교포의 동태를 듣는 동시에 진보당의 평화통일 노선을 지지하니 잘 지도하여 달라는 요청을 받고 동월 22일 진보당 사무실에서 동인에게 동당 입당을 종용하는 동시에 동당의 선언, 강령, 정책, 규약 등 인쇄물 1책을 교부하여써 동인의 간첩행위를 방조하였다는 점

3. 피고인 박기출, 동 김달호, 동 윤길중, 동 조규희, 동 김병휘는 동 4290(1957)년 11월 하순경 전(前) 동당 사무실에서 상(相) 피고인 조봉암, 동 김기철과 함께 동 김기철 기안(起案)의 「북한 당국의 평화공세에 대한 진보당의 선언문」을 토의하여써 동당의 목적한 사항의 실행을 협의하였다는 점

4. 피고인 박기출은 5·15정부통령선거 시 그 비용조로 금 800만 환을 동 4290(1957)년 10월 일자 미상 월간 『중앙정치』지 발간자금조로 7십만 환을 각 제공하여서 동당의 목적한 사항의 실행을 각 협의 선동하였다는 점

5. 피고인 김기철은 동 4290(1957)년 9월 상(相) 피고인 조봉암에게 전시(前示) 「북한 당국의 평화공세에 대한 진보당의 선언문」을 제시하여 동인이 월간지 『중앙정치』 10월호에 수록한 「평화통일에의 길, 진보당의 주장을 만천하에 천명한다」는 논문의 자료로 하게 하여써 동당의 목적한 사항의 실행을 협의하였다는 점

6. 피고인 이동화는 정치, 경제 방면을 연구한다는 구실 하에 자기 경영의 국내외문제연구소에 북한 괴집이 그 선전과업으로 발행한 『김일성선집』 1·2·3권과 보권, 김일성 저, 『조국의 통일독립과 민주화를 위하여』를 서책(書柵)에 나열

하여 동소(同所)에 출입하는 학생 기타 수십 명으로 하여금 이를 열독케 하여써 의식적으로 동 괴집의 목적한 사항을 선전하였다는 점

등은 모두 무죄

검사의 피고인 김정학에 대한 공소와 동 조봉암, 동 양이섭, 동 전세룡, 동 김정학, 동 이동현의 각 공소는 차(此)를 기각한다.

피고인 이동현에 대하여는 원판결 선고 후 구속 일수 중 110일을 기본형에 산입한다.

이유(理由)

피고인 **조봉암**은 출생지인 경기도 강화군 강화읍 관청리에서 보통학교와 농업보습학교를 졸업하고 동 군청의 사환과 고원(雇員)을 경(經)하여 서울특별시 소재 YMCA 중학부 1년을 수료하고 3·1운동에 가담한 관계로 서대문형무소에서 징역 1년을 복역하고 4255(1922)년에 일본국 동경도 소재 중앙대학 정경과(政經科) 1년을 수료하였는바 그간 동소(同所)에서 공산주의 사상을 포지(抱持)하고 흑도회란 비밀결사를 조직하여 사회주의 체제로서의 한국독립을 목표로 반일투쟁을 하다가 귀국하여 공소외 김약수, 김찬, 이영 등과 함께 무산자동맹, 서울청년회 등을 조직 활동 중 소련 코민테룬[170]의 지령으로 소련 벨그네우진스크에서 개최된 해내외(海內外)의 조선공산주의자연합회(朝鮮共産主義者聯合會)에 참가하였다가 조공 조직총국 대표로 모스크바에 가서 코민테룬의 간부들로부터 과거의 각종 크립을 발전적으로 해산하는 동시에 꼴부료(조선공산조직총국 확대강화)를 조직하라는 지령을 받고 동 모스크바 소재 동방노력자공산대학에서 2년간 공산주의의 실천에 관한 교육을 받고 귀국하여 고려청년회(高麗靑年會)[171]를 조직하

---

170) '코민테른'의 오기이다.
171) '고려공산청년회'를 말한다.

여 차(此)를 국제공산청년회 지부로 편입시킨 후 동대표로 활동하다가 노농총연맹, 조선총동맹(朝鮮總同盟)172) 등을 조직하여 그 문화부책으로 활동하던 중 동 4258(1925)년 5월경 조선공산당을 조직하여 그 간부에 취임하는 동시에 동년 모스크바 공산대학 출신인 망(亡) 김조이와 결혼하고 공소외 조동우와 같이 조공대표로 전시(前示) 모스크바에 가서 코민테룬으로부터 동 조선공산당을 코민테룬의 조선지부로 승인받고 또 동 코민테룬의 지령에 의하여

조공 만주총국을 조직한 후 상해에 가서 코민테룬 원동부(遠東部) 조선대표로 취임하여 동 일본대표 사노 마나부(佐野學), 중국대표 진독수(陳獨秀) 등과 함께 활동하면서 국내적으로 공소외 안광천과 접선하여 M·L당을 조직하여 연락하던 중 동 상해에서 왜경에게 피검되어 신의주형무소에서 징역 7년을 복역하고 인천에서 인곡연료조합을 경영 중 동 4277(1944)년 월일 미상 왜(倭) 헌병대에 피검되었다가 8·15해방으로 인하여 방면되어 인천에서 치안유지회, 건준, 노동조합, 실업자대책위원회 등을 조직하여 활동하는 한편 조선공산당 중앙간부 동당 인천지구책, 민전 의장 등으로 활동하던 중 동 4279(1946)년 5월경 동당 대표 박헌영에게 동당, 인위(人委) 및 민전(民戰)의 지도 방법이 기술적으로 졸렬하여 당 인위 및 민전을 혼동시키어 동당을 군중으로부터 고립시키고 소위 모스크바 삼상회의 결정을 지지하는 투쟁이 기술적으로 졸렬하다는 것을 지적 충고하는 서한을 보내는 동시에 차(此)를 신문 지상에 발표한 관계로 동 박헌영에 의하여 출당되고 동 4280(1947)년 9월경 공소외 이긍로(李兢魯),173) 김찬 등과 함께 민독전선을 조직하여 활동하다가 동 4281(1948)년 5월 10일 초대 국회의원선거 시 인천에서 당선되고 동 4281(1948)년 9월 초대 농림부장관에 취임하여 7개월간 근무하고 제2대 국회의원선거 시에 동소(同所)에서 당선되어 동 국회에서 부의장에 선임되고 제2대와 제3대의 대통령선거 시 그 후보자로 출마하였던 자이고

동 박기출은 본적지에서 16세 시 부산공립보통학교를 21세 시 동래고보를 각

---

172) '청년총동맹(靑年總同盟)'의 오기이다.

173) '이극로(李克魯)'의 오기이다.

졸업한 후 일본국 동경의학전문학교에 입학하여 26세 시 동교를 졸업하고 귀국하여 부산시립병원 외과의사로 종사하다가 4272(1939)년 10월경부터 일본국 구주대학 의학부 연구생으로 취학하여 동 4276(1943)년 7월경 동 대학에서 의학 박사 학위를 받고 동 4277(1944)년 3월 귀국하여 부산시 초량동 415번지에서 박(朴)외과의원을 자영 중 8·15해방과 동시에 부산 건준 후생부장에 취임하고 동년 9월 초순경 미군정청 경상남도 보건후생부장에 취임하였다가 동 4279(1946)년 5월경 사임하고 동 4280(1947)년에 한글전용촉진위 경남도위원장, 민련 경남도위원장, 새한학회 이사장 등을 역임하고 전(前) 동소에서 박외과의원을 계속 경영하면서 5·15정부통령선거 시 부통령 후보자로 출마하였다가 사퇴한 자이고

동 김달호는 본적지에서 상주보통학교를 졸업하고 서울 제2고등보통학교를 졸업한 후 21세 시 일본국 동경도 소재 중앙대학 법학부에 입학하여 22세 시 고등시험 사법과 시험에 합격하고 23세 시 동교 2학년을 중퇴 귀국하여 대구지방법원 사법관 시보(試補)에 피임한 이래 광주지방법원 판사, 청주지방법원 판사 등을 역임하고 29세 시 도일(渡日)하여 전시(前示) 중앙대학 법학부 제15연구실에서 3년간 영어와 독어를 공부하다가 32세 시 도만(渡滿)하여 만주국 봉천성(奉天省) 봉천시(奉天市)에서 율사(律士)로 등록 개업하고 8·15해방 직후 동 봉천시 한국인조해위원회 위원장으로 취임하여 한·중국인 간의 분쟁 조정에 종사 중 국부(國府) 기관에 피검되었다가 동 4280(1947)년 6월 초순경 봉천 경유 선편(船便)으로 귀국하여 동년 9월 일자 미상 서울지방검찰청 검사 직무대리에 취임하였다가 동 4281(1948)년 3월 서울고등검찰청 차장검사 겸 변호사고시위원 및 법전편찬위원장으로 취임하여 동년 9월경 사임한 후 서울특별시 중구 을지로 1가 54번지에서 변호사 법률사무소를 개설하고 동 4287(1954)년 5월 경북 상주갑구(尙州甲區)에서 제3대 민의원으로 당선된 자이고

동 윤길중은 일본국 동경도 소재 일본대학 법과 재학 시인 23세 시 조선변호사 시험과 고등시험 행정과 및 동 사법과 시험에 각각 합격한 후 24세 시 전시 대학을 졸업하고 동년 12월 조선총독부 농림국 속관에 취임한 이래 전남 강진군수와 동 무안군수를 역임하고 동 4278(1945)년 1월 조선총독부 학무국 사무관으로 전

임근무하고 8·15해방 후 군정청 문교부 교도과장에 취임하였다가 동년 12월경 반탁운동 관계로 사임하고 동 4279(1946)년 6월경 고(故) 신익희와 함께 국민대학을 창립하고 그 재단이사 겸 법학교수로 종사하는 일방(一方) 입법의원 법제국 기초과장과 총무과장을 역임하고 동 4281(1948)년 4월 제헌국회 중앙선거위원회 선전부장에 취임하였다가 동년 5월부터 5·30선거 전까지 제헌국회 헌법기초위원회 전문위원과 동 국회 법제조사국장 등을 역임하고 우동(右同) 선거 시 강원도 원주군에서 국회의원으로 당선되어 국회 법제사법분과위원장으로 선임되고 제2대 대통령선거 시 그 입후자인 상(相) 피고인 조봉암의 선거사무장으로 종사하고 서울특별시 중구 북창동에서 변호사업에 종사하면서 5·15정부통령선거 시 대통령 입후자인 동 조봉암의 선거사무장으로 종사한 자이고

　　동 조규택은 본적지에서 14세 시 적여공립보통학교를 졸업하고 해주고보 2년을 중퇴한 후 단국대학 정치과를 졸업하고 동 4281(1948)년 12월 상순경 서울중앙방송국 방송과 서기로 취임 근무 중 동 4284(1951)년 10월경 주사로 승진하였다가 동 4288(1955)년 10월경 직을 사임하고 애국동지원호회 및 3·1정신선양회 사업에 종사한 자이고

　　동 조규희는 본적지에서 15세 시까지 한문 급(及) 조도전(早稻田) 강의록을 자습하고 23세 시 일본국 동경도 소재 주오대학 법과 2학년에 입학하였다가 입학절차허위사건으로 퇴학당하고 24세 시 함남공업사에 26세 시 함북 성진 일본고주파중공업주식회사 28세 시 함남공업사에 각 취직 근무하고 동 4278(1945)년 8월 14일 상경하여 서울특별시 소재 『신조선보』를 위시하여 『한성일보』 정치부장, 동 편집부장, 동 편집부국장, 동 국장대리 및 전임(專任) 논설위원과 부산시 소재 항도신문사 편집국장 및 논설위원 등을 역임하고 동 4286(1953)년 2월경 상경하여 『한성일보』 편집국장 겸 논설위원으로 종사 중 재차 하부(下釜)하여 동소(同所) 소재 한국매일신문사 편집국장 및 논설위원으로 있다가 동년 9월경 상경하여 신문잡지 시사평론 등의 투고를 하여오다가 자유신문사 편집국장으로 근무한 자이고

동 신창균은 대전 제1공립보통학교 및 충북 영동 공립보통학교 고등과 1년을 수료하고 23세 시 충북 공립사범학교 제3학년을 졸업한 후 충북 청주 청남학교 (清南學校) 교사에 피임된 이래 음성 및 충주군 엄정보통학교(嚴政普通學校) 등의 교사를 역임하고 중국 광동성 중산시 전력회사장과 광동시 전력회사 부사장을 겸한 후 동 4278(1945)년 3월 24일 귀국하여 동년 12월경 인천시 금곡동(金谷洞) 소재 조선성냥주식회사 관리인으로 취임하고 동 4279(1946)년 4월경 한독당에 입당하여 중앙상임위원 겸 연락부장으로 취임 활동중 동 당원 조소앙, 동 조완구 (趙琬九), 최석봉(崔錫鳳), 엄항섭(嚴恒燮), 조일문(趙一文) 등과 함께 4281(1948)년 4월 19일 평양에서 개최된 소위 남북협상에 참가키 위하여 동월 20일경 육로로 개성 경유 입북하여 동 협상회의와 김구, 김규식, 김일성, 김두봉(金枓奉)으로 구성한 소위 4김회의에 참석하였다가 동년 5월 5일 월남하고 5·15정부통령선거 시 대통령 입후보자인 상(相) 피고인 조봉암의 재정조달 및 경리사무를 담당한 자이고

동 김기철은 17세 시 함남 제1공립보통학교를 20세 시 경성전기학교(京城電氣 學校)를 23세 시 일본국 동경도 공전, 상공부 전기공학과를 각각 졸업하고 홍전사 조선지사에 취직한 후 25세기 동사(同社) 흥남지점에 전임하였다가 27세 시 동사를 사임하고 함흥시에서 박전사를 자영 중 8·15해방으로 동사를 폐업하고 건국후원함남청년회(建國後援咸南靑年會) 기획부장 겸 함남협회 조직부장으로 활동하다가 4278(1945)년 12월 하순경 흥남인민비료공장 중앙본부 조사계획부 총무국장으로 취임하고 동 4279(1946)년 3월 5일경 월남하여 원세훈의 소개로 좌우합작위원회에 입회함과 동시에 민족자주연맹 교도 및 조사부장, 민주한독당 중앙상무위원, 동 선전부장 등으로 종사 중 동 4281(1948)년 4월 평양 모란봉극장에서 개최된 남북협상에 참가 차 민독당 대표로 월북하였다가 월남하고 6·25사변 당시 괴뢰 인위(人委)의 산하단체로 등록한 전시(前示) 민족자주연맹을 위하여 활약하는 일방(一方) 동 인위 위원장 이승엽의 지령으로 구성된 군사위원회에 괴뢰군을 위한 원호사업을 하고 제2대 대통령선거 시 입후보자인 상(相) 피고인 조봉암의 선거사무소 사무차장 겸 선전부장으로 활동하고 5·15정부통령선거 시 대통령 입후보자인 동 조봉암의 선전 및 재정책으로 활동하던 자이고

동 김병휘는 13세 시 본적지에서 박천공립보통학교를 18세 시 신의주공립고등보통학교를 각 졸업하고 22세 시 일본국 동경도 소재 일본대학 법과에 입학하였다가 동교 2년을 중퇴하고 4279(1946)년 4월경 월남하여 약 6개월간 UP통신사 기자로 근무하다가 서울특별시 소재 홍익대학 교수로 약 4년간 근무하고 9·28수복후 대전시 소재 덕소철도학교 및 중앙철도고등기술학교 부교장과 대전가정보육기술학교 교장을 역임한 자이고

동 이동화는 4254(1921)년 3월 평양시 소재 숭덕소학교 4년을 동 4258(1925)년 3월 동소 소재 광성고보 4년을 각각 졸업하고 동년 4월 일본국 웅본현립중학제제횡 4학년에 편입하여 동 4259(1926)년 3월 동교 4년을 졸업하고 동 4261(1928)년 일본국 산구현(山口縣) 산구고등학교 문과 갑류(甲類)(3년)을 졸업한 후 동국(同國) 동경제국대학 법학부 정치학과 3년을 졸업하고 약 1년간 동교 정치학연구실에서 정치학을 연구하고 동 4271(1938)년 1월부터 동 4274(1941)년 9월까지 서울특별시 소재 혜화전문학교(현 동국대학) 사회과학 담당교수로 근무하고

치안유지법위반사건으로 동년 9월부터 동 4275(1942)년 12월까지 서대문형무소에 구금되고 동년 12월부터 동 4278(1945)년 4월까지 본적지에서 실부(實父)가 경영하는 주물공장과 농업에 조력하고 동년 4월부터 서울특별시 소재 이화전문학교 부속병원 사무장으로 근무 중 8·15해방과 동시에 건국동맹 간부 및 건국준비위원회 서기국 위원에 취임하고 고(故) 여운형 및 이만규, 이상도 등과 제휴·활동하다 동년 9월 월북하여 동년 12월경 평양에서 조선공산당에 가입하여 동월 중순부터 동 4279(1946)년 5월 말경까지 『평양민보』와 민주조선사의 주필을 역임하고 동년 10월경부터 동 4280년 2월까지 조소문화협회 부위원장 겸 김일성대학 강사로 종사하고 동년 4월부터 동 4283(1950)년 5월 초순경까지 동 대학 법학부 외교사 전임강사로 근무하다가 국군 진주시 월남하여 동년 11월 하순경 백인엽 중장 처남 박용래의 소개로 정보국 제5과에 1년간 재직하고 동 4285(1952)년 5월부터 동 4286(1953)년 4월경까지 경북대학교 정치과 교수로 근무하고 한국내외문제연구소장을 거쳐 동 4287(1954)년 4월부터 성균관대학 정치과 교수로 종사하던 중 동 4288(1955)년 7월 30일 서울지방법원에서 국가보안법위반사건으로 형의 선

고유예를 받은 자이고

동 정태영은 20세 시 이리농림학교를 졸업하고 서울대학교 문리과대학 이학부 수학과에 재학 중 6·25사변으로 인하여 중단하고 4284(1951)년 5월경 전북 전시 연합대학에 입학하였다가 동년 10월 학비 난으로 휴학하고 동 4286(1953)년 7월 부터 약 6개월간 전북 김제군 청하면 동문산리 소재 청하국민학교 교원으로 근무 하고 동 4287(1954)년 3월 서울특별시 종로구 관철동 소재 일심사(출판사)에 취직 하는 동시에 서울대학교 전동(前同) 학과에 복교하여 동 4289(1956)년 9월 30일 동교를 졸업하고 동년 10월 4일부터 약 6개월간 이리여자상업학교 수학 강사로 근무하다가 동 4290(1957)년 4월 15일부터 서울특별시 소재 균명중학교 교원으로 근무 중 동년 5월 10일경 동양통신사 외신부 기자로 전직한 자이고

동 이명하는 함흥성경학교를 졸업한 후 일본국 조도전대학(早稻田大學) 강의 록을 자습하는 일방(一方) 『동아일보』, 『조선일보』, 『중앙일보』, 『기독교신문』 등 의 지국장을 역임하고 4278(1945)년 9월경 본적지에서 조선청소년동맹을 조직하 여 그 위원장에 취임 활약하다가 동월 하순 월남하여 동년 11월 서울에서 기독교 청년회전국연합회의 문화선전부장을 위시하여 민족자주연맹 중앙위원 및 지방조 사부장, 통일독립촉진회 중앙상무위원 겸 선전부 차장, 경동기독교회 집사 등에 종사하고 6·25동란 시 서울에 잔류하여 민족자주연맹의 재건수습 공작을 하는 일방(一方) 인민군 원호사업에 종사할뿐더러 정치보위부의 지령으로 기독교에 침투 교인의 동태를 조사 중 1·4후퇴 시 제주도로 피난하였다가 동 4288(1955)년 4월 상경하여 민우사계(民友社系)와 합작하여 온 자이고

동 최희규는 일본국 동경도 소재 일본대학 척식과를 졸업한 후 동국(同國) 북 해도제국대학(北海島帝國大學) 농학부 농장에서 1년간 낙농을 연구하고 귀국하 여 목장 등에서 근무하다가 6·25사변 후 대한부흥건설단 경기도단 산업국장 동 서울특별시단부 부단장 동 단장 등을 역임한 자이고

동 안경득은 4278(1945)년 9월 18일 월남하여 연희대학의 문과와 철학과를 졸

업하고 6 · 25사변 시 남하하여 약 3년간 부산시 소재 미 육군성 한국파견대 문관으로 종사한 자이고

동 박준길은 29세 시 도만(渡滿)하여 만주국 통화성 휘남현에서 제승공장을 경영하다가 8 · 15해방 후 귀국하여 전재동포구제회 후생협회 후생부 차장 한국군 유격사령부 의무처 차장 국민방위군 독립제1사단 정보처 4과장 육군 제5군단 임시 문관 등을 역임한 자이고

동 권대복은 동 4283(1950)년 12월 하순경 서울특별시 순경에 취임하여 영등포경찰서 경무계 공보반에서 근무하다가 동 4284(1951)년 사직하고 동 4286(1953)년 4월 국학대학 정치학과에 입학하여 동 4290(1957)년 동 대학을 졸업한 자이고

동 전세룡은 18세 시 보성고등보통학교 3년을 수료하고 본적지에서 한문을 자습하면서 농업에 종사하다가 국군 진주시 명천고급인문중학교 교원에 취임하고 국군 후퇴 시 월남하여 강원도 횡성군 주둔 방위군에 입대하였다가 경상북도 소재 공양(共陽)고등공민학교 교원에 취임하고 4285(1952)년 10월경 부산에서 동향인인 공소외 김찬, 김안국 등의 소개로 당시 동소 소재 상(相) 피고인 조봉암 가(家)에 거주 중 동 조봉암의 알선으로 상공일보사 업무국장으로 취임 근무하다가 동 4289(1956)년 3월 중순경 상경하여 동 조봉암의 표기(表記) 주거에 거주하던 자이고

동 김정학은 본적지에서 13세 시 보통학교를 졸업하고 농업에 종사하던 중 22세 시 왜정(倭政) 당국으로부터 징용되어 일본국 명고옥시(名古屋市) 소재 삼릉회사(三菱會社) 비행기공장 잡부로 종사하다가 동 4278(1945)년 9월 귀환하여 본적지에서 농업에 종사하는 일방(一方) 동 4279(1946)년 월일 미상 민청 농맹 조소문화협회 등에 동 4280(1947)년 3월 노동당에 각 가입하고 동 4283(1950)년 3월 인민군에 입대하였다가 제대하고 국군 진주 시 국군 제2사단에 입대하였다가 국군 후퇴 시 미(美) 수송선 편으로 월남하여 강원도 횡성 주둔 방위군에 입대하였다가 동 4284(1951)년 해산되고 동년 12월 부산시 소재 미군 특무대에 입대하였다가 동

4289(1956)년 7월 제대한 자이고

　동 **이상두**는 동 4289(1956)년 3월 경북대학교 법정대학 정치학과를 졸업하고 동년 4월 성균관대학 대학원에 입학하여 익년 4월 동 대학원 1년을 수료하고 동경(同頃) 경북 계림대학 정치학 강사로 취임하였다가 동년 9월 경북대학교 법정대학 정치학 강사로 취임한 자이고

　동 **양이섭**은 동 4260(1927)년 중국 천진시 소재 남계중학 3학년을 졸업하고 동년 10월부터 상해 임정 산하에서 독립운동에 가담하여 오다가 동 4264(1931)년 4월 왜경에 피검되어 신의주형무소에서 징역 4년을 복역하고 만주 통화, 중국 천진 등지에서 농장 곡물상 등을 경영하다가 8·15해방 후 귀국하여 신의주에서 건국무역사를 경영하던 중 동 4279(1946)년 8월 노동당 평양시당 후생사업차 월남하여 인천경찰서와 미군 CIC에 각각 피검되었다가 석방되어 동년 12월경 개성 경유 월북하여 평양에서 전시(前示) 건국무역사를 경영하던 중 1·4후퇴 시 월남하여 대구, 부산 등지를 전전하다가 강원도 속초에서 해산물상을 경영하던 자이고

　동 **이동현**은 4276(1943)년 3월 선천고등소학교(宣川高等小學校)를 졸업하고 신의주 철도국장으로 근무하다가 동 4279(1946)년 1월 월남하여 서북청년회에 가입 활동하던 중 동 4282(1949)년 1월 서울특별시 종로구 소재 삼의출판사(三義出版社) 사원으로 취직 근무하고 동 4283(1950)년 3월 20일 서울형무소 간수로 취임하여 동소 계호과에서 근무하고 동 4284(1951)년 3월부터 동 소장 문치연(文致然)의 호위로 근무하던 중 동 4285(1952)년 1월 간수부장으로 승진하고 동 4291(1958)년 1월경부터 동소 구치과 계호계에서 근무하던 자인바

제1. 피고인 조봉암은

　(1) 4288(1955)년 6월경 새로 발족하는 민주당 결성 추진 운동에서 제외되자 공소외 서상일과 함께 소위 비자유당계와 비민주당계의 재야 혁신세력을 규합하여 신정당(新政黨)을 조직할 것을 모색하던 중 동년 9월 일자 미상 피고인 윤길중, 동 김기철 등의 주동으로 경기도 양주군(楊州郡) 소재 광릉에서 공소외 서상일,

동 장건상 등을 비롯한 20여 명과 회합하여(이를 광릉회합이라 함) 자유당계와 민주당계를 제외한 전(全) 야당계를 규합하여 대(大) 야당(野黨)의 조직을 추진할 것을 합의하고 서울특별시 종로구 관철동 소재 대관원을 비롯하여 수개 처에서 10여 차에 긍(亘)하는 회합을 경(經)한 끝에 동년 11월 일자 미상 상(相) 피고인 윤길중, 동 조규희, 동 신창균, 동 김기철, 동 김병휘, 동 이명하 등과 함께 가칭 진보당결당추진위원회를 조직하고 공소외 서상일, 동 김성주(金成疇),[174] 동 최익환 등과 함께 동 위원회 총무위원으로 취임하여 혁신정치의 발현, 수탈 없는 경제체제의 확립, 남북의 평화통일 실현 등 3대 구호를 목표로 동 결당을 추진하는 일방(一方) 5·15정부통령선거 시 동당 공천 대통령 입후보자로 출마하여 전시(前示) 3대 구호를 절규하면서 동 선거운동을 전개하고 동 4289(1956)년 10월경 동당 주도권 문제로 전시(前示) 서상일 일파와 결별한 후 상(相) 피고인 박기출, 동 김달호, 동 윤길중, 동 조규택, 동 조규희, 동 신창균, 동 김기철, 동 김병휘, 동 이명하, 동 최희규, 동 안경득, 동 박준길, 동 권대복, 동 전세룡 등과 동 결당을 추진하여 오던 중 동년 11월 10일 마침내 서울특별시 중구 소재 시공관에서 우(右) 상(相) 피고인 등을 위시로 800여 명과 함께 국헌에 위배하여 정부를 참칭하는 북한 괴뢰집단에 부수하여 국가를 변란할 목적으로 "우리는 노동자 농민을 중심으로 하는 광범한 근로대중(피해대중)을 대표하는 주체적 선진적 정치적 집결체이며 변혁적 주체적 세력의 적극적 실천에 의하여 자본주의를 지양하고 착취 없는 복지사회를 건설하여야 한다"는 지(旨)의 혁신정치의 실현, "우리는 자유민주주의를 폐기 지양하고 주요 산업과 대기업의 국유 내지 국영을 위시로 급속한 경제건설 사회적 생산력의 제고 및 사회적 생산물의 공정분배를 완수하기 위하여 계획과 통제의 제원칙을 실천하여야 한다"는 지(旨)의 수탈 없는 경제체제의 확립, "우리는 남북한에서 평화통일을 저해하는 요소를 견제하고 진보당 세력의 주도권 장악하에 피 흘리지 않는 평화적 방식으로 조국의 통일을 실현한다"는 지(旨)의 평화통일의 실현 등을 강령정책으로 하는 진보당을 조직하는 동시에 그 수괴인 중앙당 위원장에 취임하고

---

[174] '김성숙(金成璹)'의 오기로 보인다.

(2) 동 4290(1957)년 1월 중순경 표기 신당동 소재 자택에서 동당 전북도당 간부인 공소외 김창을의 소개로 상(相) 피고인 정태영과 회합하여 동인을 동 당원으로 가입시키는 동시에 동인으로부터 동당을 위하여 투신 노력하겠다는 약속을 받고 다시 동경(同頃) 동인으로부터 '실천적 제 문제'라는 강평서 즉 "① 당의 이념은 사회주의 실현에 있다. ② 인류의 역사는 계급투쟁의 역사이며 국가는 피착취계급을 압박하기 위한 수단이다. 무산계급 사회에서는 국가가 필연적으로 소멸하고 인간은 더욱더욱 자유 천국에 가까워가며 종국의 세계평화는 세계적화에 있다. ③ 집권 후 해결하여야 할 문제의 하나로 노조(勞組), 협조(協組)의 조직을 강화하여야 하며 노동계급이 충분히 성장치 못한 우리나라로서는 특히 농민과 어민의 푸로레타리아적 성격에 주의하면서 협조 강화에 힘써야 한다. ④ 남북통일에 있어서 가능한 통일방안은 남북군경 해산, 국제 감시하의 총선, 남북 연립정부 수립, 그에 의한 총선 후 다시 내각 조직, 남북의회의 통합, 그에 의한 정부 수립 등이다. ⑤ 당원의 생계에 대한 당국의 압박을 피하기 위하여 생활의 직접적 위협을 받게 될 당원의 존재 및 가능한 테로 행위를 피하기 위하여 당은 이중 조직을 가지고 표면활동을 자유롭게 할 수 있는 요소를 지닌 인사들을 많이 포섭하여 점차 그들의 교화를 행한다. 현재는 소극적 투쟁기이나 점차 사회주의라는 말이 민주주의라는 말처럼 현 사회의 하나의 상식적 용어가 됨에서부터는 점차 그 논점도 사회주의 이론의 핵심에 드러가야 하며 진보당이 현재 이상의 대수난기가 있을 것을 예상하고 지하조직에 일층 힘써야 한다. 우리는 모든 활동에 있어서 가능할 장해를 고려하여 행동의 제1, 제2, 제3 등등 방안을 미리 세워 신속히 대처하여야 한다. 당원 명부는 당의 심장이다. 어느 때 어떠한 사태가 발생할지 모르니 그 명부를 함부로 굴린다는 것을 말이 아니다"는 요지(要旨)의 문서를 받어 차(此)를 동당 노선의 자료로 검토하여써 동당의 목적한 사항의 실행을 협의하고

(3) 동 4290(1957)년 8월경 당국의 허가 없이 그의 운전수 이재윤을 통하여 서울특별시 성동구 신당동 노상에서 성명미상자로부터 미제(美製) 45구경 1정과 실탄 50발을 대금 3만 환에 매수하여 그 시(時)로부터 동 4291(1958)년 1월 일자 미상 본건으로 인하여 압수될 때까지 차(此)를 불법 소지하고

(4) 동 4290(1957)년 9월 동당세(同黨勢)를 확장할 목적으로 동당과 노선을 같이 하는 근민당의 재남(在南) 잔류자인 공소외 김성숙(金星淑), 양재소(楊在韶), 김일수(金一守) 등 10여 명과 합세할 의도로 동월 20일 서울특별시 종로 2가 소재 진보당 중앙당 사무실에서 진보당 측 대표로 피고인 조봉암, 상(相) 피고인 윤길중, 동 김달호, 동 이명하, 동 김기철, 동 조규희, 동 최희규 등과 근민당 측 대표로 우(右) 김성숙, 양재소, 김일수 외 7명이 회합하여 통일준비위원회를 구성하는 동시에 미치(未久)[175]에 대회를 개최하여 결정하기로 합의하여써 동당의 목적한 사항의 실행을 협의하고

(5) 동년 9월 초순 경 동당 중앙위원장의 자격으로 월간잡지 『중앙정치』 동년 10월호에 「평화통일에의 길, 진보당의 주장을 만천하에 천명한다」는 제목으로 동당의 강령정책 중의 하나인 평화통일 실현의 구체적 방안의 일각을 발표하게 하여 동지(同誌) 편집위원회 위원인 상(相) 피고인 윤길중, 동 조규희, 동 김병휘, 공소외 안준표 등의 동의를 얻고 동월 하순경 동 중앙당 사무실에서 동 당원인 우 조규희 외 10여 명에게 동 원고를 독시(讀示)하여 그 지지를 받은 후 동지 동 월호에 전시(前示) 제목으로 평화통일의 구체적 방법이 몇 가지 있는데 예를 들자면 첫째는 유엔 감시하의 북한만의 총선거, 둘째는 협상에 의한 연립정부안 즉, 남북 양국회의 대표에 의한 전국위원회안, 셋째는 중립화에 의한 방안, 넷째는 국가연합에 의한 방안, 다섯째는 유엔 감시하의 남북총선거에 의한 방안 등이며, 첫째 안은 대한민국안이며 이것은 북한 괴뢰나 소련 측에서 반대하고 있으므로 국제적으로 편협하며 북한 괴뢰나 소련의 동의를 얻을 수 있는 것이어야 한다는 전제하에 대한민국을 북한 괴뢰와 동등한 위치에서 해체할 것을 전제로 하는 남북총선거에 의한 통일정권 수립안을 역설한 다음 그 구체적 방안의 발표는 현행 정부와의 정면충돌을 피하기 위하여 사양한다는 지(旨)의 논문을 게재하여써 동당의 목적한 사항의 실행을 협의 선전하고

(6) 동년 9월 동 중앙당 통일문제연구위원회 위원장인 상(相) 피고인 김기철에

---

[175] 미구(未久)의 오기로 보인다.

게 동당 노선에 입각한 남북통일의 구체적 방안의 작성을 지시하여 동경(同頃) 동인(同人)으로부터 「북한 당국의 평화공세에 대한 진보당의 선언문」이란 제목 으로 기안한 "우리 당은 조국의 조속한 평화통일을 진정코 갈망하는 피해대중을 대표하여 북한 당국이 아래와 같은 통일선거 원칙을 수락할 것을 권고한다. ① 통 일되고 독립된 민주적 한국의 국회 형성을 위하여 자유선거를 실시한다. ② 이 선거의 준비와 실시를 감독 감시하기 위하여 국제연합의 동의하에 선출될 실제 적이며 유효적절한 감시권 있는 국제감시위원회를 설립한다. 이 위원회는 인도 (印度), 서서(瑞西), 서전(瑞典), 파란(波蘭),[176] 첵코스로바키아 대표로 구성되어 야 하며 인도(印度) 대표는 의장이 될 것이다. ③ 이 선거를 준비함에 있어서는 국제감시위원회와 협동하면서 자유스러운 총선거와 직접 관련되는 범위 내에서 남북한 간의 정치적 접근 조치를 취하기 위하여 대한민국 국회와 북한 당국에서 각각 선출된 대표로써 전한국위원회를 설치한다. ④ 전한국위원회는 남북 쌍방 의 합의제 원칙에 따라서 운영하되 장차 설치될 통일 국회에서 취급될 문제나 선 거 실시 전후에 있어서 자유총선거 문제와 직접 관련되지 않는 문제는 개입치 말 것이며 그 당면과업은 자유선거가 전정한 민주주의를 보장할 수 있는 선거법 작 성 및 선거 자유 분위기 조성에 있어야 한다. ⑤ 전한국위원회는 그 의제로 된 소관 사항 중 토의 후 합의를 보지 못하는 사항은 국제감시위원회 의장에게 중재 를 요청하여 그의 권고대로 처결되어야 한다. ⑥ 전한국위원회에서 합의나 성립 된 문제는 대한민국 정부와 북한 당국이 책임지고 집행하여야 하며 전한국위원 회는 여사(如斯)한 사항을 국제감시위원회에 통고할 의무만 진다. ⑦ 선거는 관 계 당국의 합의 성립 후 6개월 내에 시행한다. ⑧ 선거의 시행 중과 그 전후에 있 어서 선거에 관계 있는 국제 감시요원은 상태의 감시를 위하여 행동, 언론 등의 자유를 가지며 현지 당국자는 이 위원에게 가능한 모든 편의를 제공한다. ⑨ 선 거 실시 중과 그 전후에 있어서 입후보자 선거운동원 및 그 가족은 행동, 언론 기 타 민주국가에서 인정되고 보호되는 인권을 향유한다. ⑩ 선거는 비례제 원칙과 비밀투표 및 성인의 보통선거의 기초에서 시행한다. ⑪ 전한국의회는 선거 직후 서울에서 개회하며 특히 통일한국의 헌법 작성에 관한 문제와 군대의 해산과 관

176) 폴란드를 의미한다.

련된 문제는 전한국의회가 결정할 의제로 한다. ⑫ 통일선거가 합의되면 비례원칙에 따라 모든 외국군의 철수를 개시하되 UN군의 완전철수 기한은 통일정부가 수립되어 치안책임을 담당한 후로 작정하여야 한다"는 지(늼)의 통일방안을 제시받어 차(此)를 전시(前示) 통일문제연구위원회에 회부하도록 지시하여 동 김기철로 하여금 동안(同案)의 토의를 위하여 수차 동 위원회를 개최하게 하고 다시 동년 11월 하순경 전시(前示) 당 사무실에서 상(相) 피고인 박기출, 동 김달호, 동 김기철, 동 조규희, 동 윤길중 등과 회합한 석상에서 동안이 동당의 노선에 입각한 평화통일의 구체적 방안으로서는 가장 적합하지만 이를 발표하면 제3세력이란 오해를 받을 염려가 있으니 그 발표만은 적당한 시기까지 보류하자고 하므로써 동당의 목적한 사항의 실행을 협의하고

제2. 동 박기출은

(1) 1·4후퇴 시 부산에서 상(相) 피고인 조봉암을 알게 된 이래 동인과 친교하여 오던 중 동 4288(1955)년 10월경 동인으로부터 인편과 서신으로 진보당의 발기를 추진하니 협조하라는 연락을 받고 이를 응낙한 후 동 4289(1956)년 3월 하순경 서울특별시 종로구 공평동 소재 종로예식장에서 개최된 가칭 진보당결당추진위원회에 가담하여 그 중앙위원에 취임하고 기경(其頃) 5·15정부통령선거의 동당 공천 부통령 후보자로 출마하여 동당 대통령 입후보자인 전시(前示) 조봉암과 동조하여 전국 주요 도시를 순회하면서 혁신정치의 실현, 수탈 없는 경제체제의 확립, 평화통일의 실현 등 3대 구호를 강조하며 선거운동을 하다가 중도에서 사퇴하고 동년 11월 10일 조봉암 범죄사실(1) 적시(摘示)와 같이 진보당을 조직하는 동시에 그 간부인 그 중앙당 부위원장에 취임하고

(2) 동 4290(1957)년 9월 일자 미상 진보당 부산시 동구을구 당위원장에 취임하여써 지도적 임무종사를 겸한 후 동구 당원을 동원하여 공소외 김재봉 외 약 100명의 당원과 동 정경학(鄭京學) 외 68명의 비밀당원(익명요구자)을 포섭케 하여써 동당의 목적한 사항의 실행을 협의 선동하고

(3) 동 4289(1956)년 3월경 동당 중앙당 사무실 설비조로 금 30만 환을, 동년 11월

동당 결당비용조로서 금 100만 환을, 동 4290(1957)년 2월에 당 경비로 금 30만 환을 각각 제공하여써 동당의 목적한 사항의 실행을 각 협의 선동하고

제3. 동 김달호는 1·4후퇴 시 부산에서 상(相) 피고인 조봉암을 알게 된 이래 동인과 친교하여 오던 중

(1) 전시(前示) 조봉암 범죄사실 (1) 적시(摘示) 가칭 진보당 발기 추진운동에 가담하여 오다가 동 적시(摘示) 진보당을 조직하는 동시에 그 간부인 동 중앙당 부위원장에 취임하고

(2) 동 4290(1957)년 하절(夏節) 전시(前示) 중앙당 사무실에서 상(相) 피고인 조봉암, 동 윤길중 외 당원 약 60명이 회합한 석상에서 대한민국에서는 6·25사변 당시 북한 괴뢰가 먼저 침략해 온 것이라고 하는데 모를 일이다. 평화적 방법으로 상대방의 동의로 얻어 합법 형식으로 통일을 하여야 한다는 등 지(旨)의 교양 강의를 행하여써 동당의 목적한 사항의 실행을 협의 선동하고

제4. 동 윤길중은

(1) 동 4288(1955)년 6월경부터 상(相) 피고인 김기철, 동 조규희 등과 함께 동 조봉암을 당수로 하여 전시(前示) 조봉암의 범죄사실 (1) 적시(摘示) 경위로 진보당의 조직을 획책 추진하여 오다가 동 적시(摘示) 진보당을 조직하는 동시에 그 간부인 동 중앙당 간사장에 취임하고

(2) 전시(前示) 조봉암의 범죄사실 (4)와 (5) 적시(摘示) 피고인의 관계 사항을 감행하여써 동당의 목적한 사항의 실행을 협의 선동하고

(3) 동 4290(1957)년 9월 초 동당 통일문제연구위원회 위원으로 취임하여 그 경(頃) 동 위원회에서 동월 10일까지 위원장과 각 위원은 동당의 평화통일의 구체적 방안을 연구 제출키로 결의하여써 동당의 목적한 사항의 실행을 협의하고

제5. 동 조규택은

(1) 동 4288(1955)년 12월 일자 미상부터 상(相) 피고인은 조봉암의 정치노선을 지지하여 오다가 동월 23일 전시(前示) 조봉암의 범죄사실 (1) 적시(摘示) 가칭 진보당결당추진위원회에 가입하여 그 기획상임위원으로 종사하던 중 동 적시(摘示) 진보당이 조직되는 동시에 동 중앙당 재정부 부간사에 취임하여써 지도적 임무에 종사하고

(2) 우 부간사로서 동 중앙당의 규약에 의하여 당 경영비조로 매월 정부위원장은 금 10만 환식, 각급 위원장은 금 1만 환식, 각급 부위원장은 금 5천 환식, 각 간사는 금 2천 환식, 각 상임위원은 금 천 환식 거출(據出)하는 약 금 60만 환을 동당 운영비에 충당함으로써 동당의 목적한 사항의 실행을 협의하고

제6. 피고인 조규희는

(1) 전시(前示) 조봉암의 범죄사실 (1) 적시(摘示) 가칭 진보당의 발기추진에 가입 활동하다가 동 적시(摘示) 진보당이 조직되는 동시에 동 중앙당 선전간사에 취임하여써 지도적 임무에 종사하고

(2) 동 4290(1957)년 3월 서울특별시 중구 소재 시공관에서 또 동년 8월 광주시 소재 전남대학 강당에서 각각 「우리 당의 정책을 말한다」는 제목으로 강연회를 개최하여 추상적으로 전기(前記) 평화통일론을 주장하여써 동당의 목적한 사항의 실행을 각 협의 선전하고

(3) 전시(前示) 조봉암의 범죄사실 (4)와 (5) 적시(摘示) 피고인의 관계 사항을 감행하여써 동당의 목적한 사항의 실행을 각 협의하고

(4) 전시(前示) 윤길중의 범죄사실 (3) 적시(摘示) 통일문제연구위원회 위원에 취임한 후 동 적시(摘示) 사항을 결의하여써 동당의 목적한 사항의 실행을 각 협의하고

제7. 동 신창균은

(1) 동 4280(1947)년 10월경 공소외 권영원(權寧元)의 소개로 상(相) 피고인 조봉암을 알게 된 이래 동인과 친교하여 오던 중 동 조봉암의 범죄사실 (1) 적시(摘示) 가칭 진보당 발기 추진운동에 가담하여 활동하는 일방(一方) 5·15정부통령선거 시 동당의 공천 대통령 입후보자인 동 조봉암의 재정조달과 경리사무를 담당하고 동 적시(摘示) 진보당이 조직되는 동시에 동 중앙당 재정위원장에 취임하여써 지도적 임무에 종사하고

(2) 동 4289(1956)년 12월 말경 서울특별시 중구 무교동(武橋洞) 소재 옥호미상 음식점에서 동당비 거출 문제로 동당 재정부위원장 홍순범(洪淳範), 동 위원 이정근(李貞根), 선우기준(鮮于基俊), 성낙준(成樂俊) 등과 회합하여 매월 당 위원장과 부위원장은 금 3만 환, 통제위원장과 부위원장은 금 2만 환, 간사장과 각급 위원장은 금 1만 환, 간사는 금 5천 환, 중앙상무위원은 금 2천 환, 중앙위원은 금천 환, 일반 당원은 2백 환식 거출키로 결의하여써 동당의 목적한 사항의 실행을 협의하고

(3) 동 4290(1957)년 2월 일자 미상 전시(前示) 조봉암 가(家)에서 상(相) 피고인 조봉암, 동 박기출, 동 윤길중, 동 조규희, 동 이명하, 동 김기철 공소외 이광진, 동 조기하(趙棋賀), 동 장지필(張志弼), 동 원대식(元大植), 동 이영옥(李榮玉) 등 22명과 회합하여 전시(前示) 진보당의 기관지 발행을 담당할 정진사의 창립 발기인회를 개최하고 우 박기출을 그 발기인 위원장에 우 이광진을 부위원장에 각 선임하는 동시에 그 자본 총액을 1억 환으로 결정하고 제1회 주금(株金)으로 금 5천만 환을 모집키로 합의하여써 동당의 목적한 사항의 실행을 협의하고

제8. 동 김기철은

(1) 제2대 대통령선거 시 대통령 입후보자인 상(相) 피고인 조봉암의 선거위원으로 종사한 이래 동인의 심복으로 활동하여 오다가 동 조봉암의 범죄사실 (1) 적시(摘示) 가칭 진보당의 발기 추진운동에 가담하여 동 적시 진보당이 조직되는 동시에 동 중앙당 통제위원회 부위원장에, 기후(其後) 동 진보당 경기도당 위원

장에, 동 4290(1957)년 9월 초순 동 중앙당 통일문제연구위원회 위원장에 각 취임하여써 각 지도적 임무에 종사하고

(2) 동 통일문제연구위원회 위원장으로서 전시 조봉암의 범죄사실 (6) 적시 조봉암의 지시에 의하여 동 「북한 당국의 평화공세에 대한 진보당의 선언문」을 기안 제시하는 일방(一方) 동 4290(1957)년 9월 초순 동 연구위원회 전시 윤길중 범죄사실 (3) 적시(摘示)를 개최하여 동 위원장과 각 위원은 동월 10일까지 동당의 구체적 평화통일방안을 제출키로 결의한 후 동월 10일 동 연구위원회를 개최하여 전동(前同) 선언문을 제출하였으나 동일 동 연구위원회에서 차회 회합시까지 이를 프린트하여 각 위원에게 배포하여 깊이 검토키로 결의되자 동월 15일 동 중앙당 위원장실에서 그 처남 오성덕으로 하여금 동 초안을 15통 프린트케 하여 동 연구위원 전원에게 배포하고 동월 17일 전동(前同) 사무실에서 동 연구위원회를 개최하였으나 결의를 보지 못하고 있던 중 동년 11월 하순경 전동(前同) 사무실에서 상(相) 피고인 조봉암, 동 박기출, 동 김달호, 동 조규희, 동 윤길중 등이 회합한 석상에서 동 방안의 검토를 제의하여 동 조봉암의 범죄사실 (6) 적시(摘示) 조봉암의 단안(斷案)에 의하여 해결을 지게하여써 동당의 목적한 사항의 실행을 각 협의하고

(3) 전시(前示) 조봉암의 범죄사실 (4) 적시(摘示) 피고인의 관계 사항을 감행하여써 동당의 목적한 사항을 협의하고

제9. 동 김병휘는

(1) 전시(前示) 조봉암의 범죄사실 (1) 적시(摘示) 가칭 진보당의 발기 추진운동에 참가하여 활동하다가 동 적시 진보당이 조직되는 동시에 동 중앙당 교양간사에 동 4290(1957)년 9월초 동당 통일문제연구위원회 부위원장에 각 취임하여써 지도적 임무에 종사하고

(2) 전시(前示) 윤길중 범죄사실 (3) 적시(摘示) 사항을 결의하여써 동당의 목적한 사항의 실행을 협의하고

(3) 동 4290(1957)년 9월 초순 상(相) 피고인 조봉암의 의뢰에 의하여 공소외 김석봉으로부터 월간지 『중앙정치』의 판권을 대금 18만 환으로 구득(購得)하고 동지(同誌) 편집위원에 취임하여 동 조봉암의 범죄사실 (5) 적시(摘示) 피고인의 관계 사항을 감행하여써 동당의 목적한 사항의 실행을 협의 선전하고

제10. 동 이동화는

(1) 동 4288(1955)년 11월경 전시(前示) 조봉암의 범죄사실 (1) 적시(摘示) 조봉암파와 공소외 서상일파가 합세하여 가칭 진보당결당추진위원회를 구성할 무렵부터 그에 참가하여 동 추진에 노력하여 오던 중 동 조봉암, 동 윤길중 등의 의뢰로 동 적시 혁신정치의 실현, 수탈 없는 경제체제의 확립, 평화통일의 실현 등을 골자로 하는 강령과 정책을 기안하여 동 조봉암을 비롯한 진보당 관계 상(相) 피고인 등으로 하여금 차(此)를 동당의 강령 전문(前文)과 경제정책 전문(前文)으로 하여 동 적시 진보당을 결당케 하여써 동당의 목적한 사항의 실행을 협의하고

(2) 서울특별시 종로구 제동(齊洞) 112번지의 1호 소재 피고인 경영의 한국내외문제연구소에서 피고인이 과거 경북대학교 법정대학 정치과 교수 당시 피고인의 영향으로 좌익사상을 포섭하는 대구시 삼덕동 동 140번지의 1호 거주인 상(相) 피고인 이상두로부터

(가) 동 4289(1956)년 1월 24일자 발신의 "진보와 혁신이 없는 굳어진 사회는 억압자의 해골 위에서만이 인민의 자유는 구축되고 억압자의 피만이 인민의 자유를 위한 토지를 비옥케 하고 민주적 평화적 방식은 의미를 상실케 하고 있다"는 지(旨)의 유혈적 혁명으로 대한민국을 변란할 것을 선동하는 서신을

(나) 동년 3월 10일자 발신의 "선생님은 모르시겠지만 저는 작년 6월에 선생임을 '나의 님'이라고 불렀습니다. 기점은 성명 세자 대신 '12XX'란 딱지를 달고게실 때였습니다. 「고궁의 연못 가에서」란 제목의 수필을 써서 『경대신문』에 실었던 것입니다"는 지(旨) 즉 자기가 「고궁의 연못가에서」란 제목으로 피고인이 과거 국가보안법위반피의사건으로 서울지방검찰청에 구속되었을 당시 면회하고 덕수궁 연못가에서 느낀 현 정부를 저주하는 감정을 수필로 써서 우동(右同) 신문에 게재하여 동교(同校) 학생들에게 반국가적 사상을 고취하였다는 지

(늅)의 서신을

(다) 동년 8월 22일자 발신의 "현 사회에 대한 증오가 앞서는 것입니다. 망할 놈의 세상 반드시 때러눞이어야 하겠습니다"는 지(늅)의 서신을

(라) 동년 9월 9일자 발신의 "가을은 결실과 수확의 계절이다. 이제부터라도 거둠의 희열을 느낄 수 있도록 씨를 뿌리고 북도두어야 하겠다. 래래(來來) 올 사회를 믿는 절문이[177]의 서로 굳은 다짐을 하고 전향 히수테리를 집책(執策)하고저 합니다", "가난한 사람의 지붕에도 골고루 빠짐없이 비가 나리고 있습니다. 자연은 평등한데 그 속에 사는 인간은 사회의 복지도 골고루 누려야 하겠지요"란 지(늅)의 서신을

(마) 동년 12월 24일자 발신의 "적과 동지의 구별이 가장 필요하고 시급하다" "인간은 언제나 해결할 수 있는 문제만을 문제로 하는 것이며 답답한 명제가 않일 수 없습니다", "푸로혁명기엔 이론을 캐는 것보다 실천운동에 참가하는 것이 더 뜻있고 줄거운 것이다. 답답한 가슴을 터러놓고 이야기할 곳이 없습니다. 그래서 선생께 이렇게 가슴에 울분을 호소한 것입니다", "가와카미 하지메의 자서전을 일것습니다. 다시 노농당을 결성하였다가 해체하고 55세나 되어서 공산당원이 되었다. 이것을 나쁘게 말하는 자는 절조가 없다고 하겠으나 이것이야말로 변증법적인 자기발전이 아니겠습니까. 자기주의에 순(殉)할 생각입니다" 등 지(늅)의 서신을

각각 기경(其頃) 바다보고 동 연구소 내 자기 책장에 보관하여써 국헌에 위배하여 국가를 변란할 것을 목적으로 하는 사항의 실행을 각 협의하고

제11. 동 정태영은

(1) 전시(前示) 이리농림학교 재학시부터 좌익서적을 탐독하여 사회주의 사상을 포지하던 중 6·25사변 당시 이리시 화선동 인민위원회 서기로 부역한 관계로 9·28수복 후 경찰에 피검되었다가 석방된 후부터 더욱 사회주의 서적을 탐독하여 그 이념적인 무장을 공고히 하여 오다가 동 4289(1956)년 12월 하순경 전시 진보당에 가입할 목적으로 이리시 마동(馬洞) 거주 동당 전북도당 부위원장인 김태

---

[177] '젊은이'의 오기이다.

희(金太熙)를 방문하여 동당의 성격과 정치노선을 문의하고 동당의 강령정책 등을 수록한 책자 1권을 입수하여 차(此)를 검토하고 동경(同頃) 이리시 화선동 60번지 소재 피고인 가(家)를 내방한 전시 김태희, 동 도당(道黨) 조직책 김창을 등과 토론하여 상(相) 피고인 조봉암을 만나서 입당하기로 결정하고 동 4290(1957)년 1월 중순경 동 김창을의 안내로 서울특별시 신당동 353번지의 44호 거주 동 조봉암을 방문하여 동 김창을과 상(相) 피고인 전세룡의 입회하에 동당에 지정(知情) 가입하고 동경(同頃) 동당 서울특별시당 상임위원에 취임하여써 지도적 임무에 종사하고

(2) 우동(右同) 상무위원으로서 매월 1회식 개최되는 상무위원회에 출석하여 동 시당(市黨)의 육성발전을 위한 사업계획 안건의 결정 통과에 참가하여 오다가 동년 4월 일자 미상 오후 2시경 전시(前示) 중앙당 사무실에서 전시 전세룡으로부터 당신은 균명중고등학교 교원으로 있으면서 당 사무실에 자주 출입하면 당원이란 신분이 노출될 염려가 있으니 비밀당원의 신분을 견지하라는 지시를 받고 차(此)를 승낙하여써 동당의 목적한 사항의 실행을 각 협의하고

(3) 동년 1월 하순경 전시(前示) 조봉암 가(家)에서 동인에게 동인의 범죄사실 (2) 적시(摘示) '실천적 제 문제'라는 강평서를 수교하는 동시에 그 내용을 검토하여 동 당세 확대의 자료로 할 것을 제의하여써 동당의 목적한 사항의 실행을 협의하고

(4) 동년 8월경 진보당의 경제정책이라는 제목으로 사회주의 경제이론과 유물사관적 이론을 발췌한 논문을 기안하여 동경(同頃) 전시(前示) 조봉암 가(家)에서 전시 전세룡을 통하여 동 조봉암에게 차(此)를 수교하고 그 내용을 검토하여 전시 『중앙정치』지에 게재할 것을 의뢰하여써 동당의 목적한 사항의 실행을 협의하고

(5) 동년 9월 일자 미상 오후 2시경 전시(前示) 중앙당 사무실에서 전시 전세룡으로부터 동당의 제1선 조직은 모두 노출되어 당 활동에 지장이 많으니 제2선의 조직을 강화하는 방법으로 동당의 강령정책과 국내외 정세 기타 동당 노선의 이

론을 연구하는 비밀 써클을 조직하였으니 매주 토요일 오후 2시마다 전시 조봉암가(家)에서 회합하자는 지령을 받고 동경(同頃)부터 동년 11월 초순경까지 사이에 4회에 긍(亘)하여 동소에서 동 전세룡의 주재하에 공소외 손석규(孫錫圭), 김태문(金泰文), 박희영(朴喜永), 황명수, 주영숙, 박모(朴某) 등과 함께 회합하여 자본주의 제도는 필연적으로 사회주의 제도로 이행한다는 지(늡)와 소련의 인공위성 발사에 관한 국제정세보고, 동당의 강령정책 등을 검토·연구하여써 동당의 목적한 사항의 실행을 각 협의하고

(6) 동년 10월 중순경 오후 2시경 서울특별시 동대문구 소재 고려대학 앞 거주 동 써클원(員) 김태문을 심방(尋訪)하여 동인을 완전히 자기 지배하에 포섭하고저 공작하고 동경(同頃) 오후 6시경 피고인 가(家)를 내방한 동 써클원 황명수를 전동(前同) 취지로 포섭코저 설득 공작을 하여써 동당의 목적한 사항의 실행을 각 협의 선동하고

(7) 동년 10월 초순경 오후 1시경 전시(前示) 중앙당 사무실에서 전시 전세룡으로부터 동당 방침으로 전시 써클을 해산케 되었으니 이후는 자기가 개별적으로 지도하겠다는 지령을 받고 이를 수락하여써 동당의 목적한 사항의 실행을 협의하고

(8) 동년 12월 중순경 오후 3시경 피고인 가(家)에서 그 6촌 처남이며 공산주의자인 김세길과 만나서 공산주의 노선을 토론하는 동시에 동인(同人)으로부터 소련 공산당사 1책을 입수하여 동 월말까지 열독(閱讀)하여써 기(其) 목적한 사항의 실행을 협의하고

(9) 동월 말경 오후 2시경 전시(前示) 중앙당 사무실에서 전시 전세룡과 회합하여 전시『중앙정치』지에 공무원 일반사무원 중소기업자 공장노동자, 자유노동자, 중농·소농 농업노동자 등이 처하여 있는 생활상을 기고 게재할 수 있게끔 피해대중 란을 설치하여 기고자에게는 동『중앙정치』지를 일일이 배본한 다음 차(此)를 인연으로 하여 당세를 확장할 수 있도록 동지(同誌)의 기자를 훈련할 것과 동

조직방안을 전시 조봉암에게 건의 실천케 할 것을 약속하여써 동당의 목적한 사항의 실행을 협의하고

제12. 동 이명하는

(1) 동 4288(1955)년 8월경부터 전시(前示) 조봉암, 동 장건상, 동 서상일 외 30여 명과 수시로 회합하여 혁신정당을 조직할 것을 논의하여 오다가 전시 조봉암의 범죄사실 (1) 적시(摘示) 가칭 진보당결당추진위원회 사무위원으로 활동하고 동 적시 동 4289(1956)년 11월 10일 동 진보당이 조직되는 동시에 중앙당 부간사장과 조직간사에 취임하여써 지도적 임무에 종사하고

(2) 동년 12월 중순경 상(相) 피고인 조봉암, 동 김달호, 동 윤길중, 동 조규희, 동 박준길과 함께 부산시 소재 새한중학교 교정에서 공소외 성낙준 외 2백여 명의 당원을 집합시키고 동당 경남도당을 결성함을 비롯하여 동 4290(1957)년 4월 서울특별시 중구 명동 소재 시공관에서 당원 이광진 외 약 5백여 명을 집합시키고 동당 서울특별시당을, 동년 5월 전시(前示) 중앙당 사무실에서 당원 최진우(崔鎭宇) 외 30여 명을 집합시키고 동당 경기도당을, 동경(同頃) 대구시 중앙동 소재 동당 경북도당 사무실에서 당원 이영국(李榮國) 외 20여 명을 집합시키고 동당 경북도당을, 동년 7월 전주시 고대동(高大洞) 소재 동당 전북도당 사무실에서 당원 조동갑(趙東甲) 외 30여 명을 집합시키고 동당 전북도당을, 동년 10월 광주시 충화로(忠花路) 소재 동당 전남도당 사무실에서 당원 조중환(趙重煥)[178] 외 20여 명을 집합시키고 동당 전남도당을 각 결성하는 일반 당원 전세룡, 성낙준 등을 인솔하여 강원도와 충청남·북도의 각 도당을 결성코져 추진하여써 동당의 목적한 사항의 실행을 각 협의 선동하고

(3) 동 4290(1957)년 9월 초순경 전시(前示) 통일문제연구위원회 위원에 취임하고 동월 10일 전시 중앙당 사무실에서 개최된 동 위원회에서 상(相) 피고인 김기철로부터 동인의 범죄사실(2) 적시(摘示) 「북한 당국의 평화공세에 대한 진보당

---

[178] '조중환(曺重煥)'의 오기이다.

의 선언문」의 설명을 듣고 동 초안 1통만으로서는 동 위원들이 충분한 검토를 할 수 없으니 차회 회합 시까지 프린트하여 1통식 배부하여 깊이 검토하도록 하자고 결의하고 동월 17일 동 사무실에서 개최된 동 위원회에서 동 김기철이 배포한 동 초안 프린트의 내용을 검토하여써 동당의 목적한 사항의 실행을 협의하고

(4) 동년 11월 25일 전시(前示) 조봉암 가(家)에서 동인(同人) 및 전시 윤길중, 동 조규희 등과 회합하여 각 보수정당에 대하여 평화적 국토통일의 추진을 위한 행동통일체 구성에 관한 제의를 발의할 것을 결의하고 동 진보당 명의로 자유당, 민주당 및 민혁당에게 차(此)를 1통 식 발송하여써 동당의 목적한 사항의 실행을 협의 선전하고

제13. 동 최희규는

(1) 동 4288(1955)년 5월경 서울특별시 사직동 소재 상(相) 피고인 조봉암 가(家)를 방문하여 동인에게 혁신정당의 결성에 협력할 것을 피력하고 동인의 범죄사실 (1) 적시(摘示) 가칭 진보당 발기 추진운동에 가담하는 일방(一方) 5·15정부통령선거 시 동 추진위원회에서 동 조봉암을 동당의 대통령 후보자로 동 박기출을 동당의 부통령 후보자로 각 공천하자 동년 4월 15일경부터 동년 5월 5일경까지 동 조봉암, 동 박기출, 공소외 신도성 등의 수행원으로 전국 주요 도시를 순회하면서 전시(前示) 3대 구호 하에 선거 강연을 하고 동 적시(摘示) 진보당이 준(準)조직되는 동시에 동 중앙당 상무위원 및 상무부장에 취임하고 동월 11월 16일 전(前) 동당 사무실에서 상(相) 피고인 조봉암, 동 윤길중, 동 박기출, 동 김달호 외 8명이 회합한 동당 상무위원회에서 동 상무부장의 인준을 받아써 지도적 임무에 종사하고

(2) 동 4290(1957)년 9월 초순경 동당 통일문제연구위원회 위원에 취임하여 전시(前示) 이명하의 범죄사실 (3) 적시(摘示) 사항을 결의하여써 동당의 목적한 사항의 실행을 협의하고

제14. 동 안경득은

(1) 동 4288(1955)년 11월 상순경 공소외 서상일을 방문하여 동인이 혁신정당을 조직하려는 이념에 공명하고 전시(前示) 조봉암의 범죄사실 (1) 적시(摘示) 가칭 진보당 발기 추진운동에 가담하여 활동하다가 동 적시 진보당이 조직되는 동시에 동 중앙당 상무위원과 통일문제연구위원회 위원에, 기후(其後) 동당 서울특별시당 간사장과 동 시당 서대문을구 당위원장에 각 취임하여 각 지도적 임무에 종사하고

(2) 전시 이명하 범죄사실 (3) 적시 사항을 결의하여써 동당의 목적한 사항의 실행을 협의하고

제15. 동 박준길은

(1) 동 4289(1956)년 4월 전시(前示) 조봉암의 범죄사실 (1) 적시(摘示) 가칭 진보당결당추진위원회에 가담하여 활동하는 일방(一方) 5·15정부통령선거 시 동당의 공천 대통령 입후보자인 동 조봉암의 충북지구 선거사무장으로서 동당의 전시 구호를 선전하고 동 적시 진보당이 결성되는 동시에 동 중앙당 재정간사에 취임하여써 지도적 업무에 종사하고

(2) 동 4289(1956)년 11월 10일부터 익년 6월경까지 사이에 동 중앙당 유지비조로 매월 중앙당 위원장과 부위원장은 각각 10만 환, 동 통제위원, 재정위원장, 기획위원장 등은 각 1만 환, 각급 간사는 합계 7만 환으로 책정하여 전시 조봉암으로부터 7개월분 70만 환, 동 박기출로부터 2개월분 20만 환을 각 징수하고, 동 4290(1957)년 9월경부터 동 경상비 예산을 매월 전시 위원장 조봉암과 부위원장 박기출은 3만 환, 부위원장 동 김달호와 간사장은 각 5천 환, 각 간사는 전원 계 10만 환으로 개정 징수하여 동당 재정 유지에 적극 활동하여써 동당의 목적한 사항의 실행을 각 협의하고

(3) 동 4290(1957)년 9월 초순경 동당 통일문제위원회 위원에 취임하여 전시 이명하 범죄사실 (3) 적시 사항을 결의하여써 동당의 목적한 사항의 실행을 협의하고

제16. 동 권대복은

(1) 동 4289(1956)년 7월부터 전기(前記) 조봉암의 범죄사실 (1) 적시(摘示) 가칭 진보당 발기 추진운동에 가담하여 활동하다가 동 적시 진보당이 결성되는 동시에 동 중앙당 위원, 기획위원회 위원 및 통일문제연구위원회 위원에, 기후(其後) 동당 서울특별시당 상임위원 및 동 사회부 간사에 각 취임하여써 각 지도적 임무에 종사하고

(2) 동 4289(1956)년 12월 전시 중앙당 사무실에서 동 중앙당 기획위원회 주최로 공소외 김안국, 동 안우석(安禹錫), 동 정중(鄭重), 상(相) 피고인 김병휘 등과 함께 동당 기획위원회를 개최하여 동 위원회의 운영방법과 동당의 경제정책을 토의하여써 동당의 목적한 사항의 실행을 협의하고

(3) 동 4290(1957)년 7월 동 사무실에서 개최된 동 위원회 석상에서 동 위원장인 김안국의 제안으로 동당의 농업정책을 연구 수정할 것을 토의하여써 동당의 목적한 사항의 실행을 협의하고

(4) 동 4290(1957)년 1월 상순경 전시 중앙당 산하에 특수부를 두고 서울특별시내 각 대학 내에 비밀 써클을 조직하여 사회주의 이론을 연구하게 할 목적으로 전시 김달호 법률사무소에서 공소외 안준표, 동 김용기(金用基), 동 권태창(權泰昌), 동 김덕휘(金德彙), 동 조용진(趙鏞晋), 동 황둔민(黃鈍敏), 동 원일상(元一常), 동 박종오(朴鍾午), 상(相) 피고인 조규희 등과 회합하여 여명회를 조직하는 동시에 그 의장에 취임하여써 지도적 임무에 종사하고

(5) 동년 1월 17일부터 전시 각 대학 내에 여명회를 조직시키기 위하여 서울대학교 문리과대학에는 김주태(金周太)를, 국학대학에는 김용기를, 신흥대학교에는 원일상을, 홍익대학에는 신은섭(申殷燮)을, 성균관대학교에서는 이상두를, 고려대학교에는 김덕휘를, 중앙대학교에는 황둔민을, 동국대학교에는 김환문(金煥文)을, 국민대학에는 김칠영(金七永)을, 연세대학교에는 김석영(金錫榮)을, 외국어대학에는 박원규(朴元圭)를, 동양한의대에는 정용주(鄭用鑄)를, 서울대학교 의과대

학에는 한보상(韓輔相)을 각기 세포책으로 포섭하고 각 세포책으로 하여금 그 대학 내의 회원 포섭에 노력케 하여써 동당의 목적한 사항의 실행을 협의 선동하고

(6) 동 4290(1957)년 9월 초순 전시 통일문제연구위원회 위원에 취임하여 전시 이명하의 범죄사실 (3) 적시 사항을 결의하여써 동당의 목적한 사항의 실행을 협의하고

제17. 동 전세룡은

(1) 동 4289(1956)년 3월 전시(前示) 조봉암의 범죄사실 (1) 적시(摘示) 가칭 진보당결당추진위원회 위원에 취임하여 동 추진위원 명부, 창당위원 명부, 평당원과 비밀당원 명부 등을 관리하는 동시에 입당원을 접수정리하고 동년 3월 전동(前同) 중앙당 사무실에서 상(相) 피고인 안경득으로부터 창당추진 공작활동원 수첩을 접수하고 동년 4월 일자 미상부터 5·15정부통령선거 에 관한 가칭 진보당의 대책위원회 조직부 위원으로서 동 선거에 관한 벽보선전문 등의 발송사무를 담당하고 동년 6월 동 사무실에서 조직부 특수책인 최희규로부터 동 특수조직사업계획을 접수하는 등 활동하다가 동년 11월 10일 전동 적시 진보당이 결당되는 동시에 동 중앙당 상무위원과 조직부 간사에 취임하여써 지도적 임무에 종사하고

(2) 동년 12월 2일 전시 중앙당 사무실에서 상(相) 피고인 이명하에게 자기 기안의 당조직 계획서에 의하여 동당 조직확대 방책을 보고하여써 동당의 목적한 사항의 실행을 협의하고

(3) 동 4290(1957)년 4월 전시 조봉암 가(家)에서 전시 이명하에게 자기 기안의 지방당 조직준칙을, 동년 6월 동소에서 동인에게 자기 기안의 특수당원 포섭에 관한 조직준칙을 각 보고하여 동인으로 하여금 차(此)를 상무위원회에 회부하여 통과하게 하여써 동당의 목적한 사항의 실행을 각 협의하고

(4) 동년 5월 중순경 전시 조봉암 가(家)에서 전시 정태영으로부터 동 정태영의

범죄사실 (3) 적시 「실천적 제문제」란 강평서를 받어 차(此)를 전시 조봉암에게 수교하고 동년 5월경 동 정태영으로 하여금 전시 서울특별시당 상무위원에 취임하게 하여써 동당의 목적한 사항의 실행을 각 협의하고

(5) 동년 7월 전시 조봉암 가(家)에서 입당자의 성분을 미리 파악하기 위하여 찰인요도(察人要圖)와 신상조사서를 기안하여 동년 10월 공소외 주영숙으로 하여금 차(此)를 정서(整書) 보관케 하여써 동당의 목적한 사항의 실행을 협의하고

(6) 동년 9월 28일 오후 2시경 서울특별시 중구 장충공원(奬忠公園)에서 전시 정태영 공소외 황명수, 동 손석규, 동 박윤수(朴潤秀) 등과 회합하여 동당의 목적한 사항의 실행을 협의 실천하기 위하여
(ㄱ) 전국적으로 지하비밀당을 조직할 것, (ㄴ) 유사시에는 수단 방법을 가리지 않는 실천적 행동대를 발동할 것, (ㄷ) 정치의식을 교양하기 위하여 정기적으로 매주 토요일 오후 2시 전시 조봉암 가(家)에서 비밀토론회를 개최할 것, (ㄹ) 동 지하비밀당을 영도하기 위하여 비밀중앙 7인 써클(전국 써클)을 구성할 것, (ㅁ) 비밀조직으로써 진보당에 대한 탄압에 대비하는 동시에 비합법적으로 차(此)를 미연 방지할 것, (ㅂ) 동 비밀조직은 당의 핵심적 지주 역할을 담당할 것 등을 결의하여써 동당의 목적한 사항의 실행을 협의하고

(7) 동년 10월경 전시 조봉암 가(家)에서 상(相) 피고인 정태영, 공소외 황명수, 동 손석규, 동 박윤수, 동 김태문, 동 박희영, 동 주영숙과 회합하여 교양법칙 등을 연구 작성할 것을 토의하여써 동당의 목적한 사항의 실행을 협의하고

(8) 동년 10월 9일 오후 2시경 동소에서 전시 써클원들과 회합하여 피고인은 진보당의 선언문과 취지문을 낭독하여 동당이 계급혁명의 정당임을 인식시키고 상(相) 피고인 정태영은 국제정세 보고라는 제목으로 소련의 인공위성 발사 성공은 소련 사회체제의 우위에 기하며 동 인공위성 발사 성공으로 인하여 전쟁이 불가능하게 되었고 필연적으로 소련의 사회제도에 의하여 평화적으로 한국을 통일하여야 한다고 강조하여써 동당의 목적한 사항의 실행을 협의 선동한 후 동 석상

에서 동 세포책에 취임하여써 지도적 임무에 종사하는 동시에 동 정태영을 동 세
포 부책(副責)으로 선임결의하고 다시 동 써클의 전국적인 조직체(7인 써클)로서
전국위원장에 동 전세룡을, 동 부위원장에 동 정태영을, 서울지구책에 동 전세룡
을, 충북지구책에 공소외 박희영을, 충남지구책에 동 박윤수를, 전북지구책에 전
시 정태영을, 경북지구책에 공소외 손석규를, 경남지구책에 동 주영숙을, 전남지
구책에 동 박광원(朴広遠)을, 함북지구책에 동 박대실을, 함남지구책에 동 김용성
을, 특수지구책에 동 황명수와 동 김태문을 각 선임결의하여써 동당의 목적한 사
항의 실행을 협의하고

(9) 동년 10월 하순경 전(前) 동소에서 전시 7인 써클원의 교양자료에 공(供)할
목적으로 진보당의 핵심체로서 명심하여야 할 30항목의 수신요강을 기안하여 전
시 주영숙으로 하여금 정서 보관하게 하여써 동당의 목적한 사항의 실행을 협의
하고

(10) 동년 11월경 전(前) 동소에서 전시 써클원과 회합하여 전시 정태영으로 하
여금 자본주의는 필연적으로 사회주의제도로 이행한다. 공산주의는 폭력적 혁명
에 의하여 달성된다. 진보당은 폭력적 혁명을 부정하고 의회를 통한 평화적 방법
으로 혁명을 기하려 한다는 등지의 교양강의를 하게 하여써 동당의 목적한 사항
의 실행을 협의 선동하고

(11) 동년 11월 일자 미상 전시 중앙당 사무실에서 전시 정태영과 회합하여 동
인의 범죄사실 (7) 적시 사항을 결의하여 동당의 목적한 사항의 실행을 협의하고

(12) 동년 9월경부터 동향인인 공소외 김명국(金明國), 동 방관득(方官得), 동
김덕환(金德煥), 동 박장동(朴長東), 동 문재각(文在珏), 동 김용성, 동 박대실, 동
조남기(曺南基), 동 임광원(林広遠) 등을 전시 비밀 써클원으로 포섭하기 위한 공
작을 전개하여써 동당의 목적한 사항의 실행을 각 협의 선동하고

(13) 동 4291(1958)년 1월 8일 전시 조봉암 가(家)에서 동인으로부터 모종 사태

가 예기되니 동당의 비밀문건 일체를 타처에 소개 은닉하라는 지령을 받고 동월 9일 오전 9시경 동당의 일련번호, 당원명부, 입당원서, 성별 당원명부, 도별 당원명부, 비밀당원명부, 지방당의 보고 서류철, 정진사 모주(慕株) 관계 서류 등을 동향인인 서울특별시 중구 충무로 3가 38번지 소재 공소외 김영범 가(家)에 운반 은닉하여서 동 조봉암을 비롯한 진보당 관계 상(相) 피고인 등에 대한 증거를 은닉하고

(14) 동월 12일 전시 조봉암을 비롯하여 진보당 관계 상(相) 피고인 등이 당국에 피검되자 그 증거가 되는 동당의 비밀문건을 은닉 연멸(煙滅)[179]하는 동시에 자신의 검거를 면할 목적으로 동월 13일 오전 10시경 동시(同市) 성북구 하월곡동 88번지의 5호 소재 상(相) 피고인 김정학 가(家)에 이르러 동인에게 그 지(旨)를 고하고 동가(同家)에 은신하는 한편 익일 동인에게 의뢰하여 전시 김영범 가(家)에 은닉한 문건을 동 김정학 가(家)로 운반하여 온 후 동가(同家) 분구(焚口)에서 동당 자금조달 관계 문건과 정진사 모주(慕株) 관계 문건 일체를 소각하고 기타 문건은 동 김정학으로 하여금 동가의 천정(天井)과 동가 전(前) 공장 보이라,[180] 굴뚝에 은닉케 하여써 동 조봉암을 비롯한 진보당 관계 상(相) 피고인 등에 대한 증거를 은닉 연멸하고

제18. 동 김정학

동 4291(1958)년 1월 13일 오전 10시경 동향인이며 이성(異性) 6촌인 상(相) 피고인 전세룡이가 피고인 가(家)에 내방하여 전시(前示) 조봉암이가 진보당 관계로 피검되었으니 자기도 동인 가(家)에 있으면 체포될 것 같해서 피신하려 왔으니 당분간 은신시켜 달라는 부탁을 받고 동일부터 동월 16일까지 피고인 가(家)에 은닉하는 일방(一方) 동월 14일 오전 8시경 동 전세룡으로부터 진보당 관계 비밀문건을 행리(行李)에 넣어서 전시 김영범 가(家)에 보관시켰으니 차저다 달라는 부탁과 차(此) 사실을 절대로 비밀히 하여달라는 부탁을 받고 즉시 동 김영

179) 연기처럼 흔적도 없이 사라진다는 의미이다.
180) '보일러'를 의미한다.

범 가(家)에 이르러 동인에게 차지(此旨)를 고하여 동인으로부터 전기(前記) 문건 일체를 인수하여 동일 오후 6시경 동 전세룡에게 운반 전달한 후 동월 15일 오전 8시경 피고인 가(家)에서 동 전세룡의 의뢰에 의하여 전시 비밀문건을 3개로 개장(改裝)하여 그 1개는 피고인 가(家) 전(前) 공장 보이라, 굴뚝에 2개는 동가(同家) 천정 속에 각 은닉하여써 전시 조봉암을 비롯한 진보당 관계 상(相) 피고인 등에 대한 국가보안법 위반 형사사건에 관한 증거를 은닉하는 동시에 동 형사사건의 피고자인 동 전세룡을 은닉하고

제19. 동 이상두는

경북대학교 법정대학 정치학과 재학 시부터 당시 동 대학 정치과 교수이던 상(相) 피고인 이동화의 영향을 받아 좌익사상을 포지하여 오던 중

(1) 사회주의를 실현하려면 우선 현 대한민국이 붕괴되어야 한다는 신념하에 동 이동화의 범죄사실 (2)의 (가) 내지 (마) 적시(摘示)의 각 서신을 발송하여써 그 목적한 사항의 실행을 협의 선동하고

(2) 동 4290(1957)년 2월 상순경 전시(前示) 김달호 법률사무소에서 상(相) 피고인 권대복 공소외 안준표, 동 오경세, 동 성명미상자 9명 등과 회합하여 전시 진보당 산하 특수 제2선 조직체인 여명회를 조직하는 동시에 동회 연구위원회 위원장에 취임하여써 지도적 임무에 종사하고

(3) 동년 2월 하순 전시 중앙당 사무실에서 전시 권대복 외 11인과 회합하여 전시 조봉암으로부터 국제정세란 제목으로 전시 진보당의 평화통일 노선 등에 관한 교양을 받으므로써 동당의 목적한 사항의 실행을 협의하고

(4) 동년 3월 중순경 피고인의 숙소인 서울특별시 종로구 신문로(新門路) 2가 25번지 이성량(李聖兩) 가(家)에서 "학생청년들은 부패한 현 대한민국의 정치 실정을 혁신하고 사회민주주의를 실현할 책임이 있으니 뜻있는 학생은 여명회로 모히라[181]"는 지(旨)의 전시 여명회의 취지서를 기안하여 전시 권대복에게 제공하여써 동당의 목적한 사항의 실행을 협의하고

제20. 동 조봉암과 동 양이섭은

전현(前顯) 상해 거주 시부터 친하던 중 특히 전현 신의주형무소에서 약 1년간 같이 복역한 이래 더욱 친하게 되었는바

(1) 동 양이섭은 전현 강원도 속초 거주시인 동 4288(1955)년 3월 일자 미상 과 거 평양에서 알던 공소외 김동혁으로부터 "이북에서 피고인의 처가 왔으니 빨리 상경하라"는 서신을 받고 즉시 상경하여 동 시내 국도극장 부근 옥호 미상 다방 에서 동인을 만나 동인으로부터 "기실 피고인의 처가 온 것이 아니라 자기는 미 군 첩보선을 타고 남북교역을 하는데 북한 괴뢰의 대남무역사인 선일사(일명 삼 육공사) 책(責)인 김난주가 피고인을 만나고 싶다고 하면서 차회 월북시 동행하 라고 한다"는 말을 듣고 동 김난주는 피고인이 과거 신의주 거주 시 친하였으므 로 동 김난주의 후원을 받아 남북교역을 하여 볼 생각으로 차(此)를 승낙하고 동 일은 우선 양인(兩人)이 만났다는 사실을 동 김난주에게 알리기 위하여 동 시내 빠꼬다공원에서 사진을 찍은 다음 동 김동혁이가 이북에 갓다가 와서 다시 월북 할 시 동행하기로 약속하고 일단 전시 속초로 귀환하였다가 20일 후 다시 상경하 여 동인을 맛나서 동년 5월 중순경 동인과 함께 미군 첩보기관 해상공작 루트로 목선으로 인천 출발 보음포(甫音浦) 경유 약 9시간 후 황해도 연백군 돌개포에 도착하여 즉시 동소(同所) 소재 전시 선일사 직원의 안내로 약 3일간 동사 숙사 에 체류하고 다시 동사 직원 황모(黃某)의 안내로 약 50미(米) 상거(相距)되는 숙 소에 가서 전시 김난주를 만나 기간(其間)의 소식을 교환하면서

약 한 시간 20분간 한담하고 다시 동인의 안내로 동소 별실에 가서 박일영을 맞낫는 바 동인은 괴집 수상 김일성의 직속으로서 막부(幕府) 공산정보학교를 마 치고 해방 후 소련군 중위로서 동 김일성과 함께 귀국하여 노동당 평북도당 위원 장과 괴집 내무성 제1부상을 거쳐 노동당 중앙당 정보위원회 부위원장의 직에 있 으며 동 피고인이 과거 신의주에서 건국무역사를 경영할 시 친하였는데 동 피고 인은 동인의 질문에 대하여 자기는 1·4후퇴 시 신병으로 인하여 월남하게 되었

---

181) '모여라'는 의미이다.

다. 남한도 많이 복구되었다. 근간 전시(前示) 조봉암을 만나본 바 없으나 지상(紙上)을 통하여 본 즉 동인은 서울에서 정당운동을 하는 것 같다고 답하고 동 박일영은 북한의 복구상(復旧相)을 말하는 동시에 앞으로 공산정보학교 김난주와 함께 남북교역 사업을 하라. 상사(商社)는 공산정보학교 삼육공사로 하고 남한에서 가져올 물자는 신문잡지 등 위험한 물건을 피하여 시계, 의약품, 라듸오, 가방, 내의 등으로 하고 북한에서 가져갈 물자는 모루히네 등 마약과 한약재로 하라. 자금은 북한에서 선대(先貸)한다고 하므로 장차 간첩의 사명이 부과될 것을 예견하면서 이를 승낙하고 동경(同頃) 교역 자금조로 모루히네 2천(瓩) 시가 약 250만 환 상당을 받아 가지고 전시 김동혁과 함께 전시 루트로 월남하였다가 동년 6월 중순경 의약품 등 시가 약 2백만 환 상당의 물자를 구입하여 가지고 전동(前同) 방법으로 월북하여 전시 돌개포 숙소에서 전시 김난주와 박일영을 만나서 동 박일영으로부터 금차 월남하면 전시 조봉암이가 하는 신당운동의 내용과 그의 사생활을 자세히 조사하여 오라는 지령을 받고 수일 후 한약재 등 시가 300만 환 상당의 물자를 받아 가지고 월남하여 동년 7월경 의약품 등 시가 약 3백만 환 상당의 물자를 구입하여 가지고 전동 방법으로 월북하여 전 동소에서 전시 박일영을 만나서 동인에게 전시 조봉암의 주소와 전화번호를 비롯하여 동인이 민주당 창당운동에서 제외되어 신당의 조직을 추진하고 있다는 보고를 하고

(2) 동 양이섭은 동 석상(席上)에서 동 박일영으로부터 금차 월남하면 동 조봉암을 직접 만나서 좀 더 자세히 알어보라. 동인인 서상일과 합작한다고 하니 그 경위와 내용을 자세히 알어오라는 지령을 받고 수일 후 품명미상 시가 약 3백만 환 상당의 물자를 받아 가지고 전동(前同) 방법으로 월남하였는바 전시 김동혁이가 마약 불법소지 관계로 경찰에 피검되어 전시 루트를 이용하지 못하게 되었으므로 과거 미군 첩보기관에 종사한 바 있는 공소외 엄숙진의 주선으로 동 4289(1956)년 2월 페니시링, 시계 등 시가 약 백만 환의 물자를 구입하여 가지고 인천시 소재 육군 HID 첩보선인 서해안 휴전선 루트로 월북하여 전시 돌개포에 이르러 전시 삼육공사 직원의 주선으로 전시 박일영을 만나 동인에게 기간(其間) 김동혁의 사고로 인하여 오지 못한 경위와 동 조봉암이 진보당결당추진위원회를 조직하여 활약하고 있다는 지(旨)를 보고하고

(3) 동 양이섭은 동 석상에서 동 박일영으로부터 금차 월남하면 동 조봉암을 만나서 박일영이란 인물을 소개하고 북에서 전에는 동 조봉암을 나쁘게 생각하였으나 박헌영이 숙청당할 시 자기가 조봉암을 출당시킨 것은 잘못이었음을 고백하였을 뿐 아니라 현재 북에서는 조봉암과 합작할 용의가 있으니 남한의 현 정권을 전복시키기 위하여 평화통일이란 공동목표로 합작하자는 말을 전하라. 조봉암이가 5·15정부통령선거 시 대통령에 입후보하면 재정적으로 후원한다고 전하라는 지령을 받고 동경(同頃) 전시 삼육공사 돌개포책 한광으로부터 모루히네 2천(瓩), 인삼 등 시가 3백여만 환의 물자를 받어 가지고 남하하여 동년 3월 10일경 오후 6시경 전화 연락으로 서울특별시 중구 퇴계로 소재 로타리에서 동 조봉암을 만나 동구(同區) 남산동 소재 무허가 음식점으로 가서 동인에게 우리 양인(兩人) 사이는 피차 과오가 있더라도 고발할 처지가 아니니 말하겠다고 전제한 다음 기실 자기는 남북교역으로 돈을 버렸는데 북에서 전시 박일영을 만나서 동인으로부터 전(前) 동지(同旨)의 지령을 받았다고 한즉 동 조봉암은 긴장한 얼굴로 약 30분간 침묵하다가 김(金, 양이섭)이 돈을 버렸다면 개인적으로 원조하여 달라고 하므로써 은연히 차(此)를 승낙한 바 동 양이섭은 동년 3월 하순경 의약품 등 시가 100여만 환의 물자를 구입하여 가지고 전동(前同) 방법으로 월북하여 전 동소(同所)에서 전동 박일영을 만나 동인에게 전시 조봉암과의 회담 내용과 진보당에서는 "정부통령선거위원회를 구성하고 평화통일을 실현한다, 피해대중은 단결하라" 등을 구호로 내세우고 있다는 지(旨)를 보고하고

(4) 동 양이섭은 동 석상에서 동 박일영으로부터 양(梁)과 조(曺)가 오래간만에 만났으니 조(曺)가 경계할 것이다. 진보당에서 평화통일을 내세웠으니 대단히 반갑다. 평화통일은 북에서도 내세웠으니 앞으로 널리 평화통일을 선전하여 일반 대중에게 주입하도록 전하라. 남한의 현 정세로 보아서 조봉암이가 대통령으로 당선될 것 같지 않으나 그 정치투쟁을 강화하는데 가치가 있으니 북에서도 선거 자금을 원조한다고 전하라는 지령을 받고 수일 후 한약재 등 시가 약 350환의 물자를 받아 가지고 월남하여 동년 4월 전시 남산동 소재 무허가 음식점에서 동 조봉암을 만나 동인에게 전시 박일영으로부터 받은 지령의 내용을 전한바 동 조봉암은 웃으면서 김(金, 양이섭)이 돈을 버렸다면[182] 개인적으로 원조해 달라는데

왜 딴소리를 하는가 하므로 동 양이섭은 동 조봉암이 승낙하는 줄 알고 선거자금은 얼마나 드는가고 무른바 동 조봉암이 약 2억 환 있으면 족하다고 답하므로 동 양이섭은 그 지(旨)를 전시 박일영에게 전달할 것을 약속한 후 동년 4월 의약품 등 시가 160환 상당의 물자를 구입하여 가지고 전동 방법으로 월북하여 전시 돌개포에서 전시 박일영을 만나 동인에게 전시 동 조봉암과의 회담 내용을 보고하고

(5) 동 양이섭은 동 석상에서 동 박일영으로부터 남한의 현 정세로 보아서 동 조봉암이 대통령으로 당선되기는 기대하기 어려우나 정치 경험을 쌌기[183] 위하여 강력히 선거운동을 추진하는 동시에 적극적으로 평화통일을 선전하도록 하라. 금차 월남하면 우선 선대 형식으로 동인에게 선거자금 일부조로 금 500만 환을 전달하고 그의 승리를 빈다고 전하라는 지령을 받고 기경(其頃) 약 6백만 환 상당의 한약재를 받아 가지고 월남하여 기경(其頃) 전화연락으로 동시(同市) 을 지로 소재 아서원에서 동 조봉암을 만나 동인에게 전시 박일영의 지령을 전하는 동시에 물자가 처분대로 금 5백만 환을 주겠다고 한바 동 조봉암은 고맙다 돈이 급하니 빨리 달라고 하므로 동 양이섭은 동 조봉암에게 약 1주일 후 동시(同市) 양동 소재 전시 진보당 중앙당 사무실 부근에게 액면 130만 환의 보증수표 1매를 기(其) 2~3일 후 동시(同市) 태평로 노상 동 조봉암의 찝차 내에서 총액 70만 환의 보증수표 3매를 동경(同頃) 전시 아서원에서 총 액면 230만 환의 보증수표 수매를 기(其) 약 1주일 후(동년 5월 12~3일경) 동시(同市) 사직공원에서 동인의 사자 조규진을 통하여 현금 70만 환(이상 도합 5백만 환)을 각 교부하고 동년 6월 하순경 의약품 등 시가 백여만 환 상당의 물자를 구입하여 가지고 전동 방법으로 월북하여 전시 돌개포에서 전시 박일영을 만나 동인에게 우 조봉암과의 회담 내용과 동인에게 금 500만 환을 전달한 사실, 5·15정부통령선거 시 신익희(야당인 민주당 공천 대통령 입후보자)가 사망한 까닭에 동 조봉암이가 동정표를 많이 얻어서 약 2백만 표를 획득하였다는 지(旨), 신당 조직 추진운동에 있어서 동 조봉암과 공소외 서상일파가 대립하여 알력이 생(生)하였다는 등을 보고하고

---

182) '벌었다면'을 의미한다.

183) '쌓기'를 의미한다.

(6) 동 양이섭은 동 석상에서 동 박일영으로부터 이제는 선거도 끝났으니 빨리 창당하도록 하라. 정당은 기관지가 필요하니 속히 월간신문지 판권을 획득하여 평화통일 노선을 적극 추진하도록 하라. 그 운영자금은 전적으로 원조될 터이니 전하라 등의 지령을 받고, 수일 후 인삼 한약재 등 시가 5백만 환 상당의 물자를 받아 가지고 월남하여 그 경(頃) 전시 아서원에서 동 조봉암을 만나 동인에게 동 박일영의 우 지령을 전한바 동 조봉암은 그렇지 않아도 신문사가 필요하여서 아러보았더니[184] 『대동신문』의 판권을 인수할 수는 있으나 판권 인수조로 5백만 환이 필요하고 기외(其外)에 운영비 2천만 환이 필요하고 진보당은 동년 11월경 창당될 것이라고 답하고 동 양이섭은 기후(其後) 동년 8월 말경 시계 의약품 등 시가 백여만 환 상당의 물자를 구입하여 가지고 전동 방법으로 월북하여 전시 한광의 안내로 서평양 소재 아지트에 이르러 전시 정보위원회 부부장이며 대남 정당책임자인 최(崔) 모, 동 과장 조(趙) 모, 동 과내(課內) 진보당 책임자 강(姜) 모 등 입회하에 전시 박일영에게 동 조봉암과의 회담 내용을 보고하고

(7) 동 양이섭은 동 석상에게 동 박일영으로부터 금반(今般) 월남하면 동 조봉암에게 선대 형식으로 판권 획득비조로 금 5백만 환을 전하라 그 외의 비용도 일체 책임지겠으니 빨리 판권을 획득하도록 전하라 등의 지령을 받고, 익일 동 박일영은 임춘추를 다리고 와서 동인을 소개하면서 자기는 다른 직장으로 전직될지도 모르니 금후는 동 임춘추와 연락하라고 지시하고, 그 시(時) 동 임춘추는 동 석에서 동 조봉암에게 선사한다고 하면서 백삼 3척을 수교하므로 차(此)를 수(受)한 후 전시 돌개포로 귀환하여 모루히네, 사향 등 시가 약 7백만 환 상당의 물자를 받아 가지고 월남하여 동년 9월 중순경 전화 연락으로 동 조봉암과 함께 소풍을 가장하여 전시 광릉에 가서 동인에게 동 박일영의 지령을 전하는 동시에 동 임춘추가 백삼 3척을 선사하기에 가저왔다고 말한바 동 조봉암은 대단히 감사하다. 판권 획득은 계속 노력한다고 답하므로 동 양이섭은 동인에게 동소에서 액면 100만 환의 보증수표 1매를 교부하고 기후(其後) 전화 연락으로 동경(同頃) 동인에게 동시(同市) 성동구 약수동 로타리에서 동인의 장녀 조호정(曺滬晶)을 통하

---

[184] '알아보았더니'를 뜻한다.

여 현금 50만 환과 액면 50만 환의 보증수표 1매를 동년 10월 초순 동소에서 동녀를 통하여 현금 50만 환과 액면 50만 환의 보증수표 1매를 동경(同頃) 동소에서 동 조봉암의 사자인 찝차 운전수 이재형(李載兄)을 통하여 현금 80만 환을 동경(同頃) 전시 아서원에서 동인 자신에게 액면 120만 환의 보증수표 1매를 동경(同頃) 동시(同市) 퇴계로에서 전시 이재형을 통하여 전시 백삼 3척을 각 교부하고 동 조봉암은 동년 11월 하순경 전시 아서원에서 동 양이섭을 만나 동인에게 판권 획득비조로 받은 전시 5백만 환은 전시 진보당 결당비에 전부 소비하였으니 판권 획득비로 다시 5백만 환을 보내달라고 하는 동시에 "백삼을 보내주어서 감사하다. 사업은 잘되고 있는데 앞으로도 잘될 것이니 많이 후원하여 주기를 바란다"는 지(旨)의 편지를 써서 수교하고 동 양이섭은 동경(同頃) 의약품 등 시가 백여만 환 상당의 물자를 구입하여 가지고 전동 방법으로 월북하여 전시 한광의 안내로 평양 아지트에 이르러 전시 박일영으로부터 자기는 알바니아 대사로 가게 되었으니 금후는 새로 정보위원회 부위원장으로 취임한 임호(일명 임해, 전 괴집 주소대사)와 연락하라는 지령을 받고 그 익일 동인은 동 임호를 대리고 와서[185] 소개하므로 동 임호에게 진보당은 동년 11월 10일 창당되었는데 동 조봉암이가 그 중앙당 위원장에 취임하여 평화통일을 당 구호로 내세웠다는 것과 동 조봉암이가 판권획득비로 금 5백만 환을 요구한다는 것을 보고하는 동시에 전시 조봉암의 편지를 수교하고

(8) 동 양이섭은 동 석상에서 동 임호로부터 진보당의 결당 사실은 이미 신문을 통하여 알고 있다. 입장 인원은 800명이라 하나 기실 천명 이상일 것이다. 평화통일을 구호로 하여 발당하였으니 대단히 반가운 일이다. 앞으로 진보당의 조직을 강화하여 평화통일을 선전하도록 하라. 진보당의 조직 상황을 알고 싶으니 차회 월북 시 그에 관한 문건을 가저오라. 빨리 신문사를 경영하도록 하라. 우리가 무전으로 도취(盜取)한 바에 의하면 김종원 치안국장이 무전으로 전국 경찰국장에게 진보당의 동향을 엄중 감시하라고 지시하였으니 주의하도록 하라. 선대형식으로 신문사 판권 획득비조로 금 5백만 환을 전달하라는 지령을 받고 동인에

---

[185] '데리고 와서'를 뜻한다.

게 앞으로 쌍방이 직접 사람을 교환하라고 제의한바 동인은 그러면 동 조봉암에게 북에서 사람을 보내도 환영하겠는가 물어보라고 하면서 "우리도 잘 있다. 우리 사업도 잘되어 간다. 사업이 잘되기 바란다. 앞으로 후원하겠다. 임(林)"이란 편지를 수교하므로 차(此)를 수취하고 3일 후 한약재 등 시가 700만 환 상당의 물자를 받아 가지고 전시 돌개포 경유 월남하여 전화 연락으로 동 조봉암과 함께 소풍을 가장하여서 서울시 우이동에 가서 동인에게 전시 임호의 지령과 편지를 전한바 동 조봉암은 고맙다. 수고했다 하면서 북과 사람을 교환하는 것은 무방하다. 나도 김종원 치안국장의 전시 무전 건을 알고 있으며 그 문건도 가지고 있으니 후에 보여주겠다. 진보당의 조직사업에 관한 문건도 준비할 터이니 월북할 시 가지고 가라고 하므로 동 양이섭은 물품이 처분되는 대로 금 5백만 환을 주겠다고 약속하고 그 경(頃)부터 동 4290(1957)년 2월 초순경까지 사이에 수회에 긍(亘)하여 보증수표로 동인에 계(計) 금 5백만 환을 교부하고 기후(其後) 동 조봉암은 동 4290(1957)년 2월 일자 미상 전시 아서원에서 동 양이섭에게 전시 진보당 중앙당 위원명단 동 상임위원 명단, 동당의 선언 강령정책 당헌이란 책자 등을 익일 아침 전시 약수동 로타리에서 전시 이재형을 통하여 동인에게 김종원 치안국장이 전국 경찰국장에게 진보당의 동향을 감시하라는 무전 지시 사본을 각 교부하고 동 양이섭은 동경(同頃) 의약품 등 시가 백여만 환의 물자를 구입하여 가지고 전동 방법으로 월북하여 전동 한광의 안내로 평양 소재 아지트에 이르러 전시 대남정당 책임자인 최(崔) 모, 조(趙) 모 등에게 전시 조봉암과의 회담 내용을 보고하는 동시에 전시 당 조직 문건과 무전 사본을 교부하고

(9) 동 양이섭은 동 석상에서 동 최(崔) 모로부터 조속히 신문사를 경영하도록 하라, 진보당의 조직을 강화하는 동시에 문호를 개방하여 혁신세력을 규합하여 연합전선을 추진하도록 하라, 미군 철수를 주장하도록 하라는 지령을 받고 동경(同頃) 품명 미상 시가 약 5백만 환 상당의 물자를 받아 가지고 전동 방법으로 월남하여 2~3일 후 전시 아서원에서 동 조봉암을 만나 동인에게 우 최(崔) 모의 지령을 전한바 동 조봉암은 아직 진보당의 토대가 견고하지 못하니 미군 철수주장은 시기상조이고 야당 연합은 잘못하면 민주당에게 넘어갈 염려가 있으니 앞으로 시기를 보아야 하고 『대동신문』 판권 획득은 실패로 도라갓으나 앞으로 월간

『중앙정치』지의 판권을 획득할 수 있다고 말하고 기후(其後) 누차 자금이 부족하니 좀 더 가저오라고 하므로 동 양이섭은 항상 말로만 돈을 달라기 곤란하니 직접 편지를 써달라고 하여 오던 중 동년 5월 하순경 전시 아서원에서 동 조봉암으로부터 "사업이 잘되기는 하나 경제적 곤란으로 지장이 많으니 좀 더 원조해 달라"는 자필 서한과 전시 선사(膳謝)의 답례로 주는 파카 만년필 3본 진보당 지방당부 간부명단 1매 동당 대구시당 간부예정자 명단 1매 등을 받고서 기경(其頃) 전동 방법으로 월북하여 전시 한광의 안내로 평양 아지트에 이르러 전시 임호, 강(姜) 모, 최(崔) 모 등을 만나서 동인 등에게 전동(前同) 조봉암과의 회담 내용을 보고하는 동시에 전시 편지 문건, 만년필 2본(1본은 분실) 등을 수교하고

(10) 동 양이섭은 동석에서 동 임호로부터 진보당의 기관지는 다른 방면으로 아러보라, 전시 『중앙정치』지를 발간하면 보내라, 평화통일을 계속 선전하라, 야당 연합운동과 미군 철수운동을 추진하라, 지방당부 발전상황에 대한 문건을 보내라, 자금조로 미 본토불 2만 불을 전하라는 지령을 받고 5일 후 전시 강(姜) 모로부터 우(右) 2만 불과 동 피고인이 기(旣)히 동 조봉암에게 전시 선대 형식으로 지급한 금원(金員)의 일부 변제 조 동불(同弗) 7천 불을 합한 계(計) 2만 7천 불과 동 조봉암에게 선사로 전하라고 주는 녹용 반각[10여 양중(兩重)]을 받아 가지고 그 경(頃) 월남하여 전화 연락으로 동 조봉암과 함께 경기도 광주군 남한산성에 가서 동인에게 전시 임호의 지령을 전하는 동시에 전시 2만 7천 불을 가저왔다고 말한바 동 조봉암은 자기로서는 불을 교환할 수 없으니 한화로 교환하여 주되 지금 돈이 급하니 우선 60만 환만 달라고 하므로 동 양이섭은 즉시 동불(同弗) 620불을 수교하고 잔(殘) 2만 6,380불은 동년 7월 초순부터 동년 8월 초순까지 사이에 불상(弗商)인 이정자에 의뢰하여 수차에 걸쳐 평균 900대 1로 환화(換貨)하여 전시 아서원, 회룡사(回龍寺), 우이동, 동구릉(東九陵), 진관사 등지에서 보증수표 공소외 마재하 명의의 수표 등으로 계(計) 금 2,400여만 환을 교부하였는데 동 조봉암은 동년 9월 중순경 전시 『중앙정치』지의 판권을 획득하여 그 경(頃) 동지(同誌) 10월호를 창간하고 그 경(頃) 전시 진관사에서 동 양이섭에게 동 10월호 1권을 전시 아서원에서 동인에게 "녹용을 보내서 감사하다. 한약대 2만 환(2만 불의 의미)은 받었다"는 영수증 1매와 "사업이 잘 되어가니 앞으로도 잘 후원해 달라"는

편지 1매를 동경(同頃) 서울시 퇴계로에서 동인에게 동 진보당 지방당 조직 상황을 기재한 진보당 조직명단 1매를 수교하고 동 양이섭은 동경(同頃) 전동 방법으로 월북하여 전시 한광의 안내로 평양 아지트에 이르러 전시 조(趙) 모, 강(姜) 모 등에게 전시 각 문건과 『중앙정치』 10월호를 전달하고

(11) 동 양이섭은 동 석상에서 동 조(趙) 모, 강(姜) 모 등으로부터 북에서는 반미민족연합전선을 구호로 하고 있으니 남한에서도 반미민족연합전선을 내세우도록 하라, 진보당의 조직을 확대하라, 제4차 민의원 의원 총선거에 관하여 진보당의 정책이 수립되면 그 내용을 자세히 알리라, 북에서 적극 후원하겠으니 전하라는 지령을 받고 동경(同頃) 월남하여 서울특별시 소재 북경루(北京樓)에서 동 조봉암을 만나 동인에게 우 조(趙) 모, 강(姜) 모 등의 지령을 전한바, 동 조봉암은 아직 진보당의 지반이 확고하지 못하니 반미운동을 주장하기 어렵다, 진보당의 지방조직은 잘 되어간다, 자기는 제4차 민의원 의원 총선거 시 인천에서 출마할 예정이다, 동년 12월 하순경이면 진보당의 선거대책이 수립될 터이니 그 시(時) 알려주겠다, 자금을 많이 갖다 달라고 말하고, 또 동 조봉암은 동 4291(1958)년 5월 초순경 전시 조규진을 통하여 동 양이섭에게 「동당의 제4대 민의원 의원 입후보자 명단」 1매, 「자금요청서」 1매를 넣은 「진보당 선거대책」이란 서한을 교부한바, 동 양이섭은 동 자금요청서의 기재 내용이 막연히 자금을 보내라는 것이므로 그러한 내용으로서는 자금을 얻어올 수 없다고 생각하여 그 내용을 구체적으로 기재해 달라는 의미에서 즉시 동 조규진에게 반환하고, 2~3일 후 동 조봉암이가 동시(同市) 남산동 소재 양이섭 가(家)를 방문하였으므로 동 양이섭은 동 자금요청서에 관하여 "좀 더 구체적으로 써야 자금을 많이 얻어올 수 있지 않는가. 그런 정도이면 나만 미친놈이 되지 않는가. 그럴 바에는 차라리 그만 두겠다"고 한바 동 조봉암은 다시 구체적으로 써줄 것을 승낙하고, 또 동 양이섭은 전시 출마예정자 명단에 있어서도 단순히 그 이름만 나열하였으니 좀 더 구체적으로 써야 하지 않는가 하면서 이를 반환한바 동 조봉암은 그것도 역시 구체적으로 써줄 것을 승낙하여써 각 간첩행위를 감행하고

제21. 동 이동현은

(1) 동 4291(1958)년 3월 23일 오후 6시 30분경 그 계호 중인 서울형무소 구치과 2사 상감방에 간첩과 국가보안법 위반사건으로 구금된 상(相) 피고인 조봉암으로부터 간첩사건으로 동 형무소에 구금된 상 피고인 양이섭에게 "그자가 나에게 준 돈이 북에서 가져온 공작금이 아니라 사재(私財)라고 말하라고 전하라"는 지(旨)의 청탁을 받고 동인에게 자기는 130만 환의 부채가 있어서 곤란하다는 말로써 금품의 수교를 요구하여 동인으로부터 "내 말을 전해주면 접견금지가 해제되는 대로 가족을 통하여 그 부채를 청산하도록 하여 주겠다"는 응락을 받으므로써 그 직무에 관하여 뇌물을 약속한 후, 즉시 동 양이섭의 수감처인 동 형무소 4사 하3방에 이르러 동인에게 "영감이 조봉암에게 가져다 준 돈이 영감 개인의 돈이요 그렇지 않으면 누가 가져다주라는 돈이요"라고 타진한바 동인은 "제가 그런 거액의 돈이 어디 있겠습니까 저는 심부름 한 것이지요"라고 답하므로 그 돈이 북한 괴집에서 나온 공작금이었음을 확인하고 동년 4월 2일 오후 3시경 다시 동 양이섭 처(處)에 가서 동인에게 "당신 말 잘하시오. 당신 개인의 돈을 주었다고 하여야지 저기(북한 괴집의 의미)서 가져온 돈을 주었다고 말하면 영감 큰일 납니다. 내일이 재판 날이니 말 잘하시오"라고 하므로써 직무상 부정한 행위를 감행하고

(2) 동 4285(1952)년 미상 공소외 노갑룡(盧甲龍)으로부터 미제 45구경 권총 1정과 동 실탄 46발을 금 30만원(圓)[구(舊)화(貨)]에 양수(讓受)하여 그 시(時)부터 당국의 허가 없이 동 4291(1958)년 4월 중순 본건으로 인하여 압수될 때까지 차(此)를 불법 소지하다 증거를 심안(審按)컨대 판시 사실 중 피고인 등의 경력과 동 조봉암, 동 이동화 등의 전과(前科) 관계는 피고인 등이 검사 신문(訊問) 이래 일관하여 각자 관계 부분을 시인하므로 차(此)를 각 인정할 수 있고

피고인 조봉암, 동 박기출, 동 김달호, 동 윤길중, 동 조규택, 동 조규희, 동 신창균, 동 김기철, 동 김병휘, 동 정태영, 동 이명하, 동 최희규, 동 안경득, 동 박준길, 동 권대복, 동 전세룡 등의 각 판시 국가보안법 위반의 점은

일(一). 당심(當審) 공정에 있어서의 동 피고인 등과 상 피고인 이동화, 동 이상

두 등의 차(此)에 부합하는 각 진술

일(一). 원심 각개 공판조서 중 동 피고인 등과 상 피고인 이동화, 동 이상두 등의 차(此)에 부합하는 각 공술 기재

일(一). 원심 제14회 공판조서 중 증인 신도성과 동 고정훈(高貞勳)의 판시 진보당의 발기 경위에 부합하는 각 공술 기재

일(一). 동 피고인 등과 상 피고인 이동화, 동 이상두 등이 성립의 진정을 인정하는 검사의 동인 등에 대한 각 피의자 신문조서 중 차(此)에 부합하는 각 공술 기재

일(一). 동 피고인 등이 기(其) 성립의 진정을 인정하는 검사의 증인 손도심(孫道心)과 서상일에 대한 각 진술조서 중 판시 진보당의 발기 경위에 부합하는 각 공술 기재

일(一). 압수한 선언, 강령, 정책, 당헌, 강령 전문(前文), 경제정책 전문(前文), 당 기관표[서울지검 4291(1958)년 압 제146호의 증 제2호], 결당대회 문헌(동 압호의 증 제3호) 및 진보당 문헌(동 압호의 증 제48호) 중 판시 진보당의 강령정책에 부합하는 기재

일(一). 압수한 월간 『중앙정치』 제10월호(동 압호의 증 제1호), 우리 당의 경제정책(동 압호의 증 제8호), 통일문제 연구자료(「북한 당국의 평화공세에 대한 진보당의 선언문」) (동 압호의 증 제11호), 국토통일 추진을 위한 행동통일체 구성에 관한 제의(동 압호의 증 제12호), 메모(특수별당부 조직준칙)(동 압호의 증 제24호) 참고원고(실천적 제 문제)(동 압호의 증 제25호), 정견초안(동 압호의 증 제26호), 「한국 진보세력의 계급적 기반」(동 압호의 증 제38호), 「한국통일에는 평화적 방법만이 있을 뿐이다」(동 압호의 증 제32호), 혁신정치론(동 압호의 증 제32호), 「정치문제」(동 압호의 증 제43호), 여명회원 명부 3매[동청(同庁) 동년 압 제258호의 증 제8회] 등 중 차(此)에 부합하는 기재 등을 종합하여 차(此)를 인정할 수 있고

동 조봉암과 동 양이섭의 각 판시 간첩의 점은

일(一). 당심(當審) 공정에 있어서의 동 피고인 등과 상 피고인 이동현 및 증인

이정자, 동 김동혁 등의 차(此)에 부합하는 각 공술

일(一). 원심 각회 공판조서 중 동 피고인 등과 상 피고인 이동현, 원심 상 피고인 임신환, 동 이정자 및 증인 엄숙진의 차(此)에 부합하는 각 공술 기재

일(一). 동 피고인 등이 기(其) 성립의 진정을 인정하는 검사의 우(右) 동인 등에 대한 각 피의자 신문조서 중 차(此)에 부합하는 각 공술 기재

일(一). 원심 상 피고인 이정자(당심 증인)가 원심 공정에서 기(其) 성립과 내용의 진정을 인정하는 검사의 동인에 대한 피의자 신문조서 중 차(此)에 부합하는 공술 기재

일(一). 상 피고인 이동현과 원심 상 피고인 임신환이가 각 기(其) 성립의 진정을 인정하는 검사의 각 동인에 대한 피의자 신문조서 중 차(此)에 부합하는 각 공술 기재

일(一). 동 피고인 등이 그 성립과 내용의 진정을 인정하는 사법경찰 작성의 공소외 조호정 동 조규진, 동 이재형 등에 대한 각 피의자 신문조서 중 차(此)에 부합하는 각 공술 기재

일(一). 압수한 지청(紙庁)[서울지검 4291(1958)년 압 제1,024호의 증 제4호], 처장님이란 유언서[동청(同庁) 동년 압 제146호의 증 제57호], 증거보전기록(동 압호의 증 제78호) 등 중 차(此)에 부합하는 기재

일(一). 압수한 수표 14매[동청(同庁) 동년 압 제656호의 증 제60 내지 73호], 차변대체표(借邊對替票) 2통(동 압호의 증 제74호와 75호), 예금구좌 원장(元帳) 사본 2통(동 압호의 증 제76과 77호) 등의 현존 사실 등을 종합하여 차(此)를 인정할 수 있고

동 조봉암의 판시 무기 불법소지의 점은

일(一). 당심(當審) 공정에 있어서의 동 피고인의 차(此)에 부합하는 공술

일(一). 원심 각 공판조서 중 동 피고인의 차(此)에 부합하는 공술 기재

일(一). 동 피고인이 기(其) 성립의 진정을 인정하는 검사의 동인에 대한 각 피의자 신문조서 중 차(此)에 부합하는 각 공술 기재

일(一). 압수한 미제 45구경 권총 1정[서울지검 4291(1958)년 압 제146호의 증

제5호]과 동 실탄 50발(동 압호의 증 제6호)의 현존 사실 등을 종합하여 차(此)를 인정할 수 있고

동 이동화와 동 이상두의 각 판시사실은

일(一). 당 공정에 있어서의 동 피고인 등과 상 피고인 조봉암 동 윤길중 동 권대복 등의 차(此)에 부합하는 각 공술

일(一). 원심 각회 공판조서 중 동 피고인 등과 상 피고인 조봉암 동 윤길중 동 권대복 등의 차(此)에 부합하는 각 공술 기재

일(一). 우(右) 동인 등이 기(其) 성립과 내용의 진정을 인정하는 검사의 동인 등에 대한 각 피의자 신문조서 중 차(此)에 부합하는 동인 등의 각 공술 기재

일(一). 압수한 선언, 강령, 정책, 당헌, 강령 전문(前文), 경제정책 전문(前文), 당기관표[서울지검 4291(1958)년 압호 제146호의 증 제2회] 서신 5통(동 압호의 증 제45호의 1내지 5) 등 중 차(此)에 부합하는 기재 등을 종합하여 차(此)를 인정할 수 있고

동 전세룡의 판시 증거 연멸의 점과 동 김정학의 판시 증거은닉 범인은닉 등의 점은

일(一). 당심(當審) 공정에 있어서의 동 피고인 등의 차(此)에 부합하는 각 공술

일(一). 원심 각 회 공판조서 중 동 피고인 등의 차(此)에 부합하는 각 공술 기재

일(一). 동 피고인 등이 각기 성립의 진정을 인정하는 검사의 동인 등에 대한 각 피의자 신문조서 중 차(此)에 부합하는 동인 등의 각 공술 기재

일(一). 동 피고인 등이 기(其) 성립과 내용의 진정을 인정하는 사법경찰관 작성의 동인 등에 대한 각 피의자 신문조서와 증인 이복만(李福滿), 동 한순자(韓順子)에 대한 진술조서 중 차(此)에 부합하는 각 공술 기재 등을 종합하여 차(此)를 인정할 수 있고

동 이동현의 각 판시사실은

일(一). 당심(當審) 공정에 있어서의 동 피고인과 상 피고인 조봉암 동 양이섭
의 차(此)에 부합하는 각 공술

일(一). 원심 각 회 공판조서 중 우 동인 등의 차(此)에 부합하는 각 공술 기재

일(一). 우(右) 동인 등이 기(其) 성립의 진정을 인정하는 검사의 동인 등에 대
한 각 피의자 신문조서 중 차(此)에 부합하는 각 공술 기재

일(一). 압수한 미제 45구경 권총 1정[서울지검 4291(1958)년 압 제1,024호의 증
제1호]과 동 실탄 46발(동 압호의 증 제2호) 현존 사실 등을 종합하의
차(此)를 인정할 수 있으므로 판시 사실은 모두 그 증명이 있다 할 것
이다.

법률에 비추건대 피고인 등의 판시 소위

수괴 취임의 점과 각 간부 취임의 점은 각 〈국가보안법〉 제1조 제1호에, 각 지
도적 임무 종사의 점은 각 동법(同法) 제1조 제2호에, 지정(知情) 가입의 점은 동
법 제1조 제3호에, 각 협의 선동 선전의 점은 각 동법 제3조에, 각 무기 불법소지
의 점은 각 군정법령 제5호 제2조에, 각 간첩의 점은 각 형법 제98조 제1항에, 각
증거 은닉 인멸의 점은 각 동법 제155조 제1항에, 범인 은닉의 점은 동법 제151조
제1항에, 직무상 뇌물약속 후 부정처사(不正處事)의 점은 동법 제131조의 제1항
제129조 제1항에 각 해당하는바 수괴취임죄, 각 간부취임죄 및 각 무기불법소지
죄에 대하여는 각 소정(所定) 형(刑)[186] 중 유기징역형을, 각 지도적 임무종사죄
각 증거은닉연멸죄 및 죄인은닉죄에 대하여는 각 소정 형 중 징역형을, 각 간첩
죄에 대하여는 각 소정 형 중 사형을 각 선택하고, 각 피고인의 이상 각 소위는
형법 제37조 전단(前段) 소정의 각 경합범에 해당하므로 동 조봉암과 동 양이섭
에 대하여는 동법 제38조 제1항 제1호 제50조를 각 적용하여 각 최중(最重)한 최
후의 간첩죄의 형(刑)에 좇아서 동 피고인 등을 각 사형에 처하고

---

[186] 원문에는 '형(形)'으로 표기되어 있는데 이것은 '형(刑)'의 오기이다. 이하 원문에서 '형
(形)'으로 표기된 것은 모두 '형(刑)'으로 정정해서 표기한다.

동 조봉암, 동 양이섭, 동 김정학, 동 이동현 등을 제외한 이여(爾餘)의 각 피고인에 대하여는 각각 동법 제38호 제1항 제2호 제50조를 적용하여 동 박기출, 동 김달호, 동 윤길중 등에 대하여는 각 최중(最重)한 간부취임죄의 형(形)[187]에 동 조규택, 동 조규희, 동 신창균, 동 김병휘, 동 정태영, 동 이명하, 동 최희규, 동 이상두 등에 대하여는 각 최중(最重)한 지도적 임무종사죄의 형(刑)에 동 이동화에 대하여는 최중(最重)한 판시 제10(1)의 협의죄의 형(刑)에

동 김기철 동 안경득 동 박준길 동 권대복 동 전세룡 등에 대하여는 각 최중(最重)한 판시 중앙당에서의 지도적 임무종사죄의 형(刑)에 각 경합가중한 형기범위 내에서 동 박기출, 동 김달호, 동 윤길중을 각 징역 3년에 동 조규택, 동 조규희 동 신창균, 동 김기철, 동 김병휘, 동 이동화, 동 정태영, 동 이명하, 동 최희규, 동 안경득, 동 박준길, 동 권대복 동 전세룡 동 이상두를 각 징역 2년에 각 처하고

동 박기출, 동 김달호, 동 윤길중, 동 조규택, 동 조규희, 동 신창균, 동 김기철, 동 김병휘, 동 이동화, 동 정태영, 동 이명하, 동 최희규, 동 안경득, 동 박준길, 동 권대복, 동 전세룡, 동 이상두에 대하여는 각 동법 제57조 제1항을 적용하여 원판결 선고전 구금일수 중 동 박기출 동 김달호 동 윤길중 동 조규택 동 조규희 동 신창균 동 김기철 동 정태영 동 이동화에 대하여는 각 150일을, 동 이명하 동 최희규 동 안경득 동 박준길 동 권대복 동 전세룡 동 이상두에 대하여는 각 120일을 동 김병휘에 대하여는 10일을 우 각 본형에 산입하되 동 조규택 동 조규희 동 신창균 동 김병휘 동 최희규 동 안경득 동 박준길에 대하여는 제반 정황을 참작하여 형(刑)의 집행을 각 유예함이 가(可)하다고 인정되므로 각 동법 제62조를 적용하여 본판결 확정일부터 각 3년간 우 형의 집행을 유예하고 압수한 미제 45구경 권총 1정[서울지검 4291(1958)년 압 제146호의 증 제5호]와 동 실탄 50발(동 압호의 증 제6호)는 동 조봉암의 판시 무기불법소지죄에 제공한 물건으로서 동 피고인 이외자(以外者)의 소유에 속하지 아니하므로 동법 제48조 제1항 제1호를 적

---

[187] 원문에는 '형(形)'으로 표기되어 있는데 이것은 '형(刑)'의 오기이다. 이하도 마찬가지이다.

용하여 동 피고인으로부터 차(此)를 몰수하고

다음으로 동 김정학, 동 이동현에 대하여는 각 동법 제38조 제1항 제2호 제50조를 적용하여 동 김정학에 대하여는 가장 중한 증거은닉죄의 형(刑)에 동 이동현에 대하여는 가장 중한 무기불법소지죄의 형(刑)에 각 경합 가중한 형기 범위 내에서 동 피고인 등을 각 징역 1년에 처하고

동법 제57조 제1항을 각 적용하여 동 판결 선고 전 구금일수 중 동 김정학에 대하여는 120일을 동 이동현에 대하여는 60일을 우 각 본형에 산입하되 동 김정학에 대하여는 범정(犯情)을 참작하여 형의 집행을 유예함이 가(可)하다고 인정하여 동법 제62조를 적용하여 동 판결 확정일로부터 3년간 우 형의 집행을 유예하고, 압수한 미제 45구경 권총 1정[서울지검 4291(1958)년 압 제1,024호의 증 제1호]과 동 실탄 46발(동 압호의 증 제2호)은 동 이동현의 판시 무기불법소지죄에 제공한 물건으로서 동 피고인 이외자(以外者)의 소유에 속하지 아니하므로 동법 제48조 제1항 제1호를 적용하여 동 피고인으로부터 차(此)를 몰수할 것인즉 원판시(原判示)의 우와 결론을 같이하였음은 상당(相當)하다 할 것이며

피고인 윤길중 동 이동화 등과 변호인 신태옥(辛泰獄)[188] 동 김춘봉 동 임석무 동 조헌식 등은 당심 공정에서 진보당은 폭력적 혁명의 방법에 의하지 않고 평화적 민주적 선거의 방법으로 판시 강령정책을 실천하려는 결사이므로 〈국가보안법〉 제1조 소정의 불법 결사에 해당하지 않는다고 주장하나 동 법조의 규정은 결사의 목적을 달성하려는 방법이 폭력적 혁명의 방법이든 평화적 민주적 선거의 방법이든 가리지 않으므로 동 주장은 차(此)를 인용할 수 없고

본건 공소사실 중
1. 피고인 조봉암은

---

[188] 원본에는 신태옥과 신태악(辛泰嶽)이 함께 쓰이고 있는데 당시 신문보도에는 신태옥으로 표기되어 있다.

(1) 4289(1956)년 5월 6일 서울특별시 중구 양동 소재 가칭 진보당추진위원회 사무실에서 북한 괴집의 김일성으로부터 남파된 간첩 박정호와 밀회하여 피고인이 영도하는 동당의 평화통일의 구체적 방안이 동 괴집의 주장과 동일함을 상통하고

　(2) 동년 6월 초순 동당에 대한 동 괴집의 동태와 동 괴집과의 야합방법을 검토하기 위하여 성명미상자(당 37세가량)를 밀사로 동 괴집 산하 조국통일구국투쟁위원회 김약수에게 파견하여 동 밀사로 하여금 북로당 연락부 박모(朴某) 지도원에게 남한의 제반 정치정세와 진보당의 평화통일방안을 설명하여써 북로당에 영합되어 앞으로 대한민국을 전복하기 위하여 동 괴집과 진보당이 결합한 후 동 박모(朴某)로부터 동일한 내용의 평화통일을 강조하라는 지령과 약 1개월 반 동안 평양 소재 아지트에서의 밀봉교육을 받고 동년 7월 20일경 동 박모(朴某)의 안내로 서부지대 휴전선 첩보선 루트로 월남하여 즉시 피고인에게 그 지(旨)를 전달하게 하여써 간첩행위를 감행하는 동시에 동 괴집의 지령하는 사항을 협의 내지 실천하고

　2. 동 조봉암, 동 윤길중 등은 동 4290(1957)년 8월 12일 서울특별시 성북구 돈암동 소재 신흥사 승려 송백선 가(家)에서 상 피고인 조규택과 함께 조총 병고현 조직부장 겸 공산주의 집단체인 소위 민주크럽 병고본부 지도책 전쾌수로부터 진보당에 가입하여 평화통일의 선전을 촉진하라는 지령을 받고 잠입한 조총 병고현 이단시 지부장인 간첩 정우갑과 밀회하여 그 정(情)을 알면서 동인으로부터 재일교포는 약 60만 명이며 그 중 2할은 우익진영이고 잔여 8할은 공산좌익 계열인 조총 회원인데 재일교포의 대다수는 북한 괴집이 선전하는 평화통일을 염원하고 있으며 자기는 재일시(在日時) 동 조봉암의 위대한 존재를 인식하였고 재일 조총에서 공적(公的)으로 파견되었으며 30년간 볼세비크 노선에서 살어 왔고 진보당에 대하여 중대한 관심을 가지고 있으며 진보당에서 조국의 평화통일을 정강으로 한 것은 위대하며 앞으로 진보당의 노선을 지지하여 입당하겠으니 잘 지도해 달라는 요청을 받고 차(此)를 응락한 후 동년 8월 22일 동시(同市) 종로구 소재 동당 중앙당 사무실에서 동인을 만나 동인에게 동당의 입당을 종용하는 동

시에 동 윤길중이 동당의 선언 강령정책 규약 등 인쇄물 1책을 교부하여 동인의 간첩행위의 수행을 도음으로써 차(此)를 봉조하고

3. 동 박기출, 동 김달호, 동 윤길중, 동 조규희, 동 김병휘 등은 동년 4290(1957)년 11월 하순경 전시 중앙당 사무실에서 상 피고인 조봉암 동 김기철 등과 함께 판시 동 조봉암의 범죄사실 (6) 적시와 같이 동당 최고간부회의에서 동 김기철 기안의 「북한 당국의 평화공세에 대한 진보당의 선언문」을 통과시키기 위하여 회의의 끝에 동 적시 조봉암의 단안(斷案)에 의하여 해결을 지으므로써 동당의 목적한 사항의 실행을 협의하고

4. 동 이동화는 동 4289(1956)년 7월 10일 피고인이 소장인 한국내외문제연구소가 등록법 제55호 위반으로 취소되었음에도 불구하고 계속 동 연구소를 유지하면서 정치경제 방면을 연구한다는 구실 하에 학생 기타 수십 명이 출입하게 되자 북한 괴집이 선전과업으로 발행한 『김일성선집』 1권 · 2권 · 3권 · 보권과 김일성 저『조국의 통일독립과 민주화를 위하여』란 책자를 동소(同所) 서책에 나열하여 독서케 하므로써 동 괴집의 목적하는 실행사항을 의식적으로 선전하고

5. 동 박기출은 동 4289(1956)년 5 · 15정부통령선거 시 그 운동비용조로 금 8백만 환을 동 4290(1957)년 10월 일자 미상 월간『중앙정치』지의 발간 자금조로 금 70만 환을 각 제공하여써 동당의 목적한 사항의 실행을 협의 내지 선동하고

6. 동 김기철은 판시 조봉암의 범죄사실 (5) 적시 사항을 결의하여써 동당의 목적한 사항의 실행을 협의하고

7. 동 김정학은 동 4291(1958)년 1월 16일경 오전 8시경 피고인 전세룡으로부터 서울특별시 성동구 신당동 후생주택 71호 거주 김장헌(金長憲)과 판시 김영범에게 각 서신을 전달하여 달라는 의뢰를 받고 즉시 차(此)를 각 전달하는 동시에 김장헌으로부터 금 3천환을 동 김영범으로부터 금 4천환을 각각 받어서 동 전세룡에게 차(此)를 전달하여써 진보당의 목적 사항의 실행을 협의 선동하는 동 전세

룡의 행동을 지실(知悉)하면서 자진 방조하다는 각 공소사실은

　안(按)컨대 동일(同一) (1) 공소사실에 대하여는 차(此)에 일부 부합하는 듯하는 접수뷔서울지검 4291(1958)년 압 제146호의 증 제10호의 1]의 기재가 있고, 동일의 (2) 공소사실에 대하여는 검사의 증인 조복재에 대한 진술조서 중 차(此)에 부합하는 듯하는 진술기재가 있고, 동이(同二) 공소사실에 대하여는 동 조봉암 동 윤길중 등이 동 정우갑이가 조총에서 파견한 간첩이라는 점, 동인에 대한 지도를 승낙하였다는 점 및 간첩행위 방조에 대한 범의(犯意)의 점을 제외한 이여(爾餘)의 사실을 시인하고, 동삼(同三) 공소사실에 대하여는 동 박기출, 동 김달호, 동 윤길중, 동 조규희, 동 김병휘 등이 각자의 관여 사실을 제외한 이여(爾餘)의 사실을 시인하고, 동사(同四) 공소사실에 대하여는 동 이동화가 의식적으로 동 책자를 학생 기타 수십명이 열독하게끔 동소 서책에 나열하였다는 점을 제외한 이여(爾餘)의 사실을 시인하고, 동오(同五) 공소사실에 대하여는 동 박기출이가 동 각 금액을 제공한 사실을 시인하고, 동육(同六) 공소사실에 대하여는 당원(當院)이 판시와 같이 동 김기철이가 동 조봉암에게 동 선언문을 제공한 사실을 시인하고, 동칠(同七) 공소사실에 대하여는 동 김정학과 상(相) 피고인 전세룡이가 동 범의(犯意)의 점을 제외한 이여(爾餘)의 사실을 시인하는 바이나

　동일(同一) (1) 공소사실에 대하여는 동 조봉암이가 종시일관(終始一貫)하여 자기는 당시 신변이 위험하여 은신하였으므로 동 사무실에 있은 바도 없다는 지(旨)로써 차(此)를 부인하고, 증인 박정호는 원심 공판정에서 자기는 일정시(日政時) 마포형무소에서 복역할 시부터 아는 최익환이가 진보당의 간부로 있는 줄 알고 그날 동인을 만나려 동 사무실에 간 바 있으나 동 조봉암을 만난 바 없고 또 동인을 알지도 못한다고 진술하였으므로 전시 접수부의 기재만으로써 동 공소사실을 인정할 수 없고

　동일(同一) (2) 공소사실에 대하여는 동 조봉암이가 종시일관하여 차(此)를 부인할 뿐 아니라 전시 증인 조복재의 진술 기재는 동인이 4289(1956)년 6월경 평양 소재 아지트에서 대남공작에 관한 밀봉교육을 받을 시 동 박모(朴某) 지도원으로

부터 동 공소사실의 취지를 들었다는 지(旨)이며 여차한 전문 증언의 기재만으로써 동 공소사실을 인정하기 난(難)하고

동이(同二) 공소사실에 대하여는 동 조봉암, 동 윤길중 등이 동 정우갑이 조총에서 파견한 첩자라는 점, 동 정우갑의 지도를 승낙하였다는 점 및 간첩방조의 범의(犯意)를 부인할 뿐 아니라 동 정우갑은 원심 공판정에서 조총의 간첩임을 부인하고 또 동 증언과 원심법원이 압수한 판결문 사본(증 제59호)의 기재에 의하면 동인은 재일 조총 병고현 이단시 지부 위원장으로 있다가 4290(1957)년 7월 귀국하여 동이(同二) 공소사실 적시 본건 피고인과 회담하였다는 지(旨) 〈국가보안법〉 위반사건으로 인하여 유죄의 판결을 받았을 뿐이며

동삼(同三) 공소사실에 대하여는 동 박기출 동 김달호 동 윤길중 동 조규희 동 김병휘 등이 종시일관하여 동 회합은 정식 회의가 아니었을 뿐 아니라 자기들은 동 토의에 참여한 바도 없다는 지(旨)로써 각자의 관여 사실을 부인하고 특히 동 박기출은 종시일관하여 자기는 적극적으로 동안을 반대하였다는 지(旨)를 진술하고

동사(同四) 공소사실에 대하여는 동 이동화가 종시일관하여 자기는 정치 경제 문제를 연구하기 위하여 동 책자를 자기 전용의 캬비넷트 속에 넣어 보관하였을 뿐이고 학생, 기타 수십 명이 열독할 만한 서책에 나열한 바 없다는 지(旨)로써 차(此)를 부인하고

동오(同五) 공소사실에 대하여는 동 박기출이 동 8백만 환은 당시 자기가 동(同) 진보당 공천 부통령 입후보자였던 관계로 자기의 선거운동비조로 제공하고 동『중앙정치』지는 동당의 기관지가 아니라 상 피고인 조봉암 개인이 경영하는 잡지라는 지(旨)로써 동 각 범의(犯意)를 부인하고

동육(同六) 공소사실에 대하여는 동 김기철이가 종시일관하여 동 조봉암이가 동 논문을 기안하여 동『중앙정치』 10월호에 게재함에 관하여 관여한 바 없다는

지(旨)로써 부인하고

동칠(同七) 공소사실에 대하여는 동 김정학이 종시일관하여 동 서신의 내용을 알지 못하고 또 동 전세룡은 피고인과 동향인이며 이성(異性) 6촌간이므로 단순히 동인의 심부럼[189]을 하였을 뿐 아니라 동인은 피고인이 빈곤함을 알고 피고인에게 쌀값으로 5천 환을 주고 잔(殘) 2천환은 자기의 담배값으로 소비하였다는 지(旨)로써 동 범의(犯意)를 부인하고

타(他)에 동 각 공소사실을 인정함에 정한 증거가 없으므로 결국 동 각 공소사실은 범죄의 증명이 없음에 귀착하며 따라서 원판결이 동육(同六) 공소사실에 대하여 〈형사소송법〉 제325조를 적용하여 무죄를 선고하였음은 상당하며 동일(同一) 내지 오(五)의 각 공소사실에 대하여는 당원(當院)이 동상(同上) 법조를 적용하여 각 무죄를 선고한다. 그러므로 검사의 동 김정학 동 이동현을 제외한 이여(爾餘)의 피고인 등에 대한 각 공소는 기(其) 이유가 있고 검사의 피고인 김정학에 대한 공소와 동 조봉암, 동 양이섭, 동 전세룡, 동 김정학, 동 이동현의 각 공소는 기(其) 이유가 없으므로 전자에 대하여 각 〈형사소송법〉 제364조 제3항을 후자에 대하여 각 동 법조 제2항을 각 적용하여 주문 제1항 내지 7항과 같이 판결하고 동 이동현에 대하여는 〈형법〉 제57조 제1항을 적용하여 원판결 선고 후 구금일수 중 110일을 기본형에 산입한다.

4291(1958)년 10월 25일
서울고등법원 형사 제2부
재판장 판사 김용진
판사 최보현
판사 조규대

[출전 : 44권 101~209쪽]

---

189) '심부름'을 뜻한다.

❙ 진보당사건 관계자 인명사전 ❙

강명현(康明賢, 생몰연대 미상) 1958년 당시 육군 특무부대 특무처장에 있으면서 2~3월 국방경비법 위반 혐의로 양이섭을 조사한 후, 조봉암의 간첩 혐의에 연루시켰다.

고시현(高時賢, 1921~미상) 진보당 추진위원회 조직부 간부로 제주지구 위원을 지냈다. 1957년 서상일이 주도하는 민주혁신당 제주도당의 총책을 맡았고, 1960년 제5대 총선에서는 제주지역 민의원선거에 무소속으로 입후보하였다.

고영섭(高永燮, 생몰연대 미상) 함경북도 청진 출생으로, 일제강점기 고등계 형사로 활동하였다. 진보당사건 당시 육군 특무부대 문관으로 양이섭과 장성팔을 조사하여, 조봉암과 양이섭의 간첩죄 혐의와 연루시켰다.

고재호(高在鎬, 1913~1991) 전라남도 담양 출생으로 1937년 경성제국대학 법문학부 법학과를 졸업하고 판사로 활동하였으며, 1954년 41세에 최연소 대법관에 임명되었다. 1951년 조봉암의 대법원 판결 재심 청구에 대해 기각결정을 내렸다. 제2공화국 시기에는 중앙선거관리위원회 위원장과 중앙노동위원회 위원장을 지냈다.

고정훈(高貞勳, 1920~1988) 평안남도 출생으로, 미소공동위원회 미국 대표단에서 러시아어 통역관으로 활동하였다. 1948년 육군사관학교 제7기 특별반을 졸업하고 육군본부 정보국 등에서 근무하다 1950년 육군중령으로 전역하였다. 이후 신문사 기자로 활동하며, 1960년 구국청년당을 창당하고, 1961년 통일사회당 선전국장을 지냈다. 5·16군사정변 후에는 '특수범죄처벌에 관한 특별법' 위반혐의로 복역하였다. 1981년 민주사회당을 창당하고, 제11대 국회의원에 당선되었다.

곽현산(郭玄山, 1923~미상) 혁신정당운동이 대두되어 민주혁신당 촉진협의회가 개최되고 김성숙, 김경태 등과 함께 회합에 참여하였다.

권대복(權大福, 1932~2000) 서울 출생으로, 진보당 학생조직인 여명회(黎明會)

회장과 진보당 영등포을구당(永登浦乙區黨) 위원장, 서울시당 상임위원, 사회부 간사 등을 지냈다. 진보당사건에 연루되어 복역하였다. 4·19혁명 후 사회대중당 청년국장을 지냈으며 사회대중당이 흩어진 후에는 장건상의 혁신당에서 정책위원장을 지냈다. 이후 신민당에 참여하였다가 일동이 통일당을 만들자 통일당 정치국원 겸 조직국장을 지냈다. 1980년대에는 고정훈이 만든 신정사회당 대표를 지내기도 하였다.

권재찬(權載瓚, 생몰연대 미상) 이명하의 변호인이며 1960년 제5대 국회의원 선거를 앞두고 김병로, 신태악, 이인, 한격만 등과 함께 자유법조단에 참여하였다.

김갑수(金甲洙, 1912~1995) 경기도 안성 출생으로, 일제강점기에 경성제국대학 법문학부 법과를 졸업하고 판사로 활동하였다. 해방 후에는 경성대학 법문학부 교수, 미군정청 사법부 조사국장, 법무부 차관, 내무부 차관 등을 역임하였다. 1959년 진보당사건 대법원 재판에서 주심판사로 조봉암과 양이섭에게 사형을 언도하였다.

김경태(金景泰, 생몰연대 미상) 해방 후 신한민족당에서 활동하고, 1955년 9월 혁신정당 건설을 위한 논의가 이루어진 광릉회합(光陵會合)과 진보당 창당준비위원회에도 참여하였다.

김기철(金基喆, 1910~1984) 함경남도 함흥 출생으로, 진보당 통일문제연구위원회 통일방안연구위원장, 중앙당부 통제위원회 부위원장, 경기도당위원장 등을 역임하였다. 이후에도 민주한독당 당무위원, 민족자주연맹 조사부장으로 활동하였다. 1958년 진보당사건 당시 검찰이 진보당의 이적성을 주장하며 증거로 제시하였던 이른바 '진보당 통일방안'(「북한당국의 평화공세에 대한 진보당의 선언문」)의 작성자이기도 하였다. 4·19혁명 혁신계의 활동 공간과 기회가 확보되자 사회대중당, 통일사회당 등에 참여하였다. 5·16군사정변 후 군사정부가 실시한 혁명재판에서 중앙통일사회당사건으로 복역하였으며 1971년 신민당에 입당하고 당내에서 통일문제를 담당하였다.

김난주(金蘭柱, 생몰연대 미상) 해방 직후 평안북도 신의주에 있는 무역업에 종사하면서 양이섭과 친분을 쌓았다. 이후 황해도 연백군 돌개포에 있는 선일상사(鮮一商社, 일명 삼육공사)의 책임자로 있으면서 대남무역에 종사하였다. 육군 특무부대에서는 양이섭을 조사하면서 김난주가 양이섭을 재정적으로 지원하고 그를 통해서 첩보활동을 벌인 것으로 판단하였다.

김달호(金達鎬, 1912~1979) 경상북도 상주 출생으로, 일제강점기 일본 주오(中央)대학 법학부를 중퇴하고 고등문관시험 사법과에 합격하여 판사로 근무하였다. 해방 후 서울고등검찰청 차장검사를 지냈으며, 검사를 그만둔 후에는 변호사로 활동하였다. 1954년 제3대 총선에서 경북 상주 선거구에 무소속으로 출마하여 당선되었다. 1956년 조봉암과 함께 진보당 창당을 추진하고, 1958년 진보당사건에 연루되었으나 대법원 판결에서 무죄로 석방되었다. 제2공화국 시기에는 사회대중당에 참여하며 제5대 민의원 선거에 당선하였다. 그러나 5·16군사정변 이후 사회대중당의 통일방안이 평양정권에 호응·동조한 혐의로 기소돼 복역하였다. 1970년대 '김달호 법률상담소'라는 간판을 내걸고 인혁당사건 관계자 및 국가보안법 위반자 등에 대해 법률자문을 하였다. 2018년 5·16군사정변 직후 혁명재판소로부터 받은 실형선고에 대해 무죄판결을 받았다.

김대희(金大熙, 1900~미상) 1901년 전라북도 익산 출생으로, 1923년 일본 와세다(早稻田)대학을 중퇴하였다. 1946년 독립촉성중앙협의회 간부로 활동하며 1948년 5·10총선에 출마하였으나 낙선하였다. 1957년 진보당 이리시 당위원장과 전북도당 부위원장을 지냈으며, 4·19혁명 이후에는 사회대중당과 민족자주통일중앙협의회의에 참여하였다가, 5·16군사정변 후 일명 사회대중당 지방당부사건으로 징역형을 선고받았다.

김덕휘(金德彙, 생몰연대 미상) 진보당 여명회의 고려대 세포책으로 활동하였다. 1957년 1월 진보당 서울특별시당부 학생부장이던 권대복을 중심으로 안준표, 김용기, 권태창, 김덕휘, 조용진, 황현민, 원일상, 박종오, 최의규 등이 회합하여 여명회를 조직하였다.

김동혁(金東爀, 생몰연대 미상) 1948년 6월 대북공작을 시작한 이래 군에서 선무공작 및 첩보활동을 하였다. 1958년 9월 25일 진보당사건 2심 제6회 공판 당시 증인심문에서 "1948년 국방부 정보국 제3과에 있을 때 평양의 친구 집에서 양이섭과 처음 인사하고, 1951년 속초에서 고철상을 할 때 양이섭을 우연히 만났다"고 진술하였다.

김병휘(金炳輝, 1921~1994) 평안북도 용천군 출생으로, 일제강점기에 일본에서 공부하였다. 해방 직후 38선 이북에서 백의청년동맹을 조직하여 활동하다 1946년 4월 월남하였다. 독립신문 사회부장, 홍익대학 국제법 교수, 대전여자고등기술학교장 등을 지냈다. 진보당에서 교양부 간사, 통일문제연구위원회 부위원장, 국방외무분과위원 등을 역임하였으며, 주로 진보당 당원 및 학생들에 대한 정치교육을 담당하였다. 4·19혁명 이후 1960년 한국사회당 국제부장, 사회대중당 정책위원장을 지냈다.

김봉환(金鳳煥, 1921~2020) 경상북도 선산 출생으로, 일제강점기 보통문관시험에 합격하여 관료로 근무하였다. 해방 후 서울대학교 법과대학을 졸업하고 변호사 시험에 합격하여 법조인으로 활동하였다. 진보당사건 당시 조봉암과 양이섭을 변호하였고, 이후 민주공화당과 유신정우회에서 4선 국회의원을 지냈다.

김성도(金成道, 생몰연대 미상) 서울형무소 간수부장, 이동현(李東賢)의 집안 형님으로 이동희(李東熙)에게 돈을 빌려주었다. 이동현은 당시 서울형무소에 수감 중이던 조봉암이 양이섭에게 메모를 전달할 수 있도록 형무소의 통방을 도왔던 인물이다.

김성숙(金成璹, 1896~1979) 제주 출생으로, 일본 와세다대학 정경학부 경제과를 졸업하였다. 1955년 조봉암, 서상일 등과 함께 진보당창당추진위원회에 이름을 올렸으나 1960년 전진한과 함께 한국사회당을 창당하고 7·29총선에서 제5대 민의원에 당선하였다. 당선 이후 민정구락부를 거쳐서 통일사회당에 참여하였으나, 5·16군사정변 직후 일명 통일사회당사건으로 기소되었다. 이후 통일사회당 재건과 민주사회당 창당 추진, 대중당에 참여하는 등 혁신계 정치활동을 이어 나갔다.

김성숙(金星淑, 1898~1969) 평안북도 철산 출생으로, 1919년 3·1운동에 참여, 1922년 불교 승려로 출가하였으며 조선무산자동맹과 조선노동공제회에서 활동하기도 하였다. 1923년 중국으로 망명한 후에 민국대학과 중산대학에서 수학하고, 조선의열단, 조선민족해방동맹, 조선의용대, 대한민국임시정부에서 활동하였다. 해방 후에는 민주주의민족전선과 근로인민당에 참여하였다. 1955년 진보당추진준비위원회에 가담하였으나 진보당에 참여하지는 않았으며, 이후 근로인민당재건사건과 진보당사건에 연루되었다. 1960년 4·19혁명 이후 사회대중당과 통일사회당에 참여하였으며 1961년 5·16군사정변 직후 통일사회당사건에 연루되어 복역하였으며 1966년에는 신민당에서 활동하였다.

김수선(金壽善, 1911~1972) 경상남도 울산 출생으로, 일제강점기 언양보통학교와 진주공립사범학교를 졸업하고 교사로 근무하였다. 1948년 5·10총선에서 무소속 후보로 경남 울산 선거구에 출마하여 당선하였으며, 1954년 제3대 총선에서 재선하였다. 1955년 9월에 광릉회합에 참여하였으나, 같은 해 11월 자유당에 입당하였다. 자유당 입당 후에는 의원내각제를 주장하다가 제명되었으며, 평화통일, 남북 간 교역과 통신교류, 주민교류 등을 주장하였다. 1960년 4·19혁명 이후 사회대중당에 참여하고, 1971년 7대 대선에서는 박정희를 지지하였다.

김안국(金安國, 생몰연대 미상) 함경북도 명천 출생으로, 진보당에 참여하여 진보당 기획위원장과 통일문제연구위원을 지냈다.

김용기(金用基, 1935~2016) 전라북도 익산 출생으로, 국학대학과 성균관대 대학원에서 정치학을 공부하였다. 국학대학 재학 중이던 1957년 여명회 조직부장을 지냈으며 국학대학 조직 세포책을 맡았다. 이후 고려대 정치외교학과 교수를 지냈으며, 한국중동학회장과 조봉암기념사업회장을 역임하였다.

김용민(金龍旼, 생몰연대 미상) 1956년 3월 진보당추진위원회 조직부 간부 경북지구 위원에 이름을 올렸다.

김용보(金容普, 생몰연대 미상) 진보당사건 2심 재판장으로, 1심에서 무죄선고로 풀려났던 윤길중 등 18명의 진보당 관련자들에 대한 재구속을 집행하였다. 조봉암과 양이섭에 대한 원심을 파기하고 간첩 및 국가보안법 위반죄를 적용하여 사형을 언도하였으며, 진보당 간부들에게도 유죄를 선고하였다.

김용성(金龍星, 생몰연대 미상) 진보당의 7인 서클 서클원으로 함남지구책으로 활동하였다.

김용진(金容晋, 생몰연대 미상) 진보당사건 2심 재판을 주재한 서울고등법원 재판장이다. 1960년대 전주지방법원장과 단국대 대학원장을 지냈다.

김위제(金偉濟, 생몰연대 미상) 가명은 김위하(金偉荷)이며, 진보당의 통제위원회 위원장을 지냈다.

김이옥(金以玉, 1905~1932) 강화 출생으로, 경성여자고등보통학교와 이화여자전문학교를 졸업하였다. 어린시절부터 조봉암과 친분이 있었다. 중국 상하이에서 활동 중이던 조봉암을 찾아가는데, 이때 딸 호정(滬晶)이 태어났다. 조봉암이 1932년 상하이에서 체포되어 신의주형무소에 수감 중 일 때 결핵으로 사망하였다.

김재봉(金在奉, 생몰연대 미상) 김재봉(金在鳳)으로 기록되어 있기도 하다. 진보당 부산시 동구을구당 당무조직간사로 조직책임자이다. 진보당과 사회대중당, 사회당 등에서 활동하였다.

김재화(金在和, 생몰연대 미상) 여명회 국학대학 세포원으로 활동하였다.

김정학(金正鶴, 생몰연대 미상) 가명은 박일(朴一)이다. 1946년 북조선로동당에 가입하였으며 농민동맹, 조소문화협회, 조선신민당 등에서 활동하였다. 6·25전쟁 중 간첩활동을 위해 월남하였으며 미군 첩보기관에서 군사첩보 및 통신교육을 받았다. 진보당 경기도당 당무부장을 지냈다.

김조이(金祚伊, 1904~미상) 경상남도 창원 출생으로, 조봉암이 김금옥과 사별한 뒤에 재혼한 부인이자 공산주의 운동가였다. 일제강점기 모스크바 동방노력자공산대학에서 공부하였다. 1931년 코민테른의 지시로 귀국한 뒤에는 김복만(金福萬)과 재혼하였다. 같은 해 8월 태평양노동조합 계열의 운동가들과 함께 활동하던 중 일본경찰에 검거되어 징역 3년형을 선고받았다. 해방 후 1945년 11월에 열린 전국인민위원회 대표자대회에 인천대표로 참석하였으며 같은 해 12월 조선부녀총동맹에 가입하였다. 1946년 2월 민주주의민족전선 결성대회에 조선부녀총동맹 대의원으로 참석해 중앙위원으로 선출되었다. 6·25전쟁 시기 남동생 김송학과 함께 납북되었다.

김주태(金主太, 생몰연대 미상) 서울대학교 문리과대학 정치과 4년, 여명회 부회장, 서울대 문리대 조직 세포책이었다.

김창을(金昌乙, 생몰연대 미상) 진보당 전북도당 간부로 정태영을 조봉암에게 소개하였다.

김춘봉(金春鳳, 생몰연대 미상) 1956년 이승만 대통령 저격음모사건 공범자로 구속기소된 강문봉과 김창룡 암살사건의 배후로 지목된 육군중장 강문봉의 변호를 맡은 바 있다. 진보당사건에서는 조봉암과 윤길중을 변호하였다.

김춘휘(金春輝, 생몰연대 미상) 진보당 기관지 『중앙정치』를 발간하는 중앙정치사의 사장으로, 진보당 교양간사 김병휘의 여동생이다.

김치열(金致烈, 1921~2009) 경상북도 달성 출생으로, 일제강점기 일본 주오대학 법학과를 졸업하고 고등문관시험 사법과에 합격하였으며 일본변호사 시험에 합격하였다. 해방 이후 검사로 활동하였으며 진보당사건 당시 서울지방검찰청장이었다. 1970년대 중앙정보부 차장에, 검찰총장, 내무부 장관, 법무부 장관을 지냈다.

김칠영(金七永, 생몰연대 미상) 여명회 국민대학 세포원 세포책으로 활동하였다.

김태문(金泰文, 생몰연대 미상) 진보당 비밀조직원이다. 1957년 10월, 조봉암의 집에서 정태영, 황명수, 손석규, 박윤수, 박희영, 주영숙 등과 함께 교양법칙 등에 대해서 논의하였다. 10월 9일 전기 써클의 부서로 세포책 전세룡, 부책 정태영 등을 선출하였다. 전국적인 조직체로 7인 써클을 조직하였는데 여기서 황명수와 함께 특수지구책으로 각각 선출되었다.

김태희(金太熙, 생몰연대 미상) 서울특별시 경찰국 사찰과에서 파악한바에 따르면 김태희는 진보당 전북도당 부당책이자 6·25전쟁 중 부역자이며, 50명 정도를 전쟁 중 진보당 전북도당에 가입시키고, 전 공산주의자인 신당원을 입당시켰다고 한다.

김하돈(金河敦, 생몰연대 미상) 진보당 추진위원회 조직부 간부 전북지구 위원에 이름을 올렸다.

김학룡(金鶴龍, 생몰연대 미상) 여명회 국학대학 세포원으로 활동하였다.

김홍식(金洪植, 1912~1991) 경상북도 고령 출생으로, 대구사범학교를 졸업하고 교사로 있다가 이후 사업가로 전업하였다. 1954년 제3대 국회의원 선거에서 자유당 소속으로 고령군에 출마하여 당선하고, 이후 자유당을 탈당하였다. 서상일 등과 함께 민주혁신당 추진준비위원회에 참여하였다.

김환문(金煥文, 생몰연대 미상) 여명회 동국대학 세포책으로 활동하였다.

류림(柳林, 1898~1961) 경상북도 안동 출생으로, 일제강점기 대표적인 아나키스트 항일운동가로 부흥회, 자강회, 서로군정서, 조선무정부주의자연맹, 한중항일연합군, 대한민국임시정부 등에 참여하였다. 해방 후에는 비상국민회의 부의장, 대한국민의회 의장을 역임하였으며, 아나키즘 이념정당인 독립노농당의 당수를 지냈다. 1955년 8월 혁신계 정당 조직을 논의하기 위해서 소집된 경기도 광릉회합에 참여하였으나 진보당에 가입하지는 않았다.

류한렬(柳漢烈, 생몰연대 미상) 1957년 서울대학교 문리과대학 정치학과 4학년이던 당시 신진회(新進會)라는 학생단체의 간사로 활동하였다. 신진회에서 활동하던 류근일이 교내 동인지에 게재한 글이 국가보안법 위반 혐의로 기소되어 필화를 겪게 된다. 1957년 12월 수사기관으로부터 신진회가 북한과 연결되어 있는 비밀결사단체로 지목되었으며 신진회 간사 류한렬과 류근일이 구속되었으나 류한렬은 무혐의로 불기소 처분되었고 류근일은 기소되었다.

문희중(文熙中, 1906~미상) 해방정국에서 부산지역 건국준비위원회와 근로인민당에 참여한 인물이다. 1957~1958년 박정호의 지령을 받아서 근로인민당을 재건하여 혁신세력을 규합하려고 하였다는 혐의로 구속되었으나 무죄 선고를 받았다. 4·19혁명 이후에는 통일민주청년회 당무위원장을 맡았다.

민복기(閔復基, 1913~2007) 서울 출생으로, 대한제국 궁내부 대신과 중추원 부의장을 지낸 민병석(閔丙奭)의 아들이다. 일제강점기 경성제국대학 법문학부를 졸업하고 일본 고등문관시험 사법과에 합격하여 판사로 활동하였다. 미군정기 사법부 법률기초국장 및 법률심의국장으로 근무하였으며 1947년 8월 검찰로 자리를 옮겨 법무부 검찰국장 겸 대검찰청 검사로 활동하였다. 1950년대 대통령비서관, 법무부 차관, 서울지방검찰청장, 외자구매처 차장, 해무청장, 검찰총장 등을 지냈다. 박정희 정부에서 대법관, 법무부 장관을 지냈으며, 1968년부터 1978년까지 대법원장으로 재직하였다.

박기출(朴己出, 1909~1977) 경상남도 부산 출생으로, 일제강점기 일본에서 의학을 공부하였으며 1942년 규슈(九州)제국대학에서 의학박사 학위를 받았다. 해방 후에는 민족자주연맹 경남위원장과 민주독립당 경남도당위원장, 건민회 경남지부장 민주중보 사장을 역임하였다. 1956년 진보당 창당에 참여하여 진보당 중앙당 부위원장을 지냈으며, 제3대 대통령선거에서 진보당 부통령 후보로 출마하였다가 야당 후보 단일화를 촉구하며 사퇴하였다. 진보당사건에 연루되었으나 1심에서 무죄선고를 받았다. 5·16군사정변 이후 민정당, 국민당, 신민당에 참여하였으며, 제7대 국회의원 총선거에서 신민당의 공천으로 부산갑구에 출마하여 국회의원에 당선하였다. 1971년 국민당 대통령후보로 출마하였으나 낙선하였다. 이후 대한의학협회 회장, 경남의사회 회장, 경남체육회 회장, 한글동학회 회장, 새한학회 이사장, 민족통일문제연구원 이사장 등을 지냈다.

박노봉(朴魯奉, 생몰연대 미상) 여명회 고려대학 세포원으로 활동하였다.

박노수(朴魯洙, 생몰연대 미상) 진보당발기추진위원회 조직담당 등에 이름을 올렸으나 이후 서상일과 함께 민주혁신당에 참여하였다.

박대실(朴大實, 생몰연대 미상) 진보당 7인 서클 써클원으로, 함북지구책으로 활동하였다.

박영관(朴永觀, 생몰연대 미상) 여명회 국학대학 세포원으로 활동하였다.

박용철(朴容喆, 생몰연대 미상) 진보당 추진위원회 조직부 간부 강원지구 본부 상임위원을 역임하였다.

박원규(朴元圭, 생몰연대 미상) 여명회를 구성할 때 주동적 역할을 하였으며 외국어대학 세포책이었다.

박윤수(朴潤秀, 생몰연대 미상) 진보당의 비밀당원으로 충남지구책이었다.

박일영(朴日英, 생몰연대 미상) 함경남도 출생으로, 일제강점기 김일성과 함께 활동하였으며 해방 후 평양정권 수립에 참여하였다. 조선로동당 중앙위원과 평북도당 위원장을 거쳐서 내무성 제1부상, 조선로동당 중앙당정보위원회 부위원장, 주알바니아대사, 주동독대사 등을 지냈다.

박정호(朴正鎬, 미상~1959) 북한에서 밀파한 위장간첩으로 알려져 있다. 서울지방검찰청에서는 박정호가 공작금을 살포하여 혁신세력을 규합하는 공작을 벌였다고 파악하였다. 검찰에서는 박정호의 공작활동이 진보당이 주장하는 평화통일론과 장건상, 김성숙(金星淑) 등 혁신계 정치인들과 연관되어 있다고 보았다. 이른바 박정호간첩사건은 조봉암을 비롯한 진보당 간부들에 대한 수사로 이어졌고 그 과정에서 평화통일론 문제가 불거졌다. 박정호는 국가보안법 위반혐의로 체포되어 재판을 거쳐 1959년 5월 6일 서울교도소에서 사형되었다.

박종수(朴鍾守, 생몰연대 미상) 여명회 국학대학 세포원으로 활동하였다.

박준길(朴俊吉, 1912~미상) 충청북도 보은 출생으로, 박재영(朴在英)으로 불리기도 하였다. 일제강점기 만주에서 독립운동을 하였으며, 해방 후 전재동포구제회 간부, 한중협회 중앙위원, 후행협회 상임이사 등을 지냈다. 진보당에서 재정간사, 중앙위원을 지내고, 사회대중당과 통일사회당에서도 활동하였다.

박지수(朴智帥, 1924~1973) 경상북도 대구 출생으로, 일제강점기 일본에서 공부하였으며 해방 후에는 현실참여적 경향의 시를 발표하는 문인으로 활동하였다. 진보당 교양부 부간사와 중앙정치 편집위원을 지냈다. 4·19혁명 후에는 혁신당에서 활동하였으며 사회대중당 통합위원회 간사장을 지냈다. 1961년 대구에서 2대악법 반대 투쟁을 하다가 투옥되기도 하였다. 이후 신민당에 입당하였다.

박진목(朴進穆, 1918~2010) 경상북도 의성 출생으로, 일제강점기 형 박시목과 함께 독립운동을 하다가 치안유지법 위반으로 수감되었다. 해방 후 건국준비위원회, 인민위원회에서 활동하였으며 6·25전쟁 시기에는 종전운동을 벌여 육군 특무부대의 조사를 받기도 하였다. 조봉암과 교류하며 혁신계 연합을 실현하고자 하였다. 4·19혁명 이후에는 민족일보 창간에 참여하였으며, 영남일보 상무이사를 지내기도 하였다. 민족자주통일중앙협의회, 민족건양회 등의 통일단체를 만드는데도 힘을 보탰다.

박희영(朴喜永, 생몰연대 미상) 부산철도운수사무소 기관사, 진보당 비밀당원, 충북지구책으로 활동하였다.

박희용(朴熙容, 생몰연대 미상) 여명회 국학대학 세포원으로 활동하였다.

방재기(方在暟, 1918~미상) 서울고등검찰청 검사로 진보당사건을 담당하였다. 1960년 9월 대구고등검찰청 차장검사로 있으면서 사표를 제출하였다.

백영규(白永逵, 생몰연대 미상) 진보당 추진위원회 조직부 간부 서울지구 위원으로 활동하였다.

백한성(白漢成, 1899~1971) 충청남도 논산 출생으로, 일제강점기 판사로 활동하였으며 해방 후에는 대전지방검찰청장, 법무부 차관, 서울고등법원장, 대법관, 내무부 장관 등을 역임하였다. 1955년 4월 다시 대법관에 임명되었고, 5·16군사정변이 일어나자 1961년 6월 사임하였다.

서동욱(徐東旭, 생몰연대 미상) 여명회 외국어대학 세포원으로 활동하였다.

서상일(徐相日, 1887~1962) 경상북도 대구 출생으로, 보성전문학교를 졸업하였다. 일제강점기 대동청년당, 광복단 등과 같은 비밀결사를 조직하여 항일운동을 하였으며, 조선국권회복단 중앙총부에서 활동하였다. 1920년 3월 만주에서 무기를 반입해 일제 관서를 습격할 계획을 세우다가 일본 경찰에 붙잡혀 투옥되었고, 다음해 1921년 워싱턴회의에 독립청원서를 보내기도 하였다. 해방 후 한국민주당 창당에 참여하였으며 비상국민회의 의원, 남조선과도입법의원 민선의원 등을 지냈다. 1948년 5·10총선에서 국회의원에 당선하여 헌법기초위원으로 활동하였다. 1950년대에는 조봉암과 함께 진보당 창당을 추진하였으나 이탈하여 민주혁신당을 만들었다. 4·19혁명 이후에는 사회대중당 창당을 주도하고 7·29총선에 출마하여 당선되었다. 이후 통일사회당을 조직하였으나 5·16군사정변으로 해산되었다.

서인환(徐仁煥, 생몰연대 미상) 여명회 세포원으로 활동한 인물로, 신흥대학을 중퇴하였다.

서정학(徐廷學, 1917~2005) 경기도 연천 출생으로, 일본 간사이(關西)대학 법학과를 졸업하고, 제1공화국 시기에는 국회특별경비대장, 경무대 경찰서장, 치안국 경무과장, 서울시청 경찰국장, 내무부 치안국장, 강원지사 등을 역임하였다. 진보당사건 당시 내무부 치안국장이었다. 유년시절부터 검도를 가까이 하였으며 오랫동안 대한검도회 회장을 역임하였다.

서진걸(徐進杰, 생몰연대 미상) 진보당 전남도당 준비위원, 총제부위원장을 지냈다. 1963년 민정당 소장파 정치인 및 구 민주당계 인사들이 만든 보수당 후보로 전남 함평 선거구에 입후보 하였다.

선우기준(鮮于基俊, 생몰연대 미상) 진보당 재정위원회 위원에 이름을 올렸다.

선우봉(鮮于鳳, 생몰연대 미상) 진보당 중앙상무위원과 기획위원회 내무분과위원에 이름을 올렸다.

성낙준(成樂俊, 생몰연대 미상) 진보당 조직부 부간사, 중앙당부위원, 진주시당위원장 등을 역임하였다. 전세룡과 함께 강원도당, 충남도당, 충북도당 결당을 추진하였다.

성창환(成昌煥, 생몰연대 미상) 여명회 총무부장, 여명회 홍익대학 세포원으로 활동하였다.

손석규(孫錫奎, 생몰연대 미상) 손석규(孫錫圭)로 표기된 경우도 있다. 진보당 비밀당원으로 7인서클 중 한 사람이며 경북지구책이었다.

송건(宋建, 1928~미상) 전라북도 익산 출생으로, 송재규, 송건일(宋建一) 등으로 불리기도 하였다. 성균관대 동양철학연구원에서 공부하였으며 전북연합대 강사를 지냈다. 진보당에서는 사회부장, 사회부 간사, 중앙상무위원, 기획위원회 상공분과위원 등을 역임하였다.

송남헌(宋南憲, 1914~2001) 경상북도 문경 출생으로, 일제강점기 대구사범학교를 졸업하고 교사로 근무하였다. 1943년 경성방송국 라디오 단파방송사건으로 치안유지법 위반이라는 혐의를 받아 복역하였다. 해방 후에는 한국민주당에 참여하였으며, 남조선과도입법의원 의장을 지낸 김규식의 비서로 활동하며 1948년 김규식과 함께 남북협상에서 민족자주연맹 대표단으로 참가하였다. 4·19혁명 이후 사회대중당 총무위원 겸 당무위원장, 통일사회당 당무위원장, 1961년 중립화조국통일총연맹 발기준비위원 등을 지냈다. 1970년대에는 민족통일촉진회 운영위원장, 독립동지회 이사를 지냈고, 1989년 국토통일원 고문을 지냈다. 한편, 현대사 연구자로 활동하며 『해방 3년사』, 『한국현대정치사 1』 등과 같은 저작을 남겼다. 김규식의 생애와 사상을 연구하는 우사연구회 회장도 역임하였다.

송두환(宋斗煥, 생몰연대 미상) 진보당 전 통일문제연구위원회 위원장, 중앙상무위원회 위원장을 지냈으며 이후 탈당하였다.

신도성(愼道晟, 1918~1999) 경상남도 거창 출생으로, 도쿄(東京)제국대학 정치학과를 졸업하고 연희전문학교 조교수, 서울대학교 정치학과 교수, 이화여자대학교 정치외교학과장을 지냈으며, 1954년 대한민국학술원 회원이 되었다. 동아일보 논설위원과 국방부 전사편찬위원, 제3대 민의원, 제7대 경남 도지사, 제4대 국토통일원 장관 등을 역임하였다. 1955~1956년 진보당 창당과정에서 발기취지문·강령·정책 등의 작성에서 중요한 역할을 담당한 것으로 알려져 있다. 진보당사건 당시 검찰의 기소에 반대하였다. 4·19혁명 이후에는 경남지사 시절 3·15부정선거에 연루되었다 하여 구속되었다. 이후 김대중의 대북정책 자문역으로 활동하며, 평화민주당 고문을 지냈다.

신동렬(申東烈, 생몰연대 미상) 여명회 국학대학 세포원이었다.

신동진(申東振, 생몰연대 미상) 여명회 성균관대학 세포원이었다.

신동헌(申東憲, 생몰연대 미상) 여명회 동국대학 세포원이었다.

신언한(申彦瀚, 1910~1998) 평안북도 의주 출생으로, 일본에서 유학하여 교토(京都)제국대학 법학과를 졸업하고 검사로 활동하였다. 해방 후에도 서울지방검찰청 부장검사, 서울고등검찰청 차장검사 등을 역임하고 귀속재산소청심사위원장, 법무부 검찰국장, 형정국장을 지냈다. 1958~1960년 법무부 차관을 지냈다.

신은섭(申殷燮, 생몰연대 미상) 여명회 선전부장, 여명회 홍익대학 세포책으로 활동하였다.

신일양(申一陽, 생몰연대 미상) 진보당 창당 자금 70여만 환을 지원하였다.

신창균(申昌均, 1908~2005) 충청북도 영동 출생으로, 1919년 3·1운동에 참가하였다가 일본 경찰에 체포되었다. 충주사범학교를 졸업하고, 1940년 중국으로 망명하여 충칭임시정부 마카오 연락책으로 활동하였다. 1945년 해방 직전 입국하였다가 일본 당국에 체포되었다. 1946년 한국독립당 재정부장 및 중앙집행위원을 지냈고, 1948년 4월 남북협상 한국독립당 대표단 일원으로 방북하였다. 1949년 김구의 국민장 장례 실무 총책임을 맡기도 하였다. 진보당 재정부장을 지냈으며, 진보당사건으로 복역하였다. 1961년 통일사회당 총무 및 정책심리의장, 1988년 민족자주통일협의회 고문, 1990년 전국민주민족운동연합 공동의장, 범민련 공동의장을 지냈다. 2001년 6·15남북공동선언 1주년 기념 민족통일대축전 주석단 공동대표를 지냈다.

신태악(辛泰嶽, 1902~1980) 함경북도 부령 출생으로, 1919년 경성공업학교 재학 중 3·1운동에 참여하였다가 복역하였으며 1921년 신의주설화사건으로 처벌 되기도 하였다. 일본에서 유학한 후, 1931년 일본 고등문관시험 사법과에 합 격하여 변호사로 활동하였다. 1940년대 임전대책협의회 상무위원, 조선임전 보국단 이사 등을 지내는데, 이 때문에 해방 후 반민특위에 체포되어 조사 대상이 되지만 1949년 8월 특별검찰부에서 기소유예처분을 받았다. 1954년 총선에서 무소속으로 서울 중구 갑 선거구에 출마하였으나 낙선하고, 이후 자유당에 참여하여 감찰위원장을 지냈다. 진보당사건 당시 조봉암을 비롯한 진보당 관계자들의 변호인이었다. 대한변호사협회 제9대 회장을 맡았으며, 민정당 전당대회의장, 신민당 운영위원장, 국민당 정무위원 등을 역임하였다.

안경득(安慶得, 생몰연대 미상) 함경남도 함흥 출생으로, 약종상(藥種商)으로 활동 하다가 해방 이후 월남하였다. 해방 정국에서는 반탁운동에 참여하였으며, 진보당 상무위원, 통일문제연구위원회 위원, 서대문을구당 위원장, 서울시당 간사장, 기획위원장, 총무위원 등을 지냈다. 1960년 7·28총선에서 사회대중 당 후보로 경기도 김포 선거구에 출마하였으나 낙선하였다.

안도명(安道明, 생몰연대 미상) 진보당 정식 창당 이전, 1956년 8월 지방선거에서 진보당 지방선거대책위원회 대변인, 연락담당을 맡았다. 진보당 결당 추진에 참여하였으나 서상일 등과 함께 민주혁신당 창당으로 방향을 바꾸었다. 이 에 진보당에서는 제명되었다. 이후 민주혁신당에 참여하였으나 1959년 8월 제명처분을 받았다.

안동수(安東壽, 생몰연대 미상) 여명회 국학대학 세포원으로 활동하였다.

안우석(安禹錫, 생몰연대 미상) 진보당 중앙기획위원회 부위원장을 역임하였다.

안정용(安晸鏞, 1915~1970) 안재홍의 장남으로, 보성전문학교를 졸업하였다. 1955년 혁신정당 결성을 논의하기 위한 광릉회합에 참여하였다. 민주혁신당 당무국장 등을 지냈으며, 이후 한국사회당과 민족통일당에서 간사장을 지냈다. 대중당에 참여하였으며 대중당 후보로 1967년 총선에 경기도 평택 선거구에 출마하기도 하였다. 윤봉길의사기념사업 활동 등을 통해 정치외 사회활동도 하였다.

안준표(安浚杓, 1927~1999) 함경남도 북청 출생으로, 1944년 만주에 있는 심양법정대학을 졸업하였으며 해방 후 월남하였다. 진보당 사회부 차장, 중앙정치편집위원 등을 지냈으며, 이후 사회대중당에 참여하였다. 박정희정부 시기에는 혁신계 인사들과 함께 한일협정 반대투쟁을 하였다. 1970년 정화암, 윤길중, 권대복, 정태영 등과 함께 신민당에 입당하였으며 1971년 신민당 정책연구실장을 지냈다. 1980년에는 민주정의당 창당에도 참여하였다.

양우조(楊宇朝, 1897~1964) 평안남도 평양 출생으로, 1915년 상하이로 망명하였다가 1916년 미국 샌프란시스코로 건너가 수학하였다. 1921년 흥사단에 가입하고 1929년 다시 상하이로 건너가 대한민국임시정부에서 일하였다. 한국독립당과 한국국민당에서도 활동하였으며, 한국광복군 총사령부 참사 겸 정훈처장, 대한민국임시정부 임시의정원 예산결상위원장 등을 지냈다. 1946년 5월 귀국하여 1948년 조소앙이 만든 사회당에 참여하였다가 이후 민주혁신당과 한국사회당과 연결되기도 하였다.

양이섭(梁利涉 또는 梁履涉, 1906 혹은 1907~1959) 평안북도 희천 혹은 강계 출생으로, 일제강점기에는 김동호라는 이름을 사용하였다. 육군 첩보부대(HID) 측 교역상인으로 북한을 왕래할 때에는 양명산(梁明山)으로, 때로는 양장우(梁壯宇)로 활동하였다. 일제강점기 상하이에서 사업할 때 조봉암을 만났으며, 치안유지법 위반 혐의로 신의주형무소에 복역할 때에는 조봉암과 1년여간 같은 교도소에 재소한 적이 있었다. 1955년부터 미군첩보기관과 북한의 대남교역 및 첩보기관인 선일상사에 소속되어 대북교역을 담당하면서 이중간첩 역할을 수행하였다. 1956년 정부통령 선거에서 조봉암에게 선거자금을 제공하였는데, 수사기관으로부터 양이섭이 제공한 자금이 북한정권의 자금이라는 혐의가 적용되었다. 이로 인해 조봉암과 양이섭 모두 간첩죄로 사형에 처해졌다.

양호민(梁好民, 1919~2010) 평안남도 평양 출생, 1949년 서울대학교 정치학과를 졸업, 대구대학에서 교수로 재직하였으며 사상계 주간을 역임하였다. 4·19혁명 이후 사회대중당에 참여하여 1960년 7·29총선에서 경북 대구 선거구에 출마하였으나 낙선하였다. 1961년에 통일사회당 정책심의회 부의장을 지냈으며, 서울대 법과대학 교수로 봉직하기도 하였다. 1965년부터 1984년까지 조선일보 논설위원을 지냈으며, 1972~1976년에는 중앙대 교수를 지냈다. 1972~1982년 조선일보사 통한문제연구소 초대소장을 지냈으며, 1988년 방송공사 이사장을 역임하였다. 북한과 남북관계, 공산권 국가, 한국현대사에 대한 연구에 매진하였다. 『공산주의 이론과 역사』, 『북한의 이데올로기와 정치』, 『한반도 분단의 재인식』, 『현대공산주의의 궤적』, 『38선에서 휴전선으로』, 『남과 북 어떻게 하나가 되나』, 『한반도의 격동 1세기 반 (上)·(下)』 등과 같은 저서를 남겼다.

엄숙진(嚴淑鎭, 생몰연대 미상)　육군첩보부대(HID) 소속 공작원으로, 1956년 2월부터 1957년 9월까지 총 9회 양이섭을 입북시켰다. 육군 특무부대 기록과 엄숙진의 양이섭재판 증인심문 기록에 의하면 주한 미국대사관 계통의 정보기관 또는 미 육군 주한첩보기관의 정보원으로 채용되어 첩보공작에 복무한 적이 있었다. 양이섭의 입북과 귀환 과정을 감시하고 그를 통해서 첩보수집 임무를 수행하였다. 해방 이전에는 일본군에서 복무하였으며, 해방 후에는 서북청년회, 주한연락처(KLO)에서 활동하였다. 간첩혐의로 기소된 양이섭의 공판 증인심문에서 양이섭의 간첩행위를 부정하는 취지의 진술을 하였다. 이후 2006년 진실화해위원회에서 행한 진보당사건 진실규명 조사에서 양이섭과 인연에 대해 회고하고 양이섭은 북한공작원 출신이 아닐 뿐더러 절대로 공산당이 될 수 없는 사람이라고 말하였다.

여운홍(呂運弘, 1891~1973)　경기도 양평 출신으로, 여운형의 동생이다. 1919년 신한청년당 대표로 파리강화회의에 파견된 김규식을 도와 '한국독립항고서'를 제출하였다. 대한민국임시정부 임시의정원 의원과 상하이 인성학교 교장 등을 지냈다. 해방정국에서 건국준비위원회, 조선인민당, 근로인민당, 민족자주연맹 등에 참여하였으며 사회민주당을 창당하기도 하였다. 1948년 남북협상에 참석하기 하였다. 1950년 제2대 국회의원 선거에 무소속으로 경기도 양평군 선거구에 출마하여 당선하였으며 자유당에 입당하였다. 1960년 제5대 국회의원 선거에서 경기도 참의원 선거에 출마하여 당선하였다. 이후 자유민주당, 민주공화당에 입당하였다.

오양(吳養, 생몰연대 미상)　진보당 사무실에서 윤길중, 김달호, 이명하, 김기철 등과 회합하고 혁신세력 대동통일 준비위원회 조직에 참여하였다.

오승근(吳承根, 1908~2002) 서울 출생으로, 일제강점기 일본 주오대학 법과를 졸업하고 고등문관시험 사법과에 합격하여 판사로 재직하였다. 미군정기에도 판사로 근무하다가 변호사 개업을 하였으며, 정판사위조지폐사건 피고인들의 담당 변호인을 맡기도 하였다. 진보당사건 당시에는 윤길중의 변호를 맡았다.

오제도(吳制道, 1917~2001) 평안남도 안주 출생으로, 일본 와세다대학을 졸업하고 1940년부터 신의주지방법원 검사국에서 판임관 견습을 시작하여 해방 이전까지 서기 겸 통역으로 일하였다. 해방 후 월남하였으며 1946년 판검사 특별임용시험을 통해 검사생활을 시작하였다. 좌익전력자들을 전향하도록 한 보도연맹 결성을 선우종원과 함께 주도하였으며, 남조선로동당의 김삼룡과 이주하를 체포하였다. 국회프락치 사건, 여간첩 김수임 사건, 진보당사건 등 당시 대표적인 공안 사건을 담당하였다. 1960년 이후 변호사로 활동하였다. 1977년 서울 종로구·중구 보궐선거에 무소속으로 출마하여 당선하고, 1981년에는 민주정의당 소속으로 전국구 국회의원을 지냈다.

온삼엽(溫三燁, 생몰연대 미상) 진보당 조직부 부간사이며 전북도당 부위원장을 지냈다. 4·19혁명 이후 혁신총연맹 조직담당을 맡았다.

원대식(元大植, 생몰연대 미상) 진보당 강원도당 추진위원회 위원장을 지냈다.

원우관(元友觀, 생몰연대 미상) 진보당 간부로 활동하며 통일문제연구위원회 위원을 지냈다.

원일상(元一常, 생몰연대 미상) 1957년 1월, 김달호의원 사무실에서 진보당 특수조직 여명회를 조직하기 위하여 이상두, 김주태, 김용기, 권태창 등과 함께 12인 회합을 진행하였다. 진보당 여명회 신흥대학 세포책으로 활동하였다.

유도여(儒道余, 생몰연대 미상) 5·15 정부통령선거 이후, 진보당에 참여하여 근민당계, 민우신계과 함께 범야혁신세력 규합을 위한 회합을 이끌었다.

유병진(柳秉震, 1914~1966) 함경남도 함주 출생으로, 1933년 일본 메이지대학 법과를 졸업 후, 1946년 사법요원양성소 입소시험 합격하여 서울지방법원, 고등법원 판사를 역임하였다. 1958년 7월 진보당사건 1심에서 피고인 조봉암과 양이섭에게 국가보안법 위반만을 적용하여 징역 5년을 선고하고, 나머지 피고인 17명에게는 무죄를 선고하였다. 진보당이 사민주의를 지향, 국헌을 위배하였다는 공소사실은 미인정하여 '용공판사'로 낙인 찍혔다. 1958년 법관에서 연이어 탈락한 후 변호사 활동을 시작하였다.

유영언(俞永彦, 생몰연대 미상) 헌병대 문관을 지낸 진보당 비밀당원이었다.

유춘산(劉春産, 생몰연대 미상) 서울변호사회 소속 변호사. 김달호 변호.

윤기호(尹基浩, 생몰연대 미상) 진보당 여명회 연희(세)대학 세포원으로 활동하였다.

윤길중(尹吉重, 1916~2001) 함경남도 북청 출생으로, 호는 청곡(靑谷)이다. 1939년 일본대학 전문부 법과 졸업하고, 보통문관시험, 조선변호사시험, 일본 고등 문관시험 행정과와 사법과에 합격하였다. 1941년 전남 강진군수, 1943년 전남 무안군수를 지냈으며, 해방 후 국민대학 교수로 재직하였다. 남조선과도 입법의원 총무과장 겸 법률기초과장, 국회 법제조사국 국장, 법전편찬위원회 위원 등을 역임하였다. 무소속으로 강원 원주에서 제2대 민의원에 당선한 것을 시작으로 1956년 진보당 창당에 참여하여 진보당 선거사무장, 간사장, 통일문제연구위원회 위원, 전남도당 위원장으로 활동하였다. 1960년 사회대중당 결성에 참여하고, 제5대 민의원을 지냈다. 혁신계 활동으로 투옥으로 7년을 복역 후, 1970년 신민당에 입당하였다. 서울 영등포에서 신민당 소속으로 제8대 국회의원에 당선, 1980년 민주정의당의 발기인 참여한 후, 민주정의당 소속으로 제11~13대 국회의원 역임하였다. 국회 부의장과 민주자유당 상임 고문으로도 활동하였다.

윤동명(尹東明, 생몰연대 미상) 일명 윤방우(尹邦佑)로 알려져 있고, 부인은 고명자다. 근민당 계열로, 해방 직후 조봉암이 『삼천만 동포에게 격함』이라는 소책자를 발행하는데 후원하였다. 1957년 장건상, 서상일 계열과 조봉암 계열의 혁신계 통합을 위한 중개 역할을 하였다.

윤명환(尹明煥, 생몰연대 미상) 이원복(李元福)이라는 가명으로 남파간첩 및 정치 공작원 활동을 하였다. 당시 진보당 부위원장인 박기출을 포섭하기 위해 월남하였다.

윤복덕(尹福德, 생몰연대 미상) 진보당 사회부 간사, 중앙상무위원을 역임하였다.

윤용진(尹龍鎭, 생몰연대 미상) 서울변호사회 소속 변호사로 조봉암을 변호하였다.

윤의진(尹意鎭, 생몰연대 미상) 서울변호사회 소속 변호사로 양이섭을 변호하였다.

윤제술(尹濟述, 1904~1986) 전라북도 김제 출생으로, 호는 운재(芸齋)이다. 도쿄 고등사범학교 영문과를 졸업하고, 귀국 후 중동중학, 보성중학, 성남중학에서 학생들을 가르쳤고, 1946~1954년 전북 이리시 남성중고등학교 교장을 역임하였다. 무소속 혹은 민주당 소속으로 전북 김제군 을에 출마하여 제3, 4,

5대 민의원에 당선되었다. 진보당 추진회 및 신당 조직 활동에 참여하였고, 4·19 직후 민주당 분열로 민정당 부총재를 역임하였다. 신민당 소속으로 서울 서대문구 을에 출마하여 제6, 7대 국회의원에 당선되고, 제7대 국회부의장을 맡았다. 신민당 서울 서대문구 병으로 출마하여 제8대 국회의원에 당선되어 6선 국회의원이 되었다. 1973년 통일당 최고위원의 자리에도 올랐다.

윤죽경(尹竹卿, 생몰연대 미상) 진보당 경남도당 간사장을 역임하였다.

윤지화(尹志和, 생몰연대 미상) 진보당 경북도당 부위원장 겸 대구시 갑구 위원장을 지냈다.

이강두(李康斗, 생몰연대 미상) 성균관대학 대학원 2학년생으로, 한국내외연구소(韓國內外研究所)에서 활동하였다.

이강래(李康來, 생몰연대 미상) 성균관대학 대학원 2학년생으로, 한국내외연구소에서 활동하였다.

이경석(李景錫, 생몰연대 미상) 건민회 및 민주주의독립전선 참여하였다.

이광진(李光鎭, 생몰연대 미상) 진보당 서울시당 결성 참여하였고, 1960년 혁신동지협의회 발기인으로 나섰다.

이규석(李圭奭, 생몰연대 미상) 진보당 중앙상무위원, 서울시당 부위원장 및 종로 을구 위원장을 역임하였다.

이기원(李基元, 생몰연대 미상) 진보당 여명회 신흥대학 세포원으로 활동하였다.

이덕명(李德明, 생몰연대 미상) 진보당 부산 동구 을구 통제위원장을 지냈다.

이동원(李東元, 생몰연대 미상) 1958년 22세에 진보당 비밀당원으로 활동하였다. 부산에 거주하며 직업은 교사였다.

이동하(李東廈, 생몰연대 미상) 진보당 경북도당 위원장을 역임하였다.

이동현(李東賢, 1926~미상) 1958년 당시 33세로, 서북청년회 종로구 회원으로 활동하였다. 서울형무소 간수부장으로 있을 당시 조봉암이 서울형무소에 수감 중 자신의 부채를 대신 갚아준다는 조건으로 외부와 연락을 취해주었다.

이동화(李東華, 1907~1995) 평안남도 강동 출생으로, 호는 두산(斗山)이다. 도쿄제국대학 법문학부 정치학과를 졸업하고 1938년 혜화전문학교에 재직하였다. 좌익지하운동사건으로 투옥되기도 하였다. 해방 이후 건국준비위원회 중앙집행위원회 서기국 서기, 평양민보 주필 및 조·소 문화협회부위원장을 역임하였다. 김일성대학에서 정치학을 강의하고, 6·25전쟁 때 월남하여 대한민국

육군본부 정보국에 재직하였다. 1952~1953년 경북대학교 교수로 재직 및 한국
내외문제연구소 소장으로 취임하였으며, 1954년 성균관대학교 교수 재직, 1955년
국방대학원 고문교수를 겸임하였다. 진보당 창당준비위원회 위원, 민주혁신당
정치위원 및 정책위원장을 지냈다. 진보당사건으로 구속되지만, 무죄로 방면
되었다. 이후 동국대학교 도서관장, 동국대학교 교수, 통일사회당 위원장으
로 취임하였다. 혁신계 사건으로 구속되나 형집행정지로 석방되었다. 대중당
대표최고위원 권한대행, 민족통일촉진회 최고위원, 민주사회당 고문, 독립동
지회 지도위원, 민주사회주의연구회 창립 및 의장으로 활동하였다.

이만규(李萬珪, 1889~1978) 강원도 원성 출생으로 대한의원부속의학교를 졸업하
였으나 의사보다는 주로 교육자로 활동하였다. 1938년 흥업구락부 사건과
1942년 조선어학회 사건에 연루되었다. 일제강점기부터 해방정국에 이르기
까지 여운형과 정치적 활동을 함께 하였으며, 『여운형선생투쟁사』와 『조선
교육사』(상·하)를 집필하였다. 여운형이 암살된 후 월북하였으며, 북한에서
최고인민회의 대의원, 조선문자개혁위원회 위원장, 조국통일사 사장 등을 지
낸 것으로 알려져 있다.

이명원(李明遠, 생몰연대 미상) 진보당 여명회 서울대학교 문리과대학 세포원으로
활동하였고, 충청북도 충주에서 교사 생활을 하였다.

이명하(李明河, 1913~1996) 함경남도 북청 출생으로, 호는 해암이다. 동아일보,
조선일보 함흥지국장을 역임하였다. 해방 이후 조선청년동맹위원장, 기독교
청년 전국연합회 문화선전부장, 반탁투쟁위원회 중앙위원과 좌우합작위원회
조직부 차장, 민족자주연맹 조사부장으로 활동하였다. 진보당 부간사장 겸
조직부 간사 역임 이후 사회대중당 통제위원장, 통일사회당 당무 부위원장,
신한당 전당대회 부위원장을 지냈다. 제5대 민의원 선거에서 부산 중구에 출
마하였으나 낙선하였다. 5·16군사정변 이후 군사재판에 회부되어 3년형을
언도받았다.

이문규(李文奎, 1934~미상) 1958년 서울대 문리대 정치학과 3년 재학 중, 이동화
의 국가보안법 위반 피의사건 증인으로 나갔다. 서울대 문리과학대학 정치
학과 학생 조직체인 신진회의 회원으로 활동하였다. 신진회가 주최한 이동
화의 유물사관 강의를 청강하였다.

이문필(李文必, 생몰연대 미상) 진보당 서울시당 중구 갑구 위원장을 지냈다.

이병용(李炳勇, 생몰연대 미상) 서울형무소 간수부장 이동현 피고사건 재판장 판사였다.

이상규(李相圭, 생몰연대 미상) 진보당사건 담당 변호사로, 윤길중과 조봉암을 변호하였다.

이상두(李相斗, 1932~1987) 경상북도 안동 출생으로 경북대학교 법정대학 정치학과를 졸업하고 성균관대학교 대학원에서 공부하였다. 이동화의 제자이며 윤길중의 사위이다. 진보당사건과 『민족일보』 사건으로 옥고를 치렀다. 출옥한 후에는 서울시립대 행정학과 교수로 재직하며 정치학자로 활동하였다. 『매일신문』, 『영남일보』, 『민족일보』, 『중앙일보』 등에서 논설위원을 지내기도 하였다.

이성림(李聖林, 생몰연대 미상) 진보당 여명회 신흥대학 세포원으로 활동하였다.

이성주(李成周, 생몰연대 미상) 진보당 여명회 신흥대학 세포원으로 활동하였다.

이성진(李成鎭, 생몰연대 미상) 진보당 선전부 부간사, 중앙상무위원으로 활동하였다. 통일문제연구위원회 부위원장으로 내정되지만 본인 사망으로 인해 김병휘로 변경되었다.

이수근(李秀根, 생몰연대 미상) 일명 이수근(李守根, 李穗根)으로, 진보당 통일문제연구위원 위원, 중앙위원, 재정부 위원을 지냈다. 북한 사회안전성 일원으로도 활동하였다. 1951년 간첩 혐의로 기소되었으나 증거불충분으로 석방되었다.

이수열(李壽烈, 생몰연대 미상) 진보당 여명회 국민대학 세포원으로 활동하였다.

이영국(李榮國, 생몰연대 미상) 진보당 경북도당 결성에 참여하였다.

이영근(李榮根, 1919~1990) 충청북도 청원 출생으로, 호는 창정(蒼丁)이다. 연희전문학교 문과 졸업하고, 이보합명회사(以保合名會社)를 설립하여 독립운동을 전개하였다. 해방 이후, 건국준비위원회 보안대 창설에 참여하고, 사회민주당 선전국장을 역임하였다. 초대 농림부 장관 조봉암의 부탁으로 비서실장 겸 비서관으로 활동. 1951년 12월 '대남간첩단 사건'으로 체포되어 투옥되었으나, 무죄판결을 받았다. 진보당사건 이후 일본으로 망명하여 조봉암 구명운동을 주도하고, 조선통일문제연구소를 설립하였으며 조선신문을 창간하였다. 조선민족통일회의 발족도 추진하였다. 1965년 민족자주통일동맹 일본본부를 결성하여 대표위원으로 활동하였고, 1966년 통일운동 간부 양성기관인 통일학원을 설치하였다. 1990년 국민훈장 무궁화장에 추서되었다.

이영옥(李榮玉, 1901~미상) 대구고등보통학교 4년에 중퇴하였다. 3·1만세운동으로 3년 복역하고, 일본대학 상학부를 졸업하였다. 해방 이후 미군정청 신한공사 총무이사, 농림부 귀속농지관리국장, 국방부 영관급으로 근무하였다. 1957년 진보당 경북도당 결성 참여하였고, 혁신당에서도 활동하였다. 민자통 중앙협의회 총무위원장을 역임하였다. 5·16군사정변 이후 징역 5년을 선고받았다.

이은종(李殷鍾, 생몰연대 미상) 진보당 여명회 서라벌대학 세포책으로 활동하였다.

이인식(李仁植, 생몰연대 미상) 1957년 진보당 경북도당 결성에 참여하였다.

이인식(李寅植, 생몰연대 미상) 진보당 대구시 병구 위원장을 지냈다.

이재윤(李載允, 1931~미상) 이재원(李載元)으로 불리며 조봉암의 운전수로 활동하였다.

이정자(李貞子, 생몰연대 미상) 이정신(李貞信), 이정자(李貞子)라는 본명을 해방 후에는 정신(貞信)으로 개명하였다. 자유시장에서 달러암상을 하며 대구 아주머니로 불렸다. 정옥실의 소개로 11,000달러를 매수하여 양이섭에게 전달하였다.

이종률(李鍾律, 1905~1989) 경상북도 영일 출생으로, 와세다대학 재학 중 1928년 우리말연구회 사건으로 퇴학당하였다. 1929년 성진회 사건으로 구속, 형평사 운동으로 2년 6개월 복역하였다. 조선학술원과 민족건양회를 창립하였으며 1950년 부산대학 정치학과 교수가 되었다. 민자통 통일방안 심의위원회 정치분과 위원, 민족일보 편집국장으로 활동하던 중 민족일보사건으로 구속되었으나 무죄로 풀려났다. 이후 민족자주통일 방안 심의위원회 사건으로 구속되기도 하였다.

이주식(李柱植, 생몰연대 미상) 서울지방검찰청 검사를 역임하였다. 최희규, 김창수, 정구엽 등 국가보안법 위반 피의사건에 대해 구속영장을 신청하였다.

이창호(李昌鎬, 생몰연대 미상) 윤길중, 조규희, 최희규, 이창호 등 평화통일 안을 집합 정례 간사회의에서 진행하였다.

이창호(李昌浩, 생몰연대 미상) 진보당 노동부 부간사, 노동차장, 기획위원회 노농분과에서 활동하였다.

이충영(李忠榮, 생몰연대 미상) 6·25전쟁 중 납북되었다. 법조프락치사건 때 김영재 검사를 변호하였다.

이태순(李泰淳, 1907~미상) 1956년 수도여자중학 교감 재직 당시 김동혁의 안내로 월북하여 남파간첩 교육과 진보당 접선 및 지지 활동을 하였다. 1958년 용산중학 교감을 역임하였다.

이태희(李太熙, 생몰연대 미상) 검사로, 김달호에게 찾아와 지방검찰청장 관련 담소를 나눈 인물이다.

이택수(李澤秀, 생몰연대 미상) 진보당 여명회 동국대학 세포원으로 활동하였다.

이흥렬(李興烈, 생몰연대 미상) 진보당 중앙상무위원, 기획위원회 노농분과에서 활동하였다.

이희재(李希宰, 생몰연대 미상) 집합 간부회의에 참여하였으며 통일문제연구위원회 위원, 총무위원회 위원을 역임하였다.

임갑수(林甲守, 1920~1981) 부산 출생으로, 1939년 선린상업학교를 졸업하였다. 한성고 학생회 사건으로 검거되기도 하였다. 1943년 건국동맹 인천시 조직책으로 활동하였다. 해방 이후 조선일보 인천지사장, 건국준비위원회 인천지부 총무부장, 인천노동조합 원호회 재정부장, 민족자주연맹 중앙집행위원 겸 인천연맹 재정위원장으로 활동하였다. 진보당 중앙당 농림부 간사 및 경남도당 준비위 부위원장, 사회대중당 경남도당 결성 준비위원회 상임의장, 통일사회당 경남도당 결성준비위원회 총무위원을 역임하였다. 경상남도통일사회당사건으로 기소, 군사법정에서 5년형을 언도 받았다. 출옥 후, 신민당과 공화당에서 활동하며 기업가로 변모하였다.

임건영(林建榮, 생몰연대 미상) 진보당 전북도당 간사장을 지냈다.

임광원(林廣遠, 생몰연대 미상) 임기봉의 아들이다. 7인 서클 전남지구책이었다.

임기봉(林基奉, 1903~1982) 전라남도 목포 출생으로, 일본 동지사 대학을 중퇴하고, 평양 신학교를 졸업하였다. 신사참배를 거부하기도 하였다. 대한노총 철도연맹 위원장, 대한노총 부위원장, 전남 목포에서 제2대 국회의원, 진보당 전남도당 부위원장, 노동부 간사로 활동하였다. 1960년 사회대중당 창당 준비위원을 역임하였다.

임기택(任基澤, 생몰연대 미상) 진보당 노무부 간사로 활동하였다.

임석무(林碩茂, 생몰연대 미상) 서울변호사회 소속 변호사로, 김달호의 변호를 맡았다.

임신환(任信煥, 1913~미상) 일명 임일(林一)은 만주 화교중을 졸업하고, 일본군 헌병대 통역을 맡았다. 해방 이후 서북청년회 회원으로 활동하였다. 서울형무소 간수부장을 지내던 시기, 서울형무소 내에서 조봉암과 양명산의 통방 사건의 주요 인물로 거론되었다.

임춘호(林春虎, 생몰연대 미상) 진보당 전남도당 준비위원회 위원, 전남도당 간사장을 지냈다.

임한경(林漢璟, 생몰연대 미상) 1958년 당시 서울지방법원장을 역임하고 있었다.

임호(林虎, 생몰연대 미상) 함경북도 출생으로, 임해라는 이명을 사용하였다. 소련 대사 출신으로, 북한 노동당 검열위원회 위원장, 중앙위원회 상무위원, 북한 최고인민회의 제2기 대의원, 조국통일민주주의전선 중앙위원을 역임하였다. 1961년 종파사건으로 소련으로 망명하였다.

장건상(張建相, 1883~1974) 경상북도 칠곡 출신으로, 호는 소해(宵海)다. 미국 인디애나주립대학 법학과를 졸업하고, 대한민국임시정부 외무차장을 역임하였다. 1920년대 이르쿠츠크 고려공산당대회 정치부위원으로 선출되어 코민테른과 이르쿠츠크 고려공산당 사이의 연락업무를 담당하였다. 1922년 극동인민대표대회의 한국대표단으로 참석하고, 1941년 임시정부의정원의원, 1942년 학무부장을 지냈다. 의열단에서도 활동하였다. 해방 후 조선인민당, 근로인민당 부위원장, 1950년 부산에서 제2대 국회의원에 당선되었다. 박정호간첩 사건에 연루되어 구속되었고, 5·16군사정변 이후 혁신당사건으로 검거되어 징역 5년을 선고받았다. 노령이라는 이유로 곧 석방되었다.

장경근(張憬根, 1911~1978) 평안북도 용천 출생으로, 1936년 도쿄제국대학 법학부를 졸업하였다. 재학중이던 1935년 일본 고등문관시험 사법과에 합격하여 경성지방법원 판사, 경성복심법원 판사로 근무하였다. 해방 후 미군정 경성지방재판소 수석판사를 거쳐 서울지방법원장, 내무부차관, 국방부차관, 한일회담 대표로 활동하였다. 자유당소속으로 경기도 부천에서 제3, 4대 민의원에 당선되었다. 1957년 내무부장관, 1959년 자유당 정책위원회 위원장을 지냈다. 4·19혁명 이후, 3·15부정선거 사건으로 체포되었으나 이후 일본으로 밀항하였고, 1974년 브라질로 이민을 갔다가 1977년 귀국하였다.

장동호(張東湖, 생몰연대 미상) 진보당 추진위원회 조직부 강원지구 본부 상임위원을 지냈다.

장영목(張永穆, 생몰연대 미상) 변호사로, 6·25전쟁 중 인민군 치하에서 법조인 행진단으로 활동하였다.

장지필(張志弼, 1882~미상) 경상남도 의령 출생으로, 일본 메이지대학 법학과 3년에 중퇴하였다. 일제강점기 진주에서 형평사를 창립하고 백정해방운동을 전개하였다. 진보당 추진 준비 대표, 진보당 총무위원회 의장을 지냈다.

장택상(張澤相, 1893~1969) 경상북도 구미 출신으로, 호는 창랑(滄浪)이다. 영국 에든버러대학을 중퇴하고, 일제강점기 경일은행 상무 및 청구회(靑丘會) 회장을 역임하였다. 해방 이후 수도경찰청장, 제1관구 경찰청장 및 초대 외무부장관, 칠곡군 제2대 민의원, 국회부의장 및 국무총리를 역임하였다. 제3~5대 민의원, 원내국민주권옹호투쟁위원장, 한일협정반대투쟁위원회로 활동하였으며, 신민당 고문을 지냈다. 장택상은 조봉암과 제2대 국회에서 함께 활동하였으며 1954년 호헌동지회 결성에 조봉암이 참여하는 것을 찬성하였다. 이와 같은 인연으로 진보당사건 당시에는 조봉암을 위한 구명운동을 펼치기도 하였다.

장후영(張厚永, 생몰연대 미상) 일제강점기 김달호와 함께 광주지방법원 판사를 지냈다. 1958년 당시에는 변호사로 활동하고 있었다.

전동화(田同和, 생몰연대 미상) 일명 전동흥(田同興)으로, 진보당원이었다. 조봉암이 소지하고 있던 참고원고의 출처인이기도 하다.

전명복(田命福, 생몰연대 미상) 진보당 여명회 연희(세)대학 세포책이었다.

전봉덕(田鳳德, 1910~1998) 평안남도 강서군 출생으로, 경성제국대학 법문학과 법과를 졸업하였다. 평북 경찰부 보안과장, 경기도 경찰부 수송보안과장을 역임하였다. 해방 이후 미군정 경무부 공안과장, 경찰전문학교 부교장, 국회 프락치사건 수사본부장, 국무총리 비서실장을 거쳐 대한변호사협회 회장을 역임하였다. 서울변호사회 소속 변호사로 활동하던 시기 진보당사건에서 김기철, 김달호, 윤길중, 신창균, 정태영을 변호하였다.

전세룡(全世龍, 1918~미상) 함경북도 명천 출생으로, 보성고등보통학교를 졸업하였다. 명천 고급 인문중학 교원으로 근무하였다. 1·4후퇴 때 월남하여 방위군으로 입대하고, 1952년 상공일보 업무국장 업무를 시작하였다. 조봉암의 개인비서, 진보당 중앙상무위원, 진보당 특수지하조직 전국위원장, 진보당 조직부 부간사로도 활동하였다.

전의용(全義容, 생몰연대 미상) 민혁당 내에서 제명 당한 근민계 인사이다. 혁신세력 통일 준비위원회에 참여하였고, 박정호간첩사건에 연루되어 구속되었다.

전진한(錢鎭漢, 1901~1972) 경상북도 문경 출생으로, 호는 우촌(牛村)이다. 1928년 와세다대학 정경학부 경제과를 졸업하고, 독립촉성회 전국청년연맹 위원장 및 민족통일본부 노동부장을 역임하였다. 제1, 2, 3, 5, 6대 국회의원 및 초대 사회부장관, 농림위원장, 혁신연맹 준비위원, 한국사회당 발기인, 민정당 최고위원 및 부총재를 거쳐 1966년 한독당 대통령 후보로 추대되었다.

전흥문(全興文, 생몰연대 미상) 진보당 여명회 중앙대학 세포원으로 활동하였다.

정갑(鄭甲, 생몰연대 미상) 진보당 김제군당 위원장을 역임하였다.

정경학(鄭京學, 생몰연대 미상) 부산지구 헌병대 문관으로, 진보당 비밀당원이었다.

정구삼(鄭求參, 1893~1979) 충청북도 옥천 출생으로, 한성외국어학교를 졸업하였다. 충북 옥천에서 대한촉성국민회 소속 제헌의원이 되었고, 중국 톈진 신중신문사 기자 및 한국교민회 사무국장을 역임하였다. 진보당 추진준비대표로도 활동하였다.

정구희(鄭九喜, 생몰연대 미상) 진보당 여명회 국학대학 세포원으로 활동하였다.

정규엽(丁奎葉, 1916~미상) 일본 제국고등학원 2년을 졸업하고, 삼화빌딩운영조합 이사를 지냈다. 진보당 자금으로 50여만 원 지원하였고, 5·15 정부통령 선거 시, 본인의 자가용을 조봉암에게 대여하기도 하였다.

정동억(鄭東億, 생몰연대 미상) 진보당 추진위원회 조직부 경북지구 본부 상임위원을 지냈다.

정명환(鄭明煥, 생몰연대 미상) 진보당 전북도당 부위원장, 정읍군당 위원장을 역임하였다.

정성업(鄭成業, 생몰연대 미상) 근민당원으로, 진보당 통제위원회 위원으로 활동하였다. 통합 논의과정에서 근민당의 요구 쪽지를 조봉암에게 전달하였다.

정순석(鄭順錫, 1900~1979) 1956~1958년 대한민국 제6대 검찰총장을 지냈다.

정시마(鄭時磨, 생몰연대 미상) 본명은 정봉강으로, 양이섭과 함께 월북하였다. 조봉암이 강릉에 있었을 때, 김동혁의 소개로 정시마의 집에 20여 일 유숙하였다. 정시마는 양이섭에게 양명산이라는 이름으로 서울시민증을 만들어주기도 하였다.

정영삼(鄭永三, 생몰연대 미상) 진보당 추진위원회 조직부 충북지구 본부 상임위원을 역임하였다.

정예근(鄭禮根, 1915~미상) 중국 하얼빈 YMCA 전문학교 졸업하고, 하얼빈 제5중학에서 영어강사로 활동하였다. 해방 이후 신성무역회사 대표, 진보당 통제위원 및 진보당 시도당 추진위원회 용산 갑구 위원장을 역임하였다. 1960년 사회대중당 통제위원을 시작으로 혁신당 중앙위원, 통일문제연구위원회 부위원장을 지냈다.

정용주(鄭用鑄, 생몰연대 미상) 진보당 여명회 동양한의대 세포책이었다. 1958년 당시 군입대 중이었다.

정우갑(鄭禹甲, 생몰연대 미상) 위장 공작대원, 일명 대한정치공작대원으로 활동하였다. 조련계로 1957년 정우갑 간첩사건의 장본인이다.

정우습(鄭우습, 생몰연대 미상) 김의, 홍민표, 이영근 등과 함께 간첩피고사건으로 기소되었을 당시 김달호의 변호를 받았다.

정중(鄭重, 1906~미상) 서울 경신학교 졸업하고, 조선일보 해주지국장을 역임하였다. 일제강점기 치안유지법 위반으로 5년여 복역을 하기도 하였다. 해방 이후 조선민주당, 민국당 황해도당 조직부장, 총무부장으로 활동하였으며, 한국전쟁 이후 민국당 서울시당 재건사업에도 참여하였다. 진보당 총무위원, 통일문제연구위원회 위원, 동대문 갑구 위원장을 지냈다.

정태영(鄭太榮, 1931~2008) 전라북도 익산 출생으로, 정동화(鄭同和)라는 이명을 사용하였다. 전북 이리농림학교 졸업하고, 서울대학교 문리과대학 이학부 수학과에 입학 후, 6·25전쟁으로 중퇴하였다. 1954년 복교하여 1956년 졸업하였다. 이후 이리여자고등학교 수학과로 약 6개월 간 근무하지만, 이듬해 상경하여 균명중학교 수학교원으로 근무하였다. 진보당 서울특별시당 상임위원, 동양통신사 외신부 기자, 사회대중당 조직차장, 통일사회당 통일촉진위원회 부위원장, 신민당 노농국장을 역임하였다.

정화암(鄭華岩, 1896~1981) 전라북도 김제 출신으로, 본명은 정현섭(鄭賢燮), 호는 화암(華岩)이다. 1919년 고향에서 3·1운동에 참가하고, 1920년 중국으로 망명하였다. 1928년 이회영, 신채호, 리스쳉[李石曾], 우중후이[吳鍾暉] 등과 제휴하며 동방자유혁명자연맹(東方自由革命者聯盟)을 조직하였다. 1930년 4월 남화한인청년연맹(南華韓人靑年聯盟)과 11월 흑색공포단(黑色恐怖團)을 조직하였으며, 1933년 이강훈, 원심창 등과 규합하여 상하이해방연맹(上海解放聯盟)을 결성하고 별동대 맹혈단(猛血團)도 편성하였다. 중국과 연합해 중한청년연합회(中韓靑年聯合會)를 조직하고, 항쟁시보(抗爭時報)를 발간하였다. 1940년 푸젠성[福建省]에서 광복 때까지 광복군 활동의 현지 책임자로 역할을 하였고, 해방과 6·25전쟁 때까지 상하이, 홍콩, 타이완에서 교민단과 교육활동을 계속 이어나갔다. 4·19혁명 후 통일사회당 정치위원으로 활동하였다.

조규대(曺圭大, 1924~2019) 진보당사건 관련 서울고등법원 2심 배석판사이다.

조규진(曺圭鎭, 생몰연대 미상) 인천상업보수학교를 졸업 후, 숙부인 조봉암의 주선으로 국회특별경비대 경사로 근무하였다. 조봉암의 호위경관 역할을 하였다. 진보당 기관지 중앙정치사의 사원, 사회대중당 결성준비 중앙상무위원, 민족일보사 기획부 사원으로도 활동하였다.

조규택(曺圭澤, 1923~미상) 황해도 신계 출신으로, 단국대학 정치과를 졸업하였다. 애국동지수호회, 3·1정신선양회, 진보당 발기추진위 기획상임위원, 진보당 재정부 부간사 및 중앙상임위원회 부위원장을 염임하였다. 1960년 혁신동지 총연맹 간부 활동을 비롯하여 1961년 중립화 조국통일 총연맹 발기 준비위원, 1966년 민주사회당 간부로 활동하였다.

조규희(曺圭熙, 1914~미상) 함경남도 북청 출생으로, 일본 주오대학 법과를 중퇴하였다. 건국준비위원회 선전위원, 신조선보 기자, 한성일보와 한국매일신문 편집국장, 진보당 선전부 간사 및 선전부장, 통일문제연구위원회 위원, 중앙정치사 편집위원을 역임하였다. 진보당 대변인으로도 활동하였으며, 사회대중당 창당위원 및 인천시당 추진대표총무위원을 맡았다.

조기원(趙基元, 생몰연대 미상) 진보당 여명회 신흥대학 세포원이었다.

조기하(趙棋賀, 1896~미상) 서울중동학교 2년에 중퇴하였다. 조선일보 김제, 중앙일보 이리지국장을 역임하였다. 해방 이후 민주주의민족전선 전북 의장단, 진보당 중앙당 총무위원 및 통일문제연구위원회 위원, 전북도당 위원장, 사회대중당 전북도당 준비위원회 대표총무위원, 선거대책위원장, 민족자주통일중앙협의회 의장단 및 반민주악법반대 공동투쟁위 총무부장을 지냈다.

조문태(趙文台, 생몰연대 미상) 민혁당의 제명 당원이다. 근민블럭 대표 김성숙과 등과 함께 진보당과 합당을 위해 혁신세력 통일 준비위원회 구성을 논의하고, 진보당과 노농당과 합당을 추진하였다.

조병갑(趙秉甲, 생몰연대 미상) 진보당 전북도당 결성 참여하였다.

조병용(趙秉用, 생몰연대 미상) 진보당 전북도당 결성 참여하였다.

조봉암(曺奉岩, 1899~1959) 강화 출생으로, 호는 죽산(竹山)이다. 3·1운동 참여하여 투옥되었다. 일본 주오대학 정경학부에 중퇴 후, 흑도회, 조선노동총동맹 문화부장, 조선공산당, 코민테른 원동부 대표로 활동하였다. 해방 이후 건국준비위원회 인천지부로 활동하면서 조선공산당을 탈퇴하였다. 제헌국회의원, 제1공화국 초대 농림부 장관, 제2대 국회의원 및 국회부의장을 역임한 후, 1952년 정부통령선거에 입후보, 1956년 정부통령선거 무소속으로 입후보하였다. 1956년 진보당 창당준비위원회를 발족시키고, 1957년 진보당을 창당한 후, 당 위원장과 서울시당 위원장을 겸임하였다. 1958년 1월 간첩죄 및 국가보안법 위반으로 검거되어 대법원에서 사형을 확정하고, 1959년 7월 사형이 집행되었다. 2007년 진실화해를위한과거사정리위원회에서 진보당사건에 대해 유가족에 대한 사과, 국가의 사과와 독립유공자 인정, 판결에 대한 재심 등을 권고하였다. 2011년 1월 대법원 전원합의체에서 국가변란 및 간첩 혐의에 대한 전원 일치 무죄 선고로 복권되었다.

조영환(曺泳煥, 생몰연대 미상) 최진우, 황민암과 함께 진보당 경기도당을 조직하였다.

조용진(趙鏞晋, 생몰연대 미상) 진보당 여명회 발기 회합에 참여하였으며, 중앙대학 세포원으로 활동하였다.

조익호(曺益鎬, 생몰연대 미상) 진보당 여명회 중앙대학 세포원으로 활동하였다.

조인구(趙寅九, 생몰연대 미상) 서울지방검찰청 부장검사를 지냈다. 조봉암이 발표한 '평화통일에의 길'을 빌미로 조봉암과 진보당을 국가보안법 위반으로 기소하였다.

조중찬(趙中燦, 1909~미상) 서울 출생으로, 서울보성고등보통학교 졸업 후 상업과 저술업에 종사하였다. 진보당 재정부 부간사, 중앙상무위원, 서울특별시당 상임위원, 사회대중당 창당준비위원 겸 조직위원장으로 활동하였다.

조중환(曺重煥, 생몰연대 미상) 진보당 전남도당 부위원장을 지냈다.

조진만(趙鎭滿, 1903~1979) 인천 출생으로, 경성법학전문학교를 졸업하였다. 조선인 최초로 일본고등문관시험 사법과 합격한 후, 해주지방법원 판사, 평양복심법원 판사, 대구복심법원 판사, 대구지방법원 부장판사를 역임하였다. 해방 이후 제5대 법무부장관, 제3, 4대 대법원장을 지냈다. 김달호와 함께 조선변호사회 추진위원회를 결성하고 회장에 취임하였다.

조헌구(趙憲九, 생몰연대 미상) 전세룡, 김정학 관련 주임 검사로 활동하였다.

조헌식(趙憲植, 생몰연대 미상) 경성법학 전문학교를 졸업하고, 조선변호사시험에 합격하였다. 신간회 서울지부장, 국민당 기획부 차장, 한국독립당 중앙상무위원, 민주독립당, 민주혁신당 중앙상무위원을 비롯하여 사회대중당 총무위원 겸 선거대책 위원장, 통일사회당 통제위원회 위원장을 지냈다.

조호정(曺滬晶, 1928~2022) 조봉암의 장녀로 중국 상하이에서 태어났다. 이화여대 영문과를 졸업하고, 조봉암의 비서로 활동하였다.

조홍모(曺弘模, 생몰연대 미상) 혁신정당운동이 대두되어 민주혁신당 촉진협의회가 개최되고 김성숙, 김경태 등과 함께 회합에 참여하였다.

주기영(朱基瑩, 생몰연대 미상) 朱基瑩, 朱基亨, 朱基瀅, 朱基英이라는 이명을 사용하였다. 민주혁신당의 조직국장을 역임했으며 민주통일당 추진준비위원회 준비위원으로 활동하였다.

주돈하(朱敦夏, 생몰연대 미상) 당비 350만 환을 제공하였다.

주영숙(朱榮淑, 생몰연대 미상) 진주 해인대학 법정학부 정경학과를 졸업하고, 진보당 창당 추진위원회 위원과 서울시당 조직부 간사로 활동하였다. 진보당 중앙특수세포회에도 참여하였다.

차재원(車載員, 생몰연대 미상) 조봉암은 진보당 조직 참여에 가담한 사실이 없다고 진술하였다.

최근우(崔謹愚, 미상~1961) 경기도 개성(현재 황해도 개성) 출생으로, 도쿄(東京) 상과대학을 졸업하였다. 조선청년독립단에서 활동하였으며 동경 2·8독립선언서 대표 11인에 참여하였다. 임시정부 의정원 의원을 역임하기도 하였다. 해방 이후 건국준비위원회 총무부 업무 담당, 조선인민공화국 중앙인민위원회 후보위원 및 외무부장 대리 선임, 사회대중당 창당에 참여하였다.

최기영(崔基永, 생몰연대 미상) 정우갑과 함께 성북구 돈암동 소재 신흥사(新興寺)에서 조봉암, 윤길중, 조규택과 신일양 등과 함께 회합하였다.

최대교(崔大敎, 1901~1992) 전라북도 익산 출생으로, 경성제1고등보통학교, 일본 법정대학 예과, 법문학과 법률학과를 졸업하였다. 일본 고등문관시험 사법과에 합격한 후, 조선총독부 사법관시보로 평양지방법원 검사국에서 근무하였다. 부산, 함흥, 광주, 정읍지청에서도 검사로 근무하였으며, 해방 이후 전주와 서울지방검찰청 검사장을 역임하였다.

최병찬(崔柄讚, 생몰연대 미상) 진보당 대전시당 당원이었다.

최보현(崔普鉉, 생몰연대 미상) 진보당사건 관련 서울고등법원 형사 제2부 배석 판사로, 이동화와 양이섭에게 질의하였다.

최봉래(崔鳳來, 1921~미상) 1957년 당시 37세로 진보당에 대한 공작 지령을 받고 남파된 간첩이었다.

최순문(崔淳文, 생몰연대 미상) 서울변호사회 소속 변호사로 진보당사건을 변호하였다.

최양기(崔良基, 생몰연대 미상) 진보당 경남도당 부위원장 및 부산 영도 갑구 위원장 을 역임하였다.

최운기(崔雲基, 생몰연대 미상) 진보당 중앙상무위원을 지냈다.

최익환(崔益煥, 1889~1959) 충남 홍성 출생으로, 동학 및 일진회에서 활동하였다. 서울 광무일어학교 2년을 수학하고, 충남 서천군 재무주사로 근무하였다. 대 동단을 조직하고, 조선민흥회, 신간회, 광복단에서도 활동하였다. 해방 이후 한국독립당 중앙상무위원, 신한민족당 창당 및 대표, 1957년 민주혁신당 통 제위원장을 역임하였다.

최진우(崔鎭宇, 생몰연대 미상) 서울중동중학 4년에 중퇴하고, 해방 이후 민족청년 단 인천시당 총무부장 및 선전부장, 진보당 경기도당 간사장, 사회대중당 인 천시당 총무위원 겸 간사장으로 활약하였다.

최희규(崔熙圭, 1920~미상) 함경북도 학성 출생으로, 경성농업학교 재학 중 치안 유지법 위반으로 투옥되었다. 니혼(日本)대학 척식과를 졸업하였고, 북해도 제국대학 농학부에서 수학하였다. 서울특별시 부흥 건설단 단장, 3·1정신 선양회 청년부장, 진보당 간사장, 중앙당 공무부장, 중앙상무위원, 통일문제 연구위원회 위원, 진보당 당무국장, 진보당 선전위원장을 역임하였다.

한격만(韓格晚, 1899~1985) 함경남도 정평 출생으로, 호는 동암(東岩)이다. 경성 법학전문학교를 졸업하고, 고등문관시험 사법과 합격하였다. 대법원 대법관 및 검찰총장을 역임하였다. 조봉암의 농림부 장관 시절 배임 혐의 건에 대해 재판정에 무죄선고한 판사이다. 서울변호사회 소속 변호사로, 진보당사건 당 시 김달호를 변호하였다.

한명수(韓明洙, 생몰연대 미상) 진보당 정읍군당 부위원장을 역임하였다.

한명희(韓明熙, 생몰연대 미상) 여명회 국학대학 세포원으로 활동하였다.

한병도(韓秉道, 생몰연대 미상) 진보당 대전시당 당원이었다.

한병욱(韓秉郁, 생몰연대 미상) 진보당 중앙상무위원, 진보당 추진위원회 조직위원 및 특수조직을 담당하였다.

한보상(韓輔相, 생몰연대 미상) 진보당 특수조직 여명회 서울대학교 의과대학 세포책으로 활동하였다.

한영조(韓榮助, 생몰연대 미상) 진보당 추진위원을 지냈다.

한탁수(韓鐸洙, 생몰연대 미상) 대법원 판사부 서기로 활동하였다.

허명(許銘, 생몰연대 미상) 진보당 농민차장 및 농민부 부간사를 역임하였다.

허철(許哲, 생몰연대 미상) 진보당 서울시당 조직부장 겸 성북구위원회 위원장을 지냈다.

홍민표(洪民杓, 1921~1992) 본명은 양한모(梁韓模)이다. 황해도 봉산 출생으로 조선공산당과 남조선로동당에서 활동하던 시기에는 홍민표라는 이름을 사용하였다. 일제강점기 경성제2고등보통학교를 졸업하고 해방정국에서 남로당 간부로 활동하였다. 남로당 활동을 그만두고 서울시경 경찰관으로 근무하였다. 이후 천주교 세례를 받고, 신앙 활동 및 신학 공부에 매진하였다.

홍사필(洪思必, 생몰연대 미상) 이동현, 임신환의 국가보안법 위반 사건 서울지방법원 1심 배석 판사이다.

홍순일(洪淳一, 생몰연대 미상) 진보당 서울시당 마포구위원회 위원장을 역임하였다.

홍승만(洪承滿, 생몰연대 미상) 김달호가 피의자 신문조서에서 6·25전쟁 시기 자신의 법률사무소에서 교류하였던 변호사이다.

홍원일(생몰연대 미상) 홍원일을 1953년 혁신지도위원회 사건으로 구속되었으나 구제되어 치안국 자문의원으로 근무하였다.

황명수(黃命守, 생몰연대 미상) 黃命水, 黃明洙라는 이명을 사용하며, 진보당 7인 서클 특수지구책이었다.

황민암(黃民岩, 생몰연대 미상) 진보당 선전차장을 지냈다.

황석하(黃碩夏, 1926~미상) 김달호의 처조카로, 조선법학과동맹의 맹원으로 활동하다 납북되었다.

황철민(黃鐵敏, 생몰연대 미상) 여명회 연구위원회 부위원장 및 중앙대학 세포책으로 활동하였다.

▎ 찾아보기 ▎

편저자 | 전현수(田鉉秀)

역사학박사
경북대학교 인문대학 사학과 교수(2001 현재)
성균관대학교 사학과 문학사(1983)
서울대학교 국사학과 문학석사(1991)
러시아과학원 동방학연구소 박사과정 수료(1996)
모스크바국립대학교 아시아아프리카대학 역사학박사(1998)
정부기록보존소 학예연구관(1998-2001)
Visiting Scholar at University of Pennsylvania(2008)
경북대학교 평화문제연구소장(2012-2017)
민주평화통일자문회의 상임위원(2015-2017)
대통령직속북방경제협력위원회 전문위원(2017-2018)

■ 논저

『한국근현대 민족문제와 신국가건설』(공저, 지식산업사, 1997)
『소련군정 시기 북한의 사회경제개혁』(모스크바국립대학출판부, 1997)
『한국전쟁사의 새로운 연구』(공저, 국방부 군사편찬연구소, 2001)
『북한현대사 문헌연구』(공저, 백산서당, 2001)
『북한현대사』(공저, 한울아카데미, 2004)
『쉬띄꼬프일기』(편저, 국사편찬위원회, 2004)
『한국전쟁, 문서와 자료, 1950-1953』(번역, 국사편찬위원회, 2006)
『KOREA: HISTORY AND PRESENT』(편저, 나모커뮤니케이션, 2008)
『동아시아의 농지개혁과 토지혁명』(공저, 서울대학교출판문화원, 2014)
『소련공산당과 북한 문제: 소련공산당 정치국 결정서』(경북대학교출판부, 2014)
『경북대학교 의과대학 내과학교실사』(진성C&S, 2018)

- "The Soviet Blueprint for the Postwar Korean Provisional Government: A Case Study of the Politburo's Decisions," *ASIAN PERSPECTIVE*, Oct.-Dec. 2015
- 「解放直後の北韓研究とロシア資料」, 現代韓國朝鮮研究, 2008.11
- "The Shitykov Diaries," *Cold War International History Project Bulletin*, Winter 1996